읽으면 저절로 외워지는
기적의 암기공식

한자
암기
박사 1

시대에듀

머리말

국어를 더 잘하기 위해서도, 어휘력, 문해력 향상을 위해서도 꼭 익혀야 하는 한자!
이 책의 목적은 한자 몇 자, 한자어 몇 개 익히는 차원이 아닙니다.
<한자암기박사 시리즈>에 적용하여, 한·중·일 한자학습법의 정도가 된 '한자 3
박자 연상 학습법'까지 저절로 익혀져, 어떤 한자나 한자어라도 자신 있게 분석하
여 뜻을 생각해 낼 수 있는 능력을 기르고, 나아가 자신 있는 한자 실력을 바탕으로
우리말의 정확하고 풍부한 사용은 물론, 중국어와 일본어까지 쉽게 익혀, 당당한
세계의 주역으로 우뚝 서자는 것입니다.

한국어의 대부분(70% 이상)을 차지하고 있는 한자어.

한자는 글자의 형태 변화나, 어미나 조사의 첨가 없이 홀로 분명한 뜻을 나타내기에, 한자만 알
면 한자어의 뜻은 저절로 알 수 있고, 필요한 단어도 쉽게 만들어 쓸 수 있으니, 우리말을 더 잘
하기 위해서도, 세계의 중심이 되어가는 한자문화권의 주역이 되기 위해서도 한자는 꼭 알아야
하는데, 문제는 획수도 많고 복잡하여 익히기 어렵다는 것이지요.

20여 년간 끊임없이 사랑받아온 〈한자암기박사〉가 더욱 진화하여 다섯 번째 완전 개정 신판으
로 태어납니다. 이번에 개정된 〈한자암기박사〉는 기존의 장점을 최대한 살리면서, 다음과 같은
부분을 보강하였습니다.

제목과 내용, 활용어휘를 연상하기 쉽게 배열하였습니다.

제목은 먼저 기준이 되는 한자를 놓고, 그 기준 한자의 ❶ 왼쪽에, ❷ 오른쪽에, ❸ 위에, ❹ 아
래에 어떤 부수나 한자를 붙였을 때 만들어지는 한자 순으로 배열하고, 내용도 제목 순서에 맞
추어 배열하여, "이 기준 한자의 왼쪽에, 오른쪽에, 위에, 아래에 무엇을 붙이면, 무슨 뜻을 가진
한자가 될까?"를 자연스럽게 연상하면서 익히도록 하였습니다.

활용어휘도 실생활과 교과서, 한자 자격증시험에 많이 출제되는 어휘 위주로 교체하였으며, 배
열순서 또한 ❶ 어원의 훈·음에 맞는 어휘, ❷ 대상 한자가 처음에 쓰인 어휘, ❸ 뒤 한자에 쓰
인 어휘 순으로 배열하여, "이런 훈·음으로 쓰인 어휘는? 이 한자가 첫 글자에 쓰인 어휘는?
둘째, 셋째 글자에 쓰이는 어휘는?" 하면서 자연스럽게 연상하면서 익히도록 하였습니다.

책 내용 전체를 다시 한번 익힐 수 있도록 '3박자 연상 학습법' 유튜브 영상과 '쓰기 훈련 노트'를 제공하여 〈한자암기박사〉만의 완전학습이 되도록 하였습니다. 눈으로 보고, 더 나은 어원도 생각하면서 입으로 읽고, 손으로 직접 써 보며 익힌 내용을, 복습할 수 있도록 했습니다.

감각을 통하여 몸에 완전히 체화(體化)되어서, 어디서 어떤 한자를 보면 그 한자와 관련된 한자들로 이루어진 제목이 떠오르고, 그 제목에서 각 한자들의 어원과 활용어휘들까지 저절로 떠올려 볼 수 있도록 하였습니다.

억지로 외는 시간에 생각하며 이해하는 구조니, 이 책으로 학습하시면서 "아하! 이 제목은 이런 관계로 되었구나. 오호! 이 한자가 바로 이렇게 만들어졌구나! 아~! 그래서 이 한자에 이런 뜻이 있구나! 어? 이 한자가 이런 말에도 쓰이네!"라는 탄성이 저절로 나오고, 짜릿한 희열마저 느끼면서, 생각의 나이테도 늘어납니다.

이해가 바탕이 되는 분명한 한자 실력으로, 정확하고 풍부한 어휘력(단어 실력)이 향상되어, 자유로운 언어생활은 물론, 한자의 어원에 담긴 진리와 번뜩이는 아이디어까지 익혀져, 언제 어디서든 생활에 100배, 1,000배 활용할 수 있습니다.

한자만 알면 중국어와 일본어도 70% 이상 익힌 셈이니, 재미있게 익힌 한자와 '한자 3박자 연상 학습법'으로 중국어와 일본어까지 쉽게 익혀, 세계의 중심이 되어가는 한자문화권의 당당한 주역으로 우뚝 서실 수 있습니다.

이 책으로 부디 큰 꿈 이루세요.

여러분을 사랑하는 저자 **박원길, 박정서** 올림

유튜브 영상을 통해 효과적인 '한자 암기 훈련'을 학습할 수 있습니다.(영상은 순차적으로 업데이트 될 예정)

www.youtube.com ➡ '한자암기박사' 검색 ➡ 훈련 채널 이동

한자의 기초 이론

● 육서(六書)

한자는 육서(六書)라는 원리로 만들어졌어요. 그래서 이 六書만 제대로 이해하면 아무리 복잡한 한자라도 쉽게 익힐 수 있습니다.

[1] 상형(象形) 象(코끼리 상, 모양 상, 본뜰 상) + 形(모양 형)

눈에 보이는 구체적인 사물의 모양 (形)을 본떠서(象) 만든 그림과 같은 한자.

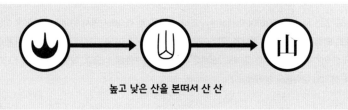

높고 낮은 산을 본떠서 산 산

[2] 지사(指事) 指(가리킬 지) + 事(일 사, 섬길 사)

눈에 안 보이는 개념이나 일(事)을 점이나 선으로 나타낸(指) 부호와 같은 한자.

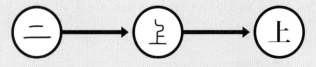

일정한 기준(一)보다 위로 오르는 모양을 생각하여 위 상, 오를 상

[3] 회의(會意) 會(모일 회) + 意(뜻 의)

이미 만들어진 둘 이상의 한자가 뜻(意)으로 모여(會) 만들어진 한자, 즉 뜻만 모은 한자.

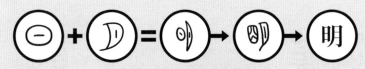

해와 달이 같이 있는 듯 밝으니 밝을 명

(4) 형성(形聲) 形(모양 형) + 聲(소리 성)

이미 만들어진 둘 이상의 한자가 일부는 뜻(形)의 역할로, 일부는 음(聲)의 역할로 결합
하여 만들어진 한자, 즉 뜻과 음으로 이루어진 한자.

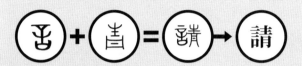

말(言)을 푸르게(靑), 즉 희망 있게 청하니 청할 청

言 + 靑 = 請
형부(形部)인 말씀 언(言)은 뜻을, 성부(聲部)인 푸를 청(靑)은 음을 나타내어
'청할 청(請)'이라는 한자가 나옴.

➕ 형성(形聲)에서 뜻을 담당하는 부분을 형부(形部), 음을 담당하는 부분을 성부(聲
部)라고 하는데 실제 한자를 분석해 보면 성부(聲部)가 음만 담당하는 것이 아니라
뜻도 담당하고 있음을 알 수 있지요. 위에서 예로 든 청할 청(請)도 '말(言)을 푸르게
(靑), 즉 희망 있게 청하니 청할 청(請)'으로 풀어지네요.

➕ 그러면 會意와 形聲은 어떻게 구분할까?
합해서 새로 만들어진 한자의 독음이 합해진 한자들의 어느 한쪽과 같으면 형성(形
聲), 같지 않으면 회의(會意)로 구분하세요.

(5) 전주(轉注) 轉(구를 전) + 注(물댈 주, 쏟을 주)

이미 만들어진 한자를 관련 있는 다른 뜻으로 돌려 쓰는 것이 특징입니다.

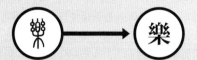

원래 '(악기의 대표인) 북(白)을 작고(幺) 작은(幺) 실로 나무(木) 받침대 위에
묶어놓고 치며 노래 부른다는 데서 노래 악'이었는데
'노래는 누구나 즐기고 좋아한다는 데서 즐길 락, 좋아할 요'로 의미가 확장됨.

한자의 **기초 이론**

[6] **가차(假借)** 假(거짓 가, 임시 가) + 借(빌릴 차)

본래의 뜻과는 상관없이 비슷한 음의 한자를 임시로(假) 빌려(借) 외래어를 표기하는 한자.
가차에는 아시아(亞細亞), 러시아(俄羅斯)처럼 비슷한 음의 한자를 빌려다 표현하는 경우
와, 미국(美國), 영국(英國)처럼 새로 이름 지어 부르는 경우가 있지요.

정리하면 육서는

상형(象形)·지사(指事)는 맨 처음에 만들어져 더 이상 쪼갤 수 없는 기본자
로, 象形은 눈에 보이는 것을 본떠서 만든 한자, 指事는 눈에 안 보이는 것을
지시하여 만든 한자고, 회의(會意)·형성(形聲)은 이미 만들어진 한자를 둘 이
상 합하여 새로운 뜻의 한자를 만든 합성자로, 會意는 뜻으로, 形聲은 뜻과 음
으로 합쳐진 한자이며(실제로는 형성자도 뜻으로 합쳐서 만듦), 전주(轉注)·가
차(假借)는 이미 있는 한자를 다른 용도로 사용하는 운용자로, 轉注는 하나의
한자를 여러 뜻으로, 假借는 한자의 음만 빌려 외래어를 표기하는 경우를 말하
지요.

한자를 익힐 때는

한자를 부수나 독립되어 쓰이는 한자로 나눠서 나눠지지 않으면 상형(象形)이
나 지사(指事)로 된 한자이니, 무엇을 본떠서 만들었는지 생각하여 본뜬 물건
이 나오면 象形이고, 본뜬 물건이 나오지 않으면 무엇을 지시하여 만든 指事
로 알면 되고, 부수나 독립되어 쓰이는 한자로 나눠지면 회의(會意)와 형성(形
聲)으로 된 한자이니, 나눠서 그 뜻을 합쳐 보면 그 한자의 뜻을 알 수 있고, 하
나의 한자가 여러 뜻으로 쓰이는 전주(轉注)도 아무렇게나 붙여 쓰는 것이 아
니고 그런 뜻이 붙게 된 이유가 분명히 있으니 무조건 외는 시간에 '어찌 이 한
자에 이런 뜻도 있을까'를 생각하면 그 이유가 생각나고 이렇게 이유를 생각하
여 한자를 익히면 절대 잊히지 않지요. 그리고 뜻과는 상관없이 음만 빌려 외래
어를 표시했으면 가차(假借)고요.

⬤ 한자의 부수

부수는 한자를 만드는 기본 한자들로, 그 부수가 붙어서 만들어진 한자의 뜻을 짐작하게 하고, 자전에서 모르는 한자를 찾을 때 길잡이 역할도 합니다. 부수의 명칭은 놓이는 위치에 따라 다음 8가지로 구분되니 명칭만은 알아두세요.

❶ 머리 · 두(頭) : 한자의 머리 부분에 위치한 부수.　+ 頭(머리 두)

> 머리
>
> ㅗ(머리 부분 두) → 交(사귈 교), 亦(또 역)
> ⺾[풀 초(草)가 부수로 쓰일 때의 모양으로 '초 두'라 부름] → 花(꽃 화)

❷ 발 : 한자의 발 부분에 위치한 부수.

> 발
>
> 儿[사람 인(人)이 발로 쓰일 때의 모양으로 '사람 인 발'이라 부름] → 元(으뜸 원)
> ⺣[불 화(火)가 발로 쓰일 때의 모양으로 '불 화 발'이라 부름] → 無(없을 무)

❸ 에운담 : 한자를 에워싸고 있는 부수.

> 에운담
>
> 囗(에운담) → 囚(죄인 수), 固(굳을 고)
> + 門(문 문), 行(다닐 행)도 에운담 형태이지만 이 한자는 부수로 쓰일 뿐만 아니라 홀로 독립하여 쓰이는 제부수로 봄.

❹ 변(邊) : 한자의 왼쪽 부분에 위치한 부수.　+ 邊(가 변)

> 변
>
> 亻[사람 인(人)이 변으로 쓰일 때의 모양으로 '사람 인 변'이라 부름] → 仙(신선 선)
> 扌[손 수(手)가 변으로 쓰일 때의 모양으로 '손 수 변'이라 부름] → 打(칠 타)

❺ 방(傍) : 한자의 오른쪽 부분에 위치한 부수.　+ 傍(곁 방)

> 방
>
> 刂[칼 도(刀)가 방으로 쓰일 때의 모양으로 '칼 도 방'이라 부름] → 刊(책 펴낼 간)
> 阝[고을 읍(邑)이 방으로 쓰일 때의 모양으로 '고을 읍 방'이라 부름] → 郡(고을 군)

❻ 엄(掩) : 한자의 위와 왼쪽을 가리고 있는 부수.　+ 掩(가릴 엄)

> 엄
>
> 广(집 엄) → 床(평상 상), 庭(뜰 정), 座(좌석 좌)
> 厂(굴 바위 엄) → 厚(두터울 후), 原(근원 원)

❼ 받침 : 한자의 왼쪽과 밑을 받치고 있는 부수.

> 받침
>
> 辶('뛸 착, 갈 착'으로 '착밭 침'이라고도함) → 道(길 도, 도리 도, 말할 도)
> 廴('길게 걸을 인'으로 '민착받 침'이라고도함) → 建(세울 건), 延(끌 연)

❽ 제부수 : 부수로만 쓰이는 한자(부수자)들과 달리 '木(나무 목), 馬(말 마), 鳥(새 조)'처럼 부수로도 쓰이고 홀로 독립하여 쓰이기도 하는 한자들을 말함.

한자의 기초 이론

GUIDE

◉ 부수 익히기

부수는 214자가 있는데 본문에서 필요할 때마다 익히기로 하고, 여기서는 많이 쓰이는 부수 위주로, 하나의 한자가 여러 모양으로 쓰이는 경우와, 비슷하여 혼동되는 부수를 한 항목에 넣어 알기 쉽게 풀어봅니다.

1 인인인[人 亻 儿]

(1) 다리 벌리고 서있는 사람의 모습을 본떠서 사람 인(人)

(2) 사람 인(人)이 한자의 변으로 쓰일 때의 모양으로 사람 인 변(亻)

(3) 사람 인(人)이 한자의 발로 쓰일 때의 모양으로 사람 인 발, 어진사람 인(儿)

> 부수를 독음으로 자전에서 찾을 때, 부수는 원래 한자 그대로, 또는 다른 모양으로 변하여 사용되고, 명칭도 앞에서 설명한 대로 '머리 · 변 · 발' 등을 붙여 말하니 독음으로 자전에서 찾을 때 부수 명이 원래 한자의 독음과 다르면 원래 한자의 독음으로 찾아야 합니다.
> 위의 '사람 인 변'과 '사람 인 발'은 부수 명이므로 자전에서 찾으려면 원래 한자인 '사람 인(人)'의 독음 '인'에서 찾아야 하기 때문에 제목을 '인인인(人亻儿)'으로 붙였어요. 뒤에 나오는 제목도 이러한 형식입니다.

2 심심심[心 忄 小]

(1) 마음이 가슴에 있다고 생각하여 사람의 심장을 본떠서 마음 심, 중심 심(心)

(2) 마음 심(心)이 한자의 변으로 쓰일 때의 모양으로 마음 심 변(忄)

(3) 마음 심(心)이 한자의 발로 쓰일 때의 모양으로 마음 심 발(小)

> …→ 마음 심(心) 그대로 발로 쓰일 때도 있어요.

3 도도비비[刀 刂 匕 比]

(1) 옛날 칼을 본떠서 칼 도(刀)

(2) 칼 도(刀)가 한자의 방으로 쓰일 때의 모양으로 칼 도 방(刂)

(3) 비수를 본떠서 비수 비, 숟가락 비(匕)

(4) 두 사람이 나란히 앉은 모양을 본떠서 나란할 비, 견줄 비(比)

4 수빙수수빙[水 氷 氺 氵 冫]

(1) 잠겨 있는 물에 물결이 이는 모양을 본떠서 물 수(水)

(2) 한 덩어리(丶)로 물(水)이 얼어붙은 얼음이니 얼음 빙(氷)

(3) 물 수(水)가 한자의 발로 쓰일 때의 모양으로 물 수 발(氺)

(4) 물 수(水)가 한자의 변으로 쓰일 때의 모양으로, 점이 셋이니 삼 수 변(氵)

(5) 얼음 빙(氷)이 한자의 변으로 쓰일 때의 모양으로, 점이 둘이니 이 수 변(冫)

> …→ 물(氵)이 얼면 한 덩어리인데 두 점으로 쓴 것은 한자의 균형을 잡기 위해서지요.

5 화화주[火 灬 丶]

(1) 불이 활활 타는 모양을 본떠서 불 화(火)

(2) 불 화(火)가 한자의 발로 쓰일 때의 모양으로 불 화 발(灬)

(3) 점의 모양을 본떠서 점 주, 불똥 주(丶)

6 엄엄녁[厂 广 疒]

(1) 언덕에 바위가 튀어 나와 그 밑이 굴처럼 생긴 굴 바위 모양을 본떠서 굴 바위 엄, 언덕 엄(厂)

(2) 굴 바위 엄, 언덕 엄(厂) 위에 점(丶)을 찍어,
언덕이나 바위를 지붕 삼아 지은 바위 집 모양을 나타내어 집 엄(广)

(3) 나무 조각(爿)에 머리 부분(亠)을 기대야 할 정도로 병드니 병들 녁(疒)

7 척인착삼[彳 廴 辶 彡]

(1) 사거리를 본떠서 만든 다닐 행(行)의 왼쪽 부분으로 조금 걸을 척(彳)

(2) 구불구불한 길을 다리를 끌며 길게 걷는다는 데서 조금 걸을 척(彳)의 내리그은 획을 더 늘여서
길게 걸을 인(廴)

(3) 길게 걸을 인(廴)에 점(丶)을 찍어 뛰어간다는 뜻을 나타내어 뛸 착, 갈 착(辶, = 辶)

　→ '책받침'이라고도 부르는데, 원래는 '쉬엄쉬엄 갈 착(辶)'이 부수로 쓰일 때의 모양이니 '착받침'을 잘못 부르는
　　말이지요.

　→ 위에 점이 둘이면 아래를 한 번 구부리고, 위에 점이 하나면 아래를 두 번 구부립니다.

(4) 머리털이 가지런히 나있는 모양을 본떠서 터럭 삼, 긴머리 삼(彡)

8 철(초)초초입공[屮 艸 艹 廿 廾]

(1) 풀의 싹이 돋아 나오는 모양을 본떠서 싹 날 철, 풀 초(屮)

(2) 풀은 하나만 나지 않고 여러 개가 같이 나니 싹 날 철, 풀 초(屮) 두 개를 이어서 풀 초(艸)

　→ 지금은 한자로는 '풀 초(草)', 부수로는 변형된 모양의 '초 두(艹)'로 씁니다.

(3) 풀 초(草)가 부수로 쓰일 때의 모양으로, 주로 한자의 머리에 쓰이므로 머리 두(頭)를 붙여 초 두(艹)

(4) 열 십(十) 둘을 합쳐서 스물 입(廿, = 廿)

　→ 廿은 아래를 막아 써도(廿) 같은 뜻입니다.

(5) 두 손으로 받쳐 든 모양을 본떠서 받쳐 들 공(廾)

9 곤궐별을을[｜ 亅 丿 乙 乚]

(1) 위에서 아래를 뚫는 모양을 본떠서 뚫을 곤(｜)

(2) 구부러진 갈고리 모양을 본떠서 갈고리 궐(亅)

(3) 우측 위에서 좌측 아래로 삐친 모양을 본떠서 삐침 별(丿)

(4) 목과 가슴 사이가 굽은 새 모양을 본떠서 새 을, 굽을 을(乙)

(5) 새 을(乙)의 변형된 모양으로 새 을, 굽을 을(乚)

　→ 갈고리 궐(亅)과 새 을(乙)의 변형인 을(乚)은 갈고리의 구부러진 방향으로 구분하세요.

한자의 기초 이론

GUIDE

10 감경방혜[凵 冂 匚 匸(ㄴ)]

(1) 입을 벌리고 있는 모양, 또는 빈 그릇을 본떠서 입 벌릴 감, 그릇 감(凵)

(2) 멀리 떨어져 있는 성의 모양을 본떠서 멀 경, 성 경(冂)

(3) 네모난 상자나 모난 그릇의 모양을 본떠서 상자 방(匚)

(4) 뚜껑을 덮어 감춘다는 데서 뚜껑을 덮은 상자 모양을 본떠서 감출 혜, 덮을 혜(匸, = ㄴ)

⋯› 상자 방(匚)은 모나게 쓴 한자고, 감출 혜, 덮을 혜(匸, = ㄴ)는 모나지 않은 것으로 구분하세요.

11 사요사현[厶 幺 糸 玄]

(1) 사사로이 팔로 나에게 끌어당기는 모양에서 사사로울 사, 나 사(厶)

(2) 갓 태어난 아기 모양을 본떠서 작을 요, 어릴 요(幺)

⋯› 실 사(糸)의 일부분이니 작다는 데서' 작을 요(幺)'라고도 합니다.

(3) 실을 감아 놓은 실타래 모양에서 실 사, 실 사 변(糸)

(4) 머리(亠) 아래 작은(幺) 것이 검고 오묘하니 검을 현, 오묘할 현(玄)

12 부부읍읍[阜 阝 邑 阝]

(1) 흙이 쌓여 있는 언덕을 본떠서 언덕 부(阜)

(2) 언덕 부(阜)가 한자의 변으로 쓰일 때의 모양으로 언덕 부 변(阝)

(3) 일정한 경계(口)의 땅(巴)에 사람이 사는 고을이니 고을 읍(邑)

(4) 고을 읍(邑)이 한자의 방으로 쓰일 때의 모양으로 고을 읍 방(阝)

⋯› 阝는 한자의 어느 쪽에 쓰이느냐에 따라 그 뜻과 명칭이 달라집니다. 阝가 한자의 왼쪽에 쓰이면 언덕 부(阜)가
부수로 쓰인 경우로 '언덕 부 변', 오른쪽에 쓰이면 고을 읍(邑)이 부수로 쓰인 경우로 '고을 읍 방'이라 부름.

13 촌수견[寸 扌 犭]

(1) 손목에서 맥박이 뛰는 곳까지를 가리켜서 마디 촌, 법도 촌(寸)

(2) 손 수, 재주 수, 재주 있는 사람 수(手)가 한자의 변으로 쓰일 때의 모양으로 손 수 변(扌)

(3) 개 견(犬)이 부수로 쓰일 때의 모양으로 큰 개 견, 개 사슴 록 변(犭)

14 패견(현)혈수[貝 見 頁 首]

(1) 아가미가 나온 조개를 본떠서 조개 패, 재물 패, 돈 패(貝)

(2) 눈(目)으로 사람(儿)이 보거나 뵈 볼 견, 뵐 현(見)

(3) 머리(一)에서 이마(丶)와 눈(目)이 있는 얼굴 아래 목(八)까지의 모양을 본떠서 머리 혈(頁)

(4) 머리털(⺌) 아래 이마(丶)와 눈(目)이 있는 머리니 머리 수, 우두머리 수(首)

15 시시의의[示 礻 衣 衤]

(1) 하늘 땅(二)에 작은(小) 기미가 보이니 보일 시, 신 시(示)

⋯› 부수로 쓰이면 신, 제사 등과 신이 내려주는 인간의 길흉화복 등을 의미합니다.

(2) 보일 시, 신 시(示)가 한자의 변으로 쓰일 때의 모양으로 보일 시, 신 시 변(礻)

(3) 동정과 옷고름이 있는 저고리를 본떠서 옷 의(衣)

(4) 옷 의(衣)가 한자의 변으로 쓰일 때의 모양으로 옷 의 변(衤)

⋯ 보일 시 변(礻)과 옷 의 변(衤)은 비슷하지만 전혀 다른 뜻이니 잘 구분하세요.

16 시호호로[尸 戶 虎 耂]

(1) 사람이 누워 있는 모양을 본떠서 주검 시, 몸 시(尸)

(2) 한 짝으로 된 문을 본떠서 문 호, 집 호(戶)

(3) 입을 크게 벌리고 서 있는 범을 본떠서 범 호 엄(虍)

(4) 늙을 로(老)가 부수로 쓰일 때의 모양으로,
   흙(土)에 지팡이(丿)를 짚으며 걸어야 할 정도로 늙으니 늙을 로 엄(耂)

⋯ 老 : 흙(土)에 지팡이(丿)를 비수(匕)처럼 꽂으며 걸을 정도로 늙으니 '늙을 로'

17 두면멱혈[亠 宀 冖 穴]

(1) 옛날 갓을 쓸 때 상투를 튼 머리 부분을 본떠서 머리 부분 두(亠)

(2) 지붕으로 덮여 있는 집을 본떠서 집 면(宀)

(3) 보자기로 덮은 모양을 본떠서 덮을 멱(冖)

(4) 오래된 집(宀)에 나누어진(八) 구멍이니 구멍 혈, 굴 혈(穴)

18 장편알(사)[爿 片 歹(歺)]

(1) 나무를 세로로 나눈 왼쪽 조각을 본떠서 나무 조각 장(爿)

(2) 나무를 세로로 나눈 오른쪽 조각을 본떠서 조각 편(片)

(3) 하루(一) 저녁(夕) 사이에 뼈 앙상하게 말라 죽으니 뼈 앙상할 알, 죽을 사 변(歹)

⋯ 歺 : 점(卜)치듯 예상한 날 저녁(夕)에 뼈 앙상하게 말라 죽으니 '뼈 앙상할 알, 죽을 사 변'

19 궤수[几 殳]

(1) 안석이나 책상의 모양을 본떠서 안석 궤, 책상 궤(几)

(2) 안석(几) 같은 것을 손(又)에 들고 치니 칠 수, 창 수, 몽둥이 수(殳)

20 지복쇠(치)[支 攴(攵) 夂]

(1) 많은(十) 것을 손(又)으로 잡아 다루고 가르니 다룰 지, 가를 지, 지탱할 지(支)

(2) 점(卜)칠 때 오른손(又)에 회초리를 들고 툭툭 치니 칠 복(攴)

⋯ 攵 : 이리(丿) 저리(一) 엇갈리게(乂) 친다는 데서 '칠 복'과 같이 쓰입니다.

(3) 두 정강이(勹)를 뒤에서 밀며 천천히 걷는 모양을 본떠서 천천히 걸을 쇠, 뒤져올 치(夂)

⋯ 칠 복(攴, = 攵)은 4획, 천천히 걸을 쇠, 뒤져올 치(夂)는 3획입니다.

21 예부효발[乂 父 爻 癶]

(1) 이리저리 베어 다스리는 모양이 어지니 벨 예, 다스릴 예, 어질 예(乂)

한자의 기초 이론

(2) 사람이 알아야 할 것을 조목조목 나누어(八) 어질게(乂) 가르치는 아비니 아비 부(父)

(3) 서로 교차하여 사귐을 뜻하여 사귈 효, 본받을 효(爻)

(4) 등지고 걸어가는 모양을 본떠서 등질 발, 걸을 발(癶)

22 목망명혈[目 网(罓, 罒) 皿 血]

(1) 둥글고 눈동자 있는 눈을 본떠서 눈 목(目)

(2) 양쪽 기둥에 그물을 얽어 맨 모양을 본떠서 그물 망(网, = 罓, 罒)

(3) 받침 있는 그릇을 본떠서 그릇 명(皿)

(4) 고사 지낼 때 희생된 짐승의 피(丿)를 그릇(皿)에 담아 놓은 모양에서 피 혈(血)

23 익과[弋 戈]

(1) 주살을 본떠서 주살 익(弋)

(2) 몸체가 구부러지고 손잡이 있는 창을 본떠서 창 과(戈)

24 자구[自 臼]

(1) (얼굴이 자기를 대표하니) 얼굴에서 잘 드러나는 이마(丶)와 눈(目)을 본떠서 자기 자, 스스로 재(自)

(2) 곡물을 찧을 때 사용하는 절구를 본떠서 절구 구(臼)

25 천천[川 巛]

(1) 물이 굽이굽이 흐르는 내를 본떠서 내 천(川)

(2) 내 천(川)이 부수로 쓰일 때의 모양으로 개미허리 같다하여 개미허리 천(巛)

26 시치[豕 豸]

(1) 일(一)은 등이고 나머지는 머리와 다리와 꼬리로, 서 있는 돼지 모양을 본떠서 돼지 시(豕)

(2) 사나운 짐승이 먹이를 잡기 위해 몸을 웅크리고 있는 모양을 본떠서 사나운 짐승 치(豸), 벌레 치(豸)

27 유아력(격)[内 襾 鬲]

(1) 성(冂)처럼 사사로이(厶) 남긴 발자국을 본떠서 발자국 유(内)

(2) 뚜껑(襾)을 덮으니(冂) 덮을 아(襾)

(3) 하나(一)의 구멍(口)이 성(冂)처럼 패이고(八) 아래를 막은(丅) 솥의 모양에서 솥 력, 막을 격(鬲)

한자의 필순

〔1〕 기본 순서

❶ 왼쪽부터 오른쪽으로 쓴다.

예 川(丿 丿 川), 外(丿 夕 夕 列 外)

❷ 위에서 아래로 쓴다.

예 三(一 二 三), 言(一 二 三 言 言 言 言)

〔2〕 응용 순서

❶ 가로획과 세로획이 교차될 때는 가로획을 먼저 쓴다.

예 十(一 十), 土(一 十 土)

❷ 좌 · 우 대칭을 이루는 한자는 가운데를 먼저 쓰고 좌 · 우의 순서로 쓴다.

예 小(丿 亅 小), 水(丿 기 水 水)

❸ 에운담과 안으로 된 한자는 에운담부터 쓴다.

예 同(丨 冂 冂 同 同 同), 用(丿 刀 刀 月 用), 固(丨 冂 冂 門 門 固 固 固)

❹ 가운데를 꿰뚫는 획은 맨 나중에 쓴다.

예 中(丨 冂 口 中), 平(一 一 二 平 平), 事(一 一 戸 戸 写 写 事 事)

❺ 허리를 끊는 획은 맨 나중에 쓴다.

예 子(一 了 子), 女(人 女 女)

❻ 삐침과 파임이 만날 때는 삐침을 먼저 쓴다.

예 人(丿 人), 文(丶 亠 亠 文), 交(丶 亠 亠 六 亥 交)

❼ 오른쪽 위의 점은 맨 나중에 찍는다.

예 犬(一 ナ 大 犬), 代(丿 亻 仁 代 代), 成(丿 厂 厂 厈 成 成 成)

❽ 뒤에서 아래로 에워싼 획은 먼저 쓴다.

예 刀(丁 刀), 力(丁 力)

❾ 받침으로 쓰이는 한자는 다음 두 가지로 구분한다.

■ 달릴 주(走)나 면할 면(免)은 먼저 쓴다.

예 起(一 十 士 丰 走 走 起 起 起 起), 勉(丿 勹 冃 冃 舟 免 勉 勉)

■ 뜀 착, 갈 착(辶)이나 길게 걸을 인(廴)은 맨 나중에 쓴다.

예 近(一 厂 斤 斤 近 近 近 近), 廷(一 二 千 王 壬 廷 廷)

한자 3박자 연상 학습법

◉ 한자 3박자 연상 학습법이란?

한자암기박사 시리즈에 적용한 학습법은 '한자 3박자 연상 학습법'입니다. 한자 3박자 연상 학습법(LAM; Learning for Associative Memories)은 어렵고 복잡한 한자를 무조건 통째로 익히지 않고 부수나 독립된 한자로 나누어 ❶ 머리에 쏙쏙 들어오는 생생한 어원으로, ❷ 동시에 관련된 한자들도 익히면서, ❸ 그 한자가 쓰인 단어들까지 생각해 보는 방법입니다.

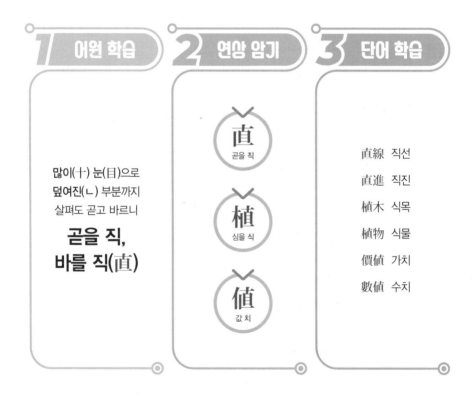

1 어원 학습

많이(十) 눈(目)으로 덮여진(ㄴ) 부분까지 살펴도 곧고 바르니

곧을 직, 바를 직(直)

2 연상 암기

直 곧을 직

植 심을 식

値 값 치

3 단어 학습

直線 직선
直進 직진
植木 식목
植物 식물
價値 가치
數値 수치

이런 방법으로 된 책의 내용을 좀 더 체계적으로 익히기 위해서 ❶ 제목을 중심 삼아 외고, ❷ 그 제목을 보면서 각 한자들은 어떤 공통점과 차이점으로 이루어진 한자들인지 구조와 어원으로 떠올려 보고, ❸ 각 한자들이 쓰인 단어들은 무엇인지 생각해 보세요. 그래서 어떤 한자를 보면 그 한자와 관련된 한자들로 이루어진 제목이 떠오르고, 그 제목에서 각 한자들의 어원과 단어들까지 떠올릴 수 있다면 이미 그 한자는 완전히 익히신 것입니다.

그럼, 한자 3박자 연상 학습법의 바탕이 된 7가지 학습법을 살펴봅시다.

◉ 학습법의 바탕이 된 7가지 학습법

(1) 어원(語源)으로 풀어 보기

한자에는 비교적 분명한 어원이 있는데, 어원을 모른 채 한자와 뜻만을 억지로 익히니 잘 익혀지지 않고 어렵기만 하지요. 한자의 어원을 생각하는 방법은 아주 간단합니다. 한자를 딱 보아서 부수나 독립된 한자로 나눠지지 않으면 그 한자만으로 왜 이런 모양에 이런 뜻의 한자가 나왔는지 생각해 보고, 부수나 독립된 한자로 나눠지면 나눠서 나눠진 한자들의 뜻을 합쳐 보면 되거든요. 그래도 어원이 생각나지 않을 때는 상상력을 동원하여 나눠진 한자의 앞뒤나 가운데에 말을 넣어 보면 되고요.

4고(古姑枯苦) ➡ 오랠 고, 옛 고(古)로 된 한자

많은(十) 사람의 입(口)에 오르내린 이야기는 이미 오래된 옛날 이야기니 오랠 고, 옛 고(古)

여자(女)가 오래(古)되면 시어머니 할미니 시어미 고, 할미 고(姑)

나무(木)가 오래(古)되면 마르고 죽으니 마를 고, 죽을 고(枯)

풀(艹) 같은 나물도 오래(古)되면 쇠어서 쓰니 쓸 고(苦)

또 맛이 쓰면 먹기에 괴로우니 괴로울 고(苦)

(2) 공통 부분으로 익히기

한자에는 여러 한자가 합쳐져 만들어진 한자가 많고, 부수 말고도 많은 한자에 공통 부분이 있으니 이 공통 부분에 여러 부수를 붙여 보는 방법도 유익합니다.

5망맹(亡忘忙妄芒盲) ➡ 망할 망(亡)으로 된 한자

머리(亠)를 감추어야(ㄴ) 할 정도로 망하여 달아나니 망할 망, 달아날 망(亡)

또 망하여 죽으니 죽을 망(亡)

망한(亡) 마음(心)처럼 잊으니 잊을 망(忘)

마음(忄)이 망할(亡) 정도로 바쁘니 바쁠 망(忙)

(그릇된 생각이나 행동으로) 정신이 망한(亡) 여자(女)처럼 망령되니 망령될 망(妄)

풀(艹)이 망가진(亡) 티끌이니 티끌 망(芒)

망한(亡) 눈(目)이면 장님이니 장님 맹(盲)

이 한자들을 자전에서 찾으려면 망할 망(亡)은 머리 부분 두(亠)에서, 잊을 망(忘)과 바쁠 망(忙)은 마음 심(心)부에서, 망령될 망(妄)은 여자 녀(女)부에서, 티끌 망(芒)은 초두(艹)부에서, 장님 맹(盲)은 눈 목(目)부에서 찾아야 하고, 서로 연관 없이 따로따로 익혀야 하니 어렵고 비효율적이지요. 그러나 부수가 아니더라도 여러 한자의 공통인 망할 망(亡)을 고정해 놓고, 망한 마음(心)처럼 잊으니 잊을 망(忘), 마음(忄)이 망할 정도로 바쁘니 바쁠 망(忙), (그릇된 생각이나 행동으로) 정신이 망한 여자(女)처럼 망령되니 망령될 망(妄), 풀(艹)이 망가진 티끌이니 티끌 망(芒), 망한 눈(目)이면 장님이니 장님 맹(盲)의 방식으로 이해하면 한 번에 여러 한자를 쉽고도 재미있게 익힐 수 있지요.

한자 3박자 연상 학습법

(3) 연결 고리로 익히기

한자에는 앞 한자에 조금씩만 붙이면 새로운 뜻의 한자가 계속 만들어져 여러 한자를
연결 고리로 익힐 수 있는 경우도 많습니다.

> **도인인인(刀刃忍認)**
> 옛날 칼을 본떠서 칼 도(刀)
> 칼 도(刀)의 날(丿) 부분에 점(丶)을 찍어서 칼날 인(刃)
> 칼날(刃)로 심장(心)을 위협하는 것 같은 상황도 참으니 참을 인(忍)
> 남의 말(言)을 참고(忍) 들어 알고 인정하니 알 인, 인정할 인(認)

칼 모양을 본떠서 칼 도(刀), 칼 도(刀)에 점 주(丶)면 칼날 인(刃), 칼날 인(刃)에 마음
심(心)이면 참을 인(忍), 참을 인(忍)에 말씀 언(言)이면 알 인, 인정할 인(認)이 되지요.

(4) 비슷한 한자 어원으로 구별하기

한자에는 비슷한 한자가 많아서 혼동되는 경우가 많은데, 이것도 어원으로 구별하면 쉽
고도 분명하게 구별되어 오래도록 잊히지 않습니다.

> **분분(粉紛)**
> 쌀(米) 같은 곡식을 나눈(分) 가루니 가루 분(粉)
> 실(糸)을 나누면(分) 헝클어져 어지러우니 어지러울 분(紛)
>
> **여노서노(如奴恕怒)**
> 여자(女)의 말(口)은 대부분 부모나 남편의 말과 같으니 같을 여(如)
> 여자(女)의 손(又)처럼 힘들게 일하는 종이니 종 노(奴)
> 예전과 같은(如) 마음(心)으로 용서하니 용서할 서(恕)
> 일이 힘든 종(奴)의 마음(心)처럼 성내니 성낼 노(怒)

(5) 그림으로 생각해 보기

한자가 부수나 독립된 한자로 나눠지지 않을 때, 이 한자는 무엇을 본떠서 만들었는지
생각해서 본뜬 물건이 나오면 상형(象形)이고, 본뜬 물건이 나오지 않으면 보이지 않는
무슨 일을 추상하여 만든 경우로 지사(指事)지요.

> **상형(象形)으로 된 한자**
> 가지 달린 나무를 본떠서 나무 목(木)
> 높고 낮은 산봉우리를 본떠서 산 산(山)
>
> **지사(指事)로 된 한자**
> 일정한 기준(一)보다 위로 오르는 모양을 생각하여 위 상, 오를 상(上)
> 일정한 기준(一)보다 아래로 내리는 모양을 생각하여 아래 하, 내릴 하(下)

(6) 하나의 한자에 여러 뜻이 있으면 그 이유를 생각해서 익히기

한자도 처음 만들어질 때는 하나의 한자에 하나의 뜻이었지만 생각이 커지고 문화가 발달할수록 더 많은 한자가 필요하게 되었어요. 그럴 때마다 새로운 한자를 만든다면 너무 복잡해지니 이미 있던 한자에 다른 뜻을 붙여 쓰게 되었지요. 그러나 아무렇게 붙여 쓰는 것이 아니고 그런 뜻이 붙게 된 이유가 분명히 있으니 무조건 외는 시간에 "이 한자는 왜 이런 뜻으로도 쓰일까?"를 생각하여 "아~하! 그래서 이 한자에 이런 뜻이 붙었구나!"를 스스로 터득하면서 익히면 훨씬 효과적입니다.

앞에 나왔던 쓸 고, 괴로울 고(苦)의 경우도 '쓸 고'면 쓸 고지 어찌 '괴로울 고'의 뜻도 될까? 조금만 생각해도 '맛이 쓰면 먹기에 괴로우니 괴로울 고(苦)'가 되었음을 금방 알게 되지요.

(7) 한자마다 반드시 예(例)까지 알아두기

한자를 익히면 반드시 그 한자가 쓰인 예(例)까지, 자주 쓰이는 어휘나 고사성어 중에서 적절한 예(例)를 골라 익히는 습관을 들이세요. 그러면 "어? 이 한자가 이런 말에도 쓰이네!"하면서 그 한자를 더 분명히 알 수 있을 뿐더러 그 한자가 쓰인 단어들까지도 정확히 알 수 있으니, 정확하고 풍부한 어휘력(語彙力)을 기를 수 있는 지름길이죠.

단어 풀이도 무조건 의역으로 된 사전식으로 외지 마시고, 먼저 아는 한자를 이용하여 직역(直譯)해 보고 다음에 의역(意譯)해 보는 습관을 들이세요. 그래야 한자 실력도 쑥쑥 늘어나고 단어의 뜻도 분명히 알 수 있거든요.

◉ 기대되는 효과

이상 7가지 방법을 종합하여 '한자 3박자 연상 학습법'이 만들어졌습니다.

'한자 3박자 연상 학습법'으로 한자를 익히면 복잡하고 어려운 한자에 대하여 자신감을 넘어 큰 재미를 느낄 것이며, 한자 3박자 연상 학습법이 저절로 익혀져 한자 몇 자 아는 데 그치지 않고, 어떤 한자를 보아도 자신 있게 분석해 보고 뜻을 생각해 볼 수 있는 안목도 생깁니다.

또 일상생활에서 만나는 어려운 단어의 뜻을 막연히 껍데기로만 알지 않고 분명하게 아는 습관이 길러져, 정확하고 풍부한 어휘력이 길러질 것이고, 정확하고 풍부한 어휘력을 바탕으로 자신 있는 언어생활, 사회생활을 하게 될 것이며, 나아가 중국어나 일본어도 70% 이상 한 셈이 될 것입니다.

이 책의 구성 & 학습법

GUIDE

책의 구성

본 교재 1권에서는 총 1,817자의 한자들을 공통점이 있는 한자들끼리 묶어 총 400개의 그룹으로 나눈 뒤(001번~400번) '한자 3박자 연상 학습법'에 따라 공부할 수 있도록 구성하였습니다.

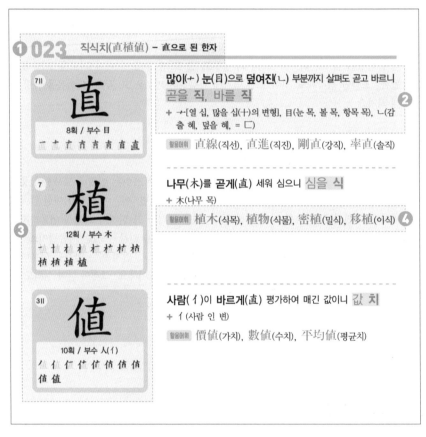

❶ **제목** ┃ '같은 어원으로 된 한자들, 연결 고리로 된 한자들, 비슷하여 혼동되는 한자들' 등과 같이 서로 관련된 한자들을 한데 묶은 그룹의 제목입니다.

❷ **어원 풀이** ┃ 각 한자의 어원을 철저히 분석하여 원래의 어원에 충실하면서도 가장 쉽게 이해되도록 간단명료하게 풀었습니다. 이 어원을 그대로만 외지 마시고 이를 참고해 더 나은 어원도 생각해 보며 한자를 익히면 보다 분명하게 익혀집니다.(지속적으로 더 명쾌한 어원으로 업데이트됩니다.)

❸ **기준자와 표제자** ┃ 처음 한자는 아래 한자들의 기준이 되는 글자, 이 기준자의 왼쪽, 오른쪽, 위, 아래에 무엇이 붙어서, 무슨 뜻의 글자가 되었는지 생각하며 익히면 좋습니다.

❹ **활용어휘** ┃ 각 한자들의 활용어휘는 교과서나 한자자격증 시험에 자주 출제되거나 실생활에서 빈번히 쓰이는 어휘들을 수록하였습니다.

◎ 한자 3박자 연상 학습법에 따른 학습법

▶ 1박자 학습

첫 번째로 나온 한자는 아래에 나온 한자들의 기준이 되는 '기준 한자'이며, 1박자 학습 시엔 기준 한자부터 우측에 설명되어 있는 생생한 어원과 함께 익힙니다. (또한 필순/난이도/총 획수/부수가 표시되어 있으니 참고하며 익히십시오.)

7II

直

8획 / 부수 目

一 十 十 方 右 有 盲 直

**많이(+) 눈(目)으로 덮여진(乚) 부분까지 살펴도 곧고 바르니
곧을 직, 바를 직**

+ 十[열 십, 많을 십(十)의 변형], 目(눈 목, 볼 목, 항목 목), 乚(감출 혜, 덮을 혜, = □)

활용어휘 直線(직선), 直進(직진), 剛直(강직), 率直(솔직)

▶ 2박자 학습

기준 한자를 중심으로 파생된 다른 한자들(첫 번째 한자 아래에 나온 한자들)을 우측의 생생한 어원과 함께 자연스럽게 연상하며 익히도록 합니다.

7

植

12획 / 부수 木

一 十 木 木 村 梢 桔 植
植 植 植 植

나무(木)를 곧게(直) 세워 심으니 심을 식

+ 木(나무 목)

활용어휘 植木(식목), 植物(식물), 密植(밀식), 移植(이식)

3II

値

10획 / 부수 人(亻)

亻 亻 亻 亻 値 値 値 値
値 値

사람(亻)이 바르게(直) 평가하여 매긴 값이니 값 치

+ 亻(사람 인 변)

활용어휘 價値(가치), 數値(수치), 平均値(평균치)

▶ 3박자 학습

어원을 중심으로 한자들을 자연스럽게 연상하며 익히는 것과 함께, 각 한자들의 훈·음을 파악하고 교과서나 한자자격증 시험에 자주 출제되는 어휘, 혹은 실생활에서 빈번히 쓰이는 어휘들을 익히도록 합니다.

이 책의 구성 & 학습법

◎ 학습 효과를 2배로 올리는 부가 콘텐츠

1. 한자 쓰기 훈련 노트 (별도 구매)

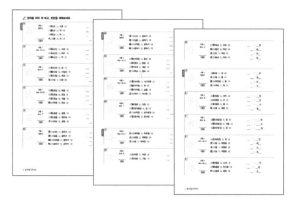

본 교재에 수록된 모든 어휘의 뜻풀이에 맞는 훈·음을 보며 직접 쓰면서 익힐 수 있도록 '한자 쓰기 훈련 노트'를 별도로 구성하여 활용도를 높였습니다. 한자는 모양새가 복잡하기 때문에 눈으로만 익히고 끝내기보다는 직접 쓰는 연습까지 병행이 되어야 머리에 훨씬 더 잘 각인될 수 있으니 쓰기 훈련 노트를 꼭 활용해 공부해 보시기 바랍니다.

2. 한자 암기 훈련 유튜브 영상

또한, [어원+훈·음+어휘설명]을 직접 읽어 주는 음성이 삽입된 '한자 암기 훈련 유튜브 영상'을 교재와 함께 학습하실 수 있습니다. 영상에선 기준 한자를 바탕으로 다른 한자들이 어떻게 형성되는지 '시각적으로 보여 주며 설명'하기 때문에 보다 쉽고 빠른 연상 암기가 가능합니다. (좌측의 QR코드 스캔하거나 유튜브에서 '한자암기박사'를 검색하면 훈련 채널로 이동 / 훈련 영상은 001번부터 순차적으로 업데이트 될 예정) ★ 어원풀이는 지속적으로 업데이트 ★

한자
암기
박사1

제목번호 001~400

8

山

3획 / 제부수

山 山 山

높고 낮은 산봉우리를 본떠서 산 산

활용어휘 山林(산림), 山脈(산맥), 山所(산소), 火山(화산)

5Ⅱ

仙

5획 / 부수 人(亻)

仙 仙 仙 仙 仙

사람(亻)이 산(山)처럼 높은 것에만 신경쓰고 살면 신선이니
신선 선

+ 신선(神仙) - 도를 닦아서 현실의 인간 세계를 떠나 자연을 벗하며
  산다는 사람.
+ 세상을 살다 보면 해결해야 할 일이 많은데, 산처럼 높은 것에만
  신경 쓰고 살 수 있으면 신선이라고 했네요.
+ 亻(사람 인 변), 神(귀신 신, 신비할 신)

활용어휘 仙境(선경), 仙女(선녀), 仙藥(선약)

7

出

5획 / 부수 凵

出 出 出 出 出

높은 데서 보면 산(山) 아래 또 산(山)이 솟아 나오고 나가니
나올 출, 나갈 출

활용어휘 出家(출가), *出嫁(출가), 出世(출세), 家出(가출)

3

拙

8획 / 부수 手(扌)

拙 拙 拙 拙 拙 拙 拙 拙

(정성 없이) 손(扌) 재주로만 만들어져 나오면(出) 못나니
못날 졸

+ 재주보다 정성이 더 중요함을 나타낸 한자네요.
+ 扌 - 손 수, 재주 수, 재주 있는 사람 수(手)가 한자의 왼쪽에
  붙는 부수인 변으로 쓰일 때의 모양으로 '손 수 변'

활용어휘 拙速(졸속), 拙劣(졸렬), 拙作(졸작), *壅拙(옹졸)

4

屈

8획 / 부수 尸

屈 屈 屈 屈 屈 屈 屈 屈

몸(尸)이 나가려고(出) 굽은 곳에서는 굽히니
굽을 굴, 굽힐 굴

+ 尸(주검 시, 몸 시) - 제목번호 268 참고

활용어휘 屈曲(굴곡), 屈伏(굴복), 不屈(불굴)

3II

谷

7획 / 제부수

谷 谷 谷 谷 谷 谷 谷

양쪽으로 **벌어지고**(八) **벌어져**(人) **구멍**(口)처럼 패인 골짜기니 **골짜기 곡**

+ 八, 人['사람 인'이지만 여기서는 여덟 팔, 나눌 팔(八)의 변형], 口(입 구, 말할 구, 구멍 구)

<u>활용어휘</u> 溪谷(계곡), 深谷(심곡), 幽谷(유곡), *峽谷(협곡)

4II

俗

9획 / 부수 人(亻)

俗 俗 俗 俗 俗 俗 俗 俗 俗

사람(亻)이 **골짜기**(谷)처럼 낮은 것에만 신경쓰고 살면 저속하니 **저속할 속**

또 저속한 사람들이 모여 사는 속세니 **속세 속**

또 **사람**(亻)이 같은 **골짜기**(谷)에 살면서 이룬 풍속이니 **풍속 속**

+ 저속(低俗) – 품위가 낮고 속됨.
+ 亻 – 사람 인(人)이 한자의 왼쪽에 붙는 부수인 변으로 쓰일 때의 모양으로 '사람 인 변'
+ 低(낮을 저)

<u>활용어휘</u> 俗物(속물), 俗談(속담), 俗世(속세), 民俗(민속)

3II

裕

12획 / 부수 衣(衤)

裕 裕 裕 裕 裕 裕 裕 裕 裕 裕 裕 裕

옷(衤)이 커 **골짜기**(谷)처럼 주름지게 넉넉하니 **넉넉할 유**

+ 衤 – 옷 의(衣)가 글자의 왼쪽에 붙는 부수인 변으로 쓰일 때의 모양으로 '옷 의 변'

<u>활용어휘</u> 裕寬(유관), 裕福(유복), 裕餘(유여), 富裕(부유)

4II

容

10획 / 부수 宀

容 容 容 容 容 容 容 容 容 容

집(宀)안일로 **골짜기**(谷)처럼 주름진 얼굴이니 **얼굴 용**

또 **집**(宀)에서처럼 마음 씀이 **골짜기**(谷)처럼 깊어 무엇이나 받아들이고 용서하니 **받아들일 용, 용서할 용**

+ 回 客(손님 객) – 제목번호 012 참고
+ 宀 – 집의 지붕을 본떠서 만든 부수자로 '집 면'

<u>활용어휘</u> 容貌(용모), 容認(용인), 許容(허용), 容恕(용서)

<table>
<tr><td>

5

浴

10획 / 부수 水(氵)

浴浴浴浴浴浴浴浴
浴浴

</td><td>

물(氵) 흐르는 **골짜기**(谷)에서 목욕하니 <u>목욕할 **욕**</u>

+ 氵 – 물 수(水)가 글자의 왼쪽에 붙는 부수인 변으로 쓰일 때의 모양으로 점이 셋이니 '삼 수 변'

활용어휘 沐浴(목욕), 坐浴(좌욕), 足浴(족욕)

</td></tr>
</table>

- -

<table>
<tr><td>

3Ⅱ

欲

11획 / 부수 欠

欲欲欲欲欲欲欲欲
欲欲欲

</td><td>

골짜기(谷)처럼 크게 **하품**(欠)하며 잠자기를 바라니
바랄 **욕**

+ 欠(하품 흠, 모자랄 흠, 이지러질 결, 빠질 결) – 제목번호 130 참고

활용어휘 欲求·慾求(욕구), 欲心·慾心(욕심)

</td></tr>
</table>

- -

<table>
<tr><td>

3Ⅱ

慾

15획 / 부수 心

慾慾慾慾慾慾慾
慾慾慾慾慾慾慾

</td><td>

바라는(欲) **마음**(心)이 많으면 욕심이니 욕심 **욕**

+ 心(마음 심, 중심 심)

활용어휘 慾望(욕망), 物慾(물욕), 意慾(의욕), 貪慾(탐욕)

</td></tr>
</table>

■ 도움말 ■

〈한자어는 먼저 글자대로 직역(直譯)해 보세요.〉

한자어도 사전에는 의역만 되어 있어 한자를 알아도 잘 적용하지 못하고 단어 따로 뜻 따로 외는 경우가 많지요?

한자어는 먼저 글자대로 직역(直譯)해 보고, 다음에 의역(意譯)해 보는 습관을 들이세요. 그러면 한자와 그 말의 뜻을 더욱 분명히 알게 됩니다.

처음에는 좀 힘들고 어렵겠지만 이런 습관을 들이면 얼마 되지 않아서 아주 쉬워지고 단어박사, 한자박사도 됩니다.

+ 직역(直譯) – '곧게 번역함'으로, 글자대로 충실히 번역함.

　의역(意譯) – '뜻으로 번역함'으로, 개개의 글자나 단어, 구절에 너무 구애되지 않고 전체의 뜻을 살리는 번역.

+ 直(곧을 직, 바를 직), 譯(번역할 역), 意(뜻 의)

8

水

4획 / 제부수

水 水 水 水

잠겨 있는 물에 물결이 이는 모양을 본떠서 **물 수**

+ 川 – 흐르는 물을 본떠서 '내 천' – 제목번호 279 참고

활용어휘 水路(수로), 冷水(냉수) ↔ 溫水(온수), 食水(식수)

5

氷

5획 / 부수 水

氷 氷 氷 氷 氷

한 **덩어리**(丶)로 **물**(水)이 얼어붙은 얼음이니 **얼음 빙**

+ 원 冰 – 얼음(冫)처럼 물(水)이 언 얼음이니 '얼음 빙'
+ 冫 – 얼음 빙(冰)이 부수로 쓰일 때의 모양으로 점이 둘이니 '이 수 변'

활용어휘 *氷菓(빙과), 氷山(빙산), 氷水(빙수), 解氷(해빙)

6

永

5획 / 부수 水

永 永 永 永 永

높은 산 한 **방울**(丶)의 **물**(水)도 길게 오래 흘러 강과 바다를 이루니 **길 영, 오랠 영**

+ 물 수(水)에 점 주(丶)를 처음 쓰는 왼쪽에 붙여 한 덩어리로 얼어 붙음을 나타내면 '얼음 빙(氷)', 위에 붙여 물이 흐르기 시작하는 높은 산을 나타내면 '길 영, 오랠 영(永)'으로 구분하세요.

활용어휘 永眠(영면), 永續(영속), 永遠(영원)

3

泳

8획 / 부수 水(氵)

泳 泳 泳 泳 泳 泳 泳 泳

물(氵)에서 **오래**(永) 있으려고 헤엄치니 **헤엄칠 영**

+ 참 溺 – 물(氵)에 약하여(弱) 빠지니 '빠질 닉(익)' – 2급
+ 헤엄칠 줄 몰라 물에 약하면 빠지지요.
+ 弱(약할 약)

활용어휘 泳法(영법), 背泳(배영), 水泳(수영), 游泳(유영)

3

詠

12획 / 부수 言

詠 詠 詠 詠 詠 詠 詠 詠
詠 詠 詠 詠

말(言)을 길게(永) 빼서 읊으니 **읊을 영**

+ 동 咏 – 입(口)을 오래(永) 벌리고 읊으니 '읊을 영' – 특급
+ 言(말씀 언), 口(입 구, 말할 구, 구멍 구)

활용어휘 詠歌(영가), 詠嘆(영탄), 吟詠(음영)

8

4획 / 제부수

日 冂 冂 日

해의 둥근 모양과 가운데 흑점을 본떠서 **해 일**

또 해가 뜨고 짐으로 구분되는 날이니 **날 일**

+ 해 일, 날 일(日)처럼 둥근 것을 본떠서 만든 한자도 네모인 이유
  - 한자가 만들어졌을 때는 좋은 필기도구가 없어서 나무나 돌 같은 딱딱한 곳에 딱딱한 도구로 한자를 새겼으니, 둥글게 새기기보다 모나게 새기기가 쉬웠기 때문이지요.

활용어휘 日光(일광), *日蝕(일식), 今日(금일), 明日(명일)

3

4획 / 제부수

曰 冂 曰 曰

입(口)으로 소리(一)내며 가로니 **가로 왈**

+ 가로다 - '말하다'를 예스럽게 이르는 말.

활용어휘 曰可曰否(왈가왈부), 曰是曰非(왈시왈비)

6

5획 / 제부수

目 冂 冂 目 目

둥글고 눈동자 있는 눈을 본떠서 **눈 목**

또 눈으로 보니 **볼 목**

또 눈으로 잘 볼 수 있게 만든 항목이니 **항목 목**

+ 항목(項目) - 어떤 기준으로 나눈 일의 가닥.
+ 項(목 항)

활용어휘 目前(목전), 注目(주목), 目錄(목록), 條目(조목)

3

5획 / 부수 一

且 冂 冂 且 且

그릇에 음식을 또또 쌓아 올린 모양을 본떠서 **또 차**

또 구해야 할 정도로 구차하니 **구차할 차**

+ 구차(苟且)하다 - ㉠ 살림이 몹시 가난하다.
  ㉡ 말이나 행동이 떳떳하거나 버젓하지 못하다.
+ 苟(구차할 구, 진실로 구)

활용어휘 且置(차치), 重且大(중차대), 況且(황차)

8

月

4획 / 제부수

月 月 月 月

초승달을 본떠서 **달 월**

또 **고기 육**(肉)의 변형으로 보아서,

고기 육(肉)이 부수로 쓰일 때의 모양으로 **육 달 월**

+ 고기 육(肉)이 부수로 쓰일 때의 月은 원래의 '달 월'과 구분하기 위하여 '육 달 월'이라 부릅니다.
+ 한자의 왼쪽이나 아래에 붙는 月은 대부분 고기 육(肉)이 부수로 쓰일 때의 모양인 '육 달 월'이고, 한자의 오른쪽에 붙는 月은 대부분 달 월(月)이 부수로 쓰일 때의 모양입니다.
+ 실제로 달도 해처럼 둥글지만 이지러진 모양으로 더 많이 보이니, 초승달의 모양을 본떠서 '달 월(月)'을 만든 것으로, 달이 보이기 시작하는 초하루부터 아주 안 보이는 그믐까지의 한 달도 가리킵니다.
+ 지구에서 가장 가까운 달은 인체에도 많은 영향을 주어, 인체와 관련된 한자에 '月'이 부수로 사용됩니다.

활용어휘 半月(반월), 明月(명월), 月刊(월간), *月貰(월세)

■ 도움말 ■

〈약어 풀이〉

원 : 원자(原字 - 속자나 약자가 아닌 원래의 한자로, 정자라고도 함)

속 : 속자(俗字 - 정자는 아니나 일반적으로 흔히 쓰는 한자)

약 : 약자(略字 - 글자의 획 일부를 생략하거나 전체 구성을 간단히 줄인 한자)

비 : 한자 형태가 비슷한 한자

유 : 뜻이 유사한 한자

동 : 뜻이 같은 한자

통 : 뜻이 서로 통하는 한자

참 : '급수 외 한자'이지만 참고로 인용한 한자, 또는 실제 쓰이지 않지만 해당 한자가 들어간 한자들을 참고하여 만들어 본 한자

〈어휘 앞에 *표시가 있는 활용어휘〉

활용어휘 앞에 *표가 붙은 어휘는 3급 외 한자가 포함된 어휘이거나, 동음이의어(同音異義語)입니다.

+ 동음이의어(同音異義語) - 글자의 음(音)은 같으나 뜻이 다른 낱말.

+ 同(같을 동), 音(소리 음), 異(다를 이), 義(옳을 의, 의로울 의, 뜻 의), 語(말씀 어)

3II

昌

8획 / 부수 日

昌 昌 昌 昌 昌 昌 昌 昌

해(日)처럼 밝게 분명히 **말하면**(日) 빛나니 빛날 창

+ 매사 긍정적이고 태도가 분명한 사람이 빛나지요.

활용어휘 昌大(창대), 昌盛(창성), 昌昌(창창), 繁昌(번창)

5

唱

11획 / 부수 口

唱 唱 唱 唱 唱 唱 唱
唱 唱 唱 唱

입(口)으로 **빛나게**(昌) 노래 부르니 노래 부를 창

+ 口(입 구, 말할 구, 구멍 구)

활용어휘 唱歌(창가), 名唱(명창), 齊唱(제창), 合唱(합창)

3

冒

9획 / 부수 冂

冒 冒 冒 冒 冒 冒 冒 冒
冒

아무 것이나 함부로 **말하고**(日) **바라보면**(目) 위험을
무릅쓰니 무릅쓸 모

+ 윤 胃(밥통 위) - 제목번호 053 참고
+ 부수가 멀 경, 성 경(冂)임이 특이하네요.

활용어휘 *冒瀆(모독), 冒頭(모두), 冒險(모험)

3

眉

9획 / 부수 目

眉 眉 眉 眉 眉 眉 眉 眉
眉

눈썹이 **눈**(目) 위에 있음을 본떠서 눈썹 미

활용어휘 眉間(미간), 白眉(백미), *焦眉(초미)

4

看

9획 / 부수 目

看 看 看 看 看 看 看 看
看

(눈이 부시거나 더 잘 보려고 할 때)
손(手)을 **눈**(目) 위에 얹고 보니 볼 간

+ 回 着(붙을 착) - 제목번호 376 참고
+ 手[손 수, 재주 수, 재주 있는 사람 수(手)의 변형]

활용어휘 看過(간과), 看病(간병), 看守(간수), 看護(간호)

6II

明

8획 / 부수 日

明 明 明 明 明 明 明 明

해(日)와 달(月)이 같이 뜬 것처럼 밝으니 밝을 명

+ 日(해 일, 날 일), 月(달 월, 육 달 월)

활용어휘 明朗(명랑), 鮮明(선명), 說明(설명), 解明(해명)

3II

盟

13획 / 부수 皿

盟 盟 盟 盟 盟 明 明 明
明 盟 盟 盟 盟

밝게(明) 그릇(皿)에 물 떠놓고 맹세하니 맹세할 맹

+ 皿 - 받침 있는 그릇을 본떠서 '그릇 명' - 제목번호 357 참고
+ 옛날에는 그릇에 물 떠놓고 천지신명께 빌고 맹세했지요.

활용어휘 盟誓(맹서 → 맹세), 盟約(맹약), 同盟(동맹)

3

朋

8획 / 부수 月

朋 朋 朋 朋 朋 朋 朋 朋

몸(月)과 몸(月)이 비슷한 벗들의 무리니 벗 붕, 무리 붕

+ '벗 붕, 무리 붕(朋)'은 같은 모양의 달 월, 육 달 월(月) 둘로 되었
　으니 같은 또래의 벗[동기(同期)]의 벗, '벗 우(友 - 제목번호 191
　참고)'는 같은 뜻의 벗[동지(同志)]의 벗으로 구분하세요.
+ 同(같을 동), 期(기간 기, 기약할 기), 志(뜻 지)

활용어휘 朋結(붕결), 朋友(붕우), 朋黨(붕당), 朋輩(붕배)

3

崩

11획 / 부수 山

崩 崩 崩 崩 崩 崩 崩 崩
崩 崩 崩

**산(山)처럼 무거운 것이 무리(朋)지어 누르면 무너지니
무너질 붕**

+ 山(산 산) - 제목번호 001 참고

활용어휘 崩壞(붕괴), *崩潰(붕궤), 崩御(붕어)

組

4

11획 / 부수 糸

組組組組組組組
組組組

실(糸)을 겹치고 **또**(且) 겹쳐 짜니 **짤 조**

+ 糸(실 사, 실 사 변), 且(또 차, 구차할 차) - 제목번호 005 참고

활용어휘 組立(조립), 組成(조성), 組合(조합), 勞組(노조)

- -

祖

7

10획 / 부수 示

祖祖祖祖祖祖祖
祖祖

보면(示) **또**(且) 절해야 하는 할아버지니 **할아버지 조**

또 할아버지 위로 대대의 조상이니 **조상 조**

+ 조상(祖上) - ① 돌아간 어버이 위로 대대의 어른.
　　　　　　 ② 자기 세대 이전의 모든 세대.
+ 示(보일 시, 신 시)

활용어휘 祖父(조부), 始祖(시조), 元祖(원조)

- -

租

3II

10획 / 부수 禾

租租租租租租租
租租

벼(禾)로 **또**(且) 세금을 내니 **세금 조, 세낼 조**

+ 稅(세금 세) - 제목번호 126 참고
+ 옛날에는 세금을 곡식, 곡식 중에서도 특히 벼로 냈습니다.

활용어휘 租貢(조공), 租稅(조세), 租借(조차)

- -

宜

3

8획 / 부수 宀

宜宜宜宜宜宜宜

지붕(宀)으로 덮인 곳이 **또**(且)한 살기에 마땅하니
마땅할 의

+ 宜 - 지붕으로 덮인(宀) 곳이 또(且)한 살기에 마땅하니
　'마땅할 의'
+ 宣(펼 선, 베풀 선) - 제목번호 010 참고
+ 宀(집 면), 冖(덮을 멱)

활용어휘 宜當(의당), 時宜(시의), 便宜(편의)

- -

查

5

9획 / 부수 木

查查查查查查查
查查

나무(木)까지 **또**(且) 조사하니 **조사할 사**

+ 木(나무 목)

활용어휘 查定(사정), 監査(감사), 檢査(검사), 內査(내사)

3II

旦

5획 / 부수 日

旦 口 旦 旦 旦

해(日)**가 지평선**(一) **위로 떠오르는 아침이니** 아침 **단**

+ 아침 단(旦)은 설날 같은 아주 특별한 아침에, 아침 조(朝 – 제목 번호 198 참고)는 보통의 아침에 쓰입니다.
+ 一('한 일'이지만 여기서는 지평선으로 봄)

활용어휘 元旦(원단), 早旦(조단), 一旦(일단)

- -

3II

但

7획 / 부수 人(亻)

但 但 但 但 但 但 但

사람(亻)**은 아침**(旦)**이면 다만 하루 일을 생각하니** 다만 **단**

+ 亻 – 사람 인(人)이 글자의 왼쪽에 붙는 부수인 변으로 쓰일 때의 모양으로 '사람 인 변'

활용어휘 但只(단지), 但書(단서), 非但(비단)

- -

4II

得

11획 / 부수 彳

得 得 得 得 得 得 得 得 得 得 得

걸어가(彳) **아침**(旦)**부터 법도**(寸)**에 맞게 일하면 무엇이나 얻으니** 얻을 **득**

+ 彳(조금 걸을 척), 寸(마디 촌, 법도 촌)

활용어휘 得道(득도), 納得(납득), 體得(체득)

1

6획 / 부수 二

亘 亘 亘 亘 亘 亘

하늘(一) 아래 햇(日)살이 땅(一) 위에 뻗쳐 펴지니

뻗칠 긍, 펼 선

+ 비 旦(아침 단)
+ 펼 선, 베풀 선(宣)과 통함.

활용어휘 *亘古(긍고), *亘萬古(긍만고)

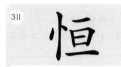

3II

9획 / 부수 心(忄)

恒 恒 恒 恒 恒 恒 恒 恒

마음(忄)이 항상 무엇으로 **뻗어가듯**(亘) 항상이니 항상 항

+ 마음은 항상 무엇을 생각하며 어디론가 뻗어 가지요.

활용어휘 恒常(항상), 恒久(항구), 恒時(항시), 恒溫(항온)

4

宣

9획 / 부수 宀

宣 宣 宣 宣 宣 宣 宣 宣 宣

온 **집**(宀) 안에 **뻗치도록**(亘) 펴서 베푸니

펼 선, 베풀 선

+ 비 宜(마땅할 의) - 제목번호 008 참고
+ 宀(집 면)

활용어휘 宣告(선고), 宣教(선교), 宣言(선언), 宣傳(선전)

7

3획 / 제부수

夕 夕 夕

초승달(月) 일부가 구름에 가려있는 모양을 본떠서 저녁 석

+ 閣 夜(밤 야) - 제목번호 170 참고
+ 초승달을 본떠서 '달 월(月)'을 만들었으니, 초승달(月) 일부가 구름에 가려있는 모양으로 '저녁 석(夕)'을 만든 것이지요. 초승달은 초저녁 서쪽 하늘에 잠깐 떴다가 지니까요.

활용어휘 夕刊(석간), 夕陽(석양), 朝夕(조석), 秋夕(추석)

- -

6

6획 / 부수 夕

夕 夕 夕 多 多 多

(세월이 빨라) 저녁(夕)과 저녁(夕)이 거듭되어 많으니
많을 다

+ 閣 少(적을 소, 젊을 소) - 제목번호 016 참고

활용어휘 多急(다급), 多讀(다독), 多福(다복), 多情(다정)

- -

4II

11획 / 부수 禾

移 移 禾 移 移 移 移 移
移 移 移

못자리의 벼(禾)가 많이(多) 자라면 옮겨 심듯 옮기니
옮길 이

+ 벼는 일단 못자리에 씨앗을 뿌렸다가 어느 정도 자라면 본 논에 옮겨 심는데, 이것을 '모내기'라 하지요.
+ 禾(벼 화)

활용어휘 移民(이민), 移動(이동), *移徙(이사), 推移(추이)

- -

7II

6획 / 부수 口

名 夕 夕 夕 名 名 名

저녁(夕)에 보이지 않아 입(口)으로 부르는 이름이니
이름 명

또 이름이 알려지도록 이름나니 이름날 명

+ 사회생활이 별로 없었던 옛날에는 어두울 때나 이름을 사용했답니다.
+ 口(입 구, 말할 구, 구멍 구)

활용어휘 改名(개명), 無名(무명), 名家(명가), 名品(명품)

- -

3II

14획 / 부수 金

銘 銘 銘 銘 銘 銘 銘 金
銘 銘 銘 銘 銘 銘

쇠(金)로 이름(名)을 새기니 새길 명

+ 金(쇠 금, 금 금, 돈 금, 성씨 김)

활용어휘 銘心(명심), 感銘(감명), 座右銘(좌우명)

6II	
各	
6획 / 부수 口	
各 各 冬 冬 各 各	

(세상 만물의 이름이 각각 다르니)
이름 명(名)을 변형시켜 각각 각

+ 훈과 음이 까마귀 우는 소리네요.

활용어휘 各各(각각), 各界(각계), 各別(각별), 各種(각종)

5II	
格	
10획 / 부수 木	
格 十 格 格 格 格 格 格 格 格	

나무(木)로 각각(各)의 물건을 만드는 격식이니 격식 격
또 모두 격식에 맞게 헤아리니 **헤아릴 격**

+ 木(나무 목)

활용어휘 格式(격식), 格調(격조), 性格(성격), 格物(격물)

3II	
絡	
12획 / 부수 糸	
絡 絡 絡 絡 絡 絡 絡 絡 絡 絡 絡 絡	

실(糸)로 각각(各)을 이으니 이을 락(낙)

+ 糸(실 사, 실 사 변)

활용어휘 經絡(경락), 脈絡(맥락), 連絡(연락)

4	
略	
11획 / 부수 田	
略 略 略 略 略 略 略 略 略 略 略	

**밭(田)의 경계를 각각(各)의 발걸음으로 정하여 간략하게
빼앗으니 간략할 략(약), 빼앗을 략(약)**

+ 길이를 재는 자가 귀하던 옛날에는 여기서 몇 걸음은 누구의 것
같은 방식으로 밭의 경계를 정하여 간략하게 빼앗기도 했답니다.
+ 田(밭 전)

활용어휘 略圖(약도), 略式(약식), 簡略(간략), 計略(계략)

6	
路	
13획 / 부수 足(⻊)	
路 路 路 路 路 路 路 路 路 路 路	

발(⻊)로 각각(各) 걸어다니는 길이니 길 로(노)

+ ⻊[발 족, 넉넉할 족(足)의 변형]

활용어휘 路邊(노변), 路線(노선), 路資(노자), 通路(통로)

3II

閣

14획 / 부수 門

閣 閣 閣 閣 閁 門 門 門
門 閁 閣 閣 閣 閣

문(門)이 **각**(各) 방향에 있는 누각이니 <mark>누각 **각**</mark>

또 **각**(各) **부문**(門) 장관급의 모임인 내각이니 <mark>내각 **각**</mark>

+ 누각(樓閣) – 사방을 바라볼 수 있도록 문과 벽이 없이 다락처럼 높이 지은 집.
+ 내각(內閣) – 국가의 행정권을 담당하는 최고 기관.
+ 樓(다락 루, 누각 루, 층 루), 內(안 내, 나인 나)

활용어휘 鐘閣(종각), 閣僚(각료)

5II

客

9획 / 부수 宀

客 客 客 客 宀 宀 宀 客
客

집(宀)에 온 **각각**(各) 다른 손님이니 <mark>손님 **객**</mark>

+ 반 主(주인 주) – 제목번호 100 참고
+ 비 容(얼굴 용, 받아들일 용, 용서할 용) – 제목번호 002 참고
+ 宀(집 면)

활용어휘 客觀(객관), 客室(객실), 客地(객지), 觀客(관객)

5

落

13획 / 부수 草(艹)

落 落 落 落 落 落 落 落
落 落 落 落 落

풀(艹)에 맺힌 물(氵)방울이 **각각**(各) 떨어지니
<mark>떨어질 **락(낙)**</mark>

또 떨어져 여기저기 형성된 마을이니 <mark>마을 **락(낙)**</mark>

+ 艹(초 두), 氵(삼 수 변)

활용어휘 落心(낙심), 落書(낙서), 脫落(탈락), 村落(촌락)

■ 도움말 ■

〈한자의 음(音)이 단어의 위치에 따라 달라지는 이유는?〉
국어의 문법에 있는 두음 법칙(頭音法則) 때문입니다.
두음 법칙이란 '(단어의) 첫소리 법칙'으로, '리유(理由) → 이유, 녀자(女子) → 여자, 래일(來日)
→ 내일'처럼 단어의 첫머리에 오는 'ㄹ'과 'ㄴ'이 'ㄴ, ㅇ'으로 바뀌는 법칙입니다. 물론 원리(原理),
남녀(男女), 왕래(往來)에서처럼 이 한자가 단어의 첫머리에 오지 않을 때는 원래대로 씁니다.

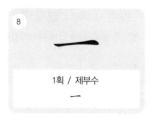

1획 / 제부수
一

나무토막 한 개를 옆으로 놓은 모양에서 한 일

활용어휘 一念(일념), 一行(일행), 單一(단일), 同一(동일)

2획 / 제부수
二 二

나무토막 두 개를 옆으로 놓은 모양에서 둘 이

활용어휘 二輪車(이륜차), 二重(이중), 一人二役(일인이역)

3획 / 부수 一
二 三 三

나무토막 세 개를 옆으로 놓은 모양에서 석 삼

활용어휘 三寸(삼촌), 作心三日(작심삼일)

5획 / 부수 囗
四 四 四 四 四

에워싼(囗) 부분을 사방으로 나누어(八) 넉 사

+ 囗[에운담, 나라 국(國)의 약자], 八(여덟 팔, 나눌 팔)

활용어휘 四骨(사골), 四柱(사주), 四寸(사촌), 四海(사해)

4획 / 부수 二
五 五 五 五

열(十)을 둘(二)로 나눈(丨) 다섯이니 다섯 오

+ 十(열 십, 많을 십), 丨('뚫을 곤'이지만 여기서는 나누는 모양으로 봄)

활용어휘 五感(오감), 五穀(오곡), 三綱五倫(삼강오륜)

머리(亠)를 중심으로 **나눠지는(八)** 방향이 동서남북 상하의 여섯이니 **여섯 류(육)**

+ 亠(머리 부분 두), 八[여덟 팔, 나눌 팔(八)의 변형]

활용어휘 六感(육감), 六旬(육순), 六身(육신)

하늘(一)의 북두칠성(✓) 모양을 본떠서 **일곱 칠**

+ 一('한 일'이지만 여기서는 하늘로 봄)

활용어휘 七寶(칠보), 七夕(칠석), 七旬(칠순)

두 손을 네 손가락씩 위로 편( ) 모양에서 **여덟 팔**

또 양쪽에서 잡아당겨 나누는 모양으로도 보아 **나눌 팔**

+ 间 人(사람 인), 入(들 입) - 제목번호 105 참고

활용어휘 八達(팔달), 八道(팔도), 八字(팔자)

열 십, 많을 십(十)의 가로줄을 **구부려(十)** 하나가 모자란 아홉이라는 데서 **아홉 구**

또 아홉은 단일 숫자 중에서 제일 크고 많으니 **클 구, 많을 구**

활용어휘 十九孔炭(십구공탄), 九牛一毛(구우일모)

일(一)에 **하나(|)**를 그어 한 묶음인 열( )을 나타내어 **열 십**

또 전체를 열로 보아 열이면 많다는 데서 **많을 십**

활용어휘 十戒(십계), 十代(십대), 十分(십분)

3

吾

7획 / 부수 口

吾 吾 吾 吾 吾 吾 吾

다섯(五) 손가락, 즉 손으로 자신을 가리키며 말하는(口) 나니 나 오

+ 口(입 구, 말할 구, 구멍 구)

활용어휘 吾等(오등), 吾不關焉(오불관언)

- -

3II

悟

10획 / 부수 心(忄)

悟 悟 忄 悟 悟 悟 悟
悟 悟

마음(忄)에 나(吾)를 깨달으니 깨달을 오

+ 忄 - 마음 심, 중심 심(心)이 글자의 왼쪽에 붙는 부수인 변으로 쓰일 때의 모양으로 '마음 심 변'

활용어휘 悟道(오도), 覺悟(각오), 大悟覺醒(대오각성)

- -

6II

半

5획 / 부수 十

半 半 半 半 半

나누어(八) 둘(二)로 가른(丨) 반이니 반 반

+ 비 牛(소 우) - 제목번호 031 참고
+ 丨('뚫을 곤'이지만 여기서는 가르는 모양으로 봄)

활용어휘 半開(반개), 半熟(반숙), 半折(반절), 過半(과반)

- -

3

伴

7획 / 부수 人(亻)

伴 伴 伴 伴 伴 伴 伴

사람(亻)의 반(半)쪽을 채워 주는 짝이니 짝 반

또 짝을 따르니 따를 반

+ 사람은 원래 반쪽이고 자기 짝을 찾아 합쳐야 온전한 사람이 된다고 하지요. 그래서 둘이 합쳐 완전한 원을 이루자고 결혼식에서 둥근 반지를 주고받는다네요.

활용어휘 伴侶者(반려자), 同伴(동반), 伴奏(반주)

- -

4

判

7획 / 부수 刀(刂)

判 判 判 判 判 判 判

반(半)을 칼(刂)로 쪼개듯이 딱 잘라 판단하니 판단할 판

+ 刂 - 칼 도(刀)가 글자의 오른쪽에 붙는 부수인 방으로 쓰일 때의 모양으로 '칼 도 방'

활용어휘 判決(판결), 判例(판례), 談判(담판), 批判(비판)

8

小

3획 / 제부수

小 小 小

하나(丨)를 나누어(八) 작으니 작을 소

+ 凹 大(큰 대) - 제목번호 106 참고
+ 丨('갈고리 궐'이지만 여기서는 하나로 봄), 八(여덟 팔, 나눌 팔)

활용어휘 小心(소심), 小食(소식), 小說(소설)

7

少

4획 / 부수 小

小 小 小 少

작은(小) 것이 또 떨어져 나가(丿) 적으니 적을 소

또 나이가 적어 젊으니 **젊을 소**

+ 凹 多(많을 다) - 제목번호 011 참고
+ 凹 老(늙을 로) - 제목번호 098 참고

활용어휘 少量(소량), 少數(소수), 減少(감소), 少年(소년)

3

尖

6획 / 부수 小

尖 尖 尖 尖 尖 尖

위는 작고(小) 아래로 갈수록 커져(大) 뽀족하니
뽀족할 첨

+ 뽀족하다 - ㉠ 물체의 끝이 점차 가늘어져서 날카롭다.
　　　　　　 ㉡ 계책이나 생각, 성능 등이 신통하다.
　　　　　　 여기서는 ㉠의 뜻.

활용어휘 尖端(첨단), 尖兵(첨병), 尖銳(첨예), 尖塔(첨탑)

■ 도움말 ■

〈小와 少의 구별〉

'작을 소(小)'는 주로 크기가 작다는 뜻이고, '적을 소, 젊을 소(少)'는 주로 양이 적다, 젊다는 뜻입니다. 그래서 '작을 소(小)'의 반대는 '큰 대(大)', '적을 소, 젊을 소(少)'의 반대는 '많을 다(多)와 늙을 로(老)'입니다.

7Ⅱ

不

4획 / 부수 一

不 不 不 不

하나(一)의 작은(小) 잘못도 해서는 아니 되니
아닐 불, 아닐 부

+ '아닐 불(不)'은 부당(不當), 부정(不定)처럼 [ㄷ, ㅈ]으로 시작하는 말 앞에서는 '부'로 발음됩니다.

활용어휘 不潔(불결), 不滿(불만), 不當(부당), 不正(부정)

- -

3

杯

8획 / 부수 木

杯 杯 杯 杯 杯 杯 杯 杯

나무(木)로 만든 일반 그릇이 아닌(不) 잔이니 잔 배

+ 割盞 - 일반 그릇이 아닌(不) 그릇(皿)의 잔이니 '잔 배' - 특Ⅱ
+ 木(나무 목), 皿(그릇 명)

활용어휘 杯盤(배반), 乾杯(건배), 苦杯(고배), 祝杯(축배)

- -

4

否

7획 / 부수 口

否 否 否 否 否 否 否

아니(不)라고 말하니(口) 아닐 부
또 아니 되게 막히니 막힐 비

+ 割可(옳을 가, 가히 가, 허락할 가) - 제목번호 311 참고
+ 口(입 구, 말할 구, 구멍 구)

활용어휘 否決(부결), 否認(부인), 安否(안부), 否運(비운)

■ 도움말 ■

〈不과 否〉
아니 불, 아닐 부(不)는 다음 말을 부정하는 부정사이고, 아닐 부(否)는 자체에 '아니다'라는 뜻을 가지고 혼자 쓰일 수 있는 형용사입니다.

3ΙΙ

沙

7획 / 부수 水(氵)

沙沙沙沙沙沙沙

물(氵)로 인하여 돌이 **작아진(少)** 모래니 모래 **사**

+ 동 砂 – 돌(石)이 작아진(少) 모래니 '모래 사' – 특ΙΙ
+ 바위틈에 물이 들어가 얼면 부피가 커지니 바위가 쪼개지고, 이런 현상이 반복되어 모래가 되지요.
+ 氵(삼 수 변), 石(돌 석), 少('적을 소, 젊을 소'지만 여기서는 '작을 소'의 뜻으로 봄)

활용어휘 沙漠(사막), 沙上樓閣(사상누각), 黃沙(황사)

4

妙

7획 / 부수 女

妙妙妙妙妙妙妙

여자(女)가 **젊으면(少)** 묘하고 예쁘니
묘할 **묘**, 예쁠 **묘**

+ 女(여자 녀)

활용어휘 妙技(묘기), 妙案(묘안), 絶妙(절묘), *妙齡(묘령)

3

抄

7획 / 부수 手(扌)

抄抄抄抄抄抄抄

손(扌)으로 필요한 부분만 **적게(少)** 뽑아 베끼니
뽑을 **초**, 베낄 **초**

+ 扌(손 수 변)

활용어휘 抄錄(초록), 抄譯(초역), 抄本(초본)

3

秒

9획 / 부수 禾

秒秒秒秒秒秒秒秒
秒

벼(禾)에 붙은 **적은(少)** 까끄라기니 까끄라기 **묘**
또 까끄라기처럼 작은 단위인 초니 초 **초**

+ 까끄라기 – 곡식 낱알 껍질에 붙은 수염.
+ 禾(벼 화)

활용어휘 秒速(초속), 秒針(초침), 每秒(매초)

3

賓

14획 / 부수 貝

賓賓賓賓賓賓賓賓
賓賓賓賓賓賓

집(宀)에 온 한(一) **젊은이(少)**는 재물(貝)을 가지고 온
손님이니 손님 **빈**

+ 宀(집 면), ⺰[적을 소, 젊을 소(少)의 획 줄임], 貝(조개 패, 재물 패, 돈 패) – 제목번호 358 참고

활용어휘 國賓(국빈), 貴賓(귀빈), 來賓(내빈), 外賓(외빈)

6II **省** 9획 / 부수 目 省 省 省 省 省 省 省 省 省	적은(少) 것까지 **눈**(目)여겨 살피니 <mark>살필 성</mark> 또 사물을 **적게**(少) 줄여서 **보니**(目) <mark>줄일 생</mark> + 目(눈 목, 볼 목, 항목 목) 활용어휘 省墓(성묘), 反省(반성), 自省(자성), 省略(생략)

019 소(초)소삭[肖消削] - 肖로 된 한자

3II **肖** 7획 / 부수 肉(月) 肖 肖 肖 肖 肖 肖 肖	작은(小) **몸**(月)이니 **작을 소** 또 **작아도**(小) **몸**(月)은 부모를 닮으니 <mark>닮을 초</mark> + 月(달 월, 육 달 월) 활용어휘 肖像權(초상권), 肖像畫(초상화), 不肖(불초)

6II **消** 10획 / 부수 水(氵) 消 消 消 消 消 消 消 消 消 消	물(氵)로 **작아지게**(肖) 끄거나 삭이니 <mark>끌 소, 삭일 소</mark> 또 열정을 삭이고 물러서니 <mark>물러설 소</mark> 활용어휘 消火(소화), 消化(소화), 消極的(소극적)

3II **削** 9획 / 부수 刀(刂) 削 削 削 削 削 削 削 削	**작아지게**(肖) **칼**(刂)로 깎으니 <mark>깎을 삭</mark> + 刂(칼 도 방) 활용어휘 削減(삭감), 削髮(삭발), 削除(삭제), 添削(첨삭)

6II

計

9획 / 부수 言

計 計 計 計 計 計 計 計
計

말(言)로 많이(十) 셈하고 꾀하니 **셈할 계, 꾀할 계**

+ 言(말씀 언), 十(열 십, 많을 십)

활용어휘 計算(계산), 計數(계수), 計策(계책), 凶計(흉계)

4

針

10획 / 부수 金

針 針 針 針 針 針 針 針
針 針

쇠(金)를 많이(十) 갈아 만든 바늘이니 **바늘 침**

+ 圖 鍼 - 쇠(金)를 거의 다(咸) 갈아 만든 바늘이니 '바늘 침'
+ 金(쇠 금, 금 금, 돈 금, 성씨 김), 咸(다 함) - 제목번호 316 참고

활용어휘 方針(방침), 時針(시침), 指針(지침)

4II

支

4획 / 제부수

支 支 支 支

많은(十) 것을 손(又)으로 다루고 가르니
다룰 지, 가를 지

또 갈라 지출하니 **지출할 지**

+ 凹 攴(칠 복, = 攵) - 제목번호 370 참고
+ 지출(支出) - 어떤 목적을 위해 돈을 지급하는 일.
+ 又(오른손 우, 또 우), 出(나올 출, 나갈 출)

활용어휘 *支撑(지탱), 支店(지점), 支給(지급), 支拂(지불)

3II

枝

8획 / 부수 木

枝 枝 枝 枝 枝 枝 枝 枝

나무(木) 줄기에서 갈라져(支) 나온 가지니 **가지 지**

+ 木(나무 목)

활용어휘 枝葉(지엽), 金枝玉葉(금지옥엽), *剪枝(전지)

5

技

7획 / 부수 手(扌)

技 技 技 技 技 技 技

손(扌)으로 다루는(支) 재주니 **재주 기**

+ 扌(손 수 변)

활용어휘 技師(기사), 技術(기술), 實技(실기), 演技(연기)

4Ⅱ

單

12획 / 부수 口

單單單單單單單單
單單單單

식구의 **입들**(口口)을 먹여 살리기 위해
밭(田)에 **많이**(十) 나가 일하는 혼자니 **홑 단**

+ 얜 単 – 반짝이는 불꽃(ᘁ)처럼 밭(田)에 많이(十) 나가 일하는
혼자니 '홑 단'
+ 홑 – 낱. 하나.
+ 田(밭 전), 十(열 십, 많을 십)

활용어휘 單價(단가), 單獨(단독), 單數(단수)

3Ⅱ

禪

17획 / 부수 示

禪禪禪禪禪禪禪
禪禪禪禪禪禪禪
禪

보는(示) 것이 **하나**(單)뿐이면 마음도 고요하니
고요할 선

+ 示(보일 시, 신 시)

활용어휘 禪師(선사), 坐禪(좌선), 參禪(참선)

4

彈

15획 / 부수 弓

彈彈彈彈彈彈彈
彈彈彈彈彈彈彈

활(弓)의 화살처럼 총에서 **하나**(單)씩 튕겨 나가는 탄알이니
튕길 탄, 탄알 탄

+ 얜 弾
+ 弓(활 궁)

활용어휘 彈琴(탄금), 彈力(탄력), 彈孔(탄공), 爆彈(폭탄)

6Ⅱ

戰

16획 / 부수 戈

戰戰戰戰戰戰戰戰
戰戰戰戰戰戰戰戰

홀로(單) **창**(戈) 들고 싸우니 **싸울 전**
또 싸우면 무서워 떠니 **무서워 떨 전**

+ 얜 戦, 战 – 점령하려고(占) 창(戈) 들고 싸우니 '싸울 전'
+ 戈(창 과), 占(점칠 점, 점령할 점)

활용어휘 戰亂(전란), 戰略(전략), 作戰(작전), *戰慄(전율)

6
古
5획 / 부수 口
古 古 古 古 古

많은(十) 사람의 입에 오르내린 **말**(口)은
이미 오래된 옛날 이야기니 **오랠 고, 옛 고**

＋ 十(열 십, 많을 십), 口(입 구, 말할 구, 구멍 구)

활용어휘 古物(고물), 中古(중고), 古風(고풍), 復古(복고)

3II
姑
8획 / 부수 女
姑 姑 姑 姑 姑 姑 姑 姑

여자(女)가 **오래**(古)되면 시어미나 할미니
시어미 고, 할미 고

또 (세월이 빨라) 할미가 되는 것은 잠깐이니 **잠깐 고**

＋ 女(여자 녀)

활용어휘 姑婦(고부), 姑母(고모), 姑息(고식)

3
枯
9획 / 부수 木
枯 枯 枯 枯 枯 枯 枯 枯 枯

나무(木)도 **오래**(古)되면 마르고 죽으니
마를 고, 죽을 고

＋ 木(나무 목)

활용어휘 枯渴(고갈), 枯木(고목), 枯死(고사), 枯葉(고엽)

5
固
8획 / 부수 囗
固 固 固 固 固 固 固 固

에워싸(囗) **오래**(古) 두면 굳으니 **굳을 고**

또 굳어서 진실로 변치 않으니 **진실로 고**

＋ 囗[에운담, 나라 국(國)의 약자]

활용어휘 固守(고수), 固體(고체), 固所願(고소원)

3II
胡
9획 / 부수 肉(月)
胡 胡 胡 胡 胡 胡 胡 胡 胡

오래된(古) **고기**(月)도 즐겨 먹던 오랑캐니 **오랑캐 호**

＋ 🅟 夷(오랑캐 이) - 제목번호 318 참고
＋ 중국의 변두리에 살던 오랑캐들은 오래된 고기도 즐겨먹었다는
데서 유래된 한자로, 미개한 종족이라는 뜻으로 멸시하여 부르는
말로도 쓰입니다.
＋ 月(달 월, 육 달 월)

활용어휘 胡角(호각), 胡桃(호도), 胡亂(호란)

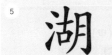

5

湖

12획 / 부수 水(氵)

湖 湖 湖 湖 湖 湖 湖 湖
湖 湖 湖 湖

물(氵)이 오랜(古) 세월(月) 고여 있는 호수니 **호수 호**

+ 호수(湖水) – 땅이 우묵하게 들어가 물이 괴어 있는 곳.

활용어휘 *湖畔(호반), 江湖(강호)

---

023 직식치(直植値) – 直으로 된 한자

7Ⅱ

直

8획 / 부수 目

直 直 直 直 直 直 直 直

많이(十) 눈(目)으로 덮여진(ㄴ) 부분까지 살펴도 곧고 바르니
곧을 직, 바를 직

+ 十[열 십, 많을 십(十)의 변형], 目(눈 목, 볼 목, 항목 목), ㄴ(감출 혜, 덮을 혜, = 匸)

활용어휘 直線(직선), 直進(직진), 剛直(강직), 率直(솔직)

7

12획 / 부수 木

植 植 植 植 植 植 植 植
植 植 植 植

나무(木)를 곧게(直) 세워 심으니 **심을 식**

+ 木(나무 목)

활용어휘 植木(식목), 植物(식물), 密植(밀식), 移植(이식)

3Ⅱ

値

10획 / 부수 人(亻)

値 値 値 値 値 値 値 値
値 値

사람(亻)이 바르게(直) 평가하여 매긴 값이니 **값 치**

+ 亻(사람 인 변)

활용어휘 價値(가치), 數値(수치), 平均値(평균치)

1II

悳

12획 / 부수 心

悳悳悳悳直悳悳直
直悳悳悳

바르게(直) 마음(心) 씀이 덕이니 덕 덕

+ 德(덕 덕, 클 덕)의 고자(古字).
+ 덕(德) - 공정하고 남을 넓게 이해하고 받아들이는 마음이나 행동.
+ 고자(古字) - 지금은 잘 쓰이지 않는 옛 글자.
+ 心(마음 심, 중심 심), 古(오랠 고, 옛 고), 字(글자 자)

5II

德

15획 / 부수 彳

德德德德德德德
德德德德德德德

행실(彳)이 덕스러우니(悳) 덕 덕

또 덕이 있으면 크게 쓰이니 클 덕

+ 덕 덕(悳)의 변형(悳)에 행실을 강조하는 조금 걸을 척(彳)을 붙여 덕 덕, 클 덕(德)을 만들었네요.
+ 덕 덕(悳)의 변형(悳)에 쓰인 罒은 '그물 망'이지만 여기서는 눈 목(目)을 눕혀 놓은 모양으로 봄.

활용어휘 德談(덕담), 德澤(덕택), 道德(도덕), 德用(덕용)

귀(耳)로 왕(王)처럼 덕스러운(悳) 소리만 들으니
들을 청

+ 옙 聴 - 귀(耳)로 덕(悳)스러운 소리만 들으니 '들을 청'
+ 예가가 아니면 듣지 말고 덕스러운 소리만 들어야 한다고 하지요.
+ 耳(귀 이), 王(임금 왕, 으뜸 왕, 구슬 옥 변), 悳[덕 덕(悳) 변형의 획 줄임]

4

聽

22획 / 부수 耳

聽聽聽聽聽聽聽聽
聽聽聽聽聽聽聽聽
聽聽聽聽聽聽

활용어휘 聽覺(청각), 聽力(청력), 聽衆(청중), 視聽(시청)

집(广) 중 백성들의 의견을 들어(聽) 처리하는 관청이니
관청 청

+ 옙 庁 - 집(广) 중 장정(丁)들이 일하는 관청이니 '관청 청'
+ 广(집 엄), 丁(고무래 정, 못 정, 장정 정, 넷째 천간 정)

4

廳

25획 / 부수 广

廳廳廳廳廳廳廳
厅厅厅厅廳廳廳
廳廳廳廳廳廳廳廳
廳

활용어휘 廳舍(청사), 廳長(청장), 區廳(구청), 市廳(시청)

7II

6획 / 제부수

自 自 自 自 自 自

(얼굴이 자기를 대표하니) 얼굴에서 잘 드러나는
이마(ʹ)와 **눈(目)**을 본떠서 자기 **자**

또 자기 일은 스스로 하니 스스로 **자**

또 모든 것이 비롯됨은 자기로부터니 부터 **자**

+ 則 臼(절구 구) - 제목번호 089 참고

활용어휘 自力(자력), 自律(자율), 自初至終(자초지종)

4II

10획 / 부수 心

息 息 息 息 息 息 息 息
息 息

자기(自)를 **마음(心)**으로 생각하며 쉬니 쉴 **식**

또 쉬면서 가쁜 숨을 고르며 숨 쉬니 숨 쉴 **식**

또 쉬면서 전하는 소식이니 소식 **식**

또 노후에 쉬도록 돌보아 주는 자식이니 자식 **식**

또 자식처럼 무엇이 늘어나니 늘어날 **식**

+ 바쁘면 자기를 생각할 겨를도 없지요.

활용어휘 休息(휴식), 瞬息間(순식간), 子息(자식)

3

10획 / 부수 自

臭 臭 臭 臭 臭 臭 臭 臭
臭 臭

자기(自) 집을 찾을 때 **개(犬)**처럼 맡는 냄새니 냄새 **취**

+ 개는 냄새를 잘 맡지요.
+ 犬(개 견)

활용어휘 惡臭(악취), 體臭(체취), 脫臭(탈취), 香臭(향취)

5

鼻

14획 / 제부수

鼻 鼻 鼻 鼻 鼻 鼻 鼻 鼻
鼻 鼻 鼻 鼻 鼻 鼻

자기(自)의 **밭(田)**처럼 생긴 얼굴에 **받쳐 든(廾)** 모양으로
우뚝 솟은 코니 코 **비**

또 코로 숨을 쉬기 시작하면서부터 생명이 비롯하니
비롯할 **비**

+ 田(밭 전), 廾(받쳐 들 공)

활용어휘 鼻笑(비소), 鼻炎(비염), 鼻音(비음), 鼻祖(비조)

4II

19획 / 부수 辶(辶)

邊 邊 邊 邊 邊 邊 邊
邊 邊 邊 邊 邊 邊 邊 邊
邊 邊 邊

(어려움에 봉착해도) **스스로**(自) **구멍**(穴) 뚫린
방향(方)으로 찾아 **가다**(辶)보면 이르는 끝이나 가니
끝 변, 가 변

+ 옌 辺 - 칼(刀)처럼 날카롭게 뻗어 간(辶) 끝이나 가니
         '끝 변, 가 변'
    边 - 힘(力) 있게 뛰어 가면(辶) 이르는 끝이나 가니
         '끝 변, 가 변'
+ 가 - 경계에 가까운 바깥쪽 부분.
+ 穴(구멍 혈, 굴 혈), 方(모 방, 방향 방, 방법 방), 辶[뛸 착, 갈
    착(辶, 辶)이 줄어든 모양으로 봄]

활용어휘 邊境(변경), 邊方(변방), 海邊(해변)

■ 도움말 ■

〈한자에 많이 쓰인 소재들〉
한자가 만들어지던 시절을 생각하면 한자의 어원이 보다 쉽게 이해됩니다.
한자가 만들어지던 시절에 많이 쓰인 소재로 된 한자들을 뽑아보면 대강 다음과 같은데, 이 한자들을
부수로 이용하여 수많은 한자들이 만들어졌지요.

① 사람 · 사람의 몸과 관련된 한자
   사람 인(人), 입 구(口), 눈 목(目), 귀 이(耳), 손 수(手), 발 족(足), 이 치(齒), 마음 심(心),
   육 달 월(月), 몸 신(身), 몸 기(己), 아들 자(子), 여자 녀(女) 등.

② 먹고 입고 말하고 힘쓰는 것과 관련된 한자
   밥 식(食), 옷 의(衣), 말씀 언(言), 힘 력(力) 등.

③ 생활에 큰 영향을 미치는 우주와 관련된 한자
   해 일(日), 달 월(月), 별 성(星), 비 우(雨), 산 산(山), 물 수(水), 내 천(川) 바람 풍(風) 등.

④ 대부분 농사를 지어서 농사와 곡식과 관련된 한자
   밭 전(田), 마을 리(里), 벼 화(禾), 쌀 미(米), 보리 맥(麥) 등.

⑤ 전쟁을 많이 했기에 당시에 쓰던 무기와 관련된 한자
   칼 도(刀), 활 궁(弓), 화살 시(矢), 주살 익(弋), 창 과(戈), 창 모(矛), 방패 간(干) 등.

⑥ 당시 주요 소재였던 것으로 된 한자
   나무 목(木), 대 죽(竹), 풀 초(草), 실 사(糸), 돌 석(石), 흙 토(土) 등.

⑦ 실생활과 밀접한 동물로 된 한자
   양 양(羊), 소 우(牛), 말 마(馬), 사슴 록(鹿), 범 호(虎), 원숭이 우(禺), 토끼 토(兔), 뱀 사(巳),
   물고기 어(魚) 등.

⑧ 집이나 당시 생활 도구로 된 한자
   집 면(宀), 문 문(門), 방 방(房), 불 화(火), 실 사(糸), 말 두(斗), 배 주(舟) 등.

026 면전수 도도(面前首 道導) – 面前首와 道로 된 한자

7

面

9획 / 제부수

面 面 面 面 面 面 面 面 面

사람 얼굴을 정면에서 본떠서 얼굴 **면**

또 얼굴 향하고 볼 정도의 작은 행정 구역이니

향할 **면**, 볼 **면**, 행정 구역의 **면**

활용어휘 面談(면담), 面前(면전), 面會(면회), 面長(면장)

7II

前

9획 / 부수 刀(刂)

前 前 前 前 前 前 前 前 前

우두머리(䒑)가 **몸**(月)에 **칼**(刂)을 차고 서는 앞이니

앞 **전**

+ 䒑['머리 수, 우두머리 수(首)'의 획 줄임], 月(달 월, 육 달 월), 刂(칼 도 방)

활용어휘 前面(전면), 前夜(전야), 前提(전제), 前進(전진)

5II

首

9획 / 제부수

首 首 首 首 首 首 首 首 首

머리털(䒑) 아래 **이마**(丿)와 **눈**(目)이 있는 머리니

머리 **수**

또 머리처럼 위에 있는 우두머리니 우두머리 **수**

+ 시나 시조 한 수처럼 시문(詩文)을 세는 단위로도 쓰입니다.

활용어휘 首尾(수미), 首都(수도), 自首(자수), 首席(수석)

7II

道

13획 / 부수 辵(辶)

道 道 道 道 道 道 道 道 道 道 道 道 道

머리(首) 두르고 **가는**(辶) 길이니 길 **도**

또 가는 길처럼 사람이 지켜야 할 도리니 도리 **도**

또 도리에 맞게 말하니 말할 **도**, 행정 구역의 **도**

활용어휘 道路(도로), 道理(도리), 報道(보도), 唱道(창도)

4II

導

16획 / 부수 寸

導 導 導 導 導 導 導 導 導 導 導 導 導 導 導 導

도리(道)와 **법도**(寸)에 맞게 인도하니 인도할 **도**

+ 寸(마디 촌, 법도 촌)

활용어휘 導入(도입), 善導(선도), 誘導(유도), 指導(지도)

8	白
	5획 / 제부수
	白 白 白 白 白

빛나는(丿) 해(日)처럼 희고 밝으니 **흰 백, 밝을 백**

또 흰색처럼 깨끗하니 **깨끗할 백**

또 깨끗하게 분명히 아뢰니 **아뢸 백**

+ 아뢰다 - '알리다'의 높임말.
+ 丿('삐침 별'이지만 여기서는 햇빛이 빛나는 모양으로 봄)

활용어휘 白色(백색), 明白(명백), 白紙(백지), 自白(자백)

3II	伯
	7획 / 부수 人(亻)
	伯 伯 伯 伯 伯 伯 伯

사람(亻) 머리가 흴(白) 정도로 나이든 맏이나 우두머리니
맏 백, 우두머리 백

+ 맏, 맏이 - ㉠ 형제자매 중 제일 먼저 태어난 사람.
　　　　　　㉡ 나이가 남보다 많은 사람.

활용어휘 伯父(백부), 伯仲之勢(백중지세), 道伯(도백)

4	拍
	8획 / 부수 手(扌)
	拍 拍 拍 拍 拍 拍 拍 拍

손(扌)으로 무엇을 아뢰려고(白) 치니 **칠 박**

+ 손을 쳐서 무엇을 알리기도 하지요.
+ 扌(손 수 변)

활용어휘 拍手(박수), 拍子(박자), 拍車(박차)

3	泊
	8획 / 부수 水(氵)
	泊 泊 泊 泊 泊 泊 泊 泊

물(氵)이 하얗게(白) 보이도록 배들이 항구에 대고 묵으니
배댈 박, 묵을 박

또 물(氵)에 깨끗이(白) 씻은 듯 마음도 산뜻하니 **산뜻할 박**

+ 옛날 배는 돛을 달았고 돛은 대부분 흰색이었으니, 물이 하얗게
　보임은 배들이 모여 묵는 것이지요.

활용어휘 *碇泊(정박), 宿泊(숙박), 外泊(외박), 淡泊(담박)

3II	迫
	9획 / 부수 辵(辶)
	迫 迫 迫 迫 迫 迫 迫 迫 迫

하얗게(白) 질린 얼굴로 뛰어갈(辶) 정도로 무슨 일이
닥치니 **닥칠 박**

+ 辶(뛸 착, 갈 착, = 辵)

활용어휘 迫頭(박두), 迫力(박력), 切迫(절박), *逼迫(핍박)

7

百

6획 / 부수 白

百 百 百 百 百 百

하나(一)에서 시작하여 **아뢰듯**(白) 소리치는 단위는
일백이니 **일백 백**

또 일백이면 많으니 **많을 백**

+ 물건을 셀 때 속으로 세다가도 큰 단위에서는 소리침을 생각하고
   만들어진 한자.
+ 白(흰 백, 밝을 백, 깨끗할 백, 아뢸 백)

활용어휘 百發百中(백발백중), 百方(백방), 百害(백해)

3Ⅱ

皇

9획 / 부수 白

皇 皇 皇 皇 皇 皇 皇 皇
皇

밝은(白) 지혜로 **왕**(王)들을 거느리는 황제니 **황제 황**

+ 여러 나라를 거느리는 큰 나라 임금의 존칭으로, 작은 나라의 임
   금은 '왕(王)', 큰 나라의 임금은 '황제(皇帝)'라 하지요.
+ 王(임금 왕, 으뜸 왕, 구슬 옥 변), 帝(제왕 제)

활용어휘 皇國(황국), 皇宮(황궁), 皇后(황후)

1

帛

8획 / 부수 巾

帛 帛 帛 帛 帛 帛 帛 帛

흰(白) **수건**(巾) 같은 비단이니 **비단 백**

또 비단에 싸 보내는 폐백이니 **폐백 백**

+ 폐백(幣帛) – 신부가 처음으로 시부모를 뵐 때 올리는 것.
+ 巾(수건 건), 幣(돈 폐, 폐백 폐)

활용어휘 *帛書(백서)

3Ⅱ

錦

16획 / 부수 金

錦 錦 錦 錦 錦 錦 錦 錦
錦 錦 錦 錦 錦 錦 錦 錦

금(金)처럼 귀한 **비단**(帛)이니 **비단 금**

+ 옛날에는 비단이 금처럼 귀한 것이라는 데서 '비단 백(帛)'에 '금
   금(金)'을 붙여 만든 한자.
+ 金(쇠 금, 금 금, 돈 금, 성씨 김)

활용어휘 錦歸(금귀), 錦冠(금관), 錦衣還鄕(금의환향)

3Ⅱ

綿

14획 / 부수 糸

綿 綿 綿 綿 綿 綿 綿 綿
綿 綿 綿 綿 綿 綿

실(糸)을 뽑아 **흰**(白) **수건**(巾) 같은 천을 짜는 솜이니
솜 면
또 가는 실이 촘촘한 솜처럼 자세하게 이어지니
자세할 면, 이어질 면

+ 糸(실 사, 실 사 변)

활용어휘 純綿(순면), 綿織(면직), 綿密(면밀), 綿綿(면면)

宿

11획 / 부수 宀

宿 宿 宿 宿 宿 宿 宿 宿
宿 宿 宿

집(宀)에 사람(亻)이 많이(百) 묵으며 자니 **잘 숙**
또 자는 것처럼 오래 머물러 있는 별자리니

오랠 숙, 별자리 수

+ 宀(집 면), 亻(사람 인 변)

활용어휘 宿食(숙식), 宿願(숙원), 宿患(숙환), 星宿(성수)

4

縮

17획 / 부수 糸

縮 縮 縮 縮 縮 縮 縮 縮
縮 縮 縮 縮 縮 縮 縮 縮
縮

실(糸)은 잠재우듯(宿) 가만히 두면 **줄어들 축**

+ 실은 가만히 두면 보풀이 가라앉아 줄어들지요.
+ 보풀 – 실이나 종이, 헝겊 따위의 거죽에 일어나는 몹시 가는 털.

활용어휘 縮圖(축도), 縮小(축소), 縮約(축약), 減縮(감축)

4
泉
9획 / 부수 水
泉泉泉泉泉泉泉泉 泉

깨끗한(白) 물(水)이 나오는 샘이니 샘 천

+ 원래는 구멍에서 물이 솟아나는 모양을 본떠서 만든 한자.
+ 白(흰 백, 밝을 백, 깨끗할 백, 아뢸 백)

활용어휘 甘泉(감천), 冷泉(냉천) ↔ 溫泉(온천), 源泉(원천)

6Ⅱ
線
15획 / 부수 糸
線線線線線線線線 線線線線線線線

실(糸)이 샘(泉)의 물줄기처럼 길게 이어지는 줄이니 줄 선

+ 糸(실 사, 실 사 변)

활용어휘 線路(선로), 曲線(곡선), 光線(광선), 脫線(탈선)

5
原
10획 / 부수 厂
原原原原原原原原 原原

바위(厂) 밑에 샘(泉)도 있는 언덕이니 언덕 원
또 바위(厂) 밑에 있는 샘(泉)이 물줄기의 근원이니 근원 원

+ 厂(굴 바위 엄, 언덕 엄), 泉[샘 천(泉)의 변형]

활용어휘 草原(초원), 平原(평원), 原價(원가), 原告(원고)

4
源
13획 / 부수 水(氵)
源源源源源源源源 源源源源源

물(氵)이 솟아나는 근원(原)이니 근원 원

+ 源은 물줄기의 근원이라는 데서 原에 삼 수 변(氵)을 붙인 것이지만, '근원'의 뜻으로는 '원(原)'과 '원(源)'이 같이 쓰입니다.

활용어휘 起源(기원), 語源(어원), 發源(발원)

5
願
19획 / 부수 頁
願願願願願願願願 願願願願願願願 願願願

근원(原)적으로 머릿(頁)속은 잘 되기를 원하니 원할 원

+ 頁(머리 혈) - 제목번호 363 참고

활용어휘 願書(원서), 民願(민원), 所願(소원), 自願(자원)

4Ⅱ

6획 / 부수 日

早 早 早 早 早 早

해(日)가 **지평선(一)** 위로 **떠오르는(|)** 아침 일찍이니
일찍 조

+ 凹 루(가물 한) − 제목번호 033 참고
+ 一('한 일'이지만 여기서는 지평선으로 봄), | ('뚫을 곤'이지만 여기서는 해가 떠오르는 모양으로 봄)

활용어휘 早期(조기), 早老(조로), 早退(조퇴), 早婚(조혼)

7

10획 / 부수 草(艹)

草 草 草 草 草 草 草
草 草

(대부분의) **풀(艹)**은 **이른(早)** 봄에 돋아나니 **풀 초**

+ 풀 초(草)가 부수로 쓰일 때는 艹의 형태로 대부분 글자의 머리에 쓰이므로 머리 두(頭)를 붙여서 '초 두'라 부릅니다.

활용어휘 草家(초가), 草木(초목), 花草(화초), 雜草(잡초)

5

8획 / 부수 十

卓 卓 卓 卓 卓 卓 卓 卓

점(卜)치듯 미리 생각하여 **일찍(早)**부터 일하면
높고 뛰어나니 **높을 탁, 뛰어날 탁**

또 높게 만든 탁자나 성씨니 **탁자 탁, 성씨 탁**

+ 卜(점 복) − 제목번호 234 참고

활용어휘 卓見(탁견), 卓越(탁월), 卓球(탁구), 敎卓(교탁)

7

3획 / 부수 十
千 千 千

무엇을 강조하는 **삐침 별(ノ)**을 **열 십, 많을 십(十)** 위에
써서 일천 천, 많을 천

+ 한자에서는 삐침 별(ノ)이나 점 주, 불똥 주(`)로 무엇이나 어느
부분을 강조합니다.

활용어휘 千金(천금), 千里(천리), 千秋(천추)

- -

3

3획 / 부수 二
于 于 于

입술(二)에서 입김이 **나오도록(丨)** 말하는 어조사니
어조사 우

+ 二('둘 이'지만 여기서는 입술로 봄)

활용어휘 于今(우금), 于先(우선)

- -

4

3획 / 제부수
干 干 干

손잡이가 있는 방패를 본떠서 방패 간
또 방패로 무엇을 범하면 얼마간 정도 마르니
범할 간, 얼마 간, 마를 간

활용어휘 干戈(간과), 干與(간여), 干潮(간조)

- -

7II

4획 / 부수 十
午 午 午 午

방패 간(干) 위에 **삐침 별(ノ)**을 그어
전쟁에서 중요한 동물이 말임을 나타내어 말 오

또 말은 일곱째 지지니 일곱째 지지 오

또 일곱째 지지는 시간으로 낮이니 낮 오

+ 12지지(地支)인 [자축인묘진사오미신유술해]의 처음인 자시(子
時)는 밤 11시부터 새벽 1시까지니, 두 시간씩 일곱째는 낮 11시부
터 오후 1시까지로, 이 두 시간이 오시(午時)지요.

활용어휘 午睡(오수), *午餐(오찬), 午後(오후), 正午(정오)

- -

5

4획 / 제부수
牛 牛 牛 牛

뿔 있는 소를 본떠서 소 우

+ 비 半(반 반) - 제목번호 015 참고

활용어휘 牛乳(우유), 牛肉(우육), 牛足(우족), 韓牛(한우)

3II

汗

6획 / 부수 水(氵)

汗汗汗汗汗汗

물(氵)로 (체온을 지키려고) **방패(干)** 역할을 하는 땀이니
땀 한

+ 우리 몸은 추우면 움츠리고 더우면 땀을 내 자동으로 체온을 조절
하는 기능이 있어요. 땀으로 체온을 지키니 땀이 방패인 셈이지요.

활용어휘 汗蒸幕(한증막), 發汗(발한), 血汗(혈한)

3

軒

10획 / 부수 車

軒軒軒軒軒軒軒
軒軒

수레(車) 위를 **방패(干)**처럼 덮어 처마 있게 만든
수레나 집이니 **처마 헌, 수레 헌, 집 헌**

활용어휘 軒頭(헌두), 軒燈(헌등), 軒號(헌호)

3II

肝

7획 / 부수 肉(月)

肝肝肝肝肝肝肝

몸(月)에서 **방패(干)** 구실을 하는 간이니 **간 간**

+ 간은 몸의 화학 공장으로 몸에 필요한 여러 효소를 만들고 몸에
들어온 독을 풀어주는 역할을 하니, 몸(月)에서 방패(干) 구실을
하는 것이네요. 영어로도 간(肝)을 liver, 즉 생명을 주는 것이라
하지요.

+ 月(달 월, 육 달 월)

활용어휘 *肝癌(간암), 肝炎(간염), 肝腸(간장)

3II

刊

5획 / 부수 刀(刂)

刊刊刊刊刊

(옛날에는) **방패(干)** 같은 널빤지에 **칼(刂)**로 글자를 새겨
책을 펴냈으니 **책 펴낼 간**

+ 활자가 없었던 옛날에는 널빤지에 칼로 글자를 새겨 책을 펴냈답
니다. 팔만대장경과 같은 불경이 그러하지요.

활용어휘 刊行(간행), 發刊(발간), 日刊(일간), 出刊(출간)

3

旱

7획 / 부수 日

旱旱旱旱旱旱旱

해(日)를 **방패(干)**로 막아야 할 정도로 가무니 **가물 한**

+ 回 무(일찍 조) - 제목번호 030 참고
+ 干(방패 간, 범할 간, 얼마 간, 마를 간)

활용어휘 旱穀(한곡), 旱害(한해), 大旱(대한)

3II

岸

8획 / 부수 山

岸岸岸岸岸岸岸岸

산(山)의 바위(厂)가 **방패(干)**처럼 깎인 언덕이니
언덕 안

+ 山(산 산), 厂(굴 바위 엄, 언덕 엄)

활용어휘 岸壁(안벽), 此岸(차안), 海岸線(해안선)

8

南

9획 / 부수 十

南南南南南南南
南南

많은(十) 성(冂)마다 **양쪽(ᵛ)**으로 열리는 **방패(干)** 같은
문이 있는 남쪽이니 **남쪽 남**

+ 우리가 사는 북반구에서는 남쪽이 밝고 따뜻하니 대부분의 성은
  남향으로 짓고 문도 남쪽에 있지요.
+ 十(열 십, 많을 십), 冂(멀 경, 성 경)

활용어휘 南方(남방), 南部(남부), 南向(남향), 越南(월남)

2

盾

9획 / 부수 目

盾盾盾盾盾盾盾盾
盾

방패(干)를 보완하여(丿) 눈(目)까지 보호하게 만든
방패니 **방패 순**

+ 丿('삐침 별'이지만 여기서는 보완한 모양으로 봄), 目(눈 목, 볼
  목, 항목 목)

활용어휘 *盾戈(순과), *矛盾(모순)

3

循

12획 / 부수 彳

循循循循循循循
循循循循

조금씩 거닐며(彳) **방패(盾)** 들고 돌거나 좇으니
돌 순, 좇을 순

+ 좇다 - 남을 따르다.
+ 彳(조금 걸을 척)

활용어휘 循環(순환), 循行(순행), 循次(순차)

| 7II

平

5획 / 부수 干
平平平平平 | **방패(干)의 나누어진(八) 면처럼 평평하니 평평할 평**
또 평평하듯 아무 일 없는 평화니 평화 평

활용어휘 平行(평행), 公平(공평), 平和(평화), 和平(화평) |

| 4

評

12획 / 부수 言
評評評評評評評評
評評評評 | **말(言)로 공평하게(平) 평하니 평할 평**
+ 평(評)하다 – 좋고 나쁨, 잘하고 못함, 옳고 그름 등을 평가하다.
+ 言(말씀 언)

활용어휘 評價(평가), 評判(평판), 定評(정평), 品評(품평) |

| 3

乎

5획 / 부수 丿
乎乎乎乎乎 | (평평하지 않도록)
평평할 평(平) 위에 변화를 주어서 어조사 호
+ 어조사(語助辭) – 뜻 없이 말에 힘만 더해 주는 말.
+ 語(말씀 어), 助(도울 조), 辭(말씀 사, 글 사, 물러날 사)

활용어휘 斷乎(단호), 不亦說乎(불역열호) |

| 4II

呼

8획 / 부수 口
呼呼呼呼呼呼呼呼 | **입(口)으로 호(乎)하고 입김이 나도록 부르니 부를 호**
+ 입으로 부르면 부를 소(召), 손짓하여 부르면 부를 초(招)

활용어휘 呼名(호명), 呼應(호응), 呼出(호출), 歡呼(환호) |

■ 명언 ■

學而時習之면 不亦說乎아. 有朋이 自遠方來면 不亦樂乎아. 人不知而不慍이면 不亦君子乎아.
학 이 시 습 지　　불 역 열 호　　유 붕　 자 원 방 래　　불 역 락 호　　 인 부 지 이 불 온　　　불 역 군 자 호

"배우고서(學而) 때(時)로 익히면(習之) 또한(亦) 기쁘지(說) 아니하랴(不乎). 벗(朋)이 있어(有) 먼(遠)
방향(方)으로부터(自) 오면(來) 또한(亦) 즐겁지(樂) 아니하랴(不乎). 사람(人)이 (나를) 알아주지(知)
않더(不)라도(而) 성내지(慍) 않으면(不) 또한(亦) 군자(君子)가 아니랴(不乎)"

+ 學(배울 학), 而(말 이을 이), 時(때 시), 習(익힐 습), 之(갈 지, ~의 지, 이 지), 亦(또 역), 說(달랠 세, 말씀 설, 기
  쁠 열), 有(가질 유, 있을 유), 朋(벗 붕), 自(자기 자, 스스로 자, 부터 자), 遠(멀 원), 方(모날 방, 방위 방, 방법 방),
  來(올 래), 樂(노래 악, 즐길 락, 좋아할 요), 慍(성낼 온)
+ 군자(君子) – 학식과 덕행이 높은 사람.
+ 열(說) – 마음속으로부터의 기쁨. 락(樂) – 외부로부터 느끼는 즐거움.

5

許

11획 / 부수 言

許 許 許 許 許 許 許 許
許 許 許

남의 **말**(言)을 듣고 밝은 **낮**(午)처럼 명백하게 허락하니
허락할 허

+ 言(말씀 언), 午(말 오, 일곱째 지지 오, 낮 오)

활용어휘 *許可(허가), 許多(허다), 許容(허용), 特許(특허)

8

年

6획 / 부수 干

年 年 年 年 年 年

낮(午)이 **숨은**(ㄴ) 듯 가고 오고하여
해가 바뀌고 나이를 먹으니 **해 년(연), 나이 년(연)**

+ ㄴ[감출 혜, 덮을 혜(ㄴ, 匚)의 변형]

활용어휘 *年俸(연봉), 送年(송년), 豐年(풍년), 年歲(연세)

8

先

6획 / 부수 人(儿)

先 先 先 先 先 先

(소를 부릴 때) 소(土)가 **사람**(儿) 앞에 서서 먼저 가듯 먼저니
먼저 선

+ 소를 몰 때는 소를 앞에 세우지요.
+ 土[소 우(牛)의 변형], 儿(사람 인 발, 어진사람 인)

활용어휘 先頭(선두), 先拂(선불), 先生(선생), 先天(선천)

5II

洗

9획 / 부수 水(氵)

洗 洗 洗 洗 洗 洗 洗 洗
洗

물(氵)로 **먼저**(先) 씻으니 **씻을 세**

+ 氵(삼 수 변)

활용어휘 洗練(세련), 洗禮(세례), 洗手(세수), 洗淨(세정)

贊

19획 / 부수 貝

贊 贊 贊 贊 贊 贊 贊
贊 贊 贊 贊 贊 贊 贊
贊 贊 贊

먼저(先) 먼저(先) 재물(貝)로 돕고 찬성하니

도울 **찬**, 찬성할 **찬**

+ 貝(조개 패, 재물 패, 돈 패) - 제목번호 358 참고

활용어휘 贊助(찬조), 協贊(협찬), 贊成(찬성), 贊反(찬반)

4

讚

26획 / 부수 言

讚 讚 讚 讚 讚 讚 讚 讚
讚 讚 讚 讚 讚 讚 讚 讚
讚 讚 讚 讚 讚 讚 讚 讚
讚 讚

말(言)로 도우며(贊) 칭찬하여 기리니

칭찬할 **찬**, 기릴 **찬**

+ 기리다 - 뛰어난 업적이나 바람직한 정신, 위대한 사람 등을 칭찬하고 기억하다.
+ 言(말씀 언)

활용어휘 稱讚(칭찬), 過讚(과찬), 讚辭(찬사), 讚揚(찬양)

5II

告

7획 / 부수 口

告 告 告 告 告 告 告

소(牛)를 잡아 차려 놓고 입(口)으로 알리거나 뵙고 청하니

알릴 **고**, 뵙고 청할 **곡**

+ 出必告反必面(출필곡반필면) - '나갈 때는 반드시 아뢰고, 돌아오면 반드시 얼굴을 뵌다'로, 외출할 때와 귀가했을 때 부모에 대한 자식의 도리를 비유하는 말.

활용어휘 告白(고백), 告發(고발), 公告(공고), 申告(신고)

3II

浩

10획 / 부수 水(氵)

浩 浩 浩 浩 浩 浩 浩 浩
浩 浩

물(氵)이 알리듯이(告) 소리 내어 크고 넓게 흐르니

클 **호**, 넓을 **호**

+ 비 活(살 활) - 제목번호 048 참고
+ 氵(삼 수 변)

활용어휘 浩氣(호기), 浩然之氣(호연지기), *浩蕩(호탕)

4II

造

11획 / 부수 辵(辶)

造 造 造 造 造 造 造
造 造 造

계획을 알리고(告) 가서(辶) 지으니 **지을 조**

+ 辶(뛸 착, 갈 착, = 辶)

활용어휘 造作(조작), 造花(조화), *釀造(양조), 製造(제조)

지붕으로 덮여 있는 집을 본떠서 **집 면**

+ 昆 冖 - 보자기로 덮은 모양을 본떠서 '덮을 멱'

3획 / 부수자

3Ⅱ

宇

6획 / 부수 宀
宇 宇 宇 宇 宇 宇

지붕(宀)과 들보와 기둥(于)이 있는 집을 본떠서 **집 우**

또 집처럼 만물이 존재하는 우주니 **우주 우**

+ 들보 - 기둥과 기둥 사이를 잇는 나무.
+ 宇宙(우주) - 온 세계를 둘러싸고 있는 공간.
+ 于('어조사 우'지만 여기서는 들보와 기둥의 모양으로 봄)

활용어휘 宇內(우내), 宇宙觀(우주관), 宇宙圈(우주권)

3Ⅱ

宙

8획 / 부수 宀
宙 宙 宙 宙 宙 宙 宙 宙

지붕(宀)부터 말미암아(由) 지어진 집이니 **집 주**

또 집처럼 여러 공간을 가진 하늘도 뜻하여 **하늘 주**

+ 由(까닭 유, 말미암을 유)

활용어휘 宇宙船(우주선), 宇宙基地(우주기지)

4Ⅱ

宮

10획 / 부수 宀
宮 宮 宮 宮 宮 宮 宮 宮
宮 宮

집(宀) 여러 채가 **등뼈(呂)**처럼 이어진 궁궐이니 **궁궐 궁**

+ 昆 官(관청 관, 벼슬 관) - 제목번호 165 참고
+ 呂 - 등뼈가 서로 이어진 모양을 본떠서 '등뼈 려(여)' - 2급
  또 등뼈처럼 소리의 높낮음이 이어진 음률이나 성씨니
  '음률 려(여), 성씨 려(여)'
+ 천자가 거처하는 황궁은 9,999칸, 왕이 거처하는 왕궁은 999칸이
  었다지요.

활용어휘 *宮闕(궁궐), 宮女(궁녀), 宮合(궁합), 王宮(왕궁)

7

字

6획 / 부수 子
字 字 字 字 字 字

집(宀)에서 **자식(子)**이 배우고 익히는 글자니 **글자 자**

+ 子(아들 자, 첫째 지지 자, 자네 자, 접미사 자)

활용어휘 字源(자원), 字幕(자막), 字板(자판), 文字(문자)

3II

穴
5획 / 제부수
穴 穴 穴 穴 穴

집(宀)에 나누어진(八) 구멍이니 **구멍 혈**
또 구멍이 길게 파인 굴이니 **굴 혈**
+ 宀(집 면), 八(여덟 팔, 나눌 팔)

활용어휘 穴居(혈거), 穴見(혈견), 穴居野處(혈거야처)

4II

究
7획 / 부수 穴
究 究 究 究 究 究 究

굴(穴)의 많은(九) 부분까지 들어가 찾고 연구하니
연구할 구
+ 九(아홉 구, 클 구, 많을 구)

활용어휘 究明(구명), 硏究(연구), 探究(탐구), 學究(학구)

7II

空
8획 / 부수 穴
空 空 空 空 空 空 空 空

굴(穴)처럼 만들어(工) 속이 비니 **빌 공**
또 크게 빈 공간은 하늘이니 **하늘 공**
+ 工(장인 공, 만들 공, 연장 공)

활용어휘 空白(공백), 空想(공상), 空氣(공기), 空港(공항)

6II

窓
11획 / 부수 穴
窓 窓 窓 窓 窓 窓 窓 窓
窓 窓 窓

구멍(穴)처럼 사사로운(厶) 마음(心)으로 벽에 뚫어 만든
창문이니 **창문 창**
+ 창문은 사사로이 이용하기 위하여 만들지요.
+ 厶(사사로울 사, 나 사) - 제목번호 215 참고

활용어휘 窓口(창구), 窓門(창문), 車窓(차창), 學窓(학창)

3II

突
9획 / 부수 穴
突 突 突 突 突 突 突 突
突

구멍(穴)에서 개(犬)가 갑자기 튀어나와 부딪치니
갑자기 돌, 부딪칠 돌
또 집에서 갑자기 내민 굴뚝이니 **내밀 돌, 굴뚝 돌**
+ 犬(개 견)

활용어휘 突發(돌발), 衝突(충돌), 突出(돌출), *烟突(연돌)

7

心

4획 / 제부수

心 心 心 心

마음이 가슴에 있다고 생각하여 심장을 본떠서 **마음 심**

또 심장이 있는 몸의 중심이니 **중심 심**

+ 한자의 부수 중 변으로 쓰일 때는 '마음 심 변(忄)', 발로 쓰일 때는
  '마음 심 발(㣺)', 心 그대로 한자의 발로 쓰일 때도 있습니다.

활용어휘 心性(심성), 良心(양심), 都心(도심), 圓心(원심)

5II

必

5획 / 부수 心

必 必 必 必

하나(丿)에만 매달리는 **마음(心)**으로 반드시 이루니
반드시 필

+ 丿('삐침 별'이지만 여기서는 하나로 봄)

활용어휘 必修(필수), 必勝(필승), 何必(하필)

4

祕

10획 / 부수 示

祕 祕 祕 祕 祕 祕 祕
祕 祕

신(示)처럼 **반드시(必)** 모습을 숨기면 신비로우니
숨길 비, 신비로울 비

+ 㕎秘 - (옛날 곡식이 귀하던 시절에) 벼(禾)같은 곡식은 반드시
  (必) 숨겨야 한다는 데서 '숨길 비'
  또 드러내지 않고 숨기면 신비로우니 '신비로울 비' - 특II
+ 示(보일 시, 신 시), 禾(벼 화)

활용어휘 祕訣(비결), 祕密(비밀), 祕藏(비장), 祕境(비경)

4II

密

11획 / 부수 宀

密 密 密 密 密 密 密
密 密 密

집(宀)을 **반드시(必)** 산(山) 속에 짓고 살아야 하는
빽빽할 정도로 많은 비밀이니 **빽빽할 밀, 비밀 밀**

+ 宀(집 면), 山(산 산)

활용어휘 密度(밀도), 密林(밀림), 密告(밀고), 密輸(밀수)

3

蜜

14획 / 부수 虫

蜜 蜜 蜜 蜜 蜜 蜜 蜜
蜜 蜜 蜜 蜜 蜜 蜜

집(宀)에다 **반드시(必)** 벌레(虫) 중 벌이 저장하고 있는
꿀이니 **꿀 밀**

+ 虫[벌레 충(蟲)의 속자와 부수]

활용어휘 *蜜柑(밀감), 蜜月(밀월), 口蜜腹劍(구밀복검)

7

3획 / 제부수

丨 冂 口

말하는 입이나 구멍을 본떠서

입 **구**, 말할 **구**, 구멍 **구**

활용어휘 口味(구미), 口傳(구전), 入口(입구), 出口(출구)

5

9획 / 부수 口

口口 口口 口口 品 品 品 品
品

여러 사람이 **말하여**(品) 정한 물건의 등급과 품위니

물건 **품**, 등급 **품**, 품위 **품**

+ 품위(品位) - 사람이나 물건이 지닌 좋은 인상.
+ 位(자리 위, 위치 위)

활용어휘 物品(물품), 商品(상품), 上品(상품), 品格(품격)

3획 / 부수자

囗 冂 口

사방을 에워싼 **에운담**(□) 모양에서 에운담

또 나라 국(國)의 약자

+ 나라 국(國)의 약자는 国인데 □으로도 씁니다. 그러나 정식 약자
  는 国이므로 한자시험에서는 国이 정답입니다. - 제목번호 306
  참고
+ 약자(略字)는 원래의 한자(원자)를 간략하게 줄여 쓰는 한자로,
  중국에서는 '간체자(簡體字)'라고 합니다.
+ 略(대략 략, 간략할 략, 빼앗을 략), 字(글자 자), 簡(편지 간, 간
  단할 간), 體(몸 체)

4II

6획 / 부수 □

|囗 冂 冋 回 回 回

축을 중심으로 돌아가는 모양에서 돌 **회**

또 돌 듯 돌아오는 횟수니 돌아올 **회**, 횟수 **회**

활용어휘 回轉(회전), 回顧(회고), 回答(회답), 一回(일회)

■ 도움말 ■

〈품위 품(品)〉
차나 술이나 음식이나 혼자 먹으면 입(口)만을 위한 것이요, 둘이 먹어도 좀 어색하고, 세 사람 정
도가 모여서 먹어야 품위가 있다는 데서 입 구(口) 셋을 써서 '품위 품'이 되었다고도 합니다.

에워싸인(口) 나무(木)는 자라기가 곤란하니
곤란할 곤

+ 곤란(困難) - 사정이 몹시 딱하고 어려움. 또는 그런 일.
+ 木(나무 목), 難(어려울 난)

7획 / 부수 口

困 冂 闩 闲 困 困 困

활용어휘 困境(곤경), 貧困(빈곤), 疲困(피곤)

에워싸인(口) 곳에 갇힌 사람(人)이면 죄인이니
죄인 수

+ 人(사람 인)

5획 / 부수 口

囚 冂 囚 囚 囚

활용어휘 囚衣(수의), 長期囚(장기수), 罪囚(죄수)

물(氵)을 죄인(囚)에게도 그릇(皿)으로 떠 주는 마음이 따뜻하니 따뜻할 온

또 무엇을 따뜻해지도록 여러 번 반복하여 익히니 익힐 온

+ 溫 - 물(氵)이 해(日)가 비친 그릇(皿)에 있으면 따뜻하니 '따뜻할 온'
또 무엇을 따뜻해지도록 여러 번 반복하여 익히니 '익힐 온'
+ 무엇이나 여러 번 문지르면 따뜻해지듯이 따뜻하도록 여러 번 반복하여 익힌다는 데서 '익힐 온'입니다.
+ 皿(그릇 명)

13획 / 부수 水(氵)

氵 氵 氵 氵 氵 沪 沪
氾 渭 渭 溫 溫

활용어휘 溫氣(온기), 溫情(온정), 溫故知新(온고지신)

에워싼(口) 큰(大) 울타리에 말미암아 의지하니
말미암을 인, 의지할 인

+ 사회가 안정되지 않았던 옛날에는 크고 튼튼한 울타리에 많이 의지하였겠지요.

6획 / 부수 口

因 冂 冂 闵 因 因

활용어휘 因習(인습), 因緣(인연), 原因(원인), 敗因(패인)

<table>
<tr>
<td>
3

姻

9획 / 부수 女

仇 妒 妒 妒 妒 妒 妒 妒
姻
</td>
<td>
여자(女)가 의지할(因) 남자에게 시집가니 **시집갈 인**

+ 女(여자 녀)

활용어휘 姻戚(인척), 姻親(인친), 婚姻(혼인)
</td>
</tr>
</table>

- -

<table>
<tr>
<td>
4II

恩

10획 / 부수 心

恩 冂 冃 囝 因 因 恩 恩
恩 恩
</td>
<td>
의지하도록(因) 마음(心) 써주는 은혜니 **은혜 은**

+ 은혜(恩惠) - 베풀어 주는 혜택.
+ 心(마음 심, 중심 심), 惠(은혜 혜)

활용어휘 恩功(은공), 恩德(은덕), 恩人(은인)
</td>
</tr>
</table>

042  아악(오)[亞惡] - 亞로 된 한자

<table>
<tr>
<td>
3II

亞

8획 / 부수 二

亞 亞 亞 亞 亞 亞 亞 亞
</td>
<td>
(신체적 능력이 보통 사람보다 부족한)

두 곱사등이()를 본떠서 **버금 아, 다음 아**

+ 약 亜 - 버금 아, 다음 아(亞)를 쉽게 써서 '버금 아, 다음 아'
+ 곱사등이는 큰 혹 같은 것이 나온 등을 가진 사람(꼽추)이니, 정상인 다음 간다는 데서 만들어진 한자.
+ 버금 - 다음. 두 번째.

활용어휘 亞流(아류), 亞鉛(아연), 亞熱帶(아열대)
</td>
</tr>
</table>

- -

<table>
<tr>
<td>
5II

惡

12획 / 부수 心

惡 惡 惡 惡 惡 惡 惡 惡
惡 惡 惡 惡
</td>
<td>
(최선이 아닌) 다음(亞)을 생각하는 마음(心)이면 악하니
악할 악

또 악은 모두 미워하니 **미워할 오**

+ 약 悪
+ 무슨 나쁜 짓을 하는 것만이 악이 아니라 '이것이 안 되면 저것 하지 식'으로 최선을 다하지 않고 다음을 생각하는 안일한 마음을 악이라 했네요.

활용어휘 惡童(악동), 惡用(악용), 憎惡(증오), 嫌惡(혐오)
</td>
</tr>
</table>

특II

亶

13획 / 부수 亠

亶 亶 亶 亶 亶 亶 亶
亶 亶 亶 亶 亶 亶 亶

머리(亠) 돌려(回) 아침(旦)부터 일에 열중하는 많은 믿음이니 많을 단, 믿음 단

+ 亠(머리 부분 두), 回(돌 회, 돌아올 회, 횟수 회), 旦(아침 단)

- -

5

壇

16획 / 부수 土

壇 壇 壇 壇 壇 壇 壇 壇
壇 壇 壇 壇 壇 壇 壇 壇

흙(土)을 많이(亶) 쌓아 만든 제단이나 단상이니 제단 단, 단상 단

+ 단상(壇上) – 교단이나 강단 등의 위.
+ 제단이나 단상은 나무나 흙으로 만들지요.
+ 土(흙 토)

활용어휘 敎壇(교단), 論壇(논단), 登壇(등단)

- -

4II

檀

17획 / 부수 木

檀 檀 檀 檀 檀 檀 檀 檀
檀 檀 檀 檀 檀 檀 檀 檀
檀

나무(木) 중 단단하여 많은(亶) 곳에 이용하는 박달나무니 박달나무 단

+ 박달나무는 단단하여 도장을 파거나 방망이 등 여러 생활 도구를 만드는 데 쓰입니다.

활용어휘 檀君(단군), 檀紀(단기), 震檀(진단)

2

吳

7획 / 부수 口

吳 吳 吳 吳 吳 吳 吳

입(口) 벌리고 **목 젖히며**(🐷 → ㄴ) **큰**(大)소리쳤던 오나라니 **큰소리칠 화, 오나라 오**

또 오나라에서 유래한 성씨니 **성씨 오**

+ 口(입 구, 말할 구, 구멍 구), 大(큰 대)

활용어휘 *吳牛喘月(오우천월), *吳越同舟(오월동주)

3

娛

10획 / 부수 女

娛 娛 娛 娛 娛 娛 娛 娛
娛 娛

여자(女)들이 **큰소리치며**(吳) 즐거워하니
즐거워할 오

+ 女(여자 녀)

활용어휘 娛樂(오락), 娛悅(오열), 娛遊(오유), 歡娛(환오)

4II

誤

14획 / 부수 言

誤 誤 誤 誤 誤 誤 誤
誤 誤 誤 誤 誤 誤

말(言)할 때 **큰소리**(吳)로 허풍떨어대며 자신을 그르치니
그르칠 오

+ 言(말씀 언)

활용어휘 誤答(오답), 誤發(오발), 誤報(오보), 錯誤(착오)

■ 도움말 ■

〈모르는 단어의 뜻도 한자로 생각해 보세요.〉

모르는 단어를 보았을 때 외국어 느낌이 들면 영어로, 외국어 느낌이 들지 않으면 한자로 그 뜻을
생각해 보세요.

우리말의 대부분은 한자로 이루어졌기 때문에 무슨 한자로 된 말일까를 생각해 보면 대부분의 경우
그 뜻을 쉽게 알 수 있습니다.

한자로 생각하는 힘을 기르면 말하기와 글쓰기에도 자신이 생깁니다.

참

喿

13획 / 부수 口

喿 喿 喿 喿 喿 喿 喿
喿 喿 喿 喿 喿

많은 **입들**(品)처럼 **나무**(木) 위에서 새 떼 지어 우니
새 떼 지어 울 소

+ 品('물건 품, 등급 품, 품위 품'이지만 여기서는 여러 입들로 봄)

5

操

16획 / 부수 手(扌)

操 操 操 操 操 操 操
操 操 操 操 操 操 操

손(扌)으로 **새 떼 지어 우는**(喿) 것처럼 어지러운 일을
잡아 다루니 **잡을 조, 다룰 조**

+ 扌(손 수 변)

활용어휘 操心(조심), 志操(지조), 操業(조업), 操縱(조종)

3

燥

17획 / 부수 火

燥 燥 燥 燥 燥 燥 燥
燥 燥 燥 燥 燥 燥 燥
燥

불(火)에 **새 떼 지어 우는**(喿) 소리를 내며 타거나 마르니
탈 조, 마를 조

+ 풀이나 나무가 마르거나 탈 때는 소리가 나지요.
+ 火(불 화)

활용어휘 *焦燥(초조), 燥渴(조갈), 乾燥(건조)

6

區

11획 / 부수 匚

區 區 區 區 區 區 區
區 區 區 區

감추려고(匚) **물건**(品)을 나누니 **나눌 구**
또 나눠 놓은 구역이니 **구역 구**

+ 역 区 - 감추려고(匚) 베어(乂) 나누니 '나눌 구'
     또 나눠 놓은 구역이니 '구역 구'
+ 匚(감출 혜, 덮을 혜, = ㄴ), 品(물건 품, 등급 품, 품위 품), 乂(벨
  예, 다스릴 예, 어질 예)

활용어휘 區分(구분), 區劃(구획), 區域(구역), 區間(구간)

3

驅

21획 / 부수 馬

驅 驅 驅 驅 驅 馬 驅 馬
驅 驅 驅 驅 驅 驅 驅
驅 驅 驅 驅 驅

말(馬)을 어느 **구역**(區)으로 몰아 달리니
몰 구, 달릴 구

+ 역 駆
+ 馬(말 마)

활용어휘 驅使(구사), 驅迫(구박), 驅蟲(구충), 驅步(구보)

8

4획 / 부수 |

中 中 中 中

사물(口)의 가운데를 **뚫어**(|) 맞히니
가운데 중, 맞힐 중

+ |(뚫을 곤)

활용어휘 中立(중립), 中央(중앙), 命中(명중)

3Ⅱ

6획 / 부수 人(亻)

仲 仲 仲 仙 伯 仲

사람(亻) **가운데**(中) 두 번째인 버금이니 **버금 중**
또 **사람**(亻) **가운데**(中)서 중개하니 **중개할 중**

+ 凹 伸(펼 신) - 제목번호 051 참고
+ 버금 - 다음. 두 번째.
+ 중개(仲介)하다 - 제삼자로서 두 당사자 사이에 서서 일을 주선하다.
+ 介(끼일 개)

활용어휘 伯仲(백중), 伯仲勢(백중세), 仲介人(중개인)

4Ⅱ

8획 / 부수 心

忠 忠 忠 忠 忠 忠 忠 忠

가운데(中)서 우러나는 **마음**(心)으로 대하는 충성이니
충성 충

+ 충성(忠誠) - 진정에서 우러나오는 정성.
+ 心(마음 심, 중심 심), 誠(정성 성)

활용어휘 忠告(충고), 忠武(충무), 忠臣(충신), 忠孝(충효)

5

11획 / 부수 心

患 患 患 患 患 患 患 患
患 患 患

가운데(中) **가운데**(中)의 **마음**(心)에 있는 근심이니
근심 환

+ 적당히 잊어버려야 하는데 잊지 못하고 가운데 가운데에 두고 생각하면 근심이지요.

활용어휘 患難(환난), 患者(환자), 病患(병환), 宿患(숙환)

중립(屮)을 지키며(乀) 써야 하는 역사니 <mark>역사 사</mark>

＋ 역사는 어느 쪽으로도 치우치지 않는 중립을 지키는 사람이 사실대로 써야 하지요.

＋ 屮[가운데 중, 맞힐 중(中)의 변형], 乀[파임 불(乀)의 변형이지만 여기서는 지키다의 뜻으로 봄]

활용어휘 歷史(역사), 史觀(사관), 史劇(사극), 略史(약사)

- -

한(一)결같이 중립(屮)을 지키며(乀) 일해야 하는 관리니 <mark>관리 리(이)</mark>

＋ 관리(官吏) - 관직에 있는 사람.

＋ 官(관청 관, 벼슬 관)

활용어휘 淸白吏(청백리), 貪官汚吏(탐관오리)

- -

사람(亻)이 관리(吏)로 하여금 일을 하도록 부리니 <mark>하여금 사, 부릴 사</mark>

＋ 亻(사람 인 변)

활용어휘 使命(사명), 使童(사동), 使役(사역), 勞使(노사)

4
更
7획 / 부수 日
更更更更更更更

한(一) 번 말하면(曰) 사람(乀)들은 고치거나 다시 하니
고칠 경, 다시 갱

+ 한 번 말하면 좋은 사람은 고치지만 그렇지 못한 사람은 다시 하지요.
+ 曰(가로 왈), 乀[사람 인(人)의 변형]

활용어휘 更張(경장), 更正(경정), 變更(변경), 更生(갱생)

3II
硬
12획 / 부수 石
硬硬硬硬硬硬硬硬
硬硬硬硬

돌(石)처럼 **다시(更)** 굳어 단단하니 **단단할 경**

+ 石(돌 석)

활용어휘 硬度(경도), 硬直(경직), 硬化(경화), 強硬(강경)

7
便
9획 / 부수 人(亻)
便便便便便便便
便便

사람(亻)이 잘못을 **고치면(更)** 편하니 **편할 편**
또 누면 편한 똥오줌이니 **똥오줌 변**

+ 편할 편(便)에 어찌 '똥오줌 변'이란 뜻이 붙었을까요?
  생각해보면 누면 편한 것이니 그런 뜻이 붙었음을 금방 알게 되지요. 이처럼 한 한자에 여러 뜻이 있으면 반드시 그런 뜻이 붙은 이유가 있으니 무조건 외는 시간에 왜 그럴까를 생각해 보면 그 이유가 생각나고 이렇게 생각해서 익히면 절대 잊히지 않습니다.

활용어휘 便利(편리), 簡便(간편), 便所(변소), 小便(소변)

---

[4] 舌 6획 / 제부수 舌舌舌舌舌舌	혀가 **입**(口)에서 나온 모양을 본떠서 **혀 설**
	+ 千('일천 천, 많을 천'이지만 여기서는 혀의 모양으로 봄)
	활용어휘 舌戰(설전), 舌禍(설화), 口舌(구설)

[7II] 活 9획 / 부수 水(氵) 活活活活活活活活活	물(氵)기가 **혀**(舌)에 있어야 사니 **살 활**
	+ 비 浩(클 호, 넓을 호) - 제목번호 036 참고
	+ 氵(삼 수 변)
	활용어휘 活力(활력), 活路(활로), 活魚(활어), 再活(재활)

[7II] 話 13획 / 부수 言 話話話話話話話話話話話話話	말(言)을 **혀**(舌)로 하는 말씀이나 이야기니 **말씀 화, 이야기 화**
	+ 言(말씀 언)
	활용어휘 話術(화술), 對話(대화), 童話(동화), 實話(실화)

[4II] 舍 8획 / 부수 舌 舍舍舍舍舍舍舍舍	사람(人)이 입 속의 **혀**(舌)처럼 깃들여 사는 집이니 **집 사**
	+ 人(사람 인)
	활용어휘 舍廊(사랑), 官舍(관사), 寄宿舍(기숙사)

---

[3] 捨 11획 / 부수 手(扌) 捨捨捨捨捨捨捨捨捨捨捨	손(扌)으로 집(舍) 밖에 버리니 **버릴 사**
	+ 비 拾(주울 습, 열 십) - 제목번호 115 참고
	+ 扌(손 수 변)
	활용어휘 取捨(취사), 投捨(투사), 喜捨(희사)

甘

5획 / 제부수

廿 廿 廿 甘 甘

단맛을 느끼는 **혀 앞부분(廿)**에 **일(一)**을 그어서 달 **감**

또 단맛은 먹기 좋아 기쁘니 기쁠 **감**

+ 苦(쓸 고, 괴로울 고) - 제목번호 200 참고
+ 혀의 앞부분에서 단맛을 느끼니, 쭉 내민 혀의 모양 앞부분에 一을 그은 것이지요.

활용어휘 甘味(감미), 甘受(감수), 甘言利說(감언이설)

甚

9획 / 부수 甘

㭉 㭉 㭉 甚 甚 其 其 其
甚

달콤한(廿) 짝(匹)들의 사랑이 너무 심하니 심할 **심**

+ 廿[달 감, 기쁠 감(甘)의 변형], 匹(짝 필, 단위 필) - 제목번호 121 참고

활용어휘 甚難(심난), 甚至於(심지어), 極甚(극심)

某

9획 / 부수 木

某 某 某 某 某 某 某 某
某

달콤한(甘) 나무(木) 열매를 찾는 아무니 아무 **모**

+ 아무 - 꼭 누구라고 말하거나, 꼭 무엇이라고 지정하지 않고 가리킬 때 쓰는 말.
+ 木(나무 목)

활용어휘 某某(모모), 某年(모년), 某種(모종), 某處(모처)

謀

16획 / 부수 言

謀 謀 謀 謀 謀 謀 謀 謀
謀 謀 謀 謀 謀 謀 謀 謀

말(言)과 행동을 아무(某)도 모르게 꾀하고 도모하니
꾀할 **모**, 도모할 **모**

+ 言(말씀 언)

활용어휘 謀略(모략), 謀議(모의), 謀陷(모함), 主謀(주모)

媒

12획 / 부수 女

媒 媒 媒 媒 媒 媒 媒
媒 媒 媒 媒

여자(女)를 아무(某)에게 소개하는 중매니 중매 **매**

+ 중매(仲媒) - 결혼이 이루어지도록 중간에서 소개하는 일. 또는 그런 사람.
+ 女(여자 녀), 仲(버금 중, 중개할 중)

활용어휘 媒介(매개), 媒體(매체), 觸媒(촉매)

3Ⅱ
其
8획 / 부수 八
其 其 其 其 其 其 其 其

단(甘)것을 받침대(兀)에 올려 유인하는 그니 **그 기**

+ 甘[달 감, 기쁠 감(甘)의 변형], 兀[무엇을 받친 대의 모양인 '대 기(兀)'의 변형]

활용어휘 其間(기간), 其實(기실), 其餘(기여), 其他(기타)

3
欺
12획 / 부수 欠
欺 欺 欺 欺 欺 欺 欺 欺 欺 欺 欺 欺

그런(其) 저런 허황된 말을 하며 **모자라게(欠)** 속이니 **속일 기**

+ 欠(하품 흠, 모자랄 흠, 이지러질 결, 빠질 결) - 제목번호 130 참고

활용어휘 *欺瞞(기만), 欺罔(기망), 詐欺(사기)

5Ⅱ
期
12획 / 부수 月
期 期 期 期 期 期 期 期 期 期 期 期

그(其) 달(月)이 차고 이지러진 것을 보고 기간을 정하고 기약했으니 **기간 기, 기약할 기**

+ 해는 항상 똑같은 모양이지만 달은 늘 그 모양이 변하니 약속하기에 좋아, 달이 어떤 모양일 때 다시 만나자고 할 수 있지요.
+ 月(달 월, 육 달 월)

활용어휘 期間(기간), 婚期(혼기), 期約(기약), 期待(기대)

5Ⅱ
基
11획 / 부수 土
基 基 基 基 基 基 基 基 基 基

그(其) 바탕에 흙(土)을 다진 터나 기초니 **터 기, 기초 기**

+ 터 – ㉠ 공사를 하거나 하였던 자리.
　　　㉡ 일의 토대.
+ 집을 지으려면 흙을 잘 다져 기초를 튼튼히 해야 하지요.

활용어휘 基幹(기간), 基盤(기반), 基準(기준), 基礎(기초)

4Ⅱ **田** 5획 / 제부수 田 冂 曰 田 田	사방을 경계짓고 나눈 밭(**卌**)의 모양에서 **밭 전** **활용어휘** 田畓(전답), 田園(전원), 鹽田(염전), 油田(유전)
6 **由** 5획 / 부수 田 由 冂 曰 由 由	밭(**田**)에 싹(**丨**)이 나는 것은 씨앗을 뿌린 까닭으로 말미암으니 **까닭 유, 말미암을 유** + 丨('뚫을 곤'이지만 여기서는 싹의 모양으로 봄) **활용어휘** 由來(유래), 由緒(유서), 理由(이유), 自由(자유)
4 **甲** 5획 / 부수 田 甲 冂 曰 曱 甲	밭(**田**)에 씨앗을 뿌리면 **뿌리(丨)**가 먼저 나듯 처음 나온 첫째니 **첫째 갑, 첫째 천간 갑** 또 밭(**田**)에 씨앗의 **뿌리(丨)**가 날 때 뒤집어 쓴 껍질 같은 갑옷이니 **갑옷 갑** + 丨('뚫을 곤'이지만 여기서는 뿌리의 모양으로 봄) **활용어휘** 甲富(갑부), 甲種(갑종), 回甲(회갑), 鐵甲(철갑)
4Ⅱ **申** 5획 / 부수 田 申 冂 曰 曱 申	속마음을 **아뢰어(曰) 펴듯(丨)** 소리 내는 원숭이니 **아뢸 신, 펼 신, 원숭이 신** 또 원숭이는 아홉째 지지니 **아홉째 지지 신** + 曰(가로 왈), 丨('뚫을 곤'이지만 여기서는 펴는 모양으로 봄) **활용어휘** 申告(신고), 申請(신청), 申聞鼓(신문고)
3 **伸** 7획 / 부수 人(亻) 亻 伂 俏 佀 佀 伸	사람(**亻**)이 펴(**申**) 늘이니 **늘일 신** + 比 仲(버금 중, 중개할 중) - 제목번호 046 참고 + 申은 속마음을 펴 아뢴다는 뜻이고, 伸은 물건을 길게 펴 늘인다는 뜻입니다. + 亻(사람 인 변) **활용어휘** 伸張(신장), 伸縮(신축), 追伸(추신)

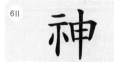

6II

神

10획 / 부수 示

示 示 示 示 示 示 示 示
示 神

神(示) 중 가끔 모습을 펴(申) 나타난다는 귀신이니

귀신 신

또 귀신처럼 신비하게 깨어있는 정신이니

신비할 신, 정신 신

✚ 神은 보이지 않지만 가끔 어떤 모습으로 나타난다고도 하지요.
✚ 示(보일 시, 신 시)

활용어휘 神奇(신기), 神童(신동), 神靈(신령), 神祕(신비)

- -

3

坤

8획 / 부수 土

坤 坤 坤 坤 坤 坤 坤 坤

흙(土)이 펴진(申) 땅이니 **땅 곤**

✚ 土(흙 토)

활용어휘 坤靈(곤령), 乾坤(건곤), 別有乾坤(별유건곤)

苗

9획 / 부수 草(艹)

苗苗苗苗苗苗苗苗苗
苗

풀(艹)처럼 씨앗을 심은 밭(田)에서 나는 싹이니 **싹 묘**

+ 田 笛(피리 적) - 제목번호 059 참고
+ 艹 - 풀 초(草)가 부수로 쓰일 때의 모양으로 '초 두'
   (원래 4획인데 3획으로 획수를 줄여 艹로도 씁니다.)

활용어휘 苗木(묘목), 苗板(묘판), 育苗(육묘), 種苗(종묘)

畓

9획 / 부수 田

畓畓畓畓畓畓畓畓
畓

물(水)을 밭(田)에 넣어 만든 논이니 **논 답**

+ 水(물 수), 田(밭 전)

활용어휘 畓農(답농), 田畓(전답), *沃畓(옥답), 宗畓(종답)

沓

8획 / 부수 水

沓沓沓沓沓沓沓沓

물(水)이 햇(日)볕에 증발하여 활발하게 합하니
활발할 답, 합할 답

+ 日(해 일, 날 일)

활용어휘 *沓沓(답답), *沓雜(답잡), *紛沓(분답)

踏

15획 / 부수 足(⻊)

踏踏踏踏踏踏踏踏
踏踏踏踏踏踏踏

발(⻊)을 활발하게(沓) 움직여 밟으니 **밟을 답**

+ ⻊[발 족, 넉넉할 족(足)의 변형]

활용어휘 踏步(답보), 踏查(답사), 踏襲(답습), 踏破(답파)

3II
4획 / 부수 人
介 介 介 介

사람(人) 사이(丿)에 끼이니 끼일 개

+ 人(사람 인)

활용어휘 介意(개의), 介入(개입), 媒介(매개), *紹介(소개)

6II
9획 / 부수 田
界 界 界 界 界 界 界
界 界

밭(田) 사이에 끼어(介) 있는 경계니 경계 계
또 여러 나라의 경계로 나누어진 세계니 세계 계

+ 세계 지도를 보면 세계가 여러 나라의 경계로 나뉘어져 있지요.

활용어휘 境界(경계), 限界(한계), 世界(세계), 財界(재계)

3II
胃
9획 / 부수 肉(月)
胃 胃 胃 胃 胃 胃 胃 胃
胃

밭(田)처럼 넓어 몸(月)에서 음식물을 담아 소화시키는
밥통이니 밥통 위

+ 凹 冂(무릅쓸 모) - 제목번호 006 참고
+ 田(밭 전), 月(달 월, 육 달 월)

활용어휘 胃液(위액), 胃腸(위장), 胃痛(위통)

3II
謂
16획 / 부수 言
謂 謂 謂 謂 謂 謂 謂 謂
謂 謂 謂 謂 謂 謂 謂 謂

말(言)을 위(胃)가 음식을 소화시키듯이 이해되게 이르니
이를 위

+ 이르다 - ㉠ (어떤 장소나 시간에) 닿다. 미치다. - 至(이를 지,
　　　　　　　지극할 지)
　　　　　　㉡ 말하다. 알아듣거나 깨닫게 하다. - 謂(이를 위)
　　　　　　㉢ (정해진 시간보다) 빠르다. - 早(일찍 조)
　　　　　　여기서는 ㉡의 뜻.

활용어휘 所謂(소위), 云謂(운위), 或謂(혹위)

참

畐

9획 / 부수 田

畐畐畐畐畐畐畐畐
畐

한(一) 사람의 입(口)은 밭(田)에서 난 곡식만으로도 가득 차니 찰 복

+ 口(입 구, 말할 구, 구멍 구), 田(밭 전)

5Ⅱ

福

14획 / 부수 示

福福福福福福福
福福福福福福

신(示)이 채워(畐) 준다는 복이니 복 복

+ 示(보일 시, 신 시)

<u>활용어휘</u> 福券(복권), 福音(복음), 祝福(축복), 幸福(행복)

3

幅

12획 / 부수 巾

幅幅幅幅幅幅幅
幅幅幅幅

수건(巾) 같은 천의 가로로 찬(畐) 넓이니 넓이 폭

+ 巾(수건 건)

<u>활용어휘</u> 大幅(대폭) ↔ 小幅(소폭), 步幅(보폭), 增幅(증폭)

4Ⅱ

副

11획 / 부수 刀(刂)

副副副副副副副副
副副副

찬(畐) 있는 재산을 칼(刂)로 잘라내어 버금(다음)을 예비하니 버금 부, 예비 부

+ 버금 - 다음. 두 번째.
+ 예비(豫備) - 필요할 때 쓰기 위하여 미리 마련하거나 갖추어 놓음.
+ 刂(칼 도 방), 豫(미리 예), 備(갖출 비)

<u>활용어휘</u> 副本(부본), 副業(부업), 副作用(부작용)

4Ⅱ

富

12획 / 부수 宀

富富富富富富富富
富富富富

집(宀)에 재물이 차(畐) 넉넉한 부자니 넉넉할 부, 부자 부

+ 역 冨 - 덮어진(冖) 곳에 재물이 차(畐) 넉넉한 부자니 '넉넉할 부, 부자 부'
+ 宀(집 면), 冖(덮을 멱)

<u>활용어휘</u> 富強(부강), 豊富(풍부), 甲富(갑부), 巨富(거부)

4II

細

11획 / 부수 糸

細 細 細 細 細 細 細
細 細 細

실(糸)처럼 밭(田)이랑이 가느니 가늘 세

+ 糸(실 사, 실 사 변)

활용어휘 細工(세공), 細菌(세균), 細密(세밀), 細心(세심)

3II

累

11획 / 부수 糸

累 累 累 累 累 累 累 累
累 累 累

밭(田)이랑이나 실(糸)타래처럼 여러 갈래로 쌓이니
여러 루(누), 쌓일 루(누)

또 여러 번 하여 폐 끼치니 폐 끼칠 루(누)

+ 누(累) - 남의 잘못으로 말미암아 받게 되는 정신적인 괴로움이나
물질적인 손해.

활용어휘 累計(누계), 累積(누적), 累增(누증), 連累(연루)

5

思

9획 / 부수 心

思 思 思 思 思 思 思
思 思

밭(田)을 갈듯이 마음(心)으로 요모조모 생각하니
생각할 사

+ 心(마음 심, 중심 심)

활용어휘 思考(사고), 思慕(사모), 思想(사상), 思索(사색)

7II

男

7획 / 부수 田

丿 男 口 男 男 男 男

밭(田)에 나가 힘(力)써 일하는 사내니 사내 남

+ 밭에서 힘든 일은 주로 사내가 하지요.
+ 力(힘 력)

활용어휘 男妹(남매), 男裝(남장), 得男(득남), 美男(미남)

3

畏

9획 / 부수 田

畏 畏 畏 畏 畏 畏 畏 畏
畏

(농부는) 밭(田)의 농작물이 갑자기 변함(𠂤)을 두려워하니
두려워할 외

+ 농부는 애써 기른 농작물이 갑자기 병이 들거나 태풍에 쓰러질
것을 두려워하지요.
+ 𠂤 [변화할 화, 될 화(化)의 변형]

활용어휘 敬畏(경외), 可畏(가외), 無畏(무외)

7

里

7획 / 제부수

里 里 里 里 里 里 里

먹을거리를 생산하는 **전(田)**답이 있는 **땅(土)**에 형성되었던 마을이니 **마을 리(이)**

또 거리를 재는 단위로도 쓰여 **거리 리(이)**

+ 숫자 개념이 없었던 옛날에는 어느 마을에서 어느 마을까지의 몇 배 정도로 거리를 셈하다가 후대로 오면서 1리는 400m, 10리는 4km로 정하여 쓰게 되었지요.

활용어휘 洞里(동리), 里程標(이정표), 千里眼(천리안)

6II

理

11획 / 부수 玉(王)

理 理 理 理 理 理 理 理 理 理

왕(王)이 **마을(里)**을 이치에 맞게 다스리니 **이치 리(이), 다스릴 리(이)**

+ 원래는 구슬(王)을 가공할 때 여기저기 흩어져 있는 마을(里)처럼 여기저기 있는 무늬가 잘 나타나도록 이치에 맞게 잘 다스린다는 데서 '이치 리, 다스릴 리(理)'입니다.
+ 王(임금 왕, 으뜸 왕, 구슬 옥 변)

활용어휘 理論(이론), 合理(합리), 管理(관리), 處理(처리)

3

埋

10획 / 부수 土

埋 埋 埋 埋 埋 埋 埋 埋 埋 埋

흙(土)으로 **마을(里)** 부근에 묻으니 **묻을 매**

+ 土(흙 토)

활용어휘 埋沒(매몰), 埋藏(매장), 埋葬(매장)

3II

裏

13획 / 부수 衣

裏 裏 裏 裏 裏 裏 裏 裏 裏 裏 裏 裏 裏

마치 **옷(衣)**으로 둘러싸인 **마을(里)**처럼 무엇으로 싸인 속이니 **속 리(이)**

+ 통 裡 - 마치 옷(衤)으로 둘러싸인 마을(里)처럼 무엇으로 싸인 속이니 '속 리(이)'
+ 衣(옷 의), 衤(옷 의 변)

활용어휘 裏面(이면), 裏書(이서), 表裏不同(표리부동)

5

量

12획 / 부수 里

量 量 量 量 量 量 量
量 量 量 量 量

아침(旦)마다 그날 가야 할 **거리**(里)를 헤아리니
헤아릴 **량(양)**

또 헤아려 담는 용량이니 용량 **량(양)**

+ 용량(容量) - 가구나 그릇 같은 데 들어갈 수 있는 분량.
+ 旦(아침 단), 容(얼굴 용, 받아들일 용, 용서할 용)

활용어휘 雅量(아량), 裁量(재량), 減量(감량), 數量(수량)

- -

4

糧

18획 / 부수 米

糧 糧 糧 糧 糧 糧 糧 糧
糧 糧 糧 糧 糧 糧 糧 糧
糧 糧

쌀(米) 같은 곡식을 먹을 만큼 **헤아려**(量) 들여놓는
양식이니 양식 **량(양)**

+ 양식(糧食) - 먹고 살 거리. 식량.
+ 米(쌀 미), 食(밥 식, 먹을 식, 먹이 사)

활용어휘 糧穀(양곡), 糧政(양정), 軍糧米(군량미)

7

重

9획 / 부수 里

重重重重重重重
重重

많은(千) 마을(里)에서 모은 것이라 무겁고 귀중하니
무거울 **중**, 귀중할 **중**

또 무겁고 귀중하여 거듭 다루니 거듭 **중**

+ 비 童(아이 동) - 제목번호 154 참고
+ 반 輕(가벼울 경) - 제목번호 282 참고
+ 千(일천 천, 많을 천), 里(마을 리, 거리 리)

활용어휘 重量(중량), 貴重(귀중), 重要(중요), 重複(중복)

5II

種

14획 / 부수 禾

種種種種種種種
種種種種種種種

벼(禾) 같은 곡식에서 **귀중한**(重) 것은 씨앗이니 씨앗 **종**

또 씨앗처럼 나누어 두는 종류니 종류 **종**

+ 농사에서 씨앗이 제일 중요하니 섞이지 않도록 나누어 종류별로 보관하지요.
+ 禾('벼 화'로 곡식을 대표함)

활용어휘 種子(종자), 滅種(멸종), 播種(파종), 種類(종류)

4

鍾

17획 / 부수 金

鍾鍾鍾鍾鍾鍾鍾
鍾鍾鍾鍾鍾鍾鍾鍾
鍾

쇠(金)로 만들어 **거듭**(重) 치는 쇠북 종이니 쇠북 **종**

또 쇠(金)로 만들어 **거듭**(重) 사용하는 술잔이니 술잔 **종**

+ 비 鐘(쇠북 종, 종치는 시계 종) - 제목번호 154 참고
+ 金(쇠 금, 금 금, 돈 금, 성씨 김)

활용어휘 鍾路(종로), 掛鐘(괘종), 鍾子(종자), 茶鍾(차종)

7II

動

11획 / 부수 力

動動動動動動動
重重動動

무거운(重) 것도 힘(力)쓰면 움직이니 움직일 **동**

+ 力(힘 력)

활용어휘 動力(동력), 動物(동물), 動搖(동요)

손(扌)으로 제일(甲) 힘주어 누르거나 압수하니
누를 압, 압수할 압

+ 젭 壓(누를 압) – 제목번호 110 참고
+ 압수(押收) – 법원이 증거물, 또는 몰수해야 할 물건이라고 생각
되는 것을 가져가는 강제 처분.
+ 甲(첫째 갑, 첫째 천간 갑, 갑옷 갑), 收(거둘 수)

활용어휘 *押釘(압정), 押留(압류), 押送(압송)

찢어진(丿) 갑옷(甲)을 입은 많은(十) 병사들처럼
계급이 낮고 천하니 **낮을 비, 천할 비**

+ 丿('삐침 별'이지만 여기서는 찢어진 모양으로 봄), 甶[첫째 갑,
첫째 천간 갑, 갑옷 갑(甲)의 변형], 十(열 십, 많을 십)

활용어휘 卑屈(비굴), 卑俗(비속), 卑劣(비열), 卑賤(비천)

여자(女) 중 신분이 낮은(卑) 여자 종이니 **여자 종 비**

+ 남자 종은 '종 노, 남을 흉하게 부르는 접미사 노(奴)' – 제목번호
139 참고

활용어휘 婢女(비녀), *婢僕(비복), 婢妾(비첩), 奴婢(노비)

돌(石)을 깎아 낮게(卑) 세운 비석이니 **비석 비**

+ 비석(碑石) – 돌로 만든 비. 빗돌.
+ 石(돌 석)

활용어휘 碑木(비목), 碑文(비문), 墓碑(묘비)

6

油

8획 / 부수 水(氵)

油油油油油油油油

물(氵)처럼 열매를 짬으로 **말미암아**(由) 나오는 기름이니
기름 유

+ 氵(삼 수 변), 由(까닭 유, 말미암을 유) - 제목번호 051 참고

활용어휘 油價(유가), 油田(유전), 原油(원유), 精油(정유)

3

抽

8획 / 부수 手(扌)

抽抽抽抽抽抽抽抽

손(扌)으로 **말미암아**(由) 뽑으니 **뽑을 추**

+ 扌(손 수 변)

활용어휘 抽讀(추독), 抽象(추상), 抽出(추출)

3Ⅱ

笛

11획 / 부수 竹(⺮)

笛笛笛笛笛笛笛笛
笛笛笛

대(⺮)로 **말미암아**(由) 소리 나게 만든 피리니 **피리 적**

+ ⱖ 苗(싹 묘) - 제목번호 052 참고
+ ⺮[대 죽(竹)이 부수로 쓰일 때의 모양]

활용어휘 警笛(경적), 汽笛(기적), 號笛(호적)

3

寅

11획 / 부수 宀

寅寅寅寅寅寅寅寅
寅寅寅

집(宀)에서 **하나**(一)의 일로 **말미암아**(由) 마음이
나눠짐(八)은 삼가니 **삼갈 인**

또 삼가 조심하는 범이니 **범 인**

또 범은 셋째 지지니 **셋째 지지 인**

+ 범 - 호랑이.
+ 宀(집 면), 八(여덟 팔, 나눌 팔)

활용어휘 寅念(인념), 寅時(인시)

4Ⅱ

演

14획 / 부수 水(氵)

演演演演演演演演
演演演演演演

물(氵)처럼 **삼가는**(寅) 모양으로 펴고 설명하니
펼 연, 설명할 연

+ 물은 항상 낮은 곳으로 흐르며, 자기 모양을 주장하지 않고, 구덩이가
있으면 채우고 넘쳐야 다음으로 흐르지요.

활용어휘 演劇(연극), 演技(연기), 演說(연설), 演題(연제)

8

4획 / 제부수

木 才 木 木

가지 달린 나무를 본떠서 나무 목

활용어휘 木刻(목각), 木器(목기), 木材(목재), 伐木(벌목)

7

6획 / 부수 人(亻)

亻 亻 亻 什 休 休

사람(亻)이 나무(木) 옆에서 쉬니 쉴 휴

＋ 나무에서는 피톤치드 등 몸에 좋은 것이 많이 나온다지요.
＋ 亻(사람 인 변)

활용어휘 休紙(휴지), 休戰(휴전), 休職(휴직), 連休(연휴)

6

5획 / 부수 木

本 才 木 木 本

나무 목(木) 아래, 즉 뿌리 부분에 일(一)을 그어
나무에서는 뿌리가 제일 중요한 근본임을 나타내어
뿌리 본, 근본 본

또 근본을 적어 놓은 책이니 책 본

＋ 근본(根本) – ㉠ 초목의 뿌리.
　　　　　　㉡ 사물의 본질이나 본바탕.
　　　　　　㉢ 자라온 환경이나 혈통.
＋ 나무는 뿌리가 성해야 잘 자라니 묘목을 고를 때도 뿌리가 성한
　것을 골라야 하지요.
＋ 根(뿌리 근) – 제목번호 338 참고

활용어휘 拔本(발본), 本論(본론), 本性(본성), 原本(원본)

4II

7획 / 부수 广

床 床 床 床 床 床 床

집(广)에서 나무(木)로 받쳐 만든 평상이나 책상이니
평상 상, 책상 상

＋ 广 – 굴 바위 엄, 언덕 엄(厂) 위에 점(丶)을 찍어, 언덕이나 바위를
　　　지붕 삼아 지은 바위 집 모양을 나타내어 '집 엄'

활용어휘 臨床(임상), 病床(병상), 寢床(침상), 冊床(책상)

7

林

8획 / 부수 木

一 十 木 木 杧 村 材
林

나무(木)와 **나무**(木)가 우거진 수풀이니 **수풀 림(임)**

활용어휘 林野(임야), 密林(밀림), 山林(산림), 竹林(죽림)

- -

3II

森

12획 / 부수 木

森 木 森 森 森 森 森 森
森 森 森 森

나무(木)가 **수풀**(林)처럼 빽빽하니 **빽빽할 삼**

또 **나무**(木)가 **수풀**(林)처럼 엄숙하게 늘어선 모양에서
엄숙한 모양 삼

+ 나무 목(木)이 둘이면 '수풀 림(林)', 셋이면 '빽빽할 삼, 엄숙한 모양 삼(森)'

활용어휘 森林(삼림), 陰森(음삼), 森嚴(삼엄)

4II

禁

13획 / 부수 示

禁 禁 禁 禁 禁 禁 禁 禁
禁 禁 禁 禁 禁

수풀(林)은 **보기만**(示) 할 뿐 함부로 베지 못하도록 금하니
금할 금

+ 示(보일 시, 신 시)

활용어휘 禁忌(금기), 禁食(금식), 禁止(금지), 嚴禁(엄금)

- -

3II

麻

11획 / 제부수

麻 麻 麻 麻 麻 麻 麻 麻
麻 麻 麻

집(广) 주위에 **수풀**(林)처럼 빽빽이 기르는 삼이니 **삼 마**

또 삼에는 마약 성분도 있으니 **마약 마**

+ 여기서 삼은 인삼(人蔘)이나 산삼(山蔘)과 다른 것으로, 베를 짜는 식물의 한 종류. 삼은 껍질을 벗겨 가공하여 삼베를 짜고 그 잎은 마약 성분이 있는 대마초(大麻草)로, 재배하려면 허가를 받아 집 인근에 심어야 하니 글자에 집 엄(广)이 들어가고, 곁가지가 나지 않도록 수풀처럼 빽빽하게 기르니 수풀 림(林)이 들어가지요.
+ 朩[수풀 림(林)의 변형], 蔘(인삼 삼), 草(풀 초)

활용어휘 麻布(마포), 麻醉(마취), 大麻草(대마초)

- -

3II # 磨 16획 / 부수 石 磨 广 广 磨 磨 磨 磨 磨 磨 磨 磨 磨 磨 磨 磨 磨	삼(麻) 껍질을 벗기려고 **돌(石)**에 문지르듯이 가니 **갈 마** ✚ 삼 껍질 중 섬유질이 아닌 겉껍질을 벗기려고 돌에 문지르지요. ✚ 갈다 – 날카롭게 날을 세우거나, 표면을 매끄럽게 하거나, 잘게 부수기 위하여 문지르다. ✚ 石(돌 석) 활용어휘 磨滅(마멸), *磨耗(마모), 研磨(연마), 達磨(달마)
특II # 朮 5획 / 부수 木 朮 朮 朮 朮 朮	가는 뿌리가 여러 갈래로 뻗어 가는 삽주뿌리(朮)니 **삽주뿌리 출** ✚ 삽주 – 국화과의 여러해살이풀. 어린잎은 식용하고 뿌리는 약으로 쓰임.
6II # 術 11획 / 부수 行 術 彳 術 術 什 術 術 術 術 術 術	**삽주뿌리(朮)**처럼 여러 갈래로 뻗어 **가는(行)** 재주와 기술이니 **재주 술, 기술 술** ✚ 行(다닐 행, 행할 행, 항렬 항) 활용어휘 術法(술법), 術策(술책), 技術(기술), 奇術(기술)
3II # 述 9획 / 부수 辶(辵) 述 述 述 述 述 述 述 述 述	**삽주뿌리(朮)**가 뻗어 **가듯(辶)** 말하거나 책 쓰니 **말할 술, 책 쓸 술** ✚ 辶(뛸 착, 갈 착, = 辵) 활용어휘 論述(논술), 口述(구술), 陳述(진술), 著述(저술)

■ 도움말 ■

〈術과 述의 구분〉
다닐 행, 행할 행, 항렬 항(行)은 이리저리 다닌다는 뜻이니 行이 붙으면 여러 갈래로 뻗어 가는 재주와 기술을 말하여 '재주 술, 기술 술(術)'이고, 뛸 착, 갈 착(辶)은 한 방향으로 뛰거나 간다는 뜻이니 辶이 붙으면 한 방향으로 말하는 '말할 술, 책 쓸 술(述)'로 구분하세요.

5획 / 부수 木
末 末 末 末 末

나무(木)에서 긴 가지(一) 끝이니 끝 말

활용어휘 末期(말기), 末端(말단), 結末(결말), 本末(본말)

5획 / 부수 木
未 未 未 未 未

나무(木)에서 짧은 가지(一)니, 아직 자라지 않았다는 데서
아닐 미, 아직 ~ 않을 미, 여덟째 지지 미

+ 나무 목(木) 위에 가지를 나타내는 一이 길면 '끝 말(末)', 짧으면
'아닐 미, 아직 ~ 않을 미, 여덟째 지지 미(未)'지요.
+ '미(未)'는 '아닐 불, 아닐 부(不)'나 '없을 막, 말 막, 가장 막(莫)',
'없을 물, 말 물(勿)'처럼 완전 부정사로 해석해서는 안 되고, 가능
성을 두어 「아직 ~ 아니다」로 해석해야 합니다.

활용어휘 未開(미개), 未歸(미귀), 未知(미지)

8획 / 부수 口
味 味 味 味 味 味 味 味

입(口)에서 아니(未) 삼키고 보는 맛이니 맛 미

+ 口(입 구, 말할 구, 구멍 구)

활용어휘 味覺(미각), 加味(가미), 甘味(감미), 別味(별미)

8획 / 부수 女
妹 妹 妹 妹 妹 妹 妹 妹

여자(女) 중 나보다 나이를 아니(未) 먹은 누이니
누이 매

+ 엔 姉(손위 누이 자) - 제목번호 162 참고
+ 남자가 여자 형제를 이르는 말에 손위면 '누나', 손아래면 '누이'라
하고, '누님'은 누나를 높여 부르는 말입니다.
+ 女(여자 녀)

활용어휘 妹夫(매부), 妹弟(매제), 男妹(남매), 姉妹(자매)

+ 여동생의 남편은 '매제(妹第)', 누나의 남편은 '妹兄(매형)'이지요.

朱

4

6획 / 부수 木

朱 矢 矢 牛 朱 朱

작아(丿) 아직 자라지 **않은**(未) 어린 싹은 붉으니
붉을 주

+ '떨어지는(丿) 시(十)월의 나뭇(木)잎은 대부분 붉으니 붉을 주'라
  고도 합니다.
+ 돋아나는 어린 싹은 대부분 붉지요.
+ 丿('삐침 별'이지만 여기서는 작은 모양으로 봄)

> 활용어휘 朱記(주기), 朱書(주서), 朱紅(주홍), 朱黃(주황)

株

3II

10획 / 부수 木

株 株 株 株 株 株 株 株
株 株

나무(木)의 **붉은**(朱) 뿌리 부분만 남은 그루터기니
그루터기 주

또 그루터기 같은 뿌리로 나무를 세는 그루니 **그루 주**

또 나무 세듯이 자본을 세는 주식이니 **주식 주**

> 활용어휘 守株待兔(수주대토), 株價(주가), 有望株(유망주)

珠

3II

10획 / 부수 玉(王)

珠 珠 珠 珠 珠 珠 珠 珠
珠 珠

구슬(王) 중 붉게(朱) 빛나는 진주니 **구슬 주, 진주 주**

+ 王(임금 왕, 으뜸 왕, 구슬 옥 변)

> 활용어휘 珠玉(주옥), 如意珠(여의주), 念珠(염주)

殊

3II

10획 / 부수 歹

殊 殊 殊 殊 殊 殊 殊 殊
殊 殊

뼈 **앙상하고**(歹) 붉은(朱) 피까지 흘림은 보통과 다르니
다를 수

+ 歹(뼈 앙상할 알, 죽을 사 변) - 제목번호 305 殘의 주 참고

> 활용어휘 殊功(수공), 殊怪(수괴), 殊常(수상), 特殊(특수)

참

6획 / 부수 木

束束束束束束

나무(木)에 덮인(冖) 듯 붙어있는 가시니 **가시 자**

+ 가시 - ㉠ 바늘처럼 뾰족하게 돋친 것.
  ㉡ 물고기의 잔뼈.
  ㉢ 남을 공격하거나 불평불만의 뜻을 담은 표현을 말함.
  여기서는 ㉠의 뜻.
+ 冖(덮을 멱)

3II

8획 / 부수 刀(刂)

刺刺刺刺刺刺刺刺

가시(束)나 칼(刂)로 찌르니 **찌를 자, 찌를 척**

+ 刂(칼 도 방)

활용어휘 刺客(자객), *刺戟(자극), 刺傷(자상), 刺殺(척살)

3II

12획 / 부수 竹(⺮)

策策策策策策策策
策策策策

대(⺮)로 만든, 가시(束)처럼 아픈 채찍이니 **채찍 책**

또 채찍질할 때 다치지 않게 신경써야 하는 꾀니 **꾀 책**

+ ⺮(대 죽)

활용어휘 策勵(책려), 對策(대책), 妙策(묘책), 政策(정책)

5II

7획 / 부수 木

束束束束束束束

나무(木)를 묶으니(口) **묶을 속**

+ 凵 柬(가릴 간, 편지 간) - 제목번호 353 참고
  東(동쪽 동, 주인 동) - 제목번호 065 참고
+ 口('입 구, 말할 구, 구멍 구'지만 여기서는 묶은 모양으로 봄)

활용어휘 結束(결속), 拘束(구속), 團束(단속), 約束(약속)

6

11획 / 부수 辵(辶)

速速速速速速速速
速速速

(신발끈을) 묶고(束) 뛰면(辶) 빠르니 **빠를 속**

+ 辶(뛸 착, 갈 착, = 辶)

활용어휘 速度(속도), 速報(속보), *迅速(신속), 拙速(졸속)

8

東

8획 / 부수 木

東東東東東東東東

나무(木) 사이로 해(日)가 떠오르는 동쪽이니 동쪽 동

또 옛날에 동쪽에 앉았던 주인이니 주인 동

+ 비 柬(가릴 간, 편지 간) - 제목번호 353 참고
　 束(묶을 속) - 제목번호 064 참고
+ 나무 사이로 밝다가 어두워지는 저녁 때보다 어둡다가 밝아오는
　 아침에 해가 더 잘 보이겠지요.
+ 옛날에는 신분에 따라 앉는 방향이 달라서 임금은 북쪽, 신하는
　 남쪽, 주인은 동쪽, 손님은 서쪽에 자리하고 앉았답니다.

활용어휘 東問西答(동문서답), 東學(동학), 東海(동해)

3II

凍

10획 / 부수 氷(冫)

凍凍凍凍凍凍凍
凍凍

얼음(冫)은 동쪽(東)에 더 많이 어니 얼 동

+ 아침 햇살만 잠깐 비치는 동쪽으로 향한 언덕이 서쪽보다 얼음이
　 더 많이 언다는 데서 만들어진 한자.
+ 冫 - 얼음 빙(氷)이 부수로 쓰일 때의 모양으로 점이 둘이니 '이 수 변'

활용어휘 凍傷(동상), 凍結(동결), 解凍(해동)

3II

陳

11획 / 부수 阜(阝)

陳陳陳陳陳陳陳陳
陳陳陳

**언덕(阝)의 동쪽(東)에 햇살이 퍼지듯 늘어놓고 묵으니
늘어놓을 진, 묵을 진**

+ 비 陣(진 칠 진, 줄 진) - 제목번호 276 참고
+ 阝 - 글자의 왼쪽에 쓰이면 언덕 부(阜)가 부수로 쓰일 때의 모양
　 으로 '언덕 부 변'

활용어휘 陳述(진술), 陳列(진열), 開陳(개진), 陳腐(진부)

7

來

8획 / 부수 人

一 厂 厂 厃 来 來 來

나무(木) 밑으로 두 사람(人人)이 오니 올 래(내)

+ 얜 来 - 한(一) 톨의 쌀(米)이라도 구하려고 오니 '올 래(내)'
+ 맨 去(갈 거, 제거할 거) - 제목번호 219 참고
+ 옛날에는 쌀이 귀했다지요.
+ 米(쌀 미)

[활용어휘] 來日(내일), 去來(거래), 往來(왕래), 傳來(전래)

3II

麥

11획 / 제부수

麥 麥 麥 麥 麥 麥 麥
麥 麥 麥

(봄이) 오면(夾) 천천히(夂) 거두는 보리니 보리 맥

+ 얜 麦 - 주인(主)이 천천히(夂) 거두는 보리니 '보리 맥'
+ 보리는 가을에 심어 여름이 오기 전 늦은 봄에 거두지요.
+ 夾['낄 협'이지만 여기서는 올 래(來)의 변형으로 봄], 夂(천천히
  걸을 쇠, 뒤쳐올 치), 主[주인 주(主)의 변형]

[활용어휘] 麥類(맥류), 麥芽(맥아), 麥酒(맥주)

1

嗇

13획 / 부수 口

嗇 嗇 嗇 嗇 嗇 嗇 嗇 嗇
嗇 嗇 嗇 嗇 嗇

재물이 와서(来) 돌아(回)가지 않게 아끼니 아낄 색

+ 来[올 래(來)의 변형], 回(돌 회, 돌아올 회, 횟수 회)

[활용어휘] *吝嗇(인색), *吝嗇漢(인색한)

3

墻

16획 / 부수 土

墻 墻 墻 墻 墻 墻 墻 墻
墻 墻 墻 墻 墻 墻 墻 墻

흙(土)으로 재물을 아끼는(嗇) 사람이 쌓은 담이니 담 장

+ 图牆 - 나무 조각(爿)으로 재물을 아끼는(嗇) 사람이 쌓은 담이니
  '담 장' - 특II
+ 土(흙 토), 爿(나무 조각 장, 장수 장 변)

[활용어휘] 墻外(장외), 壁墻(벽장), 越墻(월장)

4II

保

9획 / 부수 人(亻)

保 保 保 保 保 保 保 保
保

(말로 화를 입는 경우가 많아) **사람**(亻)은 **입**(口)을 말 없는 **나무**(木)처럼 지키고 보호하니 지킬 **보**, 보호할 **보**

➕ 이목구비(耳目口鼻) 중에서 입이 말로 죄를 짓기 쉽고, 나쁜 것을 먹을 수 있어 위험하지요.

활용어휘 保健(보건), 保守(보수), 保證(보증), 保險(보험)

6II

果

8획 / 부수 木

果 果 果 果 果 果 果 果

과실(田)이 **나무**(木) 위에 열린 모양에서 과실 **과**

또 과실은 그 나무를 알 수 있는 결과니 결과 **과**

➕ 좋은 과실이 열리면 좋은 나무이듯이, 과실을 보면 그 나무의 좋고 나쁨을 알 수 있지요. 과실은 원래 '田(밭 전)' 모양인데, 일찍부터 있었던 '田(밭 전)'과 구별하기 위하여 밑에 '나무 목(木)'을 붙여 만들었네요.

활용어휘 果實(과실), 靑果(청과), 結果(결과), 成果(성과)

5II

課

15획 / 부수 言

課 課 課 課 課 課 課 課
課 課 課 課 課 課 課

말(言)을 들은 **결과**(果)로 세금을 부과하니 부과할 **과**

또 **말**(言)로 연구한 **결과**(果)를 적으며 공부하는 과정이니 공부할 **과**, 과정 **과**

➕ 부과(賦課) - 세금이나 부담금 등을 매기어 부담하게 함.
➕ 言(말씀 언), 賦(세금 거둘 부, 줄 부, 문체 이름 부)

활용어휘 課稅(과세), 課題(과제), 課程(과정)

5II

相

9획 / 부수 目

相 相 相 相 相 相 相
相 相

나무(木)처럼 마주 서서 서로의 모습을 보니(目)
서로 상, 모습 상, 볼 상

또 임금과 서로 소통하던 재상이니 **재상 상**

+ 재상(宰相) - 옛날 조정에서 임금을 보필하던 최고 책임자의 총칭.
+ 木(나무 목), 目(눈 목, 볼 목, 항목 목), 宰(주관할 재, 재상 재)

활용어휘 相對(상대), 眞相(진상), 觀相(관상), 首相(수상)

4II

想

13획 / 부수 心

想 想 想 想 想 想 想
想 想 想 想 想

서로(相) 마음(心)으로 생각하니 **생각할 상**

+ 心(마음 심, 중심 심)

활용어휘 想念(상념), 想像(상상), 構想(구상), 發想(발상)

3II

染

9획 / 부수 木

染 染 染 染 染 染 染
染

물(氵)에 넣고 **많이(九)** 나무(木)로 휘저으며 물들이니
물들일 염

+ 九(아홉 구, 클 구, 많을 구)

활용어휘 染料(염료), 染色(염색), 汚染(오염)

3II

梁

11획 / 부수 木

梁 梁 梁 梁 梁 梁 梁
梁 梁 梁

물(氵)의 양쪽(丷)에 칼(刀)로 나무(木)를 잘라 올려놓은
다리나 들보니 **다리 량(양), 들보 량(양)**

+ 들보 - 두 기둥을 건너지르는 나무.
+ 刀(칼 도)

활용어휘 橋梁(교량), 上梁(상량), 梁上君子(양상군자)

3

棄

12획 / 부수 木

棄 棄 棄 棄 棄 棄 棄
棄 棄 棄 棄

머리(亠)속의 사심(厶)을 그릇(凵) 하나(一)에 담아(丨)
나무(木) 위로 던져버리니 **버릴 기**

+ 毐 弃 - 머리(亠)속의 사심(厶)을 받쳐 들어(廾) 버리니 '버릴 기'
+ 亠(머리 부분 두), 厶(사사로울 사, 나 사), 凵(입 벌릴 감, 그릇
 감), 廾(받쳐 들 공)

활용어휘 棄權(기권), 棄兒(기아), 廢棄(폐기)

4	氏

4획 / 제부수

氏 氏 氏 氏

(사람의 씨족도 나무뿌리 뻗어가듯 번지니)
나무뿌리가 지상으로 나온 모양을 본떠서 성 씨, 뿌리 씨
또 사람을 부를 때 붙이는 씨

활용어휘 氏族(씨족), 姓氏(성씨), 攝氏(섭씨)

7	紙

10획 / 부수 糸

紙 紙 紙 糹 紙 紙 糸
紅 紅 紙

나무의 섬유질 실(糸)이 나무뿌리(氏)처럼 엉겨서
만들어지는 종이니 종이 지

＋ 糸(실 사, 실 사 변)

활용어휘 紙錢(지전), 紙幣(지폐), 壁紙(벽지), 韓紙(한지)

3	昏

8획 / 부수 日

昏 昏 昏 昏 氏 昏 昏 昏

나무뿌리(氏) 아래로 해(日)가 지면 저물고 어두우니
저물 혼, 어두울 혼

＋ 日(해 일, 날 일)

활용어휘 昏亂(혼란), 昏迷(혼미), 黃昏(황혼)

4	婚

11획 / 부수 女

婚 妒 妒 婚 婚 婚 婚
婚 婚 婚

여자(女)와 저문(昏) 저녁에 결혼했으니 결혼할 혼

＋ 옛날에는 대부분 저녁에 결혼했답니다.
＋ 女(여자 녀)

활용어휘 婚期(혼기), 婚姻(혼인), 約婚(약혼), 請婚(청혼)

■도움말■

〈결혼(結婚)은 결혼(結魂)입니다.〉
결혼(結婚)을 두 사람의 혼(魂)과 혼(魂)이 결합된다는 데서 결혼(結魂)으로 바꾸어 써도 좋을 것
같아요. 왜 그렇게 썼는가를 생각하게 하여 결혼의 의미를 강조하여 줄 수 있기 때문이지요.
＋ 結(맺을 결), 魂(넋 혼)

특

氏

5획 / 부수 氏

氏 氏 氏 氏 氏

나무는 **뿌리**(氏)가 있는 **밑**(一)이 근본이니

밑 **저**, 근본 **저**

➕ 나무는 뿌리가 근본이니 묘목을 고를 때도 뿌리가 좋은 것을 골라야 하지요.

4Ⅱ

低

7획 / 부수 人(亻)

低 低 低 低 低 低 低

사람(亻)이 밑(氏)에 있어 낮으니 낮을 **저**

활용어휘 低價(저가), 低廉(저렴), 低俗(저속)

3Ⅱ

抵

8획 / 부수 手(扌)

抵 抵 抵 抵 抵 抵 抵 抵

손(扌)으로 밑(氏)바닥까지 밀어 막으니 막을 **저**

➕ 扌(손 수 변)

활용어휘 抵當(저당), 抵觸(저촉), 抵抗(저항)

4

底

8획 / 부수 广

底 底 底 底 底 底 底 底

집(广)의 밑(氏)부분이니 밑 **저**

➕ '낮을 저(低)'는 주로 높낮이가 낮다는 말이고, '밑 저(底)'는 눈에 보이지 않는 밑부분을 가리킵니다.

➕ 广(집 엄)

활용어휘 底力(저력), 底意(저의), 海底(해저)

8

民

5획 / 부수 氏

民 民 民 民 民

모인(冖) 여러 **씨(氏)**족들로 이루어진 백성이니 백성 **민**

+ 冖('덮을 멱'이지만 여기서는 모여있는 모양으로 봄), 氏(성 씨, 뿌리 씨)

활용어휘 民間(민간), 民官(민관), 民族(민족), 難民(난민)

3Ⅱ

眠

10획 / 부수 目

眠 眠 眠 眠 眠 眠 眠 眠
眠 眠

눈(目) 감고 **백성(民)**들은 자니 잘 **면**

+ 目(눈 목, 볼 목, 항목 목)

활용어휘 冬眠(동면), 睡眠(수면), 熟眠(숙면)

4Ⅱ

眼

11획 / 부수 目

眼 眼 眼 眼 眼 眼 眼
眼 眼 眼

눈(目)동자를 **멈추고(艮)** 바라보는 눈이니 눈 **안**

+ 艮(멈출 간, 어긋날 간) - 제목번호 338 참고

활용어휘 眼鏡(안경), 眼科(안과), 眼光(안광), 着眼(착안)

4Ⅱ

脈

10획 / 부수 肉(月)

脈 脈 脈 脈 脈 脈 脈
脈 脈

몸(月)에서 **언덕(厂)**으로 뻗은 **나무뿌리(氏)** 같은 혈관이니 혈관 **맥**

또 혈관 같은 줄기니 줄기 **맥**

+ 脉 脉 - 몸(月)에서 길게(永) 이어지는 혈관이니 '혈관 맥'
또 혈관 같은 줄기니 '줄기 맥'
+ 月(달 월, 육 달 월), 厂(굴 바위 엄, 언덕 엄), 氏[성 씨, 뿌리 씨(氏)의 변형], 永(길 영, 오랠 영)

활용어휘 脈度(맥도), 脈動(맥동), 血脈(혈맥), 山脈(산맥)

4

派

9획 / 부수 水(氵)

派 派 派 派 派 派 派 派
派

물(氵)이 **언덕(厂)**으로 뻗은 **나무뿌리(氏)**처럼 갈라져 흐르는 물갈래니 물갈래 **파**

또 물갈래처럼 갈라진 파벌이니 파벌 **파**

+ 派閥(파벌) - 이해관계에 따라 따로따로 갈라진 사람의 집단.
+ 閥(문벌 벌)

활용어휘 派遣(파견), 派生(파생), 政派(정파)

3

禾

5획 / 제부수

禾 禾 禾 禾 禾

익어서 고개 숙인 벼를 본떠서 벼 화

+ 벼는 모든 곡식을 대표하니 곡식과 관련된 한자에 부수로도 쓰입니다.

활용어휘 禾穀(화곡), 禾利(화리)

6

米

6획 / 제부수

米 米 米 米 米 米

벼(米)를 찧으면 알(ヽ)로 톡 튀어나오는 쌀이니 쌀 미

+ 米의 글자 구조를 八, 十, 八로 보아 '팔십(八十) 팔(八) 번의 손이 가며 생산하는 쌀이니 쌀 미(米)'라고도 합니다.

+ 米 [벼 화(禾)의 변형]

활용어휘 米飮(미음), 白米(백미), 精米(정미), 玄米(현미)

특

采

7획 / 제부수

采 采 采 采 采 采

분별하여(ノ) 품질대로 쌀(米)을 나누니 분별할 변, 나눌 변

+ ノ('삐침 별'이지만 여기서는 분별하는 모양으로 봄)

3

竊

22획 / 부수 穴

竊 竊 竊 竊 竊 竊 竊 竊
竊 竊 竊 竊 竊 竊 竊 竊
竊 竊 竊 竊 竊 竊

구멍(穴) 뚫어(釆) 물건이 있을 것이라 점(卜)친 안(內)에 성(冂) 같은 금고를 열고 사사로이(厶) 훔치니 훔칠 절

+ 窃 窃 - 구멍(穴)으로 모두(切) 훔치니 '훔칠 절'

+ 穴(구멍 혈, 굴 혈), 釆(나눌 변), 卜(점 복), 內(안 내, 나인 나(內)의 속자), 冂(멀 경, 성 경), 厶(사사로울 사, 나 사), 切(모두 체, 끊을 절, 간절할 절) - 제목번호 326 참고

활용어휘 竊盜(절도), 竊取(절취), *剽竊(표절)

6

番

12획 / 부수 田

番 番 番 番 番 番
番 番 番 番 番

나눈(釆) 밭(田)에 차례로 붙인 번지니 차례 번, 번지 번

+ 田(밭 전)

활용어휘 當番(당번), 輪番(윤번), 週番(주번), 地番(지번)

3

播

15획 / 부수 手(扌)

播 播 播 播 播 播 播
播 播 播 播 播 播 播

손(扌)으로 **차례**(番)차례 씨 뿌리니 씨 뿌릴 **파**

또 씨 뿌려 널리 퍼뜨리니 퍼뜨릴 **파**

＋ 扌(손 수 변)

활용어휘 播種(파종), 直播(직파), 播多(파다), 傳播(전파)

- -

3II

審

15획 / 부수 宀

審 審 審 審 審 審 審 審
審 審 審 審 審 審 審

집(宀)에 **번지**(番)를 정하기 위하여 살피니 살필 **심**

＋ 宀(집 면)

활용어휘 審理(심리), 審問(심문), 審査(심사), 審判(심판)

■ 도움말 ■

〈한자의 어원을 생각하는 것은 아주 쉬워요.〉

한자를 보아서 부수나 독립된 글자들로 쪼개지지 않으면 그 한자만으로 왜 이런 모양에 이런 뜻의 한자가 나왔는지 생각해보고, 부수나 독립된 한자들로 쪼개지면 쪼개서 쪼개진 한자들의 뜻을 합쳐 보면 되거든요.

그래도 어원이 생각나지 않을 때는 상상력을 동원하여 나눠진 한자의 앞뒤나 가운데에 말을 넣어 생각해보면 되고요.

한자에서 가장 많은 비중을 차지하고 있는 부수나 독립된 글자로 쪼개지는 한자들은 x + y = z 같은 형식이 기본이고, x, y, z의 뜻은 이미 알고 있는 상황이니 어째서 이런 구조로 z라는 한자와 뜻을 나타냈는가만 생각하면 어원이 됩니다.

私

4

7획 / 부수 禾

私 私 私 私 私 私 私

벼(禾) 같은 곡식을 소유함이 **사사로우니(厶)**
사사로울 사

＋ 厶 - 팔 굽혀 사사로이 나에게 끌어당기는 모양에서 '사사로울
사, 나 사'로, 사사로울 사(私)의 옛 글자.

활용어휘 私立 (사립), 私費 (사비), 私心 (사심), 私有 (사유)

和

6II

8획 / 부수 口

和 和 和 和 和 和 和

벼(禾) 같은 곡식을 나누어 **입(口)**으로 같이 먹으면
화목하고 화하니 **화목할 화, 화할 화**

＋ 화하다 - ㉠ (무엇을) 타거나 섞다.
　　　　　 ㉡ (날씨나 바람·마음 등이) 온화하다.
　　　　　　여기서는 ㉡의 뜻.

활용어휘 和睦 (화목), 和音 (화음), 和解 (화해), 調和 (조화)

秩

3II

10획 / 부수 禾

秩 秩 秩 秩 秩 秩 秩
秩 秩

볏(禾)단을 잃어(失)버리지 않도록 쌓는 차례니 **차례 질**

＋ 차례로 쌓아 놓으면 양을 분명히 파악할 수 있어 잃어버렸는지도
금방 알 수 있지요.

＋ 失(잃을 실) - 제목번호 320 참고

활용어휘 秩序 (질서), 無秩序 (무질서)

香

4II

9획 / 제부수

香 香 香 香 香 香 香 香
香

벼(禾)가 햇(日)볕에 익어가며 나는 향기니 **향기 향**

＋ 한자가 만들어지던 시대에는 대부분 농사를 지었기 때문에 농사나
곡식과 관련된 한자가 많습니다.

＋ 日(해 일, 날 일)

활용어휘 香氣 (향기), 香爐 (향로), 香水 (향수), 香油 (향유)

秋

7

9획 / 부수 禾

秋 秋 秋 秋 秋 秋 秋
秋

벼(禾)가 불(火)처럼 붉게 익어 가는 가을이니 **가을 추**

＋ 火(불 화)

활용어휘 秋霜 (추상), 秋收 (추수), 秋毫 (추호), 晚秋 (만추)

3Ⅱ

愁

13획 / 부수 心

愁 愁 愁 愁 愁 愁 愁
愁 愁 愁 愁 愁

가을(秋)에 느끼는 마음(心)은 주로 근심이니 근심 수

✚ 나뭇잎이 물들어 떨어져 뒹구는 모양은 언젠가의 우리 모습일 것
도 같고, 추워지는 날씨에 겨울나기 걱정, 또 한 해가 간다는 슬픈
마음 등 가을(秋)에 느끼는 마음(心)은 주로 근심이라는 데서 '근
심 수(愁)'입니다.

> **활용어휘** 愁苦(수고), 愁心(수심), 哀愁(애수), 鄕愁(향수)

- -

6Ⅱ

利

7획 / 부수 刀(刂)

利 利 利 利 利 利 利

벼(禾)를 낫(刂)으로 베어 수확하면 이로우니 이로울 리(이)

또 이로움에는 모두 날카로우니 날카로울 리(이)

✚ 이로울 리(利)에 어찌 '날카로울 리'의 뜻도 있을까요?
이익 취하는 데는 모두가 날카롭다는 데서 붙여진 것이지요. 이처
럼 하나의 한자에 둘 이상의 뜻이 있으면 왜일까 생각해 보세요.

> **활용어휘** 利己(이기) ↔ 利他(이타), 利潤(이윤), 銳利(예리)

- -

3

梨

11획 / 부수 木

梨 梨 梨 梨 梨 梨 梨 梨
梨 梨 梨

이로운(利) 나무(木) 열매는 배니 배 리(이)

✚ 배는 식용으로뿐만 아니라 약용으로도 많이 쓰이니 이로운 나무
열매지요.

> **활용어휘** 梨花(이화), 烏飛梨落(오비이락)

3

乃

2획 / 부수 丿

丿 乃

(세월이 빨라) 사람은 **지팡이**(丿)에 의지할

허리 굽은 사람(→ 乃)으로 이에 곧 늙으니

이에 내, 곧 내

+ 이에 – 이리하여 곧.

활용어휘 乃至(내지), 終乃(종내), 人乃天(인내천)

4

秀

7획 / 부수 禾

秀 秀 秀 秀 秀 秀 秀

벼(禾)를 **곧**(乃)바로 찧은 쌀이 빼어나니 **빼어날 수**

+ 찧어서 오래 두면 산화되어 색이 변하지요.

활용어휘 秀作(수작), 秀才(수재), 優秀(우수), 俊秀(준수)

3Ⅱ

誘

14획 / 부수 言

誘 誘 誘 誘 誘 誘 誘
誘 誘 誘 誘 誘 誘

말(言)을 **빼어나게**(秀) 잘하며 꾀니 **꾈 유**

+ 言(말씀 언)

활용어휘 誘導(유도), 誘引(유인), 誘惑(유혹), 勸誘(권유)

3Ⅱ

透

11획 / 부수 辵(辶)

透 透 透 透 透 秀 秀 透
透 透 透

빼어나게(秀) 노력해 가면(辶) 통하니 **통할 투**

+ 辶(뛸 착, 갈 착, = 辶)

활용어휘 透明(투명), 透視(투시), 透徹(투철), 浸透(침투)

■ 도움말 ■

〈뛸 착, 갈 착(辶, 辶)의 모양〉
서체에 따라 달리 표현되는 경우가 있는데, 위에 점이 하나면 아래를 두 번 구부리고, 위에 점이 둘
이면 아래를 한 번 구부려야 맞고, 3획으로도 보기도 하고, 4획으로도 보기도 하는데, 본 교재에서
는 4획으로 보았습니다.

及

3획 / 부수 又

及 及 及

곧(乃) 이르러 **미치니(乀)** 이를 급, 미칠 급

✛ 乀('파임 불'이지만 여기서는 이르러 미치는 모양으로 봄)

[활용어휘] 及第 (급제), 普及 (보급), 言及 (언급), 波及 (파급)

級

9획 / 부수 糸

級 級 級 級 級 級 級 級 級

실(糸)을 **이을(及)** 때 따지는 등급이니 등급 급

✛ 실을 이을 때 아무 실이나 잇지 않고 굵기나 곱기의 등급을 따져 차례로 잇지요.

✛ 등급(等級) - 높고 낮음이나 나쁨 등의 차이를 여러 층으로 구분한 단계.

✛ 糸(실 사, 실 사 변), 等(같을 등, 무리 등, 차례 등)

[활용어휘] 級數 (급수), 級友 (급우), 進級 (진급)

吸

6획 / 부수 口

吸 吸 吸 吸 吸 吸

입(口)으로 숨을 폐까지 **이르도록(及)** 들이쉬어 마시니 숨 들이쉴 흡, 마실 흡

✛ 口(입 구, 말할 구, 구멍 구)

[활용어휘] 呼吸 (호흡), 吸收 (흡수), 吸煙 (흡연), 吸着 (흡착)

4

8획 / 부수 女

委 委 委 委 委 委 委 委

벼(禾) 같은 곡식을 여자(女)에게 맡기고 의지하니

맡길 위, 의지할 위

+ 곡식이나 월급을 여자에게 맡기고 의지함을 생각하고 만들어진 한자.

+ 지금도 살림은 여자에게 맡기지요.

+ 禾('벼 화'로 곡식의 대표), 女(여자 녀)

활용어휘 委寄(위기), 委員(위원), 委任(위임), *委託(위탁)

4

8획 / 부수 子

季 季 季 季 季 季 季 季

벼(禾)의 아들(子) 같은 열매가 맺는 줄기 끝이니 끝 계

또 (달력이 없었던 옛날에) **벼(禾) 열매(子)가 익어감을 보고 짐작했던 계절이니 계절 계**

+ 子(아들 자, 첫째 지지 자, 자네 자, 접미사 자)

활용어휘 季父(계부), 季節(계절), 季刊(계간), 四季(사계)

6

7획 / 부수 木

李 李 李 李 李 李 李

나무(木)에 아들(子)처럼 귀하게 열린 오얏이니

오얏 리(이)

또 오얏처럼 귀한 성씨니 **성씨 리(이)**

+ '오얏'은 '자두'의 옛말로, 과일이 별로 없었던 옛날에는 귀하게 여겼다네요.

활용어휘 張三李四(장삼이사), 李下不整冠(이하부정관)

3II

16획 / 부수 日

曆 曆 曆 曆 曆 曆 曆
曆 曆 曆 曆 曆 曆 曆 曆

굴 바위(厂) 아래 벼들(禾禾)을 쌓아 놓고 날(日)을 보는 책력이니 책력 력(역)

+ 图曆 - 굴 바위(厂) 아래 수풀(林) 속에 살며 날(日)을 보는 책력이니 '책력 력(역)'

+ 책력(册曆) - 천체를 측정하여 해와 달의 움직임과 절기를 적어 놓은 책.

+ 곡식이 자라고 익어감을 보고 날짜를 짐작했지만 겨울에는 책력이나 달력으로만 알았겠지요.

+ 厂(굴 바위 엄, 언덕 엄), 禾(벼 화), 日(해 일, 날 일), 冊(책 책, 세울 책, = 册), 林(수풀 림)

활용어휘 曆法(역법), 陽曆(양력), 陰曆(음력)

5Ⅱ **歷** 16획 / 부수 止 歷歷歷歷歷歷歷 歷歷歷歷歷歷歷	굴 바위(厂) 밑에 **벼들**(禾禾)을 쌓아 놓고 **그쳐**(止) 겨울을 지내며 보는 책력이니 지낼 **력(역)**, 책력 **력(역)** 또 지내며 겪으니 겪을 **력(역)** + 图 厤, 暦, 歴 + 止(그칠 지) 활용어휘 歷史(역사), 歷任(역임), 歷程(역정), 經歷(경력)
3Ⅱ **齊** 14획 / 제부수 齊齊齊齊齊齊齊齊 齊齊齊齊齊齊	벼이삭이 패서 가지런한 모양을 본떠서 **가지런할 제** + 略 齐 – 무늬(文)가 세로(ノ丨)로 가로(=)로 가지런하니 '가지런할 제' + 文(무늬 문, 글월 문) 활용어휘 齊家(제가), 齊均(제균), 齊唱(제창), 整齊(정제)
4Ⅱ **濟** 17획 / 부수 水(氵) 濟濟濟濟濟濟濟濟 濟濟濟濟濟濟濟濟 濟	물(氵)결이 **가지런할**(齊) 때 건너거나 빠진 사람을 구제하니 **건널 제, 구제할 제** + 略 済 + 물결이 가라앉아 가지런할 때 건너거나 구제해야 하지요. 활용어휘 濟度(제도), 救濟(구제), 決濟(결제), 經濟(경제)

4

粉

10획 / 부수 米

粉粉粉粉粉粉粉粉
粉粉

쌀(米) 같은 곡식을 **나누면(分)** 되는 가루니 **가루 분**

+ 回 紛(어지러울 분) - 제목번호 231 참고
+ 分(나눌 분, 단위 분, 단위 푼, 신분 분, 분별할 분, 분수 분)

활용어휘 粉末(분말), *粉碎(분쇄), 粉食(분식), 粉乳(분유)

4II

精

14획 / 부수 米

精精精精精精精
精精精精精精

쌀(米)을 푸른(靑)빛이 나도록 정밀하게 찧으니
정밀할 정, 찧을 정

+ 너무 희면 푸른빛이 나지요.
+ 靑(푸를 청, 젊을 청)

활용어휘 精讀(정독), 精油(정유), 精米(정미), *搗精(도정)

3II

粧

12획 / 부수 米

粧粧粧粧粧粧粧
粧粧粧粧

쌀(米)가루를 바르듯 **집(广)**에 흰 **흙(土)**을 발라 단장하니
단장할 장

+ 요즘은 페인트를 칠하지만 옛날에는 횟가루를 발랐답니다.
+ 米(쌀 미), 广(집 엄), 土(흙 토)

활용어휘 粧飾(장식), 內粧(내장), 治粧(치장)

3II

菊

12획 / 부수 草(艹)

菊菊菊菊菊菊菊菊
菊菊菊菊

풀(艹) 중 싸인(勹) 속에 쌀(米)알 모양의 꽃을 피우는
국화니 **국화 국**

+ 국화(菊花) - 국화과의 여러해살이풀로, 주로 가을에 꽃이 피어
  관상용, 약용 등으로 쓰임.
+ 勹(쌀 포)

활용어휘 山菊(산국), 水菊(수국), 野菊(야국), 黃菊(황국)

3

迷

10획 / 부수 辵(辶)

迷迷迷迷迷迷迷迷
迷迷

사방으로 뚫린 길(米)에서 어디로 **갈까(辶)** 헷갈리니
헷갈릴 미

+ 米('쌀 미'지만 여기서는 사방으로 뚫린 길의 모양으로 봄)

활용어휘 迷宮(미궁), 迷路(미로), 迷兒(미아), 昏迷(혼미)

4II

斗

4획 / 제부수

丶丶斗斗

자루 달린 국자를 본떠서 국자 두

또 국자처럼 곡식을 퍼 올려 되는 말이니 말 두

+ 〈되, 말〉 - 지금은 물건의 양을 무게로 환산하여 그램(g)이나 킬로그램(kg)으로 표시하지만, 얼마 전까지만 해도 되(升 - 되 승)나 말(斗)에 곡식을 담아 헤아렸답니다. 열 되가 한 말이고 한 말은 8kg이지요.

활용어휘 北斗七星(북두칠성), 泰山北斗(태산북두)

6II

科

9획 / 부수 禾

科 科 科 科 科 科 科
科 科

벼(禾)의 양을 말(斗)로 헤아려 품질과 용도에 따라 나눈 조목이니 조목 과

또 지식을 조목조목 나누어 설명한 과목이나 과정이니 과목 과, 과정 과

+ 조목(條目) - 낱낱의 항목.
+ 과목(科目) - 가르치거나 배워야 할 지식을 세분하여 분류한 영역.
+ 과정 - ㉠ 科程 - 학교에서 학생들이 공부하는 과목의 내용과 체계.
　　　　 ㉡ 課程 - 해야 할 일의 정도.
　　　　 ㉢ 過程 - 일이 되어 가는 경로.
　　　　 여기서는 ㉠의 뜻.
+ 條(가지 조, 조목 조), 目(눈 목, 볼 목, 항목 목), 程(법 정, 정도 정), 課(부과할 과, 과목 과), 過(지날 과, 지나칠 과, 허물 과)

활용어휘 科目(과목), 眼科(안과), 轉科(전과)

5

料

10획 / 부수 斗

料 料 料 料 料 料 料
料 料 料

쌀(米)의 양을 말(斗)로 헤아려 무엇을 만드는 재료로 쓰거나 값을 지불하니 헤아릴 료(요), 재료 료(요), 값 료(요)

+ 양이 얼마나 되는가, 떡은 몇 말 할 것인가, 물건 값이 몇 말인가 등등 돈이 귀하던 옛날에는 쌀이 거래의 기준이었지요.

활용어휘 料量(요량), 思料(사료), 材料(재료), 無料(무료)

3II

斜

11획 / 부수 斗

斜 斜 斜 斜 斜 斜 斜
斜 斜 斜

남은(余) 곡식을 말(斗)로 되어 비스듬히 기울이니 비스듬할 사, 기울 사

+ 가득 담아 기울여 다른 곳에 부으며 그 숫자로 양을 헤아리지요.
+ 되다 - 말·되·홉 등으로 가루·곡식·액체 등의 분량을 헤아리다.
+ 余(나 여, 남을 여)

활용어휘 斜線(사선), 斜陽(사양), 傾斜(경사)

3

糾

8획 / 부수 糸

糾 糾 糾 糾 糾 糾 糾 糾

실(糸)처럼 **얽힌(丩)** 것을 풀려고 모여 살피니

얽힐 **규**, 모일 **규**, 살필 **규**

✚ 丩 – 끈이 서로 얽혀 있는 모양을 본떠서 '얽힐 구, 얽힐 교'
✚ 糸(실 사, 실 사 변)

활용어휘 紛糾(분규), 糾合(규합), 糾明(규명)

3

叫

5획 / 부수 口

叫 叫 叫 叫 叫

입(口)이 **얽히도록(丩)** 부르짖으니 부르짖을 **규**

✚ 부르짖다 – ㉠ 큰 기쁨이나 슬픔·고통 등의 격한 감정을 억누르지
    못하여 소리 높여 크게 떠들다.
    ㉡ 어떤 주장이나 의견 등을 열렬히 말하다.
✚ 口(입 구, 말할 구, 구멍 구)

활용어휘 叫叫(규규), 叫聲(규성), 絶叫(절규)

4II

收

6획 / 부수 攴(攵)

收 收 收 收 收 收

줄기에 **얽힌(丩)** 열매를 **쳐서(攵)** 거두니 거둘 **수**

✚ 얩收 – 줄기에 얽힌(丩) 열매를 또(又) 쳐서 거두니 '거둘 수'
✚ 攵(칠 복, = 攴), 又(오른손 우, 또 우)

활용어휘 收支(수지), 收集(수집), 收縮(수축), 回收(회수)

4획 / 부수자

풀 초(草)가 부수로 쓰일 때의 모양으로
주로 글자의 머리 부분에 붙으니 **머리 두(頭)**를 붙여 **초 두**

＋ 역 艹 – 약자일 때는 3획으로, 가로획 둘을 하나로 줄여 씁니다.
＋ 여기서 '두'는 글자의 머리 부분에 붙는 부수 이름이기에 제목을
   '초'로 했고, 어원 풀이에서 훈과 음 중 음의 색을 조정하지 않았습
   니다.

특II

3획 / 부수 十

艹 卄 卄

열 십, 많을 십(十) 둘을 합쳐서 **스물 입**

＋ 동 卄
＋ 아래 부분을 막아 써도 같은 한자입니다.

3획 / 부수자

廾 廾 廾

양손으로 물건을 받쳐 든 모양을 본떠서 **받쳐 들 공**

＋ 위아래로 내려 그은 두 획이 모두 곧으면 스물 입(卄), 왼쪽의 한
   획이 약간 휘면 받쳐 들 공(廾), 내려 그은 두 획이 곧고 짧으면
   초 두(艹)의 약자(艹)로 구분하세요.

---

④

10획 / 부수 草(艹)

華 華 華 華 華 華 華
華 華

풀(艹) 하나(一) 풀(艹) 하나(一)마다 시(十)월의
바람에 단풍들어 빛나게 화려하니 **빛날 화, 화려할 화**

＋ 十(열 십, 많을 십)

활용어휘 華燭(화촉), 繁華(번화), 昇華(승화), 榮華(영화)

3II

11획 / 부수 田

畢 畢 畢 畢 畢 畢 畢
畢 畢 畢

밭(田)의 풀(艹) 한(一) 포기까지 시(十)월이 되면
자라기를 마치니 **마칠 필**

＋ 田(밭 전)

활용어휘 畢竟(필경), 畢生(필생), 檢查畢(검사필)

昔

3

8획 / 부수 日

昔 昔 昔 昔 昔 昔 昔 昔

풀(艹)이 난 땅(一) 아래로 해(日)가 지면 이미 옛날이니
옛 석

+ '이십(廿) 일(一) 일(日)이나 지난 옛날이니 옛 석(昔)'이라고도
합니다.
+ 초 두(艹)는 원래 4획인데 여기서는 3획의 약자(艹)로 보고 푼 것.
+ 廿(스물 입, = 廾)

활용어휘 昔日(석일), 昔年(석년), 今昔(금석)

惜

3Ⅱ

11획 / 부수 心(忄)

惜 惜 惜 惜 惜 惜 惜
惜 惜 惜

마음(忄)에 어렵던 옛날(昔)을 생각하며 아끼고 가엾게
여기니 아낄 석, 가엾을 석

활용어휘 惜時如金(석시여금), 惜別(석별), 哀惜(애석)

借

3Ⅱ

10획 / 부수 人(亻)

借 借 借 借 借 借 借
借 借

사람(亻)을 오래(昔) 사귀면 돈도 빌려주고 빌리니
빌릴 차

활용어휘 借名(차명), 借用(차용), 貸借(대차)

錯

3Ⅱ

16획 / 부수 金

錯 錯 錯 錯 錯 錯 錯 錯
錯 錯 錯 錯 錯 錯 錯 錯

쇠(金)도 오래(昔)되면 녹이 섞여 어긋나니
섞일 착, 어긋날 착

+ 金(쇠 금, 금 금, 돈 금, 성씨 김)

활용어휘 錯亂(착란), 錯雜(착잡), 錯覺(착각), 錯誤(착오)

籍

4

20획 / 부수 竹(𥫗)

籍 籍 籍 籍 籍 籍 籍 籍
籍 籍 籍 籍 籍 籍 籍 籍
籍 籍 籍 籍

대(𥫗) 조각에 쟁기(耒)로 밭갈 듯 글을 새겨 오랫(昔)동안
남도록 만든 서적이나 문서니 서적 적, 문서 적

+ 종이가 없던 옛날에는 대(竹) 조각에 글을 새겼지요.
+ 𥫗(대 죽), 耒(가래 뢰, 쟁기 뢰)

활용어휘 書籍(서적), 國籍(국적), 除籍(제적), 戶籍(호적)

93

6II

共

6획 / 부수 八

共 共 共 共 共 共

많은(卄) 사람들이 **마당(一)**에서 일을 **나누어(八)** 함께하니 **함께 공**

+ 卄('스물 입'이지만 여기서는 '많은'의 뜻으로 봄), 一('한 일'이지 만 여기서는 마당으로 봄), 八(여덟 팔, 나눌 팔)

활용어휘 共感(공감), 共同(공동), 共犯(공범), 共助(공조)

3II

供

8획 / 부수 人(亻)

供 供 供 供 供 供 供

사람(亻)이 **함께(共)** 살려고 서로 주면서 이바지하니 **줄 공, 이바지할 공**

활용어휘 供給(공급), 供與(공여), 供出(공출), 提供(제공)

3II

洪

9획 / 부수 水(氵)

洪 洪 洪 洪 洪 洪 洪 洪 洪

물(氵)이 넘쳐 여러 가지와 **함께(共)** 넓게 흐르는 홍수니 **넓을 홍, 홍수 홍**

또 마음이 넓은 사람들의 성씨니 **성씨 홍**

+ 홍수(洪水) - ㉠ 큰 물. ㉡ 넘쳐흐를 정도로 많은 사물을 말함.

활용어휘 洪規(홍규), 洪魚(홍어), 洪吉童(홍길동)

3II

恭

10획 / 부수 心(忄)

恭 恭 恭 恭 恭 恭 恭 恭 恭 恭

여럿이 **함께(共)** 사는 **마음(忄)**처럼 공손하니 **공손할 공**

+ 忄 - 마음 심, 중심 심(心)이 글자의 아래에 붙는 부수인 발로 쓰일 때의 모양으로 '마음 심 발'

활용어휘 *恭遜(공손), 恭敬(공경), 恭待(공대), 過恭(과공)

4

異

11획 / 부수 田

異 異 異 異 異 異 異 異 異 異 異

밭(田)은 **함께(共)** 있어도 주인도 다르고 심어진 곡식도 다르니 **다를 이**

+ 田(밭 전)

활용어휘 異見(이견), 差異(차이), 特異(특이)

翼

17획 / 부수 羽

翼 翼 翼 翼 翼 翼 翼
翼 翼 翼 翼 翼 翼 翼
翼

깃(羽)이 몸의 서로 **다른**(異) 쪽에 있는 날개니 날개 **익**

또 날개는 함께 움직여 나는 것을 도우니 도울 **익**

+ 羽(깃 우, 날개 우) – 제목번호 398 참고

활용어휘 左翼(좌익), 左翼手(좌익수), 比翼(비익)

暴

15획 / 부수 日

暴 暴 暴 暴 暴 暴 暴
暴 暴 暴 暴 暴 暴 暴

(서로 상극인) **해**(日)와 **함께**(共) **물**(氺)이 만난 듯 사나우니
사나울 **폭**, 사나울 **포**

또 사나우면 잘 드러나니 드러날 **폭**

+ '사납다'의 뜻으로 쓰일 때는 단어에 따라 '폭'과 '포' 둘로 읽습니다.
+ 오행(五行)에서 물과 불은 서로 상극(相剋)으로, 해도 불에 해당
   하니 이런 어원이 가능하지요.
+ 氺 – 물 수(水)가 글자의 발로 쓰일 때의 모양으로 '물 수 발'
+ 相(서로 상, 모습 상, 볼 상, 재상 상), 剋(이길 극)

활용어휘 暴力(폭력), 暴惡(포악), 亂暴(난폭), 暴露(폭로)

爆

19획 / 부수 火

爆 爆 爆 爆 爆 爆 爆
爆 爆 爆 爆 爆 爆 爆
爆 爆 爆

불(火)을 붙이면 **사납게**(暴) 폭발하니 폭발할 **폭**

+ 火(불 화)

활용어휘 爆發(폭발), 爆擊(폭격), 爆笑(폭소), 爆破(폭파)

참

菫

11획 / 부수 土

菫 菫 菫 菫 菫 菫 菫 菫
菫 菫 菫

너무 끈끈하여 **스물(廿) 한(一)** 번이나 **입(口)**으로
하나(一)같이 숨 헐떡이며 가야 할 **진흙(土)**이니 진흙 근

+ 스물 입(廿, = 卄)의 밑을 막아도(卄) 같은 뜻이나, 보다 분명하게
  하려고 卄과 一로 나누어 풀었어요.

3

僅

13획 / 부수 人(亻)

僅 僅 僅 僅 僅 僅 僅
僅 僅 僅 僅 僅

사람(亻)이 **진흙(菫)** 길을 겨우 가니 겨우 근

활용어휘 僅僅(근근), 僅僅圖生(근근도생), 僅少(근소)

3

謹

18획 / 부수 言

謹 謹 謹 謹 謹 謹 謹
謹 謹 謹 謹 謹 謹 謹
謹 謹

말(言)을 **진흙(菫)** 길 갈 때처럼 조심하고 삼가니 삼갈 근

+ 진흙 길을 갈 때는 빠지지 않도록 조심하며 가려 디뎌야 하지요.
+ 言(말씀 언)

활용어휘 謹愼(근신), 謹嚴(근엄), 謹呈(근정), 謹賀(근하)

4

勤

13획 / 부수 力

勤 勤 勤 勤 勤 勤 勤 勤
勤 勤 勤 勤 勤

진흙(菫) 같은 어려움 속에서도 **힘써(力)** 부지런하게 하는
일이니 부지런할 근, 일 근

+ 비 勸(권할 권) - 제목번호 397 참고
+ 力(힘 력)

활용어휘 勤儉(근검), 勤勉(근면), 轉勤(전근), 退勤(퇴근)

참

堇

11획 / 부수 卄(艹)

堇 堇 堇 堇 堇 堇 堇 堇
堇 堇 堇

너무 끈끈하여 **스물(卄)** 한(一) 번이나 **말하며(口)**
하나(一)같이 크게(大) 힘쓰며 걸어야 할 진흙이니

진흙 근

+ 堇[진흙 근(堇)의 변형]

7II

漢

14획 / 부수 水(氵)

漢 漢 漢 漢 漢 漢 漢
漢 漢 漢 漢 漢 漢

물(氵)과 **진흙(堇)**이 많은 곳(중국 양자강 유역)에 세운
한나라니 한나라 **한**

또 남을 흉하게 부르는 접미사로도 쓰여

남을 흉하게 부르는 접미사 **한**

+ 한나라 한(漢)이 중국을 대표하는 말로도 쓰이는 이유 – 진시황
이 세운 진나라가 얼마 가지 못하여 무너지고 유방이 세운 나라가
한나라. 한나라는 진나라를 이은 두 번째의 중국 통일 왕국이고,
그때까지의 중국 역사를 창조해 낸 중국 최고의 제국이었기 때문
에 옛날 중국을 대표하는 말로도 쓰이고 있습니다.

<u>활용어휘</u> 漢文(한문), 漢字(한자), 怪漢(괴한)

4II

難

19획 / 부수 隹

難 難 難 難 難 難 難 難
難 難 難 難 難 難 難 難
難 難 難

진흙(堇)에 빠져 날지 못하는 **새(隹)**처럼 어려울 **난**

또 어려우면 남을 비난하니 비난할 **난**

+ 隹(새 추) – 제목번호 389 참고

<u>활용어휘</u> 難局(난국), 難解(난해), 苦難(고난), 非難(비난)

4

歎

15획 / 부수 欠

歎 歎 歎 歎 歎 歎 歎 歎
歎 歎 歎 歎 歎 歎 歎

진흙(堇)에 빠짐을 **하품(欠)**하듯 입 벌려 탄식하니

탄식할 **탄**

또 탄식하듯이 입 벌려 감탄하니 감탄할 **탄**

+ 동 嘆 – 입(口)으로 진흙(堇)에 빠짐을 탄식하니 '탄식할 탄'
+ 欠(하품 흠, 모자랄 흠, 이지러질 결, 빠질 결) – 제목번호 130
참고

<u>활용어휘</u> 歎息(탄식), 歎聲(탄성), 恨歎(한탄), 感歎(감탄)

庶

11획 / 부수 广
庶庶庶庶庶庶庶庶
庶庶庶

집(广)에 스물(卄) 한(一) 곳, 즉 많은 곳에 불(灬)을 때며 모여 사는 여러 백성이니 여러 서, 백성 서

또 일반 백성처럼 대했던 첩의 아들이니 첩의 아들 서

+ 계급 제도가 있었던 옛날에는 본부인의 아들을 적자(嫡子), 첩의 아들을 서자(庶子)라 하여 차별하였어요. 첩의 아들은 공직에도 나갈 수 없고 하인처럼 일했으니 '여러 서, 백성 서(庶)'에 '첩의 아들 서'라는 뜻이 붙었지요.

+ 广(집 엄), 灬(불 화 발), 嫡(본마누라 적)

활용어휘 庶務(서무), 庶民(서민), 庶出(서출), *嫡庶(적서)

席

10획 / 부수 巾
席席席席席席席席
席席

여러(产) 사람이 앉도록 수건(巾)을 깐 자리니 자리 석

+ 产[여러 서, 백성 서, 첩의 아들 서(庶)의 획 줄임], 巾(수건 건)

활용어휘 席次(석차), 缺席(결석) ↔ 出席(출석), 座席(좌석)

度

9획 / 부수 广
度度度度度度度度
度

여러(产) 사람이 손(又)으로 법도에 따라 정도를 헤아리니 법도 도, 정도 도, 헤아릴 탁

+ 又(오른손 우, 또 우)

활용어휘 制度(제도), 程度(정도), 強度(강도), *忖度(촌탁)

渡

12획 / 부수 水(氵)
渡渡渡渡渡渡渡渡
渡渡渡渡

물(氵) 깊이를 헤아려(度) 건너니 건널 도

활용어휘 渡河(도하), 賣渡(매도), 不渡(부도), 讓渡(양도)

黃

6

12획 / 제부수

黃 黃 黃 黃 黃 黃 苗 苗
黃 黃 黃 黃

이십(廿) 일(一) 년이나 지남으로 **말미암아**(由)
팔(八)방이 황무지로 변하여 누르니 **누를 황**

+ 廿(스물 입, = 卅), 由(까닭 유, 말미암을 유), 八(여덟 팔, 나눌 팔)

활용어휘 黃桃(황도), 黃砂(황사), 黃昏(황혼), 朱黃(주황)

橫

3Ⅱ

16획 / 부수 木

橫 橫 橫 橫 橫 橫 橫 橫
橫 橫 橫 橫 橫 橫 橫 橫

나무(木)가 **누렇게**(黃) 죽어 가로로 제멋대로 쓰러지니
가로 횡, 제멋대로 할 횡

+ 나쁜 방법으로 취득하는 것을 '가로채다'라고 하듯이, '가로 횡
(橫)'에도 '제멋대로 할 횡'의 뜻이 있습니다.

활용어휘 橫斷(횡단), 橫領(횡령), 橫厄(횡액), 橫財(횡재)

廣

5Ⅱ

15획 / 부수 广

廣 廣 廣 廣 廣 廣 廣 廣
廣 廣 廣 廣 廣 廣 廣

집(广) 아래 **누런**(黃) 들판이 넓으니 **넓을 광**

+ 역 広 – 집(广) 안에 사사로이(厶) 이용하는 땅이 넓으니 '넓을 광'
+ 广(집 엄), 厶(사사로울 사, 나 사)

활용어휘 廣告(광고), 廣野(광야), 廣場(광장)

鑛

4

23획 / 부수 金

鑛 鑛 鑛 鑛 鑛 鑛 鑛 鑛
鑛 鑛 鑛 鑛 鑛 鑛 鑛 鑛
鑛 鑛 鑛 鑛 鑛 鑛 鑛

쇠(金)가 **넓게**(廣) 함유된 쇳돌이니 **쇳돌 광**

+ 역 鉱

활용어휘 鑛物(광물), 鑛夫(광부), 鑛山(광산), 鑛石(광석)

擴

3

18획 / 부수 手(扌)

擴 擴 擴 擴 擴 擴 擴
擴 擴 擴 擴 擴 擴 擴
擴 擴

손(扌)으로 **넓게**(廣) 넓히니 **넓힐 확**

+ 역 拡
+ 扌(손 수 변)

활용어휘 擴大(확대), 擴散(확산), 擴延(확연)

7II

世

5획 / 부수 一

一 十 丗 丗 世

(한 세대를 30년으로 봐서) **열 십(十)** 셋을 합치고
(세대는 서로 연결되어 있다는 데서) 아래 부분을 연결하여
세대 **세**

또 세대들이 모여 사는 세상도 뜻하여 세상 **세**

+ 세대(世代) - ㉠ 어린아이가 성장하여 부모 일을 계승할 때까지의
  약 30년 정도 되는 기간.
  ㉡ 같은 시대에 살면서 공통의 의식을 가지는 비슷
  한 연령층의 사람 전체.
  ㉢ 한 생물이 생겨나서 생존을 끝마칠 때까지의 기간.

활용어휘 世孫(세손), 世態(세태), 處世(처세), 出世(출세)

5

葉

13획 / 부수 草(艹)

葉 葉 葉 葉 葉 葉 葉 葉
葉 葉 葉 葉 葉

풀(艹)처럼 세대(世)마다 **나무(木)**에 나는 잎이니 잎 **엽**

+ 풀은 일 년에 한 세대지요.
+ 艹(초 두), 木(나무 목)

활용어휘 葉書(엽서), 葉茶(엽차), 落葉(낙엽), 枝葉(지엽)

3

蝶

15획 / 부수 虫

蝶 蝶 蝶 蝶 蝶 蝶 蝶 蝶
蝶 蝶 蝶 蝶 蝶 蝶 蝶

벌레(虫) 중 **잎(枼)** 같은 날개를 가진 나비니 나비 **접**

+ 虫[벌레 충(蟲)의 속자와 부수로 '벌레 충'], 枼[잎 엽(葉)의 획 줄임]

활용어휘 蝶舞(접무), 蝶泳(접영), 探花蜂蝶(탐화봉접)

1

卉

5획 / 부수 十

卉 卉 卉 卉 卉

많은(十) 풀(艸)이니 **많을 훼, 풀 훼**

+ 초 두(艹)는 4획인데 약자는 획을 줄여서 3획의 艹로 쓰지요.
+ 艹['받쳐 들 공'이지만 여기서는 '초 두(艹)'의 약자(艹)로 봄]

활용어휘 *卉服(훼복), *花卉(화훼)

3Ⅱ

奔

8획 / 부수 大

奔 奔 奔 奔 奔 奔 奔 奔

발걸음을 크게(大) 많이(卉) 내딛으며 바쁘게 달아나니 **바쁠 분, 달아날 분**

+ 大(큰 대)

활용어휘 奔忙(분망), 奔走(분주), 狂奔(광분)

특Ⅱ

賁

12획 / 부수 貝

賁 賁 賁 賁 賁 賁 賁 賁 賁 賁 賁 賁

많은(卉) 재물(貝)을 들여 크게 꾸미니 **클 분, 꾸밀 비**

+ 貝(조개 패, 재물 패, 돈 패) - 제목번호 358 참고

활용어휘 *賁飾(비식), *賁然(비연)

3

墳

15획 / 부수 土

墳 墳 墳 墳 墳 墳 墳 墳 墳 墳 墳 墳 墳 墳

흙(土)을 크게(賁) 쌓은 무덤이니 **무덤 분**

+ 土(흙 토)

활용어휘 墳墓(분묘), 墳上(분상), 古墳(고분), 封墳(봉분)

4

憤

15획 / 부수 心(忄)

憤 憤 憤 憤 憤 憤 憤 憤 憤 憤 憤 憤 憤 憤

마음(忄)에 크게(賁) 분하니 **분할 분**

+ 忄(마음 심 변)

활용어휘 憤慨(분개), 憤怒(분노), 憤敗(분패), 激憤(격분)

3II 弄

7획 / 부수 廾

弄 弄 弄 弄 弄 弄 弄

구슬(王)을 **받쳐 들고**(廾) 희롱하듯 가지고 노니
희롱할 **롱**(농), 가지고 놀 **롱**(농)

+ 王(임금 왕, 으뜸 왕, 구슬 옥 변), 廾(받쳐 들 공)

활용어휘 弄談(농담), 弄調(농조), *嘲弄(조롱)

---

7 算

14획 / 부수 竹(⺮)

算 算 算 算 算 算 算
算 算 算 算 算 算

대(⺮)로 눈(目)알처럼 깎아 만든 주판을 **받쳐 들고**(廾)
셈하니 셈할 **산**

+ 주판(珠板) - 옛날에 셈을 하는 데 쓰였던 도구. 수판. 주산.
+ ⺮(대 죽), 目(눈 목, 볼 목, 항목 목), 珠(구슬 주, 진주 주),
  板(널조각 판)

활용어휘 算數(산수), 加算(가산) ↔ 減算(감산), 精算(정산)

---

4 戒

7획 / 부수 戈

戒 戒 戒 戒 戒 戒 戒

창(戈)을 **받쳐 들고**(廾) 적을 경계하니 경계할 **계**

+ 圁 戎(오랑캐 융) - 1급
+ 戈(창 과)

활용어휘 警戒(경계), 戒名(계명), 戒律(계율), 戒嚴(계엄)

3II 械

11획 / 부수 木

械 械 械 械 械 械 械 械
械 械 械

나무(木)로 죄지은 사람을 **경계**(戒)하고 벌주기 위하여
만든 형틀이니 형틀 **계**

또 형틀처럼 만든 기계니 기계 **계**

+ 木(나무 목)

활용어휘 機械(기계), 器械(기계)

| 특II
乂
2획 / 부수 丿
乂 乂 | 이리저리 베어 다스리는 모양이 어지니
벨 예, 다스릴 예, 어질 예 |

| 1
爻
4획 / 제부수
爻 爻 爻 爻 | 육효가 서로 엇갈린 점괘를 본떠서 점괘 **효**
또 엇갈리며 세는 수효니 수효 **효**
또 서로 교차하여 사귀며 좋은 점을 본받으니
사귈 효, 본받을 효
+ 육효(六爻) - 주역(周易)의 괘를 이루는 6개의 가로 그은 획.
+ 점괘(占卦) - 점을 쳐서 나오는 괘.
+ 주역(周易) - 중국의 점에 관한 책으로, 오경(五經)의 하나.
활용어휘 *卦爻(괘효), *數爻(수효) |

| 8
父
4획 / 제부수
父 父 父 父 | 사람이 알아야 할 것을 조목조목 **나누어(八) 어질게(乂)**
가르치는 아비니 아비 **부**
활용어휘 父母(부모), 父子(부자), 父親(부친), 師父(사부) |

| 7
文
4획 / 제부수
乂 宀 ナ 文 | 머릿(宀)속의 생각을 **다스려(乂)** 무늬처럼 써 놓은
글월이니 무늬 **문**, 글월 **문**
또 글을 좋아했던 사람들의 성씨니 성씨 **문**
+ 回 攵(칠 복, = 攴) - 제목번호 370 참고
+ 글월 - ㉠ 글. 문장. ㉡ 편지. ㉢ 글자.
+ 宀(머리 부분 두)
활용어휘 文庫(문고), 文盲(문맹), 文集(문집) |

| 3II
紋
10획 / 부수 糸
紋 紋 紋 紋 紋 紋 紋 紋
紋 紋 | 실(糸)로 글(文)처럼 수놓은 무늬니 무늬 **문**
+ 圀 糸(어지러울 문) - 2급
+ 糸(실 사, 실 사 변)
활용어휘 紋樣(문양), 指紋(지문), 波紋(파문) |

凶 5II 4획 / 부수 凵 丿 乂 凶 凶	움푹 패이고(凵) 베인(乂) 모양이 흉하니 **흉할 흉** 또 먹을 것이 없어 흉하게 살아야 할 흉년이니 **흉년 흉** ✚ 凵('입 벌릴 감, 그릇 감'이지만 여기서는 패인 모양으로 봄) 활용어휘 凶器(흉기), 凶惡(흉악), 凶年(흉년)

胸 3II 10획 / 부수 肉(月) 胸 胸 胸 胸 胸 胸 胸 胸 胸 胸	몸(月)의 흉(凶)한 것을 감싼(勹) 가슴이니 **가슴 흉** ✚ 가슴은 간, 심장, 허파 등 중요한 장기를 감싸 보호하지요. ✚ 月(달 월, 육 달 월), 勹(쌀 포) 활용어휘 *胸膈(흉격), *胸襟(흉금), 胸部(흉부), 胸像(흉상)

088 4교효(交校較郊效) - 交로 된 한자

交 6 6획 / 부수 亠 交 交 交 交 交 交	(옛날에) 머리(亠)에 갓을 쓰고 아버지(父)는 사람을 사귀거나 오고 갔으니 **사귈 교, 오고 갈 교** ✚ 어려운 사람을 맞을 때는 옷을 단정하게 입지요. ✚ 亠(머리 부분 두), 父(아비 부) 활용어휘 交際(교제), 交代(교대), 交易(교역), 交換(교환)

校 8 10획 / 부수 木 校 校 校 校 校 校 校 校 校 校	나무(木)에 지주를 교차(交)시켜 바로잡듯이 사람을 바로잡아 가르치는 학교니 **학교 교** 또 글을 바로잡아 교정보니 **교정볼 교** 또 사병을 바로잡아 지휘하는 장교니 **장교 교** ✚ 지주(支柱) - 받침대. 의지할 수 있는 근거나 힘을 비유하는 말. ✚ 支(다룰 지, 가를 지, 지탱할 지), 柱(기둥 주) 활용어휘 校外(교외), 校正(교정), 校閱(교열), 將校(장교)

較

13획 / 부수 車

較 較 較 較 較 較 較
較 較 較 較 較

차(車)를 오고 가며(交) 타 보고 다른 차와 비교하니
비교할 교

+ 車(수레 거, 차 차)

활용어휘 比較(비교), 較準(교준), 日較差(일교차)

郊

9획 / 부수 邑(阝)

郊 郊 郊 郊 郊 郊 郊 郊
郊

사귀듯(交) 고을(阝)에 붙어 있는 들이나 교외니
들 교, 교외 교

+ 교외 – ㉠ 郊外 – 도시의 주변 지역.
        ㉡ 校外 – 학교의 밖.
+ 阝(고을 읍 방), 外(밖 외)

활용어휘 郊勞(교로), 郊迎(교영), 近郊(근교)

效

10획 / 부수 攴(攵)

效 效 效 效 效 效 效 效
效 效

좋은 분과 **사귀어**(交) 자신을 **치며**(攵) 본받으면 효험이
있으니 **본받을 효, 효험 효**

+ 攵(칠 복, = 攴)

활용어휘 效則(효칙), 效果(효과), 發效(발효), 有效(유효)

1

臼

6획 / 제부수

臼臼臼臼臼臼

곡식을 찧거나 빻는 절구를 본떠서 **절구 구**

+ 凹 自(자기 자, 스스로 자, 부터 자) - 제목번호 025 참고
+ 절구 - 곡식을 찧거나 빻는 데 쓰는 도구.

활용어휘 *臼磨(구마), *臼狀(구상), *臼齒(구치)

5

寫

15획 / 부수 宀

寫寫寫寫寫寫寫寫
寫寫寫寫寫寫寫

집(宀)에 절구(臼)와 아궁이에 싸여(勹) 있는 불(灬)을
소재로 그리니 **그릴 사**

또 그리듯 베끼니 **베낄 사**

+ 얌 写 - 덮어(宀) 놓고 주어진(与) 대로만 그리고 베끼니
　　　'그릴 사, 베낄 사'
+ 宀(집 면), 勹(쌀 포), 灬(불 화 발), 冖(덮을 멱), 与[줄 여, 더불 여,
　참여할 여(與)의 약자] - 제목번호 090 참고

활용어휘 寫本(사본), 寫眞(사진), 複寫(복사), 透寫(투사)

3II

陷

11획 / 부수 阜(阝)

陷陷陷陷陷陷陷陷
陷陷陷

언덕(阝)에 사람(ク)이 짐승을 잡으려고 **절구**(臼)처럼
파 놓은 함정이니 **함정 함**

또 함정에 빠져 꿈이 무너지니 **빠질 함, 무너질 함**

+ 阝(언덕 부 변), ク[사람 인(人)의 변형]

활용어휘 *陷穽(함정), 謀陷(모함), 陷落(함락), 陷沒(함몰)

특

叟

9획 / 부수 又

叟叟叟叟叟叟叟叟
叟

절구(臼)에 절굿공이(丨)를 손(又)에 들고 절구질하는
늙은이니 **늙은이 수**

+ 절굿공이 - 절구에 곡식 등을 빻거나 찧을 때에 쓰는 공이.
+ 丨('뚫을 곤'이지만 여기서는 절굿공이로 봄), 又(오른손 우, 또 우)

활용어휘 *釣叟(조수), *樵叟(초수)

3

搜

12획 / 부수 手(扌)

搜搜搜搜搜搜搜
搜搜搜搜

손(扌)으로 늙은이(叟)처럼 더듬어 찾으니 **찾을 수**

+ 扌(손 수 변)

활용어휘 搜査(수사), 搜索(수색), 搜所聞(수소문)

절구(⺽) 같은 교실에서 친구도 사귀며(爻) 덮인(冖) 책을 펴놓고 아들(子)이 글을 배우니 배울 학

+ 약 學 – 점(丶) 점(丿) 글자(字)를 배우니 '배울 학'
+ ⺽[절구 구(臼)의 변형], 爻(점괘 효, 수효 효, 사귈 효, 본받을 효), 冖(덮을 멱), 子(아들 자, 첫째 지지 자, 자네 자, 접미사 자), 字(글자 자)

활용어휘 學校(학교), 學究(학구), 勉學(면학), 放學(방학)

배우고(學) 보면서(見) 이치를 깨달으니 깨달을 각

+ 약 覺 – 점(丶)점(丶)점(丿) 덮인(冖) 것을 보며(見) 깨달으니 '깨달을 각'
+ 學[배울 학(學)의 획 줄임], 見(볼 견, 뵐 현)

활용어휘 覺書(각서), *覺醒(각성), 發覺(발각), 自覺(자각)

참

舁

9획 / 부수 臼

舁 舁 舁 舁 舁 舁 舁
舁

절구(臼)를 마주 드니(廾) 마주 들 여

+ 절구는 커서 혼자는 못 들고 여럿이 마주 들어야 하지요.
+ 廾(받쳐 들 공) - 제목번호 078 참고

3

輿

17획 / 부수 車

輿 輿 輿 輿 輿 輿 輿 輿
輿 輿 輿 輿 輿 輿 輿 輿
輿

마주 들고(舁) 가는 수레(車) 같은 가마니 가마 여
또 가마를 드는 사람들의 무리니 무리 여

+ 舁[마주 들 여(舁)의 변형], 車(수레 거, 차 차)

활용어휘 喪輿(상여), 輿論(여론), 輿望(여망)

4II

興

16획 / 부수 臼

興 興 興 興 興 興 興 興
興 興 興 興 興 興 興 興

마주 들어(舁) 같이(同) 힘쓰면 흥하고 흥겨우니
흥할 흥, 흥겨울 흥

+ 역 兴 - 점(丶) 점(丶) 점(丿) 함께(一) 나누어(八) 일하면 흥하고
　　　흥겨우니 '흥할 흥, 흥겨울 흥'
+ 흥(興)하다 - 번성하여 잘되어 가다.
+ 同(같을 동), 八(여덟 팔, 나눌 팔)

활용어휘 興亡(흥망), 振興(진흥), 興味(흥미), 遊興(유흥)

4

與

14획 / 부수 臼

與 與 與 與 與 與 與 與
與 與 與 與 與 與

마주 들어(舁) 주며(勺) 더불어 참여하니
줄 여, 더불 여, 참여할 여

+ 역 与 - 하나(一)씩 작은 그릇(勺)에 나누어 주며 더불어 참여하니
　　　'줄 여, 더불 여, 참여할 여'
+ 더불다 - ㉠ 둘 이상의 사람이 함께하다. ㉡ 무엇과 같이하다.
+ 舁[줄 여, 더불 여, 참여할 여(与)의 변형], 勺[구기 작, 작은 그릇
　　　작(勺)의 변형]

활용어휘 授與(수여), 與件(여건), 贈與(증여), 參與(참여)

5

擧

18획 / 부수 手

擧 擧 擧 擧 擧 擧 擧
擧 擧 擧 擧 擧 擧 擧
擧 擧

더불어(與) 함께 손(手)에 들고 행하여 일으키니

들 거, 행할 거, 일으킬 거

+ 옙 挙 – 점(丶) 점(丶) 점(丿) 하나(一)씩 나누어(八) 손(手)에 들고
행하여 일으키니 '들 거, 행할 거, 일으킬 거'
+ 手(손 수, 재주 수, 재주 있는 사람 수), 八(여덟 팔, 나눌 팔)

활용어휘 擧手(거수), 擧動(거동), 擧行(거행), 擧事(거사)

3Ⅱ

譽

21획 / 부수 言

譽 譽 譽 譽 譽 譽 譽
譽 譽 譽 譽 譽 譽 譽
譽 譽 譽 譽 譽

더불어(與) 말하며(言) 기리니 **기릴 예**

또 기리는 명예니 **명예 예**

+ 옙 誉 – 점(丶) 점(丶) 점(丿) 하나(一)씩 나누어(八) 말하며(言)
기리니 '기릴 예'
+ 기리다 – 잘하는 일과 우수한 점을 추어서 말하다.
+ 言(말씀 언)

활용어휘 譽聲(예성), 譽言(예언), 名譽(명예), 榮譽(영예)

091 사사 지지(士仕 志誌) - 士와 志로 된 한자

5Ⅱ

士

3획 / 제부수

士 士 士

열(十)까지 하나(一)를 배우면 아는 선비니 **선비 사**

또 선비 같은 군사나 사람의 칭호나 직업에 붙이는 말이니

군사 사, 칭호나 직업에 붙이는 말 사

+ 선비 – 학식이 있고 행동과 예절이 바르며 의리와 원칙을 지키는
고결한 인품을 지닌 사람.
+ 十(열 십, 많을 십)

활용어휘 士農工商(사농공상), 軍士(군사), 壯士(장사)

5Ⅱ

仕

5획 / 부수 人(亻)

仕 仕 仕 仕 仕

사람(亻)이 선비(士)처럼 벼슬하여 백성을 섬기니

벼슬할 사, 섬길 사

+ 亻(사람 인 변)

활용어휘 仕途(사도), 仕路(사로), 給仕(급사), 奉仕(봉사)

4Ⅱ

志

7획 / 부수 心

志 志 志 志 志 志 志

선비(士)의 마음(心)에 있는 뜻이니 **뜻 지**

➕ '뜻 지(志)'는 이상을 향한 높은 뜻이고, '뜻 의(意)'는 말이나 글
속에 들어 있는 의미를 말합니다.

활용어휘 志願(지원), 志操(지조), 意志(의지), 初志(초지)

- -

4

誌

14획 / 부수 言

誌 誌 誌 誌 誌 誌 誌
誌 誌 誌 誌 誌 誌 誌

말(言)이나 뜻(志)을 기록하여 만든 책이니
기록할 지, 책 지

➕ 言(말씀 언)

활용어휘 誌略(지략), 校誌(교지), 日誌(일지), 雜誌(잡지)

■ 도움말 ■

〈필순을 고려한 어원 풀이라 좀 어색한 부분도 있어요.〉

한자를 눈으로 보기도 하지만 쓰기도 해야 하니 좀 어색한 어원이 되더라도 필순을 고려해서 어원
을 풀었습니다.

위의 제목번호 091에 나오는 士의 어원도 '하나(一)를 들면 열(十)을 아는 선비니 선비 사'가 좋은데,
필순을 고려하여 '열(十)까지 하나(一)를 배우면 아는 선비니 선비 사'로 풀다보니 어색한 어원이 되고
말았네요.

5

吉

6획 / 부수 口

吉 吉 吉 吉 吉 吉

선비(士)의 말(口)처럼 길하고 상서로우니

길할 길, 상서로울 길

+ 길(吉)하다 - 운이 좋거나 일이 상서롭다.
+ 상서(祥瑞)롭다 - 복되고 좋은 일이 있을 듯하다.
+ 祥(상서로울 상, 조짐 상), 瑞(상서로울 서)

활용어휘 吉運(길운), 吉日(길일), 吉兆(길조), 吉凶(길흉)

3II

鼓

13획 / 제부수

鼓 鼓 鼓 鼓 鼓 鼓 鼓 鼓
鼓 鼓 鼓 鼓 鼓

좋게(吉) 받쳐(屮) 놓고 두 손으로 갈라(支) 북을 두드리니 북 고, 두드릴 고

+ 북을 세워 놓고 양손에 북채를 들고 두드리지요.
+ 屮[받쳐 들 공(廾)의 변형], 支(다룰 지, 가를 지, 지출할 지)

활용어휘 鼓動(고동), 鼓舞(고무), 鼓吹(고취)

6

樹

16획 / 부수 木

樹 樹 樹 樹 樹 樹 樹 樹
樹 樹 樹 樹 樹 樹 樹 樹

나무(木)를 좋게(吉) 받쳐(屮) 법도(寸)에 맞게 세우니

세울 수

또 세워 심는 나무니 **나무 수**

+ 木(나무 목), 寸(마디 촌, 법도 촌)

활용어휘 樹立(수립), 樹木(수목), 樹液(수액)

4

喜

12획 / 부수 口

喜 喜 喜 喜 喜 喜 喜 喜
喜 喜 喜 喜

좋은(吉) 음식을 받쳐(屮) 놓고 입(口)으로 먹으면 기쁘니

기쁠 희

활용어휘 喜悲(희비), 喜捨(희사), 喜悅(희열), 歡喜(환희)

8

土

3획 / 제부수

土 土 土

많이(十) 땅(一)에 있는 흙이니 흙 토

+ 土와 士 구분 - 많이 앎을 강조하려고 열 십, 많을 십(十)을 크게 써서 '선비 사(士)', 넓은 땅을 강조하려고 아래 한 일(一)을 길게 써서 '흙 토(土)'로 구분하세요.

활용어휘 土沙(토사), 土俗(토속), 土地(토지), 黃土(황토)

3II

吐

6획 / 부수 口

吐 吐 吐 吐 吐 吐

입(口)을 흙(土)에 대고 토하니 토할 토

+ 口(입 구, 말할 구, 구멍 구)

활용어휘 吐納(토납), 吐露(토로), *嘔吐(구토), 實吐(실토)

3II

坐

7획 / 부수 土

坐 坐 坐 坐 坐 坐 坐

두 사람(人人)이 흙(土) 위에 앉으니 앉을 좌

+ 人(사람 인)

활용어휘 坐像(좌상), 坐定(좌정), 對坐(대좌)

4

座

10획 / 부수 广

座 座 座 座 座 座 座 座
座 座

집(广)에서 앉는(坐) 자리나 위치니 자리 좌, 위치 좌

+ 广(집 엄)

활용어휘 座談(좌담), 座席(좌석), 座右銘(좌우명)

1II

堯

12획 / 부수 土

堯 堯 堯 堯 堯 堯 堯 堯
堯 堯 堯 堯

많은 흙(垚)을 우뚝하게(兀) 쌓아 높으니 높을 요
또 중국에서 성군(聖君)으로 꼽히는 요임금도 나타내어
요임금 요

+ 兀(우뚝할 올), 聖(성스러울 성, 성인 성), 君(임금 군, 남편 군, 그대 군)

활용어휘 *堯舜時代(요순시대)

3

曉

16획 / 부수 日

曉 曉 曉 曉 曉 曉 曉 曉
曉 曉 曉 曉 曉 曉 曉 曉

해(日)가 높이(堯) 떠오르는 새벽이니 **새벽 효**

또 밝아오는 새벽처럼 밝게 깨달으니 **깨달을 효**

활용어휘 曉光(효광), 曉星(효성), 曉起(효기), 曉得(효득)

- -

3II

燒

16획 / 부수 火

燒 燒 燒 燒 燒 燒 燒 燒
燒 燒 燒 燒 燒 燒 燒 燒

불(火)로 높이(堯) 타오르게 불사르니 **불사를 소**

+ 图 烧 – 불(火)로 많은(十) 풀(卄)을 우뚝하게(兀) 쌓아놓고 불사
　르니 '불사를 소'
+ 火(불 화), 十(열 십, 많을 십), 卄[초 두(艹)의 약자]

활용어휘 燒却(소각), 燒滅(소멸), 燒失(소실), 燒酒(소주)

---

094 규계가가봉 괘괘 애애(圭桂佳街封 卦掛 厓涯) - 圭, 卦, 厓로 된 한자

1II

圭

6획 / 부수 土

圭 圭 圭 圭 圭 圭

('홀'은 천자가 제후를 봉할 때 주는 신표로)
영토를 뜻하는 **흙 토(土)**를 두 번 반복하여

홀 규, 영토 규

또 홀을 만들던 품질 좋은 서옥이니 **서옥 규**

+ 제후(諸侯) – 천자의 영토 일부를 맡아 다스리는 일종의 지방 관리.
+ 규(圭) – 옥으로 만든 홀(笏). 위 끝은 뾰족하고 아래는 세모나
　네모졌으며 예전에 중국에서 천자가 제후를 봉하거나 신을 모실
　때 썼지요.

- -

3II

桂

10획 / 부수 木

桂 桂 桂 桂 桂 桂 桂 桂
桂 桂

나무(木) 중 서옥(圭)처럼 아름다운 계수나무니
계수나무 계

또 계수나무처럼 아름다운 사람들의 성씨니 **성씨 계**

+ 图 柱(기둥 주) – 제목번호 101 참고
+ 계수나무 – 녹나무과의 상록 교목으로, 가지나 껍질은 약이나 향
　료로 쓰임.

활용어휘 桂冠(계관), 桂皮(계피), 月桂樹(월계수)

- -

3II **佳** 8획 / 부수 人(亻) 佳 佳 佳 佳 佳 佳 佳 佳	**사람(亻)이 서옥(圭)처럼 아름다우니** 아름다울 가 ✚ 🕮 住(살 주, 사는 곳 주) - 제목번호 101 참고 　　隹(새 추) - 제목번호 389 참고 활용어휘 佳境(가경), 佳約(가약), 佳作(가작), 佳節(가절)
4II **街** 12획 / 부수 行 街 街 街 街 街 街 街 街 街 街 街	**다니도록(行) 흙을 돋워(圭) 만든 거리니** 거리 가 ✚ 行(다닐 행, 행할 행, 항렬 항), 圭('홀 규, 영토 규, 서옥 규'지만 　여기서는 흙을 돋운 모양으로 봄) 활용어휘 街道(가도), 街路燈(가로등), 街販(가판)
3II **封** 9획 / 부수 寸 封 封 封 封 封 封 封 封 封	**영토(圭)를 마디마디(寸) 나누어 봉하니** 봉할 봉 ✚ 봉(封)하다 - ㉠ 열지 못하도록 붙이다. 　　　　　　㉡ 임금이 신하에게 영지를 주어 제후로 삼다. 활용어휘 封建(봉건), 封鎖(봉쇄), 封印(봉인), 開封(개봉)
1 **卦** 8획 / 부수 卜 卦 卦 卦 卦 卦 卦 卦 卦	**서옥(圭)처럼 점(卜)치면 반짝이며 나오는 점괘니** 점괘 괘 ✚ 卜(점 복) 활용어휘 *占卦(점괘), *卦爻(괘효), *八卦(팔괘)
3 **掛** 11획 / 부수 手(扌) 掛 掛 掛 掛 掛 掛 掛 掛 掛 掛	**손(扌)으로 점괘(卦)를 기록하여 거니** 걸 괘 ✚ 扌(손 수 변) 활용어휘 掛念(괘념), 掛圖(괘도), 掛鐘(괘종)

<table>
<tr><td>특Ⅱ</td><td>厓
8획 / 부수 厂
厓 厓 厓 厓 厓 厓 厓 厓</td><td>굴 바위(厂) 아래 땅(圭)의 언덕이니 언덕 애
+ 厂(굴 바위 엄, 언덕 엄)
활용어휘 *層厓(층애)</td></tr>
<tr><td>3</td><td>涯
11획 / 부수 水(氵)
涯 涯 涯 涯 涯 涯 涯 涯
涯 涯 涯</td><td>물(氵)과 맞닿은 언덕(厓) 같은 물가니 물가 애
또 물가는 땅의 끝이니 끝 애
활용어휘 涯岸(애안), 涯際(애제), 生涯(생애), 天涯(천애)</td></tr>
</table>

095 수수우 탁탁택(댁)[垂睡郵 乇托宅] - 垂와 乇으로 된 한자

<table>
<tr><td>3Ⅱ</td><td>垂
8획 / 부수 土
垂 垂 垂 垂 垂 垂 垂 垂</td><td>많은(千) 풀(艹)잎이 흙(土)바닥에 드리우니
드리울 수
+ 千(일천 천, 많을 천), 艹[초 두(艹)의 약자], 土(흙 토)
활용어휘 垂範(수범), 垂直(수직), 懸垂幕(현수막)</td></tr>
<tr><td>3</td><td>睡
13획 / 부수 目
睡 睡 睡 睡 睡 睡 睡 睡
睡 睡 睡 睡 睡</td><td>눈(目)꺼풀을 아래로 드리우고(垂) 졸거나 자니
졸 수, 잘 수
+ 目(눈 목, 볼 목, 항목 목)
활용어휘 睡眠(수면), 午睡(오수), 寢睡(침수), 昏睡(혼수)</td></tr>
<tr><td>4</td><td>郵
11획 / 부수 邑(阝)
郵 郵 郵 郵 郵 郵 郵 郵
郵 郵 郵</td><td>드리워(垂) 고을(阝)까지 전달하는 우편이니 우편 우
+ 阝(고을 읍 방)
활용어휘 郵送(우송), 郵便(우편), 郵票(우표)</td></tr>
</table>

참

3획 / 부수 丿

乇 乇 乇

천(千) 번이나 굽신거리며 부탁하고 의탁한다는 데서
일천 천(千)을 굽혀서 부탁할 탁, 의탁할 탁

+ 의탁(依託·依乇)하다 – 어떤 것에 몸이나 마음을 의지하여 맡기다.
+ 依(의지할 의), 託(부탁할 탁)

3

托

6획 / 부수 手(扌)

托 托 托 托 托 托

손(扌)으로 **의탁하여(乇)** 받치거나 맡기니
받칠 탁, 맡길 탁

+ 🈁 託(부탁할 탁) – 2급

활용어휘 *托鉢(탁발), 信托(신탁)

5II

宅

6획 / 부수 宀

宅 宅 宅 宅 宅 宅

지붕(宀) 아래 **의탁하여(乇)** 사는 집이니 집 택, 집 댁

+ 댁(宅) – 남을 높이어 그의 집이나 가정을 이르는 말.

활용어휘 宅配(택배), 宅地(택지), 自宅(자택), *媤宅(시댁)

---

096   륙륙목 예예열세(坴陸睦 埶藝熱勢) - 坴과 埶로 된 한자

참

坴

8획 / 부수 土

坴 坴 坴 坴 坴 坴 坴 坴

흙(土)에 **사람(儿)**이 또 **흙(土)**을 쌓아 만든 언덕이니
언덕 륙(육)

+ 土(흙 토), 儿(사람 인 발, 어진사람 인)

5II

陸

11획 / 부수 阜(阝)

陸 陸 陸 陸 陸 陸 陸 陸
陸 陸 陸

언덕(阝)과 **언덕(坴)**이 이어지는 육지니 육지 륙(육)

+ 阝(언덕 부 변)

활용어휘 陸地(육지), 大陸(대륙), 離陸(이륙), 着陸(착륙)

睦

13획 / 부수 目

睦 睦 睦 睦 睦 睦 睦 睦
睦 睦 睦 睦 睦

눈(目)을 언덕(초)처럼 높이 뜨고 대하며 화목하니
화목할 목

+ 기쁘거나 좋으면 눈을 빛내며 크게 뜨고 높이 우러러보지요.
+ 目(눈 목, 볼 목, 항목 목)

활용어휘 和睦(화목), 不睦(불목), 親睦(친목)

- -

執

11획 / 부수 土

執 執 執 執 執 執 執 執
執 執 執

흙(土)을 파고 **사람(儿)**이 흙(土)에다 **둥근(丸)** 씨앗을
심으니 **심을 예**

+ 丸(둥글 환, 알 환) - 제목번호 160 참고

- -

藝

18획 / 부수 草(艹)

藝 藝 藝 藝 藝 藝 藝 藝
藝 藝 藝 藝 藝 藝 藝 藝
藝 藝

초목(艹)을 심고(埶) 이용하는 방법을 말하는(云) 재주와
기술이니 **재주 예, 기술 예**

+ 약 芸 - 초목(艹)을 심고 이용하는 방법을 말하는(云) 재주와 기술
이니 '재주 예, 기술 예'
+ 云(말할 운), 艹[초 두(艹)의 약자]

활용어휘 藝術(예술), 技藝(기예), 書藝(서예), 學藝(학예)

- -

熱

15획 / 부수 火(灬)

熱 熱 熱 熱 熱 熱 熱 熱
熱 熱 熱 熱 熱 熱 熱

심어(埶) 놓은 불(灬)이라도 있는 듯 더우니 **더울 열**

+ 비 熟(익을 숙) - 제목번호 176 참고
+ 灬(불 화 발)

활용어휘 熱望(열망), 熱情(열정), 解熱(해열)

- -

勢

13획 / 부수 力

勢 勢 勢 勢 勢 勢 勢 勢
勢 勢 勢 勢 勢

심어(埶) 놓은 초목이 힘(力)차게 자라나는 기세니
기세 세

+ 力(힘 력)

활용어휘 勢力(세력), 強勢(강세), 攻勢(공세), 氣勢(기세)

8	生

5획 / 제부수

生 生 生 生 生

사람(亻)이 흙(土)에 나서 사니
날 생, 살 생, 사람을 부를 때 쓰는 접사 생
+ 亻[사람 인(人)의 변형], 土(흙 토)

활용어휘 生日(생일), 同生(동생), 生活(생활), 生徒(생도)

5ⅠⅠ	性

8획 / 부수 心(忄)

性 性 性 性 性 性 性 性

마음(忄)에 **나면서(生)**부터 생긴 성품이나 바탕이니
성품 성, 바탕 성
또 바탕이 다른 남녀의 성별이니 **성별 성**
+ 忄(마음 심 변)

활용어휘 性質(성질), 個性(개성), 本性(본성), 適性(적성)

7ⅠⅠ	姓

8획 / 부수 女

姓 姓 姓 姓 姓 姓 姓 姓

여자(女)가 자식을 **낳아(生)** 다른 사람과 구별하기 위하여
붙인 성씨니 **성씨 성**
또 나라의 여러 성씨들이 모인 백성이니 **백성 성**

활용어휘 姓名(성명), 同姓(동성), 百姓(백성)

4ⅠⅠ	星

9획 / 부수 日

星 星 星 星 星 星 星 星
星

해(日)가 진 뒤에 빛**나는(生)** 별이니 **별 성**
+ 日(해 일, 날 일)

활용어휘 星霜(성상), 流星(유성), 行星(행성), 曉星(효성)

5ⅠⅠ	産

11획 / 부수 生

産 産 産 産 産 産 産
産 産 産

머리(亠)를 받치고(丷) 굴 바위(厂) 같은 것에 의지하여
새끼를 낳으니(生) **낳을 산**
+ 厂 위를 文(무늬 문, 글월 문)으로 써서, '글(文) 공부를 바위(厂)
밑에서 전념하여 좋은 작품을 써 내니(生) 낳을 산(産)'이라고도
합니다.
+ 亠(머리 부분 두), 厂(굴 바위 엄, 언덕 엄)

활용어휘 産苦(산고), 産母(산모), 産業(산업), 出産(출산)

耂

4획 / 부수자

늙을 로(老)가 부수로 쓰일 때의 모양으로,
흙(土)에 **지팡이**(丿)를 짚으며 걸어야 할 정도로 늙으니
늙을 로 엄

+ '엄'은 글자의 위와 왼쪽을 덮는 부수 이름이고, 耂가 늙을 로(老)
의 부수이기에 제목을 '로'로 했어요.

7

老

6획 / 부수 耂

흙(土)에 **지팡이**(丿)를 **비수**(匕)처럼 꽂으며
걸어야 할 정도로 늙으니 늙을 로(노)

+ 凡 少(적을 소, 젊을 소) - 제목번호 016 참고
+ 비수(匕首) - 짧고 날카로운 칼.
+ 丿('삐침 별'이지만 여기서는 지팡이로 봄), 匕(비수 비, 숟가락 비)

활용어휘 老益壯(노익장), 敬老(경로), 元老(원로)

7Ⅱ

孝

7획 / 부수 子

늙은(耂) 부모를 **아들**(子)이 받드는 효도니 효도 효

+ 子(아들 자, 첫째 지지 자, 자네 자, 접미사 자)

활용어휘 孝道(효도), 孝誠(효성), 孝行(효행)

6

者

9획 / 부수 耂

노인(耂)이 낮추어 **말하는**(白) 놈이나 것이니
놈 자, 것 자

+ 어른이 아래 사람을 지칭할 때는 '이놈, 저놈' 할 때도 있고, 사물을
지칭할 때는 '이것, 저것' 하기도 하지요. '놈'이나 '계집'이라는
말은 요즘은 듣기 거북한 욕(辱)으로 쓰이지만 옛날에는 남자 여
자를 보통으로 일컫는 말이었답니다.
+ 白(흰 백, 밝을 백, 깨끗할 백, 아뢸 백), 辱(욕될 욕, 욕 욕)

활용어휘 強者(강자), 讀者(독자), 仁者無敵(인자무적)

5

考

6획 / 부수 耂

노인(耂)처럼 **크게**(丂) 살피고 생각하니
살필 고, 생각할 고

+ 丂[공교할 교, 교묘할 교(丂)의 변형이지만 여기서는 큰 대(大)의
변형으로 봄]

활용어휘 考慮(고려), 考察(고찰), 熟考(숙고), 再考(재고)

3II **諸** 16획 / 부수 言 諸諸諸諸諸諸諸 諸諸諸諸諸諸諸諸	말(言)로도 **사람**(者)들이 처리하는 모든 여러 일이니 모든 제, 여러 제 또 여러 사람들이 좋아하는 성씨니 성씨 제 + 言(말씀 언) 활용어휘 諸國(제국), 諸君(제군), 諸般(제반), 諸賢(제현)
3II **緒** 15획 / 부수 糸 緒緒緒緒緒緒緒 緒緒緒緒緒緒緒	(실은 실마리를 찾아야 풀어 쓸 수 있기 때문에) 실(糸)을 다루는 **사람**(者)에게 중요한 실마리니 실마리 서 + 실마리 - ㉠ 실의 첫머리. 　　　　　㉡ 일이나 사건을 풀어 나갈 수 있는 단서. 활용어휘 緒論(서론), 緒言(서언), 端緒(단서), 頭緒(두서)
5 **都** 12획 / 부수 邑(阝) 都都都都都都都都 都都都都	**사람**(者)들이 많이 사는 **고을**(阝)은 도시니 도시 도 또 도시처럼 사람이 많이 모인 모두니 모두 도 + 阝(고을 읍 방) 활용어휘 都農(도농), 首都(수도), 遷都(천도), 都合(도합)
3 **暑** 13획 / 부수 日 暑暑暑暑暑暑暑暑 暑暑暑暑暑	**해**(日)가 **사람**(者) 위에 있는 듯 더우니 더울 서 + 罒(署(관청 서, 서명할 서) - 제목번호 350 참고 + 日(해 일, 날 일) 활용어휘 暑傷(서상), 大暑(대서), 處暑(처서), 避暑(피서)
3II **著** 13획 / 부수 草(艹) 著著著著著著著著 著著著著著	**초야**(艹)에 묻혀 사는 **사람**(者)도 유명한 글을 지으면 드러나니 글 지을 저, 드러날 저 또 (옛날에는) **풀**(艹)로 **사람**(者)이 옷을 만들어 붙게 입었으니 붙을 착, 입을 착 + '붙을 착, 입을 착'으로는 주로 '붙을 착(着 - 제목번호 376)'을 쓰니다. 활용어휘 著者(저자), 著名(저명), 著壓(착압), 著服(착복)

120

8

4획 / 제부수

王 千 千 王

하늘(一) 땅(一) 사람(一)의 뜻을 두루 꿰뚫어(丨)
보아야 하는 임금이니 **임금 왕**

또 임금처럼 그 분야에서 으뜸이니 **으뜸 왕**

또 **구슬 옥(玉)**이 부수로 쓰일 때의 모양으로 **구슬 옥 변**

+ 옛날이나 지금이나 하늘(天 – 하늘 천), 땅(地 – 땅 지), 사람(人
– 사람 인)을 삼재(三才 – 세 가지 바탕)라 하여 귀히 여기지요.

활용어휘 王冠(왕관), 王權(왕권), 王固執(왕고집)

- -

4II

5획 / 제부수

玉 千 千 玉 玉

임금 왕(王) 우측에 점(丶)을 찍어서 **구슬 옥**

+ 원래는 구슬 세(三) 개를 끈으로 꿰어(丨) 놓은 모양이었으나 '임
금 왕(王)'과 구별하기 위하여 점(丶)을 더하여 '구슬 옥(玉)'입니
다. 그러나 '임금 왕(王)'은 부수로 쓰이지 않으니, 구슬 옥(玉)이
부수로 쓰일 때는 원래의 모양인 王으로 쓰고 '구슬 옥 변'이라
부르지요.

+ 한자에서는 점 주, 불똥 주(丶)나 삐침 별(丿)로 어느 부분이나
무엇을 강조합니다.

활용어휘 玉稿(옥고), 玉體(옥체), 白玉(백옥)

- -

7

5획 / 부수 丶

丶 亠 二 宁 主

(임금보다 더 책임감을 갖는 분이 주인이니)

점(丶)을 임금 왕(王) 위에 찍어서 **주인 주**

+ 地 客(손님 객) – 제목번호 012 참고
+ 왕인정신(王人精神)이라는 말은 없지만, '주인정신(主人精神),
주인의식(主人意識)'이란 말이 있는 것을 보면 임금보다 더 책임
감을 가지는 것이 주인이지요.

활용어휘 主人(주인), 主要(주요), 主題(주제), 戶主(호주)

- -

3II

壬

4획 / 부수 士

壬 千 壬 壬

삐뚤어진(丿) 선비(士)는 간사하여 나중에 큰 죄업을
짊어지니 **간사할 임, 짊어질 임, 아홉째 천간 임**

또 위쪽이 가리키는(丿), 네 방위(十)로 표시된

지도(一)의 북방이니 **북방 임**

+ 丿(삐침 별), 士(선비 사, 군사 사, 칭호나 직업에 붙이는 말 사)

활용어휘 壬亂(임란), *壬辰倭亂(임진왜란)

- -

任

6획 / 부수 人(亻)

任任任任任任

사람(亻)이 어떤 일을 짊어져(壬) 맡으니 **맡을 임**

+ 亻(사람 인 변)

활용어휘 任期(임기), 任務(임무), 在任(재임), 責任(책임)

賃

13획 / 부수 貝

賃賃賃賃賃賃賃賃
賃賃賃賃賃

맡은(任) 일을 하고 받는 돈(貝)이 품삯이니 **품삯 임**

또 무엇을 맡기고(任) 돈(貝)을 빌리니 **빌릴 임**

+ 貝(조개 패, 재물 패, 돈 패)

활용어휘 賃金(임금), 勞賃(노임), 賃貸(임대), 賃借(임차)

呈

7획 / 부수 口

呈呈呈呈呈呈呈

입(口)에 맞는 음식을 짊어지고(壬) 가서 보이고 드리니 **보일 정, 드릴 정**

+ 口(입 구, 말할 구, 구멍 구)

활용어휘 *露呈(노정), *謹呈(근정), *贈呈(증정)

程

12획 / 부수 禾

程程程程程程程程
程程程程

벼(禾)를 얼마나 드릴(呈) 것인지 법으로 정한 정도니 **법 정, 정도 정**

+ 옛날에는 벼나 쌀이 물물 거래의 기준이었지요.

+ 禾(벼 화)

활용어휘 規程(규정), 課程(과정), 程度(정도), 過程(과정)

聖

13획 / 부수 耳

聖聖聖聖聖聖聖聖
聖聖聖聖聖

귀(耳)를 보이듯(呈) 기울여 잘 들어주는 성스러운 성인이니 **성스러울 성, 성인 성**

+ 자기주장을 내세우지 않고 남의 말을 많이 들어주는 분이 성스럽고 성인(聖人)이지요.

+ 성인(聖人) - 덕과 지혜가 뛰어나 모든 사람의 스승이 될 만한 사람.

+ 耳(귀 이)

활용어휘 聖君(성군), 聖恩(성은), 聖誕節(성탄절)

6Ⅱ

注

8획 / 부수 水(氵)

注 注 注 注 注 注 注 注

물(氵)을 한쪽으로 주(主)로 대고 쏟으니
물댈 주, 쏟을 주

+ 氵(삼 수 변), 主(주인 주)

활용어휘 注油(주유), 注目(주목), 注射(주사), 注入(주입)

7

住

7획 / 부수 人(亻)

丿 亻 亻 住 住 住 住

사람(亻)이 주(主)로 사는 곳이니 **살 주, 사는 곳 주**

+ 圓 佳(아름다울 가) - 제목번호 094 참고
　 隹(새 추) - 제목번호 389 참고
+ 亻(사람 인 변)

활용어휘 住居(주거), 住所(주소), 住宅(주택)

3Ⅱ

柱

9획 / 부수 木

柱 柱 柱 柱 柱 柱 柱 柱
柱

나무(木)가 집의 주인(主)처럼 큰 역할을 하는 기둥이니
기둥 주

+ 圓 桂(계수나무 계, 성씨 계) - 제목번호 094 참고
+ 기둥이 집을 받치는 제일 중요한 역할을 하니 주인 노릇을 하는
　셈이지요.

활용어휘 石柱(석주), 電柱(전주), 支柱(지주)

4Ⅱ

往

8획 / 부수 彳

往 往 往 往 往 往 往 往

걸어서(彳) 주인(主)에게 가니 **갈 왕**

+ 彳(조금 걸을 척)

활용어휘 往年(왕년), 往來(왕래), 往復(왕복), *往診(왕진)

123

특II

4획 / 부수 冂

円 冂 冂 円

성(冂)은 세로(|)나 가로(一)로 보아도 둥근 둘레니
둥글 원, 둘레 원

또 일본 화폐 단위로도 쓰여 **일본 화폐 단위 엔**

+ 비 丹(붉을 단, 모란 란) - 제목번호 259 참고

8

8획 / 제부수

靑 靑 靑 靑 靑 靑 靑 靑

주(𡈼)된 둘레(円)의 색은 푸르니 **푸를 청**

또 푸르면 젊으니 **젊을 청**

+ 정 靑 - 주(𡈼)된 몸(月)의 마음은 언제나 푸르고 젊으니
  '푸를 청, 젊을 청'
+ 靑이 들어간 한자를 약자로 쓸 때는 '円' 부분을 月로 씁니다.
+ 하늘도 바다도 초목이 우거진 땅도 모두 푸르지요.
+ 𡈼[주인 주(主)의 변형]

활용어휘 靑山(청산), 靑松(청송), 靑年(청년), 靑春(청춘)

4II

10획 / 부수 糸

素 素 素 素 素 素 素 素
素 素

주(𡈼)된 실(糸)의 색은 희니 **흴 소**

또 흰색은 모든 색의 바탕이 되고 요소가 되며 소박하니
바탕 소, 요소 소, 소박할 소

+ 소박(素朴)하다 - 꾸밈이나 거짓이 없고 순수하다.
+ 대부분 실은 처음 뽑아낼 때는 흰색이지요.
+ 糸(실 사, 실 사 변)

활용어휘 素服(소복), 素質(소질), 要素(요소), 素朴(소박)

4II

9획 / 부수 毋

毒 毒 毒 毒 毒 毒 毒 毒
毒

주인(𡈼)이나 어미(毋)는 강하고 독하니 **독할 독**

또 독한 독이니 **독 독**

+ 여자는 약하지만 어머니는 강하고 독하지요.
+ 毋(어미 모, 어머니 모)

활용어휘 毒感(독감), 毒舌(독설), 至毒(지독), 消毒(소독)

5ⅠⅠ

情

11획 / 부수 心(忄)

情情情情情情情
情情情

마음(忄)으로 푸르게(靑), 즉 희망 있게 베푸는 정이니 **정 정**
+ 뗸 情
+ '뜻 정'으로도 쓰는데, 여기서의 '뜻'은 '정'입니다.
+ 忄(마음 심 변)

활용어휘 情談(정담), 情表(정표), 冷情(냉정), 戀情(연정)

6ⅠⅠ

淸

11획 / 부수 水(氵)

淸淸淸淸淸淸淸淸
淸淸淸

물(氵)이 푸른(靑)빛이 나도록 맑으니 **맑을 청**
+ 뗸 淸
+ 물이 맑으면 푸른빛이 나지요.
+ 氵(삼 수 변)

활용어휘 淸潔(청결), 淸掃(청소), 淸雅(청아)

4ⅠⅠ

請

15획 / 부수 言

請請請請請請請
請請請請請請請

말(言)로 푸르게(靑), 즉 희망 있게 청하니 **청할 청**
+ 뗸 請
+ 청(請)하다 – ㉠ 어떤 일을 이루기 위하여 남에게 부탁하다.
　　　　　　㉡ 사람을 따로 부르거나 잔치 등에 초대하다.
　　　　　　㉢ 잠이 들기를 바라다.
+ 言(말씀 언)

활용어휘 *請託(청탁), 請婚(청혼), 申請(신청), 招請(초청)

3

晴

12획 / 부수 日

晴晴晴晴晴晴晴
晴晴晴晴

(흐리다가) 해(日)가 푸른(靑) 하늘에 드러나며 날이 개니
날 갤 청
+ 뗸 晴
+ 日(해 일, 날 일)

활용어휘 晴明(청명), 晴天(청천), 快晴(쾌청)

5II

責

11획 / 부수 貝

주인(龶)이 꾸어간 **돈(貝)**을 갚으라고 꾸짖으며 묻는 책임이니 **꾸짖을 책, 책임 책**

+ 책임(責任) - 맡아 해야 할 임무.
+ 龶[주인 주(主)의 변형], 貝(조개 패, 재물 패, 돈 패), 任(맡을 임)

활용어휘 責望(책망), 問責(문책), *叱責(질책), 職責(직책)

3II

債

13획 / 부수 人(亻)

사람(亻)이 **책임(責)**지고 갚아야 할 빚이니 **빚 채**

+ 亻(사람 인 변)

활용어휘 債權(채권), 債務(채무), 負債(부채), 私債(사채)

4

積

16획 / 부수 禾

벼(禾)를 **책임(責)**지고 묶어 쌓으니 **쌓을 적**

+ 요즘은 벼를 콤바인으로 한 번에 수확하지만 옛날에는 일일이 손으로 수확했어요. 익은 벼는 제때에 베어서 말려 묶어 쌓아 놓고 타작에 대비해야 했으니 이 과정에서 잘못하여 비를 맞히면 안 되지요.
+ 禾(벼 화)

활용어휘 積金(적금), 積立(적립), 見積(견적)

4

績

17획 / 부수 糸

실(糸)을 **책임(責)**지고 맡아 짜니 **짤 적**

+ 糸(실 사, 실 사 변)

활용어휘 功績(공적), *紡績(방적), 成績(성적), 實績(실적)

3II

蹟

18획 / 부수 足(⻊)

발(⻊)로 **책임(責)**을 다하면서 남긴 자취니 **자취 적**

+ ⻊[발 족, 넉넉할 족(足)의 변형]

활용어휘 古蹟(고적), 奇蹟(기적), 史蹟(사적), 遺蹟(유적)

다리 벌리고 서 있는 사람을 본떠서 **사람 인**

+ 사람은 서로 의지하고 살아야 한다는 데서 서로 기대는 모양으로 사람 인(人)을 만들었다고도 해요.
+ 사람 인(人)이 글자의 왼쪽에 붙는 변으로 쓰일 때는 '사람 인 변 (亻)', 글자의 아래에 붙는 발로 쓰일 때는 '사람 인 발, 어진사람 인(儿)'으로 모양이 바뀝니다.

활용어휘 人心(인심), 人情(인정), 巨人(거인), 愛人(애인)

사람이 머리 숙이고 들어가는 모양을 본떠서 **들 입**

활용어휘 入口(입구), 入庫(입고), 入學(입학), 出入(출입)

(무엇에 걸리면 잘 갈 수 없어서 시간이 오래 걸리니)
무엇(丿)에 걸린(丶) 사람(人) 모양을 본떠서 **오랠 구**

활용어휘 耐久(내구), 永久(영구), 長久(장구), 恒久(항구)

개(犭)가 왕(王)이나 된 것처럼 날뛰며 미치니 미칠 광

+ 犭(큰 개 견, 개 사슴 록 변), 王(임금 왕, 으뜸 왕, 구슬 옥 변)

활용어휘 狂氣(광기), 狂亂(광란), 發狂(발광), 熱狂(열광)

조정에 **들어가(入) 왕(王)**이 되면 모든 것이 갖추어져
온전하니 **온전할 전**

+ 옘 仝 - 사람(人)이 왕(王)이 되면 모든 것이 갖추어져 온전하니 '온전할 전'
+ 王 위에 들 입(入)을 씀이 원칙이나 사람 인(人)을 쓰기도 합니다.

활용어휘 全體(전체), 安全(안전), 完全(완전)

8

大

3획 / 제부수

大 大 大

양팔 벌려(一) 사람(人)이 큼을 나타내서 **큰 대**

+ 働 小(작을 소) - 제목번호 016 참고
+ 세상에서 제일 큰 것은 하늘이지만 그 형상을 본떠 그릴 수 없기 때문에 양팔 벌려서 큼을 나타내지요.
+ 一('한 일'이지만 여기서는 양팔 벌린 모양으로 봄)

활용어휘 大量(대량), 大望(대망), 大衆(대중), 大會(대회)

7

天

4획 / 부수 大

天 二 チ 天

세상에서 제일(一) 큰(大) 것은 하늘이니 **하늘 천**

+ 제일 큼을 나타낼 때 하늘만큼이라 하지요.

활용어휘 天命(천명), 天心(천심), 天地(천지)

7

夫

4획 / 부수 大

大 二 夫 夫

한(一) 가정을 거느릴 만큼 큰(大) 사내나 남편이니
사내 부, 남편 부

활용어휘 農夫(농부), 漁夫(어부), 丈夫(장부), 夫婦(부부)

3Ⅱ

扶

7획 / 부수 手(扌)

扶 扶 扶 扶 扶 扶 扶

손(扌)으로 남편(夫)을 도우니 **도울 부**

+ 扌 - 손 수, 재주 수, 재주 있는 사람 수(手)가 글자의 왼쪽에 붙는 부수인 변으로 쓰일 때의 모양으로 '손 수 변'

활용어휘 扶養(부양), 扶助(부조), 相扶相助(상부상조)

3

替

12획 / 부수 日

替 替 替 替 替 替 替 替
替 替 替 替

두 사내(夫夫)가 말하며(曰) 바꾸니 **바꿀 체**

+ 가로다 - '말하다'를 예스럽게 이르는 말.
+ 曰(가로 왈)

활용어휘 交替(교체), 代替(대체), 對替(대체), 移替(이체)

3II

莫

11획 / 부수 草(艹)

莫莫莫莫莫莫莫莫
莫莫莫

풀(艹)에는 해(日)만큼 큰(大) 영향을 미치는 것이 없으니 가리지 말라는 데서 **없을 막, 말 막**

또 풀(艹)에는 해(日)가 가장 큰(大) 영향을 미치니 **가장 막**

+ 莫은 '없을 막, 말 막'처럼 부정사나 금지사로도 쓰이고, '가장 막'처럼 최상급으로도 쓰입니다.
+ 莫의 부정과 최상급의 뜻 - [막강(莫強)한 우리 국군]에서 '막강(莫強)'을 '가장 강한'으로, [막대(莫大)한 이익]에서 '막대(莫大)'를 '가장 큰'으로 풀어야 하는데, 막(莫)을 부정사나 금지사로 풀어 해석하면 그 뜻은 정반대가 되고 말지요. 그러니 '없을 막, 말 막, 가장 막'을 문맥에 따라 적절하게 골라 풀어야 합니다.
+ 艹(초 두), 日(해 일, 날 일), 大(큰 대), 強(강할 강, 억지 강)

활용어휘 莫論(막론), 莫逆(막역), 莫重(막중)

3II

漠

14획 / 부수 水(氵)

漠漠漠漠漠漠漠漠
漠漠漠漠漠漠

물(氵)이 없으면(莫) 되는 사막이니 **사막 막**

또 사막처럼 아무것도 없어 막막하니 **막막할 막**

+ 막막(漠漠)하다 - 아주 넓거나 멀어 아득하다.
+ 물이 없어져 마르고 마르면 사막이 되지요.
+ 氵(삼 수 변)

활용어휘 沙漠(사막), 漠然(막연), 茫漠(망막)

4

模

15획 / 부수 木

模模模模模模模
模模模模模模模

나무(木)로 없어질(莫) 것을 대비하여 본보기를 본떠 만드니 **본보기 모, 본뜰 모**

또 본떠 만들면 아무리 잘해도 차이가 나 모호하니 **모호할 모**

+ 모호(模糊)하다 - 일이나 태도 등이 희미하고 흐려 분명하지 아니하다.
+ 木(나무 목), 糊(풀 호, 모호할 호)

활용어휘 模範(모범), 模倣(모방), 規模(규모)

3

募

13획 / 부수 力

募募募募募募募
募募募募募

없는(莫) 힘(力)을 보충하려고 사람을 모집하니 **모집할 모**

+ 모집(募集)하다 - 사람이나 작품·물품 등을 일정한 조건 아래 널리 알려 뽑아 모으다.
+ 力(힘 력), 集(모일 집, 모을 집, 책 집) - 제목번호 392 참고

활용어휘 募金(모금), 公募(공모), 應募(응모)

暮

15획 / 부수 日

暮 暮 暮 暮 暮 暮 暮 暮
暮 暮 暮 暮 暮 暮 暮

없어지듯(莫) 해(日)가 넘어가며 날이 저무니 저물 모

활용어휘 歲暮(세모), 日暮(일모), 朝令暮改(조령모개)

慕

15획 / 부수 心(忄)

慕 慕 慕 慕 慕 慕 慕 慕
慕 慕 慕 慕 慕 慕 慕

제정신이 없을(莫) 정도의 마음(忄)으로 사모하니
사모할 모

+ 忄 – 마음 심, 중심 심(心)이 글자의 발에 붙는 부수로 쓰일 때의
  모양으로 '마음 심 발'
+ 누구를 사모할 때는 제정신이 아니지요.

활용어휘 思慕(사모), 愛慕(애모), 戀慕(연모), 追慕(추모)

墓

14획 / 부수 土

墓 墓 墓 墓 墓 墓 墓 墓
墓 墓 墓 墓 墓 墓

없는(莫) 것처럼 흙(土)으로 덮어 놓은 무덤이니 무덤 묘

+ 土(흙 토)

활용어휘 墓碑(묘비), 墓所(묘소), 墓地(묘지), 墳墓(분묘)

幕

14획 / 부수 巾

幕 幕 幕 幕 幕 幕 幕 幕
幕 幕 幕 幕 幕 幕

없는(莫) 것처럼 수건(巾) 같은 천으로 덮어 놓은 장막이니
장막 막

+ 장막(帳幕) – 한데에서 볕 또는 비바람을 피할 수 있도록 둘러치
  는 막.
+ 巾(수건 건), 帳(장막 장, 장부 장)

활용어휘 幕間(막간), 幕舍(막사), 內幕(내막), 閉幕(폐막)

6

太

4획 / 부수 大

一 ナ 大 太

큰 대(大) 아래에 점(丿)을 찍어 더 큼을 나타내어 **클 태**

+ 한자에서는 점 주, 불똥 주(丶)나 삐침 별(丿)로 어느 부분이나 무엇을 강조합니다.

활용어휘 太山(태산), 太陽(태양), 太初(태초), 太平(태평)

4

犬

4획 / 제부수

一 ナ 大 犬

(주인을) 크게(大) 점(丿)찍어 따르는 개니 **개 견**

+ 부수로 쓰일 때는 '큰 개 견(犭)'으로, 여러 짐승을 나타낼 때도 쓰이니 '개 사슴 록 변(犭)'으로도 부릅니다.

활용어휘 狂犬(광견), 愛犬(애견), 忠犬(충견)

尢

3획 / 부수자

一 尢 尢

[양팔 벌리고(一) 다리 벌린 사람(人)을 본떠서 만든]
큰 대(大)의 한 획을 구부려 절름발이를 나타내어
굽을 왕, 절름발이 왕

3

尤

4획 / 부수 尢

一 尢 尢 尤

굽고(尢) 점(丶)까지 있어 더욱 허물이니
더욱 우, 허물 우

활용어휘 尤妙(우묘), 尤物(우물), 尤悔(우회)

3II

丈

3획 / 부수 一

一 ナ 丈

많이(十) 지팡이(乀)를 사용하는 어른이니 **어른 장**

또 남자 노인에 대한 존칭으로도 쓰여 **존칭 장**

또 어른 키 정도의 길이 단위로도 쓰여 **길이 장**

+ 1丈은 성인 남자 키 정도의 길이.
+ 十[열 십, 많을 십(十)의 변형], 乀 ('파임 불'이지만 여기서는 지팡이 모양으로 봄)

활용어휘 丈夫(장부), 丈人(장인), 萬丈(만장), 億丈(억장)

3II

獄

14획 / 부수 犬(犭)

獄獄獄獄獄獄獄
獄獄獄獄獄獄

개(犭)와 개(犬)를 풀어 지키며 무슨 **말**(言)을 하는지
감시하는 감옥이니 감옥 옥

+ 犭(큰 개 견, 개 사슴 록 변), 言(말씀 언), 犬(개 견)

활용어휘 監獄(감옥), 獄苦(옥고), 獄死(옥사), 投獄(투옥)

3II

獸

19획 / 부수 犬

獸獸獸獸獸獸獸獸
獸獸獸獸獸獸獸獸
獸獸獸

입(口)과 입(口)을 밭(田)에 대고 먹이를 찾아 **한**(一)
입(口)에 먹는 개(犬) 같은 짐승이니 짐승 수

+ 咽獸 – 눈빛을 빛내며(ˊˋ) 밭(田)에서 먹이를 찾아 한(一) 입(口)에
  먹는 개(犬) 같은 짐승이니 '짐승 수'
+ 田(밭 전)

활용어휘 獸心(수심), 禽獸(금수), 猛獸(맹수), 野獸(야수)

3II

哭

10획 / 부수 口

哭哭哭哭哭哭哭哭
哭哭

입(口)과 입(口)으로 개(犬)처럼 소리 내어 슬프게 우니
울 곡

+ 소리 내어 울면 '울 곡(哭)', 소리 없이 눈물만 흘리며 울면 '울
  읍(泣)' – 제목번호 153 참고

활용어휘 哭聲(곡성), 弔哭(조곡), 痛哭(통곡), 號哭(호곡)

4II

器

16획 / 부수 口

器器器器器器器器
器器器器器器器器

여러 마리 개(犬)의 **입들**(吅)이 둘러싸고 먹이를 먹는
그릇이나 기구니 그릇 기, 기구 기

+ 口(입 구, 말할 구, 구멍 구)

활용어휘 木器(목기), 沙器(사기), 食器(식기), 武器(무기)

7

然

12획 / 부수 火(灬)

然然然然然然然然
然然然然

고기(夕)를 보면 개(犬)가 불(灬)처럼 열 내며 달려가듯
순리에 맞게 그러하니 그러할 연

+ 夕[달 월, 육 달 월(月)의 변형], 灬(불 화 발)

활용어휘 然後(연후), 當然(당연), 突然(돌연), 肅然(숙연)

4

燃

16획 / 부수 火

燃燃燃燃燃燃燃燃
燃燃燃燃燃燃燃燃

불(火)에 **그렇게**(然) 불타니 **불탈 연**

+ 火(불 화)

활용어휘 燃料(연료), 燃燒(연소), 可燃(가연), 不燃(불연)

3

冥

10획 / 부수 冖

冥冥冥冥冥冥冥冥
冥冥

덮이듯(冖) 넘어가는 **해**(日) 때문에
오후 **여섯**(六) 시 정도면 어두우니 **어두울 명**
또 어두우면 저승 같고 아득하니 **저승 명, 아득할 명**

+ 冖(덮을 멱), 六(여섯 륙)

활용어휘 冥冥(명명), 冥福(명복), 冥想(명상)

4

厚

9획 / 부수 厂

厚厚厚厚厚厚厚厚
厚

굴 바위(厂) 같은 집에서도 **날**(日)마다 **자식**(子)을 돌보는
부모의 정성이 두터우니 **두터울 후**

+ 두텁다 – 신의·믿음·관계·인정 등이 굳고 깊다.
+ 厂(굴 바위 엄, 언덕 엄)

활용어휘 厚待(후대), 厚德(후덕), 厚賜(후사), 重厚(중후)

2

厭

14획 / 부수 厂

厭厭厭厭厭厭厭厭
厭厭厭厭厭厭

바위(厂) 밑에서 **해**(日)와 **달**(月)도 보지 못하고
개(犬)처럼 살아감은 싫어하니 **싫어할 염**

+ 日(해 일, 날 일), 月(달 월, 육 달 월), 犬(개 견)

활용어휘 *厭忌(염기), *厭世(염세), *厭症(염증), *厭避(염피)

133

4II

17획 / 부수 土

壓壓壓壓壓壓壓壓
壓壓壓壓壓壓壓壓
壓

싫은(厭) 것을 흙(土)으로 덮어 누르니 **누를 압**

+ 옙 圧 – 굴 바위(厂)가 흙(土)을 누르니 '누를 압'
+ 图 押(누를 압, 압수할 압) – 제목번호 058 참고
+ 비 庄 – 집(广)에 딸린 시골 땅(土)이 전장이니 '전장 장'– 2급
+ 전장(田庄) – 개인이 소유하는 논밭.
+ 土(흙 토), 厂(집 엄)

활용어휘 壓力(압력), 壓勝(압승), 强壓(강압), 指壓(지압)

---

111 시사사내(나) 종숭[示社祀奈 宗崇] – 示와 宗으로 된 한자

5

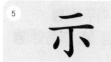

5획 / 제부수

示 示 示 示 示

하늘 땅(二)에 작은(小) 기미가 보이니 **보일 시**

또 이렇게 기미를 보이는 신이니 **신 시**

+ 비 矢(화살 시) – 제목번호 320 참고
+ 부수로 쓰일 때는 '보일 시, 신 시 변(礻)', 옷 의(衣)가 부수로 쓰일 때의 모양인 '옷 의 변(衤)'과 혼동하지 마세요.
+ 二('둘 이'지만 여기서는 하늘과 땅의 모양으로 봄), 小(작을 소)

활용어휘 示範(시범), 示威(시위), 明示(명시) ↔ 暗示(암시)

6II

社

8획 / 부수 示

社 社 社 社 社 社 社 社

신(示) 중에 토지(土)를 주관하는 토지신이니 **토지신 사**

또 토지신께 제사 지낼 때처럼 모이니 **모일 사**

+ 옛날 농경 사회때는 해마다 토지신께 제사지냈지요.
+ 土(흙 토)

활용어휘 *社稷(사직), 社交(사교), 社屋(사옥), 會社(회사)

3II

祀

8획 / 부수 示

祀 祀 祀 祀 祀 祀 祀 祀

신(示)께 뱀(巳)처럼 엎드려 올리는 제사니 **제사 사**

+ 비 祝(빌 축, 축하할 축) – 제목번호 122 참고
+ 제사(祭祀) – 신령이나 죽은 사람의 넋에게 음식을 바치면서 추모하는 일.
+ 巳(뱀 사), 祭(제사 제, 축제 제)

활용어휘 節祀(절사), 茶祀(차사), 合祀(합사)

3

奈

8획 / 부수 大

奈 奈 奈 奈 奈 奈 奈 奈

자기 잘못이 **커(大) 보이니(示)** 어찌할까에서

어찌 **내**, 어찌 **나**

╋ 大(큰 대)

활용어휘 奈何(내하), 莫無可奈(막무가내)

4II

宗

8획 / 부수 宀

宗 宗 宗 宗 宗 宗 宗 宗

집(宀) 중 조상의 **신(示)**을 모시는 종가니 종가 **종**

또 종가는 그 집안의 으뜸이니 으뜸 **종**

╋ 종가(宗家) – 한 문중에서 맏이로만 이어 온 큰집.
╋ 宀(집 면), 家(집 가, 전문가 가)

활용어휘 宗廟(종묘), 宗孫(종손), 宗敎(종교)

4

崇

11획 / 부수 山

崇 崇 崇 崇 崇 崇 崇 崇
崇 崇 崇

산(山)처럼 **종가(宗)**는 높이고 공경하니

높일 **숭**, 공경할 **숭**

활용어휘 崇儉(숭검), 崇高(숭고), 崇拜(숭배), 崇尙(숭상)

4Ⅱ

祭

11획 / 부수 示

祭 祭 祭 祭 祭 祭 祭 祭
祭 祭 祭

고기(夕)를 손(ㅅ)으로 신(示)께 올리는 제사니 제사 **제**

또 제사처럼 많은 사람이 모여 즐기는 축제니 축제 **제**

+ 축제(祝祭) - ㉠ 축하하며 벌이는 큰 규모의 행사.
　　　　　　 ㉡ 축하와 제사를 통틀어 이르는 말.

+ 夕[달 월, 육 달 월(月)의 변형], ㅅ[오른손 우, 또 우(又)의 변형],
　祝(빌 축, 축하할 축)

활용어휘 祭祀(제사), 祭物(제물), 祭典(제전)

- -

4Ⅱ

際

14획 / 부수 阜(阝)

際 際 際 際 際 際 際 際
際 際 際 際 際

언덕(阝)에서 제사(祭) 지낼 즈음이니 즈음 **제**

또 시간이나 장소의 어떤 즈음인 때나 경계니

때 **제**, 경계 **제**

또 좋을 때 모여 즐겁게 사귀니 사귈 **제**

+ 阝(언덕 부 변)

활용어휘 此際(차제), 實際(실제), 交際(교제), 國際(국제)

- -

4Ⅱ

察

14획 / 부수 宀

察 察 察 察 察 察 察 察
宀 宀 宀 宀 察 察

집(宀)에서 제사(祭) 지내며 제물을 살피니 살필 **찰**

+ 宀(집 면)

활용어휘 警察(경찰), 考察(고찰), 觀察(관찰), *診察(진찰)

■도움말■

〈제사상 차리는 법〉

크게 다섯 가지로, 여기서 동쪽은 제관(제사를 맡은 향관)의 오른편, 서쪽은 제관(제사를 맡은 향관)의 왼편입니다.

좌포우혜(左脯右醢) - 육포는 왼쪽에, 식혜는 오른쪽에.
어동육서(魚東肉西) - 어류는 동쪽에, 육류는 서쪽에.
두동미서(頭東尾西) - 생선 머리는 동쪽으로, 꼬리는 서쪽으로 향하게.
조율이시(棗栗梨柿) - 왼쪽부터 대추, 밤, 배, 감의 순서로.
홍동백서(紅東白西) - 붉은색 과일은 동쪽에, 하얀색 과일은 서쪽에.

+ 左(왼쪽 좌, 낮은 자리 좌), 脯(포 포), 右(오른쪽 우), 醢(초 혜, 식혜 혜), 魚(물고기 어), 東(동쪽 동, 주인 동), 肉(고기 육), 西(서쪽 서), 頭(머리 두, 우두머리 두), 尾(꼬리 미), 棗(대추나무 조, 대추 조), 栗(밤 률), 梨(배 리), 柿(감 시), 紅(붉을 홍), 白(흰 백, 밝을 백, 깨끗할 백, 아뢸 백)

7

春

9획 / 부수 日

一 二 三 声 夫 表 春 春
春

하늘 땅(二)에 크게(大) 해(日)가 느껴지는 봄이니 봄 춘

+ 봄에는 해가 북반구로 올라오기 시작하여 더욱 크게 느껴지지요.
+ 二('둘 이'지만 여기서는 하늘과 땅으로 봄), 大(큰 대), 日(해 일, 날 일)

활용어휘 春景(춘경), 春耕(춘경), 春困(춘곤), 靑春(청춘)

5II

奉

8획 / 부수 大

奉 奉 奉 夫 夫 表 表 奉

하늘 땅(二) 같이 위대한(大) 분을 많이(丰) 받드니 받들 봉

+ 丰[일천 천, 많을 천(千)의 변형]

활용어휘 奉命(봉명), 奉仕(봉사), 奉養(봉양), 奉行(봉행)

3II

奏

9획 / 부수 大

奏 奏 奏 夫 夫 表 表 奏
奏

하늘 땅(二) 같은 위대한(大) 분께 예쁜(天) 것을 드리며 아뢰니 아뢸 주

+ 天(젊을 요, 예쁠 요, 일찍 죽을 요)

활용어휘 奏效(주효), 伴奏(반주), 吹奏(취주), 合奏(합주)

3II

泰

10획 / 부수 水(氺)

泰 泰 泰 夫 夫 表 表 泰
泰 泰

하늘 땅(二) 같이 큰(大) 물(氺)줄기를 이용하면 살기가 크게 편안하니 클 태, 편안할 태

+ 氺 - 물 수(水)가 글자의 발로 쓰일 때의 모양으로 '물 수 발'

활용어휘 泰斗(태두), 泰山(태산), 泰然(태연), 泰平(태평)

사람(人)이 **하나**(一)같이 **모여드는**(ㄱ) 때가 바로
이제 오늘이니 이제 **금**, 오늘 **금**

+ ㄱ['이를 급, 미칠 급(及)'의 변형]

활용어휘 方今(방금), 只今(지금), 今日(금일)

4획 / 부수 人
今 今 今 今

입(口)으로 **지금**(今) 읊으니 읊을 **음**

활용어휘 吟味(음미), 吟風弄月(음풍농월), *呻吟(신음)

7획 / 부수 口
吟 吟 吟 吟 吟 吟 吟

구슬(王)과 **구슬**(王)이 **지금**(今) 부딪친 듯 맑게 소리내는
거문고니 거문고 **금**

+ 王(임금 왕, 으뜸 왕, 구슬 옥 변)

활용어휘 *琴瑟(금슬), *伽倻琴(가야금), 心琴(심금)

12획 / 부수 玉(王)
琴 琴 琴 琴 琴 琴 琴
琴 琴 琴 琴

지금(今) **입**(口)에 머금으니 머금을 **함**

+ 口(입 구, 말할 구, 구멍 구)

활용어휘 含量(함량), 含有(함유), 含蓄(함축), 包含(포함)

7획 / 부수 口
含 含 含 含 含 含 含

지금(今) **마음**(心)에 있는 생각이니 생각 **념(염)**

+ 心(마음 심, 중심 심)

활용어휘 念慮(염려), 念願(염원), 信念(신념), 專念(전념)

8획 / 부수 心
念 念 念 念 念 念 念 念

合

6획 / 부수 口

合 合 合 合 合 合

사람(人)이 하나(一)같이 말할(口) 정도로 뜻이 서로 합하여 맞으니 **합할 합, 맞을 합**

또 곡식을 되는 홉으로도 쓰여 **홉 홉**

+ 1홉은 1되의 10분의 1.
+ 口(입 구, 말할 구, 구멍 구)

활용어휘 合同(합동), 都合(도합), 合格(합격), 合理(합리)

拾

9획 / 부수 手(扌)

拾 拾 拾 拾 拾 拾 拾 拾 拾

손(扌)을 합하여(合) 주우니 **주울 습**

또 두 손(扌)의 손가락을 합하면(合) 열이니 **열 십**

+ 옙 捨(버릴 사) – 제목번호 048 참고
+ 열 십(拾)으로는 주로 계약서 같은 데서 위조하지 못하게 할 때 쓰지요.

활용어휘 拾得(습득), 收拾(수습)

給

12획 / 부수 糸

給 給 給 給 給 給 給 給 給 給 給 給

실(糸)을 합치듯(合) 이어 주니 **줄 급**

+ 糸(실 사, 실 사 변)

활용어휘 給食(급식), 給與(급여), 需給(수급), 月給(월급)

答

12획 / 부수 竹(⺮)

答 答 答 答 答 答 答 答 答 答 答 答

대(⺮)에 글을 써 뜻에 **맞게(合)** 대답하고 갚으니 **대답할 답, 갚을 답**

+ 종이가 없던 시절에는 대쪽에 글을 써서 주고받았지요.

활용어휘 答辯(답변), 應答(응답), 答禮(답례), 報答(보답)

塔

13획 / 부수 土

塔 塔 塔 塔 塔 塔 塔 塔 塔 塔 塔 塔 塔

흙(土)에 풀(艹)을 합하여(合) 이겨 쌓은 탑이니 **탑 탑**

+ 더 견고하도록 황토 흙(土)에 풀(艹)을 넣어 반죽하여 집을 짓거나 탑을 쌓았습니다.

활용어휘 塔身(탑신), 石塔(석탑), 佛塔(불탑), 尖塔(첨탑)

1

僉

13획 / 부수 人

僉 僉 僉 僉 僉 僉 僉 僉
僉 僉 僉 僉 僉

사람(人)이 하나(一)같이 입들(口口)을 다물고
둘(人人)씩 모두 다 모이니 **모두 첨, 다 첨**

+ 옛 僉 – 사람(人)들은 모두 다 하나(一)같이 입(口)으로 말하며
　　 사람(人)을 사귀니 '모두 첨, 다 첨'

활용어휘 *僉位(첨위), *僉員(첨원), *僉意(첨의)

4

儉

15획 / 부수 人(亻)

儉 儉 儉 儉 儉 儉 儉
儉 儉 儉 儉 儉 儉 儉

사람(亻)들은 대부분 다(僉) 검소하니 **검소할 검**

+ 옛 儉
+ 검소(儉素) – 사치하지 않고 수수함.
+ 素(흴 소, 바탕 소, 요소 소, 소박할 소)

활용어휘 儉朴(검박), 儉約(검약), 勤儉(근검)

4Ⅱ

檢

17획 / 부수 木

檢 檢 檢 檢 檢 檢 檢 檢
檢 檢 檢 檢 檢 檢 檢 檢
檢

(좋은 나무를 찾기 위해)
나무(木)를 모두(僉) 검사하니 **검사할 검**

+ 옛 檢
+ 검사(檢查) – (일정한 기준에 따라 사물의 상태를) 조사함.
+ 査(조사할 사)

활용어휘 檢事(검사), 檢擧(검거), 檢問(검문), 檢證(검증)

4

險

16획 / 부수 阜(阝)

險 險 險 險 險 險 險
險 險 險 險 險 險 險 險

언덕(阝)처럼 모두(僉) 험하니 **험할 험**

+ 옛 險
+ 阝(언덕 부 변)

활용어휘 險難(험난), 險惡(험악), 保險(보험), 探險(탐험)

4II

驗

23획 / 부수 馬

驗 驗 驗 驗 驗 驗 驗
驗 馬 驗 驗 驗 驗 驗
驗 驗 驗 驗 驗 驗 驗

말(馬)을 모두(僉) 타보며 시험하니 **시험할 험**

+ 앱 験
+ 馬(말 마)

활용어휘 試驗(시험), 經驗(경험), 靈驗(영험), 體驗(체험)

- -

3II

劍

15획 / 부수 刀(刂)

劍 劍 劍 劍 劍 劍 劍
劍 劍 劍 劍 劍 劍 劍

양쪽 다(僉) 칼날이 있는 칼(刂)이니 **칼 검**

+ 윈 劍 – 양쪽 다(僉) 칼날(刀)이 있는 칼이니 '칼 검'
+ 앱 剣
+ 칼날이 양쪽으로 된 칼은 '칼 검(劍)', 한쪽으로 된 칼은 '칼 도(刀)'.
+ 刂(칼 도 방), 刀(칼날 인)

활용어휘 劍道(검도), 劍舞(검무), 劍術(검술)

---

117 탐빈(貪貧) – 貪과 비슷한 한자

3

貪

11획 / 부수 貝

貪 貪 貪 貪 貪 貪 貪
貪 貪 貪

지금(今) 앞에 재물(貝)이 있으면 탐내니 **탐낼 탐**

+ 今(이제 금, 오늘 금), 貝(조개 패, 재물 패, 돈 패)

활용어휘 貪官(탐관), 貪心(탐심), 貪慾(탐욕), 食貪(식탐)

- -

4II

貧

11획 / 부수 貝

貧 貧 貧 貧 貧 貧 貧
貧 貧 貧

나눈(分) 재물(貝)이면 몫이 적어 가난하니 **가난할 빈**

+ 조개(貝) 한 마리도 나누어(分) 먹어야 할 정도로 가난하니 '가난할 빈(貧)'이라고도 합니다.
+ 分(나눌 분, 단위 분, 단위 푼, 신분 분, 분별할 분, 분수 분)

활용어휘 貧困(빈곤), 貧富(빈부), 貧弱(빈약), 淸貧(청빈)

茶

3II

10획 / 부수 草(艹)

茶 茶 茶 茶 茶 茶 茶 茶
茶 茶

풀(艹)처럼 **사람(人)**이 **나뭇(木)**잎을 끓여 마시는 차니
차 **차**, 차 **다**

+ 艹(초 두)

활용어휘 綠茶(녹차), 葉茶(엽차), 花茶(화차), *茶菓(다과)

余

3

7획 / 부수 人

余 余 余 余 今 余 余

(다 가고) **사람(人)** 한(一)명만 **나무(木)**처럼 내가 남으니
나 **여**, 남을 **여**

활용어휘 余等(여등), 余輩(여배)

餘

4II

16획 / 부수 食(飠)

餘 餘 餘 餘 餘 餘 餘 餘
餘 餘 餘 餘 餘 餘 餘 餘

먹고(飠) 남으니(余) 남을 **여**

+ 옘 余
+ 飠 – 밥 식, 먹을 식(食)이 글자의 왼쪽에 붙는 부수인 변으로 쓰일
  때의 모양으로 '밥 식, 먹을 식 변'

활용어휘 餘暇(여가), 餘力(여력), 餘裕(여유), 餘波(여파)

徐

3II

10획 / 부수 彳

徐 徐 徐 徐 徐 徐 徐 徐
徐 徐

조금씩 걸으며(彳) 남은(余) 일을 천천히 하니
천천히 할 **서**

또 성질이 느긋한 사람들의 성씨니 성씨 **서**

+ 彳(조금 걸을 척)

활용어휘 徐步(서보), 徐行(서행)

除

4II

10획 / 부수 阜(阝)

除 除 除 除 除 除 除 除
除 除

언덕(阝)에 남은(余) 적을 제거하여 덜어내니
제거할 **제**, 덜 **제**

또 덜듯이 나누니 나눌 **제**

+ 阝(언덕 부 변)

활용어휘 除去(제거), *控除(공제), 加減乘除(가감승제)

3

敍

11획 / 부수 攴(攵)

敍 敍 敍 敍 敍 敍 敍 敍
敍 敍 敍

남은(余) 것을 **털어(攴)** 펴며 차례로 베푸니
펼 서, 차례 서, 베풀 서

＋ 回 叙 – 내(余) 마음을 또(又) 펴고 베푸니
　　　'펼 서, 차례 서, 베풀 서'

＋ 攴(칠 복, = 攵), 又(오른손 우, 또 우)

활용어휘 敍事(서사), 敍述(서술), 追敍(추서)

- -

3Ⅱ

11획 / 부수 辵(辶)

途 途 途 途 余 余 余 途
途 途 途

여유(余) 있게 걸어 **다닐(辶)** 수 있도록 만든 길이니 **길 도**

＋ 辶(뛸 착, 갈 착, = 辵)

활용어휘 途上(도상), 途中(도중), 仕途(사도), 中途(중도)

- -

3

塗

13획 / 부수 土

塗 塗 塗 塗 塗 塗 塗 塗
塗 塗 塗 塗 塗

물(氵)을 **남은(余) 흙(土)**에 부어 이겨 바르는 진흙이니
바를 도, 진흙 도

＋ 回 盜(훔칠 도) – 제목번호 357 참고

활용어휘 塗色(도색), 塗布(도포), 塗炭之苦(도탄지고)

亻

2획 / 부수자

亻 亻

사람 인(人)이 글자의 변으로 쓰일 때의 모양으로
사람 인 변

+ '사람 인 변'이라니까 혹 엉뚱한 상상을 하시는 것은 아니겠지요?
+ 여기서 '변'은 글자의 왼쪽에 붙는 부수 이름이기에 색 조정을 하지 않았습니다.

4

仁

4획 / 부수 人(亻)

仁 仁 仁 仁

사람(亻)은 둘(二)만 모여도 어질어야 하니 **어질 인**

+ 倫(윤리 륜) - 제목번호 266 참고

활용어휘 仁德(인덕), 仁愛(인애), 仁義(인의), 仁慈(인자)

4

伏

6획 / 부수 人(亻)

伏 伏 伏 伏 伏 伏

사람(亻)이 개(犬)처럼 엎드리니 **엎드릴 복**

+ 犬(개 견)

활용어휘 伏乞(복걸), 伏望(복망), 起伏(기복), 降伏(항복)

5

件

6획 / 부수 人(亻)

件 件 件 件 件 件

사람(亻)이 소(牛) 같은 재산을 팔아 사는 물건이니
물건 건

또 사람(亻)이 소(牛)에 받친 사건이니 **사건 건**

+ 옛날에는 소를 집집마다 길렀고, 소를 팔아 필요한 물건을 샀지요.
+ 牛(소 우)

활용어휘 物件(물건), 事件(사건), 件數(건수), 案件(안건)

4II

個

10획 / 부수 人(亻)

個 個 個 個 個 個 個 個
個 個

사람(亻) 성격이 굳어져(固) 개인 행동을 하는 낱낱이니
낱 개

+ 통 箇 - 대(竹)처럼 성질이 굳은(固) 낱낱이니 '낱 개' - 1급
+ 固(굳을 고, 진실로 고), 竹(대 죽)

활용어휘 個別(개별), 個性(개성), 個人(개인), 別個(별개)

6 **在** 6획 / 부수 土 一 ナ ナ ナ 存 在	한(一) 사람(亻)에게 땅(土)이 있으니 **있을 재** **✦** 土('흙 토'지만 여기서는 땅으로 봄) 활용어휘 在庫(재고), 在室(재실), 在中(재중), 在學(재학)
4 **存** 6획 / 부수 子 存 才 存 存 存 存	한(一) 사람(亻)에게 아들(子)이 있으니 **있을 존** **✦** 子(아들 자, 첫째 지지 자, 자네 자, 접미사 자) 활용어휘 存立(존립), 存續(존속), 共存(공존), 生存(생존)
참 **尞** 12획 / 부수 小 奈 奈 奈 奈 奈 存 存 夺 夺 尞 尞	크게(大) 양쪽(丷)에 해(日)처럼 **작은**(小) 것까지 보이도록 햇불을 밝게 밝히니 **햇불 료(요), 밝을 료(요), 밝힐 료(요)**
3 **僚** 14획 / 부수 人(亻) 俗 俗 俗 俗 俗 俗 俗 俗 俗 俗 僚 僚 僚	사람(亻) 중 불 **밝히고**(尞) 함께 일하는 동료나 관료니 **동료 료(요), 관료 료(요)** **✦** 동료(同僚) – 같은 곳에서 같은 일을 보는 사람. **✦** 관료(官僚) – 직업적인 관리. 또는 그들의 집단. **✦** 同(같을 동), 官(관청 관, 벼슬 관) 활용어휘 閣僚(각료), 幕僚(막료)

특II

乍

5획 / 부수 丿

丿 乍 乍 乍 乍

사람(⺧)이 하나(丨) 둘(二)을 세는 잠깐이니 잠깐 사

+ ⺧[사람 인(人)의 변형]

활용어휘 *乍晴乍雨(사청사우)

3

詐

12획 / 부수 言

詐 詐 詐 詐 詐 詐 詐
詐 詐 詐 詐

말(言)을 잠깐(乍) 사이에 꾸며 대며 속이니 속일 사

+ 言(말씀 언)

활용어휘 詐巧(사교), 詐欺(사기), 詐取(사취), 詐稱(사칭)

6II

作

7획 / 부수 人(亻)

作 作 作 作 作 作 作

사람(亻)이 잠깐(乍) 사이에 무엇을 지으니 지을 작

+ 亻(사람 인 변)

활용어휘 作家(작가), 作名(작명), 作定(작정), 操作(조작)

6II

昨

9획 / 부수 日

昨 昨 昨 昨 昨 昨 昨
昨

하루 해(日)가 잠깐(乍) 사이에 넘어가고 되는 어제니 어제 작

+ 日(해 일, 날 일)

활용어휘 昨今(작금), 昨年(작년), 昨夢(작몽), 昨日(작일)

참

儿

2획 / 제부수

儿 儿

사람 인(人)이 글자의 발로 쓰일 때 모양으로
사람 **인 발**

또 (사람이 무릎 꿇고 절하는 모양에서)
겸손하고 어진 마음을 지녔다고 생각하여 어진사람 **인**

5II

兒

8획 / 부수 人(儿)

兒 兒 兒 兒 兒 兒 兒 兒

절구(臼)처럼 머리만 커 보이는 사람(儿)은 아이니
아이 **아**

+ 畕 兒 - 태어난 지 일(丨) 일(日)정도 되는 사람(儿)은 아이니
'아이 아'
+ 절구 - 곡식을 찧거나 빻는 데 쓰는 도구.
+ 臼(절구 구), 丨('뚫을 곤'이지만 여기서는 숫자 1로 봄)

활용어휘 兒童(아동), 孤兒(고아), 迷兒(미아), 幼兒(유아)

6II

光

6획 / 부수 人(儿)

尢 光 光 光 光 光

조금(ⵯ)씩 땅(一)과 사람(儿)에게 비치는 빛이니 빛 **광**

또 빛으로 말미암아 드러나는 경치니 경치 **광**

+ 경치는 빛이 있어야 드러나 보이지요.
+ ⵯ[작을 소(小)의 변형]

활용어휘 光復(광복), 光澤(광택), 榮光(영광), 風光(풍광)

3II

克

7획 / 부수 人(儿)

克 克 克 克 克 克 克

오래(古) 참은 사람(儿)이 능히 이기니
능할 **극, 이길 극**

+ 삶의 지혜가 담긴 어원이네요.
+ 古(오랠 고, 옛 고)

활용어휘 克己(극기), 克難(극난), 克明(극명), 克服(극복)

3

匹

4획 / 부수 匚

匹 匹 兀 匹

감싸주는(匚) 어진사람(儿)이 진정한 짝이니 짝 **필**

또 천(베)이나 말을 세는 단위로도 쓰여 단위 **필**

+ 匚(감출 혜, 덮을 혜, = ㄴ)

활용어휘 配匹(배필), 匹夫(필부), 匹馬(필마)

8

兄

5획 / 부수 人(儿)

兄兄兄兄兄

동생을 **말하며**(口) 지도하는 **사람**(儿)이 형이고
어른이니 형 **형**, 어른 **형**

＋ 口(입 구, 말할 구, 구멍 구)

활용어휘 兄弟(형제), 兄夫(형부), 妹兄(매형), 妻兄(처형)

4

況

8획 / 부수 水(氵)

況況況況況況況況

물(氵)이 점점 불어나서 위험한 상황을 하물며 **형**(兄)이
모르겠는가에서 상황 **황**, 하물며 **황**

＋ 형이 동생을 데리고 물놀이 갔을 때를 생각하고 만들어진 한자.
＋ 습 況 - 얼음(冫)이 언 상황을 하물며 형(兄)이 모르겠는가에서
　　'상황 황, 하물며 황'
＋ 상황(狀況) - 일이 되어 가는 과정이나 형편.
＋ 하물며 - '더군다나'의 뜻을 가진 접속 부사. 앞의 사실과 비교하여
　　더 강한 긍정을 나타냄.
＋ 狀(모양 상, 문서 장)

활용어휘 盛況(성황), 好況(호황), 況且(황차), 又況(우황)

5

祝

10획 / 부수 示

祝祝祝祝祝祝祝祝
祝祝

신(示)께 **입**(口)으로 **사람**(儿)이 비니 빌 **축**

또 좋은 일에 행복을 빌며 축하하니 축하할 **축**

＋ 비 祀(제사 사) - 제목번호 111 참고
　　稅(세금 세) - 제목번호 126 참고
＋ 示(보일 시, 신 시)

활용어휘 祝福(축복), 祝願(축원), 祝賀(축하), 祝歌(축가)

5

競

20획 / 부수 立

競競競競競競競競
競競競競競競競
競競競競

마주 서서(효효) **두 형**(兄兄)들이 겨루니 겨룰 **경**

＋ 立(설 립)

활용어휘 競技(경기), 競買(경매) ↔ 競賣(경매), 競走(경주)

5II

元

4획 / 부수 人(儿)

元 元 元 元

하늘 땅(二) 사이에 **사람(儿)**이 원래 으뜸이니
원래 원, 으뜸 원

+ 원래(元來·原來) – 본디.
+ 본디 – ㉠ 사물이 전하여 내려온 그 처음.
　　　　㉡ 처음부터. 또는 근본부터.
+ 二('둘 이'지만 여기서는 하늘과 땅의 모양), 儿(사람 인 발, 어진
　사람 인), 來(올 래), 原(근원 원)

활용어휘 元金(원금), 元氣(원기), 復元(복원), 壯元(장원)

3II

冠

9획 / 부수 冖

冠 冠 冠 冠 冠 冠 冠 冠
冠

덮어(冖) 쓰는 것 중 **으뜸(元)**으로 여겨 **법도(寸)**에 맞게
머리에 쓰는 갓이니 **갓 관**

+ 冖(덮을 멱), 寸(마디 촌, 법도 촌)

활용어휘 冠婚(관혼), 金冠(금관), 無冠(무관), 王冠(왕관)

5

完

7획 / 부수 宀

完 完 完 完 完 完 完

집(宀)을 **으뜸(元)**으로 잘 지으면 모든 것이 갖추어져
완전하니 **완전할 완**

+ 宀(집 면)

활용어휘 完結(완결), 完了(완료), 完成(완성), 補完(보완)

5

院

10획 / 부수 阜(阝)

院 院 院 院 院 院 院 院
院 院

언덕(阝)에 **완전하게(完)** 지은 집이나 관청이니
집 원, 관청 원

+ 주로 관청·학교·절 같은 큰 집을 말합니다.
+ 阝 – 글자의 왼쪽에 붙으면 '언덕 부 변', 글자의 오른쪽에 붙으면
　'고을 읍 방'

활용어휘 院內(원내), 院長(원장), 法院(법원), 學院(학원)

5II

見

7획 / 제부수

見 几 冂 目 目 貝 見 見

눈(目)으로 **사람**(几)이 보거나 뵈니 **볼 견, 뵐 현**

+ 𦣻 頁(머리 혈) - 제목번호 363 참고
  貝(조개 패, 재물 패, 돈 패) - 제목번호 358 참고
+ 뵙다 - 웃어른을 대하여 보다.
+ 目(눈 목, 볼 목, 항목 목), 儿(사람 인 발, 어진사람 인)

<u>활용어휘</u> 見聞(견문), 見解(견해), 所見(소견), 謁見(알현)

5II

現

11획 / 부수 玉(王)

王 珇 王 王 現 現 現 現
現 現 現

구슬(王)을 갈고 닦으면 이제 바로 무늬가 **보이게**(見) 나타나니 **이제 현, 나타날 현**

+ 王(임금 왕, 으뜸 왕, 구슬 옥 변)

<u>활용어휘</u> 現金(현금), 現在(현재), 現像(현상), 出現(출현)

5

規

11획 / 부수 見

規 規 規 規 規 規 規 規
規 規 規

사내(夫)가 눈여겨**보아야**(見) 할 법이니 **법 규**

+ 혈기 왕성한 사내들은 자칫하면 법을 어기기 쉬우니 법을 눈여겨 보아야 하지요.
+ 夫(사내 부, 남편 부)

<u>활용어휘</u> 規格(규격), 規範(규범), 規則(규칙), 法規(법규)

4II

視

12획 / 부수 見

視 視 視 視 視 視 視 視
視 視 視 視

보고(示) 또 **보며**(見) 살피니 **볼 시, 살필 시**

+ 示(보일 시, 신 시)

<u>활용어휘</u> 視覺(시각), 視線(시선), 重視(중시) ↔ 輕視(경시)

3II

寬

15획 / 부수 宀

寬 寬 寬 寬 寬 寬 寬 寬
寬 寬 寬 寬 寬 寬 寬

집(宀)에 **풀**(艹)까지 살펴보는(見) **점**(丶)이 너그러우니 **너그러울 관**

+ 얩 寛 - 집(宀)에 풀(艹)까지 살펴봄(見)이 너그러우니 '너그러울 관'
+ 宀(집 면), 艹[艸(초 두)의 약자], 丶(점 주, 불똥 주)

<u>활용어휘</u> 寬待(관대), 寬大(관대), 寬恕(관서), 寬容(관용)

5II

充

6획 / 부수 人(儿)

充 充 充 充 充 充

머리(亠) 속에 **사사로운(厶)** 생각을 **사람(儿)**이 가득 차게
채우니 **가득 찰 충, 채울 충**

+ 亠(머리 부분 두), 厶(사사로울 사, 나 사)

활용어휘 充滿(충만), 充分(충분), 充電(충전), 補充(보충)

- -

4II

銃

14획 / 부수 金

銃 銃 銃 銃 銃 銃 銃 銃
銃 銃 銃 銃 銃 銃

쇠(金)로 만든 장치에 화약을 **채워(充)** 쏘는 총이니 **총 총**

+ 金(쇠 금, 금 금, 돈 금, 성씨 김)

활용어휘 銃擊(총격), 銃殺(총살), 銃彈(총탄), 拳銃(권총)

- -

4II

統

12획 / 부수 糸

統 統 統 統 統 統 統 統
統 統 統 統

실(糸)을 그릇에 **채워(充)** 헝클어지지 않게 묶어 거느리니
묶을 통, 거느릴 통

+ 糸(실 사, 실 사 변)

활용어휘 統一(통일), 傳統(전통), 統率(통솔), 統治(통치)

■ 도움말 ■

〈주에 없는 한자 풀이는 앞부분을 보세요.〉
사전 없이도 이 책만으로 혼자서 쉽고 재미있게 익힐 수 있도록 모든 한자에 주를 달았지만, 바로 앞
에 나온 한자나 보통 수준이라면 다 알 수 있는 쉬운 한자는 주를 생략한 경우도 있습니다. 내용을
읽으시다가 주에 없는 한자는 바로 앞부분을 찾아 보세요.

兌

7획 / 부수 人(儿)

兌兌兌兌兌兌兌

요모조모 **나누어(八)** 생각하여 **형(兄)**이 마음을 바꾸니
바꿀 태

+ 图 兊 - 나누어(八) 사사로이(厶) 사람(儿)이 바뀌 '바꿀 태'
  兌 - 요모(丷)조모(丷) 생각하여 형(兄)이 마음을 바꾸니 '바꿀 태'
+ 요모조모 - 사물의 요런 면 조런 면.
+ 웃음 하나만으로도 어려운 일을 해결할 수 있어요. 웃음은 어려운
  일도 쉽게 만들고 침울한 마음도 기쁨과 희망으로 바꾸어 줍니다.
  억지 웃음도 건강에 좋다고 하지요.
+ 八(여덟 팔, 나눌 팔), 儿(사람 인 발, 어진사람 인)

활용어휘 *兌換(태환), *兌換紙幣(태환지폐)

悅

10획 / 부수 心(忄)

悅悅悅悅悅悅悅悅
悅悅

슬픈 일도 **마음(忄)** **바꿔(兌)** 생각하면 기쁘니 기쁠 열

+ '일체유심조(一切唯心造)'라는 말이 있어요. 일체(一切), 즉 모든
  것은 오직 마음으로 지음으로, 모든 것은 마음먹기에 따라 달라진
  다는 뜻이지요.
+ 切(모두 체, 끊을 절, 간절할 절), 唯(오직 유, 대답할 유), 心(마
  음 심, 중심 심), 造(지을 조)

활용어휘 悅樂(열락), 悅服(열복), 滿悅(만열), 喜悅(희열)

說

14획 / 부수 言

說說說說說說說說
說說說說說說

(이해하도록) **말(言)**을 **바꾸어(兌)** 가며 달래고 말씀하면
기쁘니 달랠 세, 말씀 설, 기쁠 열

+ 상대가 이해하지 못하면 여러 가지 예도 들어야 하고, 여러 각도로
  설명도 하여야 하지요.

활용어휘 遊說(유세), 說明(설명), 不亦說乎(불역열호)

稅

12획 / 부수 禾

稅稅稅稅稅稅稅
稅稅稅稅

(다른 곡식을 수확했어도) **벼(禾)**로 **바꾸어(兌)** 내던
세금이니 세금 세

+ 图 祝(빌 축, 축하할 축) - 제목번호 122 참고
+ 图 租(세금 조, 세낼 조) - 제목번호 008 참고
+ 옛날에는 벼나 쌀, 포목이 물물 교환의 기준이었습니다.
+ 禾(벼 화)

활용어휘 稅金(세금), 稅入(세입), 納稅(납세), 免稅(면세)

銳

15획 / 부수 金

銳銳銳銳銳銳銳銳
銳銳銳銳銳銳銳

무딘 **쇠(金)**를 **바꾸어(兌)** 날카로우니 **날카로울 예**

+ 金(쇠 금, 금 금, 돈 금, 성씨 김)

활용어휘 銳利(예리), 銳敏(예민), *銳鋒(예봉), 新銳(신예)

脫

11획 / 부수 肉(月)

脫脫脫脫脫脫脫
脫脫脫

벌레가 **몸(月)**을 **바꾸려고(兌)** 허물을 벗으니 **벗을 탈**

+ 동물 중 일부는 허물을 벗고 크거나 모양이 바뀌지요.
+ 月(달 월, 육 달 월)

활용어휘 脫線(탈선), 脫盡(탈진), 脫出(탈출), 離脫(이탈)

閱

15획 / 부수 門

閱閱閱閱閱閱門門
門閱閱閱閱閱閱

문(門) 안에서 하나씩 **바꿔(兌)** 가며 검열하니 **검열할 열**

+ 검열(檢閱) – 어떤 행위나 사업 등을 살펴 조사하는 일.
+ 門(문 문), 檢(검사할 검)

활용어휘 閱覽(열람), 閱兵(열병), 校閱(교열), 査閱(사열)

참

尤

4획 / 부수 冖

尤尤尤尤

무엇에 **덮인(冖)** 듯 집안에 **사람(儿)**이 머물러 머뭇거리니

머무를 유, 머뭇거릴 유

+ 冖(덮을 멱), 儿[사람 인 발, 어진사람 인(儿)의 변형]

3

枕

8획 / 부수 木

枕枕枕枕枕枕枕枕

나무(木)로 머리가 **머물러(尤)** 베도록 만든 베개니

베개 침

+ 옛날에는 나무토막으로 베개(목침)를 만들었지요.

활용어휘 枕木(침목), 枕上(침상), 起枕(기침), 木枕(목침)

3II

沈

7획 / 부수 水(氵)

沈沈沈沈沈沈沈

물(氵)에 **머물러(尤)** 잠기니 **잠길 침**

또 고전 심청전의 내용상 물에 빠지는 사람의 성씨니 **성씨 심**

활용어휘 沈降(침강), 沈沒(침몰), 浮沈(부침), 沈淸(심청)

4II

深

11획 / 부수 水(氵)

深深深深深深深深
深深深

물(氵)이 **덮어(冖) 사람(儿)**과 **나무(木)**도 보이지 않게 깊으니 **깊을 심**

활용어휘 深刻(심각), 深度(심도), 深思(심사), 深醉(심취)

4

探

11획 / 부수 手(扌)

探探探探探探探探
探探探

손(扌)으로 **덮여(冖)** 있는 **사람(儿)**과 **나무(木)**를 찾으니 **찾을 탐**

+ 扌(손 수 변)

활용어휘 探求(탐구), 探究(탐구), 探査(탐사), *探偵(탐정)

3II

兔

8획 / 부수 人(儿)

兔 兔 兔 兔 兔 兔 兔 兔

귀가 긴 토끼가 꼬리 내밀고 앉아 있는 모양을 본떠서
토끼 **토**

＋ 원자는 '兔'인데 속자인 '兎'나 '兔'로 많이 씁니다.

활용어휘 *兔死狗烹(토사구팽), 守株待兔(수주대토)

3II

逸

12획 / 부수 辵(辶)

逸 逸 逸 逸 逸 逸 逸 逸
逸 逸 逸 逸

토끼(兔)처럼 약한 짐승은 도망가(辶) 숨는 것이 뛰어난
꾀며 그래야 편안하니
숨을 **일**, 뛰어날 **일**, 편안할 **일**

＋ 辶(뛸 착, 갈 착, = 辶)

활용어휘 逸話(일화), 逸品(일품), 逸味(일미), 安逸(안일)

3II

免

7획 / 부수 人(儿)

免 免 免 免 免 免 免

덫에 걸린 토끼(兔)가 꼬리(丶)만 잘리고 죽음을 면하니
면할 **면**

＋ 丶('점 주, 불똥 주'지만 여기서는 꼬리로 봄)

활용어휘 免稅(면세), 免疫(면역), 免除(면제), 免職(면직)

3II

晚

11획 / 부수 日

晚 晚 晚 晚 晚 晚 晚
晚 晚 晚

해(日)가 면하여(免) 넘어가게 늦으니 늦을 **만**

＋ 글자 구조가 晚 = 日(해 일, 날 일) + 免이니, '해가 비추는 일을
그만두고 넘어갈 정도로 늦은 시간'으로 이해해 주세요.

활용어휘 晚年(만년), 晚學(만학), 早晚間(조만간)

4

勉

9획 / 부수 力

勉 勉 勉 勉 勉 勉 勉 勉
勉

(책임을) 면하려고(免) 힘(力)쓰니 힘쓸 **면**

＋ 力(힘 력)

활용어휘 勉學(면학), 勸勉(권면), 勤勉(근면)

6Ⅱ

急

9획 / 부수 心

急急急急急急急急
急

위험을 느껴 아무 **사람(ク)**이나 **손(ヨ)**을 잡는
마음(心)처럼 급하니 급할 급

＋ ヨ(고슴도치 머리 계, 오른손 우), 心(마음 심, 중심 심)

활용어휘 急求(급구), 急性(급성), 急速(급속), 急行(급행)

3Ⅱ

沒

7획 / 부수 水(氵)

沒沒沒沒沒沒沒

물(氵)에 **사람(ク)**이 **또(又)** 빠져 다하여 없으니
빠질 몰, 다할 몰, 없을 몰

＋ ク[사람 인(人)의 변형], 又(오른손 우, 또 우)

활용어휘 沒入(몰입), 沒殺(몰살), 沒人情(몰인정)

특Ⅱ

奐

9획 / 부수 大

奐奐奐奐奐奐奐奐
奐

성(冂)의 위아래에서 **사람들(ク・儿)**이 **크게(大)**
일하는 모양이 빛나니 빛날 환

＋ ク[사람 인(人)의 변형], 冂(멀 경, 성 경), 儿(사람 인 발, 어진사
람 인), 大(큰 대)

활용어휘 *輪奐(윤환), *翬奐(휘환)

3Ⅱ

換

12획 / 부수 手(扌)

換換換換換換換
換換換換

손(扌)으로 **빛나도록(奐)** 분명하게 바꾸니 바꿀 환

＋ 扌(손 수 변)

활용어휘 換氣(환기), 換率(환율), 換乘(환승), 交換(교환)

특II

詹

13획 / 부수 言

詹 詹 詹 詹 詹 詹 詹 詹
詹 詹 詹 詹 詹

언덕(厂)의 위아래에서 **사람들**(⼉ · 儿)이 **말하며**(言)
살피니 살필 **첨**

+ 厂(굴 바위 엄, 언덕 엄), 言(말씀 언)

4II

擔

16획 / 부수 手(扌)

擔 扌 擔 擔 擔 扩 扩 扩
扩 扩 扩 擔 擔 擔 擔 擔

짐을 손(扌)으로 **살펴**(詹) 메거나 맡으니
멜 담, 맡을 담

+ 열 担 – 손(扌)으로 아침(旦)마다 짐을 메거나 맡으니
      '멜 담, 맡을 담'
+ 旦(아침 단)

활용어휘 擔當(담당), 擔任(담임), 負擔(부담), 分擔(분담)

157

1

欠

4획 / 제부수

欠欠欠欠

기지개켜며(⌐) 사람(人)이 하품하는 모양에서 하품 흠

또 하품하며 나태하면 능력이 모자라니 모자랄 흠

또 이지러질 결, 빠질 결(缺)의 약자

+ 缺 - 제목번호 249 참고

활용어휘 *欠伸(흠신), *欠缺(흠결), *欠席(흠석)

3Ⅱ

吹

7획 / 부수 口

吹吹吹吹吹吹吹

입(口)으로 하품(欠)하듯 입벌리고 입김을 부니 불 취

활용어휘 吹入(취입), 吹奏(취주), 吹打(취타), 鼓吹(고취)

3Ⅱ

軟

11획 / 부수 車

軟軟軟軟軟軟軟軟
軟軟軟

차(車)가 흠(欠)집이 잘 나도록 연약하고 연하니

연약할 연, 연할 연

+ 車(수레 거, 차 차)

활용어휘 軟弱(연약), 軟骨(연골), 柔軟(유연)

4Ⅱ

次

6획 / 부수 欠

次次次次次次

얼음(冫)처럼 차갑게 대하고 하품(欠)하며 미루는 다음이니

다음 차

또 다음으로 이어지는 차례와 번이니 차례 차, 번 차

+ 冫 - 얼음 빙(氷)이 부수로 쓰일 때의 모양으로 점이 둘이니 '이 수 변'

활용어휘 次期(차기), 次善(차선), 次例(차례), 數次(수차)

3

恣

10획 / 부수 心

恣恣恣恣恣恣恣恣
恣恣

본심 다음(次) 가는 대충의 마음(心)으로 방자하게 마음대로니 방자할 자, 마음대로 자

+ 방자(放恣) - 일관된 태도가 없이 제멋대로임.
+ 心(마음 심, 중심 심), 放(놓을 방)

활용어휘 恣樂(자락), 恣意(자의), 恣行(자행)

<table>
<tr>
<td>

4

姿

9획 / 부수 女

姿 姿 姿 姿 姿 姿 姿 姿
姿
</td>
<td>
심성 **다음(次)**으로 **여자(女)**에게 중요한 것은 모습이니

모습 자

+ 심성(心性) – 마음의 성품.
+ 女(여자 녀), 性(성품 성, 바탕 성)

활용어휘 姿色(자색), 姿勢(자세), 姿態(자태), 雄姿(웅자)
</td>
</tr>
</table>

- -

<table>
<tr>
<td>
4

資

13획 / 부수 貝

資 資 資 資 資 資 資 資
資 資 資 資 資
</td>
<td>
사업에서 사람 **다음(次)**으로 중요한 것은 **재물(貝)**이니

재물 자

또 재물의 정도로 따지는 신분이니 **신분 자**

+ 신분(身分) – 개인의 사회적인 위치나 계급.
+ 貝(조개 패, 재물 패, 돈 패), 身(몸 신), 分(나눌 분, 단위 분,
  단위 푼, 신분 분, 분별할 분, 분수 분)

활용어휘 資金(자금), 資本(자본), 資産(자산), 資格(자격)
</td>
</tr>
</table>

■ 도움말 ■

〈한자의 장점과 새로운 한자 학습법〉
한자는 해석력(解釋力)이 뛰어납니다. 한자는 글자마다 뜻이 있는 뜻글자이기 때문에 한자로 된 단어는 한자만 알면 사전 없이도 뜻을 바로 알 수 있어요.

한자는 조어력(造語力)이 뛰어납니다. 한자는 글자의 형태 변화나 어미나 조사의 첨가 없이 홀로 분명한 뜻을 나타내기 때문에 복잡한 생각을 단 몇 글자만으로 쉽게 말을 만들어 표현할 수 있어요.

한자는 글자의 모양과 뜻이 고금동일(古今同一)합니다. 한자는 모양과 뜻이 수천 년 전에 만들어질 때와 대부분 똑같아 수천 년 된 고전도 쉽게 읽을 수 있지요.

한자는 비교적 어원(語源)이 분명하여 익히기가 쉽습니다.

한자를 익히면 우리말과 우리 문화를 더 잘 알 수 있습니다. 우리말의 대부분은 한자로 되었으니 우리말을 더 잘 알기 위해서도 한자는 알아야 하고, 거의 모든 분야가 한자로 기록되어 있는 과거 문화를 알기 위해서도 한자를 익혀야 하지요.

제목번호 131 아래에서 이어집니다.

+ 어원(語源) – 말의 근원, 즉 그 말이 만들어진 유래.
+ 解(해부할 해, 풀 해), 釋(풀 석), 力(힘 력), 造(지을 조), 語(말씀 어), 古(오랠 고, 옛 고), 今(이제 금, 오늘 금), 同(같을 동), 語(말씀 어), 源(근원 원)

3

朔

10획 / 부수 月

朔 朔 朔 朔 朔 朔 朔
朔 朔

(그믐달이 없어지고) **거꾸로 선(屰)** 모양의 **달(月)**이 뜨는 초하루니 **초하루 삭**

또 초하루면 새로 바뀌는 달이니 **달 삭**

＋ 초승달과 그믐달은 구부러진 방향이 반대니 그것을 생각하여 만든 한자.

＋ 屰 – 사람이 거꾸로 선 모양에서 '거꾸로 설 역, 거스를 역'

활용어휘 朔望(삭망), *朔月貰(삭월세), 滿朔(만삭)

3

厥

12획 / 부수 厂

厥 厥 厥 厥 厥 厥 厥
厥 厥 厥 厥

언덕(厂)은 **거꾸로(屰) 흠(欠)**이 있게 파 보아도 역시 돌 그것이니 **그 궐**

＋ 厂(굴 바위 엄, 언덕 엄), 欠(하품 흠, 모자랄 흠, 이지러질 결, 빠질 결)

활용어휘 厥公(궐공), 厥物(궐물), 厥初(궐초)

4II

逆

10획 / 부수 辵(辶)

逆 逆 逆 逆 逆 逆 逆 逆
逆 逆

거꾸로(屰) 가며(辶) 거스르고 배반하니
거스를 역, 배반할 역

＋ 辶(뛸 착, 갈 착, = 辵)

활용어휘 逆境(역경), 逆行(역행), 逆謀(역모), 叛逆(반역)

■ 도움말 ■

〈제목번호 130에서 이어지는 내용입니다.〉
한자를 익히면 우리의 지식이 풍요로워집니다. 한자마다 나타내고자 하는 것의 가장 큰 특징을 뽑아 기발한 아이디어로 만들었으니 이런 아이디어를 익히면 일류 디자이너, 일류 화가도 될 수 있고, 한자마다에 들어 있는 만고불변의 진리를 터득하면 성인도 될 수 있고, 무슨 일을 하더라도 그 분야 전문가가 될 수 있습니다.

이렇게 수많은 장점을 가진 한자를 단순히 한자의 뜻과 음만을 억지로 외는 기존의 학습법을 개선하여 ① 한자마다 그런 뜻이 붙게 된 생생한 어원을 추적하고, ② 동시에 관련된 한자들도 익히면서, ③ 그 글자가 쓰인 단어들까지 알아보는 〈한자 3박자 연상 학습법〉으로 한자를 익히면 한자의 장점을 고스란히 익힐 수 있습니다.

3II

旬

6획 / 부수 日

旬 旬 旬 旬 旬 旬

날(日)을 묶어 싼(勹) 단위인 열흘이니 **열흘 순**

+ 📖 句(글귀 구, 굽을 구) – 제목번호 135 참고
+ 勹 – 사람(人)이 몸을 구부려 에워싸니 '쌀 포'
+ 日(해 일, 날 일)

활용어휘 旬刊(순간), 旬報(순보), 上旬(상순), 七旬(칠순)

3

殉

10획 / 부수 歹

殉 殉 殉 殉 殉 殉 殉
殉 殉

죽은(歹) 뒤 열흘(旬) 안에 따라 죽으니 **따라 죽을 순**

+ 歹(뼈 앙상할 알, 죽을 사 변) – 제목번호 305 殘의 주 참고

활용어휘 殉教(순교), 殉國(순국), 殉愛(순애), 殉職(순직)

특II

9획 / 부수 日

曷 曷 曷 曷 曷 曷 曷 曷
曷

해(日)를 피해 둘러싸인(勹) 곳에 사람(人)이 숨으면(匚)
어찌 더위가 그쳐 다하지 않겠는가에서
어찌 갈, 그칠 갈, 다할 갈

+ 부수는 가로 왈(曰)이지만 해 일, 날 일(日)로 어원을 풀었습니다.
+ 匚(감출 혜, 덮을 혜, = 匸)

3

渴

12획 / 부수 水(氵)

渴 渴 渴 渴 渴 渴 渴 渴
渴 渴 渴 渴

물(氵)이 다하여(曷) 마르니 **마를 갈**

+ 📖 喝 – 입(口)을 다하여(曷) 꾸짖거나 부르니 '꾸짖을 갈, 부를 갈'

활용어휘 渴望(갈망), 渴症(갈증), 枯渴(고갈), 解渴(해갈)

3

謁

16획 / 부수 言

謁 謁 謁 謁 謁 謁 謁
謁 謁 謁 謁 謁 謁 謁

말(言)을 다하려고(曷) 뵙고 아뢰니 **뵐 알, 아뢸 알**

+ 言(말씀 언)

활용어휘 謁告(알고), 謁見(알현), 拜謁(배알)

1

勺

3획 / 부수 勺

勹 勹 勺

싸인(勹) 하나의 **점(丶)** 같은 작은 그릇이니
작은 그릇 **작**

+ 웬 勺 - 싸인(勹) 하나(一)의 작은 그릇이니 '작은 그릇 작'
+ 쌀 포(勹) 안에 점 주(丶)를 쓰기도 하고 한 일(一)을 쓰기도 합니다.

활용어휘 *勺水不入(작수불입), *勺藥之贈(작약지증)

3

酌

10획 / 부수 酉

酌 酌 酌 酌 酌 酌 酌 酌
酌 酌

술(酉)을 **작은 그릇(勺)**에 따르니 술 따를 **작**

또 술 따를 때 상대의 건강을 참작하듯 참작하니
참작할 **작**

+ 酉(술 그릇 유, 술 유, 닭 유, 열째 지지 유) - 제목번호 261 참고

활용어휘 自酌(자작), 對酌(대작), 參酌(참작), 酌定(작정)

5Ⅱ

約

9획 / 부수 糸

約 約 約 約 約 約 約 約
約

실(糸)로 **작은(勺)** 매듭을 맺듯이, 맺고 약속하니
맺을 **약**, 약속할 **약**

+ 糸(실 사, 실 사 변)

활용어휘 要約(요약), 節約(절약), 約束(약속), 約婚(약혼)

5Ⅱ

的

8획 / 부수 白

的 的 的 的 的 的 的 的

하얗게(白) 싼(勹) 판에 **점(丶)** 찍어 맞히는 과녁이니
맞힐 **적**, 과녁 **적**

또 과녁은 잘 보이도록 만들어 밝으니 밝을 **적**

또 '그 성격을 띠는, 그에 관계된, 그 상태로 된'의 뜻을 갖는
접미사니 접미사 **적**

활용어휘 的中(적중), 目的(목적), 標的(표적), 的確(적확)

4ll

包

5획 / 부수 勹

包 勹 勹 勺 包

싸고(勹) 또 뱀(巳)처럼 긴 실로 묶어 싸니 **쌀 포**

+ 뱀은 길이가 길어 몸을 둥글게 사리거나 무엇을 감싸고 있지요.
+ 巳(뱀 사, 여섯째 지지 사) - 제목번호 147 참고

활용어휘 *包括(포괄), 包圍(포위), 包裝(포장), 包含(포함)

3

抱

8획 / 부수 手(扌)

抱 抱 抱 抱 抱 抱 抱 抱

손(扌)으로 싸(包) 안으니 **안을 포**

활용어휘 抱卵(포란), 抱負(포부), 抱腹(포복), 懷抱(회포)

4

胞

9획 / 부수 肉(月)

胞 胞 胞 胞 胞 胞 胞 胞 胞

몸(月)을 싸고(包) 있는 세포니 **세포 포**

+ 세포(細胞) - 생물체를 이루는 기본 단위.
+ 몸은 수많은 세포로 되어 있지요.
+ 月(달 월, 육 달 월), 細(가늘 세)

활용어휘 胞子(포자), *僑胞(교포), 同胞(동포)

3

飽

14획 / 부수 食(飠)

飽 飽 飽 飽 飽 飽 飽 飽 飽 飽 飽 飽 飽 飽

밥(飠)으로 싸인(包) 듯 배부르니 **배부를 포**

+ 飠 - 밥 식, 먹을 식(食)이 글자의 왼쪽에 붙는 부수인 변으로 쓰일 때의 모양으로 '밥 식, 먹을 식 변'

활용어휘 飽滿(포만), 飽食(포식), 飽和(포화)

4ll

砲

10획 / 부수 石

砲 砲 砲 砲 砲 砲 砲 砲 砲 砲

돌(石)을 싸서(包) 던지는 대포니 **대포 포**

+ 대포(大砲) - ㉠ 화약의 힘으로 포탄을 멀리 쏘는 큰 화기.
　　　　　　㉡ 허풍이나 거짓말을 비유하여 이르는 말.
+ 오늘날의 대포는 화약의 힘으로 쏘는 것이지만 옛날의 대포는 돌을 멀리 던지기 위하여 만든 도구를 말했답니다.

활용어휘 砲擊(포격), 砲兵(포병), 砲聲(포성), 砲彈(포탄)

4II

句

5획 / 부수 口

句句句句句

몇 단어씩 **싸서**(勹) **입**(口)으로 읽기 좋게 나눠 놓은 글귀니
글귀 **구**

또 몸 **구부리고**(勹) **구멍**(口)으로 들어가는 모양처럼 굽으니
굽을 **구**

+ 旬(열흘 순) - 제목번호 132 참고
+ 글귀 - 글의 구나 절.

활용어휘 句節(구절), 句讀點(구두점), 對句(대구)

3II

拘

8획 / 부수 手(扌)

拘拘拘拘拘拘拘拘

손(扌)을 **구부려**(句) 잡으니 잡을 **구**

+ 扌(손 수 변)

활용어휘 拘禁(구금), 拘束(구속), 拘置所(구치소)

3

狗

8획 / 부수 犬(犭)

狗狗狗狗狗狗狗狗

개(犭) 중 몸이 잘 **구부려지는**(句) 강아지니
강아지 **구**, 개 **구**

+ 犭(큰 개 견, 개 사슴 록 변)

활용어휘 狗盜(구도), 狗馬(구마), 走狗(주구)

3

苟

9획 / 부수 草(艹)

苟苟苟苟苟苟苟苟
苟

풀(艹)처럼 **굽어**(句) 사는 모양이 구차하니 구차할 **구**

또 구차해도 마음만은 진실로 대하니 진실로 **구**

활용어휘 苟且(구차), 苟免(구면), 苟命(구명), 苟安(구안)

4II

極

13획 / 부수 木

極極極極極極極極
極極極極極

나무(木) 옆에서 **하나**(一)의 **글귀**(句)를 **또**(又) **한**(一) 번
끝까지 다하여 익히니 끝 **극**, 다할 **극**

+ 木(나무 목), 又(오른손 우, 또 우)

활용어휘 極端(극단), 南極(남극), 極盡(극진), 至極(지극)

5Ⅱ

敬

13획 / 부수 攵(攴)

敬 敬 敬 敬 敬 苟 苟 苟
苟 苟 敬 敬 敬

진실로(苟) 대하는 줄 알면 **채찍질(攵)**해도 공경하니
공경할 **경**

＋ 苟(구차할 구, 진실로 구), 攵(칠 복, = 攴)

활용어휘 恭敬(공경), 敬老(경로), 敬聽(경청), 尊敬(존경)

- -

4Ⅱ

警

20획 / 부수 言

警 警 警 警 警 警 警 苟
苟 苟 苟 警 警 敬 敬 警
警 警 警 警

진실한(苟) 마음으로 **채찍질(攵)**하며 **말(言)**로 경계하고
깨우치니 경계할 **경**, 깨우칠 **경**

＋ 言(말씀 언)

활용어휘 警笛(경적), 警護(경호), 巡警(순경), 警鐘(경종)

- -

4

驚

23획 / 부수 馬

驚 驚 驚 驚 驚 驚 驚 驚
驚 苟 苟 驚 驚 敬 驚 驚
驚 驚 驚 驚 驚 驚 驚

진실한(苟) 마음으로 **채찍질(攵)**해도 **말(馬)**은
놀랄 뿐이니 놀랄 **경**

＋ 馬(말 마)

활용어휘 驚氣(경기), 驚異(경이), 驚歎(경탄)

3II

勿

4획 / 부수 勹

勿 勹 勿 勿

싸(勹) 놓은 것을 **털어 버리면**(勿) 없으니 없을 물

또 이처럼 털어 버리지 말라는 데서 말 물

+ 勹(쌀 포), 丿('삐침 별'이지만 여기서는 털어 버리는 모양으로 봄)

활용어휘 勿論(물론), 勿驚(물경), 勿忘草(물망초)

7II

物

8획 / 부수 牛(牜)

丿 ㅗ 牜 牛 牛 物 物 物

소(牛) 같은 재산을 팔아 **없애서**(勿) 사는 물건이니
물건 물

+ 옛날 시골에서는 소가 재산 목록 1호였으니, 큰 일이 있으면 소를
팔아서 그 돈으로 치르거나 필요한 물건을 샀답니다.
+ 牛(소 우 변)

활용어휘 物件(물건), 物質(물질), 怪物(괴물), 寶物(보물)

4

均

7획 / 부수 土

均 均 均 均 均 均 均

흙(土)덩이를 **없애고**(勹) 평평하게 고르니
평평할 균, 고를 균

+ 勹['적을 균, 두루 균'이지만 여기서는 '말 물, 없을 물(勿)'의 변형]

활용어휘 均等(균등), 均一(균일), 均衡(균형), 平均(평균)

3II

忽

8획 / 부수 心

忽 忽 忽 忽 忽 忽 忽 忽

없던(勿) 마음(心)이 문득 떠오르니 문득 홀

또 준비 없이 계획 없는(勿) 마음(心)으로 대하여 소홀하니
소홀할 홀

+ 문득 - 생각이나 느낌 등이 갑자기 떠오르는 모양.
+ 소홀(疏忽) - 대수롭지 않고 예사임.
+ 心(마음 심, 중심 심), 疏(트일 소, 드물 소, 성길 소)

활용어휘 忽變(홀변), 忽然(홀연), 忽待(홀대), 忽視(홀시)

4

易

8획 / 부수 日

易 易 易 易 易 易 易 易

해(日)가 **없어**(勿)졌다 나타났다 하듯 쉽게 바뀌니
쉬울 이, 바꿀 역

또 사서삼경의 하나로, 점치는 주역(周易)도 나타내어
점칠 역, 주역 역

+ 回 昜(볕 양, 햇살 양)
+ 주역(周易) - 중국의 점에 관한 책으로, 오경(五經)의 하나.

활용어휘 安易(안이), 容易(용이), 交易(교역), 貿易(무역)

3

賜

15획 / 부수 貝

賜 賜 賜 賜 賜 賜 賜 賜
賜 賜 賜 賜 賜 賜 賜

재물(貝)을 쉽게(易) 취급하여 아무나 주니 **줄 사**

+ 貝(조개 패, 재물 패, 돈 패)

활용어휘 賜藥(사약), *膳賜(선사), 下賜(하사), 厚賜(후사)

특

昜

9획 / 부수 日

昜 昜 昜 昜 昜 昜 昜 昜
昜

아침(旦)마다 없던(勿) 해가 떠서 비치는 볕과 햇살이니
볕 양, 햇살 양

+ 볕 양, 드러날 양(陽)의 고자(古字).
+ 回 易(쉬울 이, 바꿀 역, 점칠 역, 주역 역)
+ 旦(아침 단)

6

陽

12획 / 부수 阜(阝)

陽 陽 陽 陽 陽 陽 陽 陽
陽 陽 陽 陽

언덕(阝)을 비추는 볕(昜)이니 **볕 양**

또 볕이 비추면 드러나니 **드러날 양**

+ 阝(언덕 부 변)

활용어휘 陽曆(양력), 陽地(양지), 陽刻(양각), 陽報(양보)

3II

揚

12획 / 부수 手(扌)

揚 揚 揚 揚 揚 揚 揚 揚
揚 揚 揚 揚

손(扌)으로 햇살(昜)처럼 빛나게 날리고 높이니
날릴 양, 높일 양

+ 扌(손 수 변)

활용어휘 宣揚(선양), 高揚(고양), 止揚(지양), 激揚(격양)

楊

13획 / 부수 木

楊楊楊楊楊楊楊楊
楊楊楊楊楊

나뭇(木)가지가 **햇살(昜)**처럼 퍼져 늘어지는 버들이니
버들 **양**

+ 木(나무 목)

활용어휘 楊柳(양류), 綠楊芳草(녹양방초), 垂楊(수양)

7II

場

12획 / 부수 土

場場場場場場場場
場場場場

흙(土)이 **햇살(昜)**처럼 넓게 퍼진 마당이니 마당 **장**
또 마당에서 벌어지는 상황이니 상황 **장**

+ 土(흙 토)

활용어휘 場所(장소), 廣場(광장), 當場(당장), 場面(장면)

4

腸

13획 / 부수 肉(月)

腸腸腸腸腸腸腸腸
腸腸腸腸腸

몸(月) 속에 **햇살(昜)**처럼 넓게 퍼진 창자니 창자 **장**

+ 月(달 월, 육 달 월)

활용어휘 肝腸(간장), 胃腸(위장), 換腸(환장)

3

暢

14획 / 부수 日

暢暢暢暢暢暢暢暢
暢暢暢暢暢暢

넓게 **펴지는(申) 햇살(昜)**로 화창하니 화창할 **창**

+ 화창(和暢)하다 – 날씨나 바람이 온화하고 맑다.
+ 申(펼 신, 아뢸 신, 원숭이 신, 아홉째 지지 신), 和(화목할 화, 화할 화)

활용어휘 暢達(창달), 暢茂(창무), 流暢(유창)

3II

湯

12획 / 부수 水(氵)

湯湯湯湯湯湯湯湯
湯湯湯湯

물(氵)을 **햇살(昜)** 같은 불로 끓인 국이니
끓일 **탕**, 국 **탕**

활용어휘 湯器(탕기), 湯藥(탕약), 再湯(재탕)

4

傷

13획 / 부수 人(亻)

傷傷傷傷傷傷傷
傷傷傷傷傷

사람(亻)과 사람(亠)은 햇살(昜)에 피부가 상하니 **상할 상**

+ 亠 [사람 인(人)의 변형]

활용어휘 傷處(상처), 負傷(부상), 重傷(중상), 銃傷(총상)

8

女

3획 / 제부수

乀女女

두 손 모으고 앉아 있는 여자 모양을 본떠서
여자 녀(여)

활용어휘 男女(남녀), 淑女(숙녀), 女息(여식)

3

汝

6획 / 부수 水(氵)

汝汝汝汝汝汝

물(氵)을 떠 주었던 **여자(女)**가 바로 너였으니
너 여, 성씨 여

+ 중국의 여수(汝水)라는 강은 수심이 얕아서 여인(女)들도 목욕할
  수 있는 강을 뜻했으나 지금은 2인칭 대명사 너 여, 성씨 여(汝)로
  쓰입니다.

활용어휘 汝等(여등), 汝輩(여배), 汝矣島(여의도)

4II

好

6획 / 부수 女

好好好好好好

여자(女)에게 **자식(子)**이 있으면 좋으니 **좋을 호**

+ 子(아들 자, 첫째 지지 자, 자네 자, 접미사 자)

활용어휘 好感(호감), 好惡(호오), 好評(호평), 愛好(애호)

4II

如

6획 / 부수 女

乀女女如如如

여자(女)의 **말(口)**은 대부분 부모나 남편의 말과 같으니
같을 여

+ 주로 집안에서 생활했던 옛날 여자들은 대부분 부모나 남편의 말을
  따랐음을 생각하고 만든 한자.

활용어휘 如一(여일), 如意(여의), 如前(여전), 如此(여차)

恕

10획 / 부수 心

恕恕恕恕恕恕恕恕
恕恕

예전과 **같은**(如) **마음**(心)으로 용서하니 용서할 서

+ 용서(容恕) – 잘못을 꾸짖거나 벌하지 않고 끝냄.

+ 心(마음 심, 중심 심), 容(얼굴 용, 받아들일 용, 용서할 용)

활용어휘 恕罪(서죄), 寬恕(관서), 寬恕終興(관서종흥)

奴

5획 / 부수 女

奴奴奴奴奴

여자(女)의 **손**(又)처럼 힘들게 일하는 종이니 종 노

또 종을 부르듯 남을 흉하게 부르는 접미사니

남을 흉하게 부르는 접미사 노

+ 주로 남자 종에 쓰이고, 매국노(賣國奴)·수전노(守錢奴)처럼 남을
흉하게 부르는 접미사로도 쓰입니다.

+ 여자 종은 '여자 종 비(婢)' – 제목번호 058 참고

+ 又(오른손 우, 또 우), 賣(팔 매), 國(나라 국), 守(지킬 수), 錢(돈 전)

활용어휘 奴名(노명), 奴婢(노비), *奴隸(노예)

怒

9획 / 부수 心

怒怒怒怒怒怒怒怒
怒

일이 힘든 종(奴)**의 마음**(心)처럼 성내니 성낼 노

+ '너그럽지 못하고 종(奴)처럼 마음(心) 쓰며 성내니 성낼 노'라고도
합니다.

활용어휘 怒發大發(노발대발), 激怒(격노), *忿怒(분노)

■ 명언 ■

以責人之心(이책인지심)으로 責己則寡過(책기즉과과)하고
以恕己之心(이서기지심)으로 恕人則全交(서인즉전교)이라.
다른 사람을 꾸짖는 마음으로 자기를 꾸짖는다면 허물이 적고,
자신을 용서하는 마음으로 다른 사람을 용서한다면 사귐이 온전할 것이다.

– 〈명심보감〉 –

+ 責(꾸짖을 책, 책임 책), 則(곧 즉, 법칙 칙), 寡(적을 과, 과부 과), 過(지날 과, 지나칠 과, 허물 과), 全(온전할 전),
交(사귈 교, 오고 갈 교)

7II

安

6획 / 부수 宀

집(宀)에서 **여자**(女)가 살림하면 어찌 편안하지 않을까에서

어찌 안, 편안할 안

+ 宀(집 면)

활용어휘 安寧(안녕), 安否(안부), 安逸(안일), 便安(편안)

5

案

10획 / 부수 木

편안하게(安) 공부하도록 **나무**(木)로 만든 책상이니

책상 안

또 책상에 앉아서 짠 생각이나 계획이니

생각 안, 계획 안

활용어휘 案席(안석), 案件(안건), 代案(대안), 草案(초안)

3II

宴

10획 / 부수 宀

좋은 **날**(日)을 맞아 **편안하게**(安) 여는 잔치니 **잔치 연**

활용어휘 宴會(연회), 祝賀宴(축하연), 古稀宴(고희연)

③

姦

9획 / 부수 女

姦姦姦姦姦姦姦姦
姦

여자 셋(姦)을 사귀며 간사하게 간음하니
간사할 간, 간음할 간

+ 간사(姦邪) - 성질이 간교하고 행실이 바르지 못함.
+ 간음(姦淫) - 부부가 아닌 남녀가 성적 관계를 맺음.
+ 邪(간사할 사), 淫(음란할 음)

활용어휘 姦通(간통), 強姦(강간), 相姦(상간)

---

③II

妻

8획 / 부수 女

妻妻妻妻妻妻妻妻

많이(十) 손(⺕)써 주는 여자(女)는 아내니 아내 처

+ 十(열 십, 많을 십), ⺕(고슴도치 머리 계, 오른손 우)

활용어휘 妻家(처가), 妻福(처복), 賢母良妻(현모양처)

---

③

妥

7획 / 부수 女

妥妥妥妥妥妥妥

손톱(爫)을 가꿈도 여자(女)에게는 온당하니 온당할 타

+ 온당(穩當) - 사리에 어그러지지 아니하고 알맞음.
+ 爫(손톱 조), 穩(평온할 온), 當(마땅할 당, 당할 당)

활용어휘 妥結(타결), 妥當(타당), 妥協(타협)

---

③

妾

8획 / 부수 女

妾妾妾妾妾妾妾妾

서(立) 있는 본부인 아래에 있는 여자(女)는 첩이니 첩 첩

+ 첩 - 본처 외에 데리고 사는 여자.
+ 立(설 립)

활용어휘 妾室(첩실), 妾出(첩출), 小妾(소첩), 妻妾(처첩)

---

④II

接

11획 / 부수 手(扌)

接接接接接接接
接接接

손(扌)으로 첩(妾)처럼 친절하게 오는 손님을 주인에게 이어주고 대접하니 이을 접, 대접할 접

활용어휘 接近(접근), 接觸(접촉), 待接(대접), 接待(접대)

특II

婁

11획 / 부수 女

婁婁婁婁婁婁婁婁
婁婁婁

쌓이게(婁) 여자(女)가 끌어 쌓으니
끌 루(누), 쌓을 루(누)

+ 婁(쌓인 모양), 女(여자 녀)

3II

樓

15획 / 부수 木

樓樓樓樓樓樓樓
樓樓樓樓樓樓樓

나무(木)를 쌓아(婁) 만든 다락이나 누각이니
다락 루(누), 누각 루(누)

또 다락처럼 이어진 층이니 **층 루(누)**

+ 얜 楼 - 땔나무(木)와 쌀(米)을 여자(女)가 넣어 두는 다락이나
   누각이니 '다락 루(누), 누각 루(누)'
   또 다락처럼 이어진 층이니 '층 루(누)'
+ 木(나무 목), 米(쌀 미)

활용어휘 樓閣(누각), 望樓(망루), *鐘樓(종루)

7

數

15획 / 부수 攴(攵)

數數數數數數數數
數數數數數數數

쌓인(婁) 물건을 치면서(攵) 세는 두어 개니
셀 수, 두어 수

또 세듯이 자주 닥쳐오는 운수니 **자주 삭, 운수 수**

+ 얜 数 - 쌀(米) 자루를 여자(女)가 치면서(攵) 세는 두어 개니
   '셀 수, 두어 수'
   또 세듯이 자주 닥쳐오는 운수니 '자주 삭, 운수 수'
+ 攵(칠 복, = 攴)

활용어휘 數學(수학), 數日(수일), 數脈(삭맥), 運數(운수)

3

屢

14획 / 부수 尸

屢屢屢屢屢屢屢屢
屢屢屢屢屢屢

몸(尸)에 실력이 쌓이도록(婁) 자주 반복하니 **자주 루(누)**

+ 尸(주검 시, 몸 시)

활용어휘 屢屢(누누), 屢代(누대), 屢歲(누세), 屢次(누차)

1

毋

4획 / 제부수

毋 毋 毋 毋

여자 녀(女)에 금지와 부정을 나타내는 **가위표(十)**를 붙여
말 무, 없을 무

+ 女[여자 녀(女)의 변형]

활용어휘 *毋論(무론), *毋望之福(무망지복), *毋害(무해)

8

母

5획 / 부수 毋

母 母 母 母 母

여자(女) 중 젖(丷)을 드러낸 어미니
어미 모, 어머니 모

+ 금지의 가위표(十)가 있으면 '말 무, 없을 무(毋)', 젖을 드러낸(丷)
  모양이면 '어미 모, 어머니 모(母)'로 구분하세요.
+ 어미 – ㉠ '어머니'의 낮춤말.
          ㉡ 결혼하여 자식을 둔 딸을 이르는 말.

활용어휘 母國(모국), 母情(모정), 慈母(자모), 子母(자모)

7Ⅱ

每

7획 / 부수 毋

每 每 每 每 每 每 每

사람(𠂉)이 매양 **어머니(母)**를 생각하듯 매양(항상)이니
매양 매, 항상 매

+ 매양 – 번번이. 매 때마다. 항상.
+ 𠂉[사람 인(人)의 변형]

활용어휘 每番(매번), 每日(매일), 每週(매주)

3

敏

11획 / 부수 支(攵)

敏 敏 敏 敏 敏 敏 敏 敏
敏 敏 敏

항상(每) 치며(攵) 지도하면 행동이 민첩하니 **민첩할 민**

+ 攵(칠 복, = 攴)

활용어휘 敏感(민감), *敏捷(민첩), 英敏(영민), 銳敏(예민)

3Ⅱ

繁

17획 / 부수 糸

繁 繁 繁 繁 繁 繁 繁 繁
繁 繁 繁 繁 繁 繁 繁 繁
繁

(실 뽑는 집에서) 민첩하게(敏) 실(糸)을 뽑아내면 번성하니
번성할 번

+ 번성(繁盛) – 한창 성하게 일어나 퍼짐.
+ 糸(실 사, 실 사 변), 盛(성할 성)

활용어휘 *繁殖(번식), 繁榮(번영), 繁昌(번창)

3Ⅱ	梅
	11획 / 부수 木

梅 梅 梅 梅 梅 梅 梅
梅 梅 梅

나무(木) 중 **항상(每)** 가까이하는 매화나무니 매화나무 **매**

+ 매화는 이른 봄 추위 속에서 피어나는 절개 있는 꽃으로 사군자(四君子)의 으뜸이고, 열매인 매실은 약효가 뛰어나 여러 용도로 쓰여 웬만한 집 정원에는 심어 꽃도 보고 열매도 이용했지요. '사군자'는, 동양화에서 고결함이 군자와 같다는 뜻으로 '매란국죽(梅蘭菊竹)'을 일컫는 말입니다.

활용어휘 梅花(매화), 梅實(매실), 梅實茶(매실차)

3	侮
	9획 / 부수 人(亻)

侮 侮 侮 侮 侮 侮 侮
侮

(인격 수양이 덜 된) 사람(亻)은 **항상(每)** 쉽게 남을 업신여기니 업신여길 **모**

+ 사람은 쉽게 남을 업신여길 수 있으니 항상 조심해야 하지요.
+ 亻(사람 인 변)

활용어휘 *侮蔑(모멸), 侮辱(모욕), 輕侮(경모), 受侮(수모)

7Ⅱ	海
	10획 / 부수 水(氵)

海 海 海 海 海 海 海 海
海 海

물(氵)이 **항상(每)** 있는 바다니 바다 **해**

+ 큰 바다는 '큰 바다 양, 서양 양(洋)' – 제목번호 375 참고
+ 氵(삼 수 변)

활용어휘 海警(해경), 海難(해난), 海流(해류), 海底(해저)

3Ⅱ	悔
	10획 / 부수 心(忄)

悔 悔 悔 悔 悔 悔 悔
悔 悔

(지내놓고) 마음(忄)으로는 **항상(每)** 뉘우치니 뉘우칠 **회**

활용어휘 悔改(회개), 悔悟(회오), 尤悔(우회), 後悔(후회)

7II
3획 / 제부수
了了子

아들이 두 팔 벌린 모양을 본떠서 아들 자

또 옛날에는 아들을 첫째로 여겼으니 첫째 지지 자

또 아들처럼 편하게 부르는 2인칭 대명사 자네니 자네 자

또 낳은 아들처럼 만든 물건의 뒤에 붙이는 접미사니
접미사 자

활용어휘 子孫(자손), 孝子(효자), 甲子(갑자), 卓子(탁자)

3
2획 / 부수 亅
了了

아들(子)이 양팔 붙이고 모체에서 나온 모양으로,
나왔으니 고통을 마쳤다는 데서 마칠 료(요)

활용어휘 滿了(만료), 修了(수료), 完了(완료), 終了(종료)

3
4획 / 부수 亅
子子予予

좌우 손으로 주고받는 모양에서 줄 여(≒ 與)

또 주는 나를 뜻하여 나 여(≒ 余)

또 미리 예(豫)의 약자

+ 與(줄 여, 더불 여, 참여할 여 - 제목번호 090),
余(나 여 - 제목번호 118), 豫 - 제목번호 380 참고

활용어휘 予奪(여탈)

6
11획 / 부수 里
野野野野野野野野
野野野

마을(里)에서 나(予)에게 먹을거리를 주는 들이니 들 야

또 들에서 일한 듯 손발이 거치니 거칠 야

+ 里(마을 리, 거리 리)

활용어휘 野外(야외), 平野(평야), 荒野(황야), 野性(야성)

5
7획 / 부수 广
序序序序序序序

집(广)에서도 내(予)가 먼저 지켜야 하는 차례니
먼저 서, 차례 서

+ 广(집 엄)

활용어휘 序曲(서곡), 序論(서론), 序列(서열), 秩序(질서)

②		손잡이가 있는 창()을 본떠서 **창 모**

② 矛

5획 / 제부수

矛 矛 矛 矛 矛

손잡이가 있는 창()을 본떠서 창 모

활용어휘 *矛戈(모과), *矛盾(모순)

3Ⅱ 柔

9획 / 부수 木

柔 柔 柔 柔 柔 柔 柔 柔
柔

창(矛)에 쓰이는 나무(木)처럼 탄력있고 부드러우니 부드러울 유

＋ 木(나무 목)

활용어휘 柔道(유도), 柔順(유순), 柔軟(유연), 溫柔(온유)

4Ⅱ 務

11획 / 부수 力

務 務 務 務 務 務 務
務 務 務

창(矛)으로 적을 치듯이(攵) 힘(力)을 다하여 일에 힘쓰니 일 무, 힘쓸 무

＋ 攵(칠 복, = 攴), 力(힘 력)

활용어휘 實務(실무), 任務(임무), 休務(휴무), 勤務(근무)

---

③ 霧

19획 / 부수 雨

霧 霧 霧 霧 霧 霧 霧 霧
霧 霧 霧 霧 霧 霧 霧 霧
霧 霧 霧

비(雨)가 힘차게(務) 내릴 때 생기는 안개니 안개 무

＋ 雨(비 우)

활용어휘 霧散(무산), *濃霧(농무), 霧中(무중), 雲霧(운무)

④

孔

4획 / 부수 子

孔 孔 孔 孔

새끼(子) 새(乚)가 자라는 구멍이니 **구멍 공**

또 구멍으로도 세상 이치를 꿰뚫어 보았던 공자니
공자 공

또 공자 후손의 성씨니 **성씨 공**

+ 새는 나무 구멍이나 둥근 둥우리에 새끼를 낳아 기르지요.
+ 공자 - ㉠ 公子 - 지체가 높은 집안의 아들.
　　　　㉡ 功者 - 공로가 있는 사람.
　　　　㉢ 孔子 - 중국 춘추 전국 시대의 사상가·학자.
　　　　여기서는 ㉢의 뜻.
+ 子(아들 자, 첫째 지지 자, 자네 자, 접미사 자), 乚[새 을, 둘째
천간 을, 둘째 을, 굽을 을(乙)이 부수로 쓰일 때의 모양], 公(공평
할 공, 대중 공, 귀공자 공), 功(공로 공), 者(놈 자, 것 자)

활용어휘 *孔雀(공작), 十九孔炭(십구공탄), 孔孟(공맹)

- -

4II

承

8획 / 부수 手

承 承 承 承 承 承 承 承

아들(子) 둘(二)이 양쪽(八)에서 부모를 받들며 대를
이으니 **받들 승, 이을 승**

활용어휘 承繼(승계), 承諾(승낙), 承認(승인), 傳承(전승)

- -

3II

孟

8획 / 부수 子

孟 孟 孟 孟 孟 孟 孟 孟

자식(子) 중 첫째로 알고 그릇(皿)에 목욕시키며 기르는
맏이니 **맏 맹**

또 공자의 제자 중 맏이는 맹자니 **맹자 맹**

+ 맏 - 첫째
+ 맹자(孟子) - 중국 춘추 전국 시대의 사상가.
+ 皿(그릇 명)

활용어휘 孟冬(맹동), 孟夏(맹하), 孔孟(공맹)

- -

3II

猛

11획 / 부수 犬(犭)

猛 猛 猛 猛 猛 猛 猛 猛
猛 猛 猛

개(犭)를 고를 때 **첫째(孟)**로 꼽는 날램과 사나움이니
날랠 맹, 사나울 맹

+ 옛날에는 주로 집을 지키거나 사냥을 하기 위하여 개를 길렀으니
날래고 사나워야 했지요.
+ 犭(큰 개 견, 개 사슴 록 변)

활용어휘 猛犬(맹견), 猛烈(맹렬), 猛獸(맹수), 勇猛(용맹)

- -

1

6획 / 부수 一

丞 丞 丞 丞 丞 丞

학문을 **마친**(了) 사람을 **양쪽**(기ㄷ)에서 **받들며**(一) 도우니

도울 승

또 이렇게 임금을 도왔던 정승이니 **정승 승**

+ 政丞(정승) – 조선 시대 때 영의정·좌의정·우의정을 일컬음.
+ 了(마칠 료), 政(다스릴 정), 一('한 일'이지만 여기서는 받드는
  모양으로 봄)

활용어휘 *丞相(승상), *三政丞(삼정승)

- -

3II

14획 / 부수 草(艹)

蒸 蒸 蒸 蒸 蒸 蒸 蒸 蒸
蒸 蒸 蒸 蒸 蒸 蒸

풀(艹) 성분의 **도움**(丞)을 받으려고 **불**(灬)에 찌니 **찔 증**

+ 엔 菜 – 풀(艹) 성분의 도움(丞)을 받으려고 찌니 '찔 증'
+ 풀을 쪄서 나온 즙이나 향기를 약으로 이용하지요.
+ 灬(불 화 발)

활용어휘 蒸氣(증기), 蒸發(증발), 汗蒸(한증)

5Ⅱ

己

3획 / 제부수

己 己 己

사람이 엎드려 절하는 모양에서
몸 **기**, 자기 **기**, 여섯째 천간 **기**

+ 阝 已(무릎 꿇을 절, 병부 절, =卩) - 제목번호 149 참고

활용어휘 克己(극기), 自己(자기), 利己(이기), 知己(지기)

3Ⅱ

已

3획 / 부수 己

己 己 己

밭갈이를 이미 끝낸 쟁기 보습의 모양에서 **이미 이**

또 갈라 끊는 뜻의 '따름'으로도 쓰여 **따름 이**

+ 쟁기 - 논밭을 가는 농기구.
+ 보습 - 쟁기에서 땅 속으로 들어가는 삽 모양의 쇠부분.
+ 이미 - 다 끝나거나 지난 일을 이를 때 쓰는 말.
+ 따름 - 오로지 그것뿐이고 그 이상은 아님을 나타냄.

활용어휘 已往(이왕), 已發之矢(이발지시)

3

巳

3획 / 부수 己

巳 巳 巳

몸을 사리고 꼬리를 든 뱀 모양에서
뱀 사, 여섯째 지지 **사**

+ 사람이 엎드려 절하는 모양이면 '몸 기, 자기 기, 여섯째 천간 기 (己)', 己의 한 쪽이 약간 올라가면 '이미 이, 따름 이(已)', 완전히 붙으면 '뱀 사(巳)'로 구분하세요.

활용어휘 巳年(사년), 巳坐(사좌), 巳初(사초)

7Ⅱ

記

10획 / 부수 言

記 記 記 記 記 記 記
記 記

말(言) 중에 **자기(己)**에게 필요한 부분은 기록하거나
기억하니 **기록할 기**, 기억할 **기**

+ 言(말씀 언)

활용어휘 記錄(기록), 書記(서기), 記憶(기억), 記念(기념)

紀

9획 / 부수 糸

紀 紀 紀 紀 紀 紀 紀 紀
紀

실(糸)에서 몸(己)처럼 중요한 벼리니 벼리 기

또 벼리처럼 중요한 질서나 해는 기록하니
질서 **기**, 해 **기**, 기록할 **기**

+ 벼리란 그물의 위쪽 코를 오므렸다 폈다 하는 줄로 그물에서 제일 중요한 줄이니, 일이나 글의 뼈대가 되는 줄거리를 비유하기도 하지요. 벼리를 뜻하는 한자에는 '벼리 강, 대강 강(綱), 벼리 유, 묶을 유, 끈 유(維)'도 있습니다.

+ 糸(실 사, 실 사 변)

활용어휘 紀綱(기강), 西紀(서기), 紀行文(기행문)

3II

妃

6획 / 부수 女

妃 妃 妃 妃 妃 妃

여자(女) 중 자기(己)처럼 소중히 모셔야 할 왕비나 아내니
왕비 **비**, 아내 **비**

+ 왕비(王妃) - 임금의 아내.

+ 女(여자 녀)

활용어휘 *妃嬪(비빈), 妃氏(비씨)

4II

配

10획 / 부수 酉

配 配 配 配 配 配 配 配
配 配

혼례식에서 술(酉)을 자기(己)와 나누어 마신 짝이니
나눌 **배**, 짝 **배**

+ 酉(술 그릇 유, 술 유, 닭 유, 열째 지지 유)

활용어휘 配達(배달), 配列(배열), 配置(배치), 配匹(배필)

5

改

7획 / 부수 攵(攴)

改 改 改 改 改 改 改

자기(己)를 치며(攵) 허물을 고치니 고칠 개

+ 攵(칠 복, = 攴)

활용어휘 改良(개량), 改善(개선), 改革(개혁), 悔改(회개)

3

忌

7획 / 부수 心

忌 忌 忌 忌 忌 忌 忌

자기(己)를 마음(心)으로 생각하면 아무 일이나 함부로 못하고 꺼리니 꺼릴 기

+ 心(마음 심, 중심 심)

활용어휘 忌克(기극), 忌日(기일), 忌避(기피), 禁忌(금기)

5

選

16획 / 부수 辵(辶)

選選選選選選選
選選選選選選選選

뱀들(巴巴)처럼 어울려 **함께(共)** 가(辶) 뽑으니 뽑을 **선**

+ 辶(뛸 착, 갈 착, = 辶), 巳(뱀 사, 여섯째 지지 사)

활용어휘 選擧(선거), 選拔(선발), 選手(선수), 精選(정선)

3

巷

9획 / 부수 己

巷巷巷巷巷巷巷巷
巷

함께(共) 다니는 **뱀(巴)**처럼 길게 뻗은 거리니 거리 **항**

+ 共(함께 공) - 제목번호 080 참고

활용어휘 巷間(항간), 巷談(항담), 巷說(항설), 巷謠(항요)

4II

港

12획 / 부수 水(氵)

港港港港港港港港
港港港港

물(氵)에 **거리(巷)**의 차들처럼 배가 드나드는 항구니
항구 **항**

+ 巷[거리 항(巷)의 변형]

활용어휘 港口(항구), 港都(항도), 歸港(귀항), 出港(출항)

1

巴

4획 / 부수 己

巴巴巴巴

뱀(巳)에 먹이가 내려가는 **볼록한 모양(丨)**을 본떠서 뱀 **파**
또 뱀 꼬리처럼 생긴 땅 이름이니 꼬리 **파**, 땅 이름 **파**

+ 뱀은 먹이를 통째로 삼켜, 그 먹이가 내려가는 부분이 볼록하게
보이니 그런 모양을 본떠서 만든 한자입니다.
+ 巳(뱀 사, 여섯째 지지 사)

활용어휘 *三巴戰(삼파전), *淋巴腺(임파선), *巴人(파인)

3

把

7획 / 부수 手(扌)

把把把把把把把

손(扌)으로 **뱀(巴)**을 잡으니 잡을 **파**

+ 扌(손 수 변)

활용어휘 把守(파수), 把守兵(파수병), *把握(파악)

3II

8획 / 부수 肉(月)

肥 肥 肥 肥 肥 肥 肥 肥

몸(月)이 뱀(巴) 먹이 먹는 모양처럼 볼록하게 살쪄
기름지니 **살찔 비, 기름질 비**

또 식물을 살지게 하는 거름이니 **거름 비**

+ 月(달 월, 육 달 월)

활용어휘 肥大(비대), 肥滿(비만), *肥沃(비옥), 肥料(비료)

7

邑

7획 / 제부수

邑 邑 邑 邑 邑 邑 邑

일정한 **경계(囗)의 땅(巴)**에 사람이 사는 고을이니
고을 읍

+ ß 가 글자의 왼쪽에 붙으면 언덕 부(阜)가 부수로 쓰일 때의 모양
  으로 '언덕 부 변', ß 가 글자의 오른쪽에 붙으면 고을 읍(邑)이
  부수로 쓰일 때의 모양으로 '고을 읍 방'이라 부릅니다.
+ 囗('입 구, 말할 구, 구멍 구'지만 여기서는 '경계'로 봄)

활용어휘 邑內(읍내), 邑面(읍면), 邑長(읍장), 都邑(도읍)

7

色

6획 / 제부수

色 色 色 色 色 色

사람(ク)이 뱀(巴)을 보고 놀라 변하는 얼굴빛이니 **빛 색**

+ 한자가 만들어지던 시대에는 뱀이 많았답니다.
+ ク[사람 인(人)의 변형]

활용어휘 色盲(색맹), 染色(염색) ↔ 脫色(탈색), 赤色(적색)

4II

12획 / 부수 糸

絕 絕 絕 絕 絕 絕 絕 絕
絕 絕 絕 絕

실(糸) 자르듯 **사람(ク)이 뱀(巴)을 끊으면** 죽으니
끊을 절, 죽을 절

또 잡념을 끊고 하나만 열중하면 가장 뛰어나게 되니
가장 절

+ 图 絶 – 실(糸) 자르듯 칼(刀)로 뱀(巴)을 끊으면 죽으니
    '끊을 절, 죽을 절'
    또 잡념을 끊고 하나에만 열중하면 가장 뛰어나게 되니
    '가장 절'
+ 잡념을 다 끊고 하나에만 열중하면 가장 뛰어나게 된다는 어원,
  생각할수록 절묘(絶妙)하네요.
+ 刀(칼 도), 妙(묘할 묘, 예쁠 묘)

활용어휘 絶交(절교), 絶命(절명), 絶頂(절정), 絶讚(절찬)

卩

2획 / 부수자
卩 卩

사람이 무릎 꿇고 앉아 있는 모양을 본떠서 **무릎 꿇을 절**

또 부절이나 병부의 반쪽을 본떠서 **병부 절**

+ 비 己(몸 기, 자기 기, 여섯째 천간 기) – 제목번호 147 참고
+ '부절(符節)'은 인쇄술이 발달하기 전에 대(竹)나 옥(玉)으로 만든 일종의 신분증이고, '병부(兵符)'는 병사를 동원하는 문서로 똑같이 만들거나 하나를 둘로 나누어 가졌다가, 필요할 때 맞추어 보았답니다.
+ 符(부절 부, 부호 부, 들어맞을 부), 節(마디 절, 절개 절, 계절 절), 竹(대 죽), 玉(구슬 옥), 兵(군사 병)

犯

5획 / 부수 犬(犭)
犯 犯 犯 犯 犯

개(犭)처럼 **무릎 꿇어야(卩)** 할 정도로 죄를 범하니
범할 범

+ 犭(큰 개 견, 개 사슴 록 변)

활용어휘 犯人(범인), 犯罪(범죄), 輕犯(경범), 防犯(방범)

範

15획 / 부수 竹(竹)
範 範 範 範 範 範 範 範
範 範 範 範 範 範 範

대(竹)로 둘러친 **수레(車)**에 범인을 **무릎 꿇려(卩)** 압송하며 법의 엄중함을 본보기로 보이니 **법 범, 본보기 범**

+ 竹(대 죽), 車(수레 거, 차 차)

활용어휘 範圍(범위), 敎範(교범), 規範(규범), 模範(모범)

御

11획 / 부수 彳
御 御 御 御 御 御 御 御
御 御 御

가다가(彳) 정오(午)쯤 그쳐(止) **무릎 꿇고(卩)** 쉬게 하며 말을 몰고 다스리니 **말 몰 어, 다스릴 어**

또 백성을 다스리는 임금이니 **임금 어**

+ 御는 임금과 관련된 말 앞에 사용했는데, 요즘에는 존중해야 할 사람이나 사물에 붙여 쓰이기도 합니다.
+ 彳(조금 걸을 척), 午(말 오, 일곱째 지지 오, 낮 오), 止(그칠 지)

활용어휘 制御(제어), 御命(어명), 御使(어사), 御用(어용)

3

厄

4획 / 부수 厂

厄厄厄厄

굴 바위(厂) 밑에 **무릎 꿇어야(巳)** 할 정도의 재앙이니 재앙 **액**

+ 厂(굴 바위 엄)

활용어휘 厄運(액운), 送厄迎福(송액영복), 橫厄(횡액)

4

危

6획 / 부수 卩(㔾)

危危危危危危

사람(𠂊)에게 **재앙(厄)**이 닥치면 위험하니 위험할 **위**

+ 𠂊 [사람 인(人)의 변형]

활용어휘 危險(위험), 危急(위급), 危機(위기), 危殆(위태)

---

150   즉절 원원 복보[即節 夗怨 服報] – 卩, 夗, 阝으로 된 한자

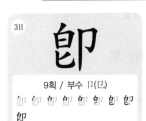

3II

即

9획 / 부수 卩(㔾)

即即即即即即即即
即

날이 **하얀(白) 비수(匕)** 앞에 곧 **무릎 꿇으니(卩)** 곧 **즉**

+ 웹 則(곧 즉, 법칙 칙) – 제목번호 358 참고
+ 图 即 – 잘못을 멈추고(艮) 곧바로 무릎 꿇으니(卩) '곧 즉'
+ 白(흰 백, 밝을 백, 깨끗할 백, 아뢸 백), 匕(비수 비, 숟가락 비), 艮[멈출 간, 어긋날 간(艮)의 변형]

활용어휘 即刻(즉각), 即時(즉시), 即效(즉효), 即興(즉흥)

5II

節

15획 / 부수 竹(⺮)

節節節節節節節節
節節節節節節節

대(⺮)에 좋게(皀) **무릎 꿇은(卩)** 모양으로 생기는 마디니 마디 **절**

또 마디마디 곧은 절개니 절개 **절**

또 마디처럼 나눠지는 계절이나 명절이니 계절 **절**, 명절 **절**

+ 앱 節
+ ⺮(대 죽), 皀[좋을 량, 어질 량(良)의 변형]

활용어휘 節度(절도), 節制(절제), 節槪(절개), 季節(계절)

참

夗

5획 / 부수 夕

夗夗夗夗夗

저녁(夕)에 **무릎 꿇듯(㔾)** 몸 구부리고 뒹구니 뒹굴 **원**

+ 夕(저녁 석)

4	
怨	
9획 / 부수 心	
怨怨怨怨怨怨怨怨 怨	

뒹굴며(夗) 잠 못 이루고 **마음(心)**으로 원망하니

원망할 원

+ 원망할 일이 있으면 뒹굴며 잠을 못 이루지요.
+ 心(마음 심, 중심 심)

활용어휘 怨聲(원성), *怨讐(원수), 誰怨孰尤(수원숙우)

- -

6	
服	
8획 / 부수 肉(月)	
服服服服服服服服	

몸(月)을 잘 **다스리기(𝘈)** 위해서는 옷도 입어야 하고, 밥도 먹어야 하며, 상관의 명령에도 복종해야 하니

옷 복, 먹을 복, 복종할 복

+ 𝘈 – 무릎 꿇도록(卩) 손(又)으로 잡아 다스리니 '다스릴 복'
    (어원 해설을 위한 참고자로 실제 쓰이는 한자는 아님)
+ 복종(服從)하다 – 남의 명령이나 의사를 그대로 따라서 좇다.
+ 卩(무릎 꿇을 절, 병부 절, = 㔾), 又(오른손 우, 또 우), 月(달 월, 육 달 월), 從(좇을 종, 따를 종)

활용어휘 服裝(복장), 洋服(양복), 服用(복용), 感服(감복)

- -

4Ⅱ	
報	
12획 / 부수 土	
報報報報報報報報 報報報報	

다행히(幸) 재산을 잘 **다스려(𝘈)** 소식도 알리고 은혜도 갚으니 **알릴 보, 갚을 보**

또 소식을 알리는 신문이니 **신문 보**

+ 幸(행복할 행, 바랄 행) – 제목번호 160 참고

활용어휘 報告(보고), 速報(속보), 報答(보답), 報償(보상)

■ 명언 ■

〈모두 내 탓〉

"수원수구(誰怨誰咎)하리오? 자원자구(自怨自咎)하리라"

"누구를 원망하며 누구를 탓하리오? 스스로를 원망하며 스스로를 탓하리라".

생각해 보면 나에게 일어나는 일 모두 내 탓이네요. 남이 못하게 해서가 아니라 내가 안 한 탓이요, 운명이 그래서가 아니라 내가 게으른 탓이지요. 설령 운명이 나쁘더라도 "운명아, 비켜라 내가 간다." 의 자세로 열심히 사는 사람들, 그들만이 진정 큰일을 이루고 있는 사람입니다.

+ 誰(누구 수), 怨(원망할 원), 咎(허물 구), 自(자기 자, 스스로 자, 부터 자)

4

卵

7획 / 부수 卩(㔾)

卵 卵 卵 卵 卵 卵 卵

물고기에 두 개씩 있는 알주머니(⟋⟋ → 卵)를 본떠서
알 란(난)

활용어휘 卵生(난생), 鷄卵(계란), 排卵(배란), 産卵(산란)

3

卯

5획 / 부수 卩(㔾)

卯 卯 卯 卯 卯

(봄 기운이 왕성하여) 두 문짝을 활짝 열어 놓은(㖾 → 卯)
모양을 본떠서 왕성할 묘

또 귀를 쫑긋 세운 토끼로도 보아 토끼 묘

또 토끼는 넷째 지지니 넷째 지지 묘

+ 卬(높을 앙) - 제목번호 152 참고

활용어휘 卯時(묘시), 卯酒(묘주), 卯飮(묘음)

3

卿

12획 / 부수 卩(㔾)

卿 卿 卿 卿 卿 卿 卿
卿 卿 卿 卿

의욕이 왕성하고(卯) 어진(阝) 사람이 하는 벼슬이니
벼슬 경

+ 鄉(시골 향, 고을 향) - 제목번호 227 참고
+ 벼슬 - 국가기관에서 나라의 통치와 운영을 담당하는 직위나 직
  무를 말함.
+ 阝[좋을 량, 어질 량(良)의 변형으로, 밥 식, 먹을 식 변(食)과 다름]

활용어휘 公卿大夫(공경대부), *樞機卿(추기경)

4

柳

9획 / 부수 木

柳 柳 柳 柳 柳 柳 柳 柳
柳

나무(木) 중 왕성하게(卯) 자라 늘어지는 버들이니
버들 류(유)

또 버들처럼 왕성하게 사는 사람들의 성씨니 성씨 류(유)

+ 버드나무는 생명력이 강하여 이른 봄에 제일 먼저 푸른빛을 띠어
  늦가을까지도 푸른 모양으로 있고, 굵은 줄기를 그냥 꽂아도 살고
  가지를 쳐주어도 금방 왕성하게 자랍니다.

활용어휘 楊柳(양류), 路柳墻花(노류장화), 花柳界(화류계)

4Ⅱ

留

10획 / 부수 田

留 留 留 留 留 留 留 留
留 留

왕성하게(卯) 일하려고 밭(田)에 머무르니 <mark>머무를 류(유)</mark>

+ 卯[왕성할 묘, 토끼 묘, 넷째 지지 묘(卯)의 변형]

활용어휘 留任(유임), 保留(보류), 押留(압류), 滯留(체류)

- -

3Ⅱ

貿

12획 / 부수 貝

貿 貿 貿 貿 貿 貿 貿 貿
貿 貿 貿 貿

왕성하게(卯) 재물(貝)을 무역하며 바꾸니

<mark>무역할 무, 바꿀 무</mark>

+ 무역(貿易) – 지방과 지방 사이에, 또는 나라와 나라 사이에 물건을
사고팔거나 교환하는 일.
+ 貝(조개 패, 재물 패, 돈 패)

활용어휘 密貿易(밀무역), 貿穀(무곡)

■ 도움말 ■

〈간지(干支)〉

여기서 干은 천간(天干)의 약칭이고, 支는 지지(地支)의 약칭이며, 干支(간지)는 天干(천간)과 地支
(지지)를 합해서 일컫는 말입니다.

천간 (天干)	甲 (갑)	乙 (을)	丙 (병)	丁 (정)	戊 (무)	己 (기)	庚 (경)	辛 (신)	壬 (임)	癸 (계)		
지지 (地支)	子 (자)	丑 (축)	寅 (인)	卯 (묘)	辰 (진)	巳 (사)	午 (오)	未 (미)	申 (신)	酉 (유)	戌 (술)	亥 (해)

干과 支는 따로 쓰일 때도 있고, 위 아래로 짝을 지어 쓰일 때도 있습니다. 干과 支를 차례로 짝지
어 놓으면, 육십 개의 각각 다른 짝이 되는데, 이것을 六十甲子라고 하지요. 또 천간은 10개이므로
十干, 지지는 12개이므로 十二支라고도 하고요.

+ 干(방패 간, 범할 간, 얼마 간, 마를 간), 支(다룰 지, 가를 지, 지출할 지)

특

卬

4획 / 부수 卩

卬 卬 卬 卬

상자(ㄥ)에 무릎 꿇고(卩) 높이 바라니 높을 앙

+ 囲 卯(왕성할 묘, 토끼 묘, 넷째 지지 묘)
+ ㄥ[상자 방(匚)의 변형], 卩(무릎 꿇을 절, 병부 절, = 㔾)

3Ⅱ

仰

6획 / 부수 人(亻)

仰 仰 仰 仰 仰 仰

사람(亻)이 높이(卬) 우러르니 우러를 앙

+ 亻(사람 인 변)

활용어휘 仰天(앙천), 信仰(신앙), 推仰(추앙)

3Ⅱ

抑

7획 / 부수 手(扌)

抑 抑 抑 抑 抑 抑 抑

손(扌)으로 높은(卬) 것을 누르니 누를 억

+ 扌(손 수 변)

활용어휘 抑留(억류), 抑壓(억압), 抑揚(억양), 抑制(억제)

4

迎

8획 / 부수 辵(辶)

迎 迎 迎 迎 迎 迎 迎

높은(卬) 사람을 가서(辶) 맞이하니 맞이할 영

+ 辶(뛸 착, 갈 착, = 辶)

활용어휘 迎賓(영빈), 迎入(영입), 迎接(영접), 歡迎(환영)

4Ⅱ

印

6획 / 부수 卩

印 印 印 印 印 印

공문서를 높은(卬) 분께 올릴 때 한(一)결같이 찍는 도장이니 찍을 인, 도장 인

활용어휘 印刷(인쇄), 刻印(각인), 印章(인장), 印朱(인주)

7II

立

5획 / 제부수

立立立立立

사람이 팔다리 벌리고 **땅(一)**에 서(🏃) 있는 모양에서

설 립(입)

활용어휘 立志(입지), 建立(건립), 獨立(독립), 自立(자립)

3

竝

10획 / 부수 立

竝竝竝竝竝竝竝
竝竝

둘이 나란히 선(👫) 모양에서 **나란히 설 병**

＋ 역 並 - 並을 나누면 설 립(立)이 둘이지요.

활용어휘 竝列(병렬), 竝設(병설), 竝進(병진), 竝行(병행)

5

位

7획 / 부수 人(亻)

位位位位位位位

사람(亻)이 서(효) 있는 자리니 **자리 위**

활용어휘 位格(위격), 位階(위계), 位置(위치), 品位(품위)

3

泣

8획 / 부수 水(氵)

泣泣泣泣泣泣泣泣

얼굴에 **물(氵)**이 서(효) 있는 모양으로 눈물 흘리며 우니
울 읍

＋ 泣은 소리없이 눈물만 흘리며 우는 것, 哭(울 곡)은 소리 내어 우는 것.

＋ 누워서 울어도 물이 서 있는 모양이지요.

활용어휘 泣訴(읍소), 泣請(읍청), 泣血(읍혈), 感泣(감읍)

참

並

8획 / 부수 一

並並並並並並並並

둘이 나란히 선 모양을 본떠서 만든 **나란히 설 병(竝)**을
합쳐서 **나란히 설 병(竝)**의 약자

＋ 竝 가운데를 세로로 나누면 설 립(立)이 둘이지요.

＋ 竝의 일본 한자는 並, 중국 한자(간체자)는 并입니다.

普

12획 / 부수 日

普 普 普 普 普 普 普 普
普 普 普 普

나란히(並) 해(日)처럼 비춤이 넓으니 넓을 보

또 널리 통하면 보통이니 **보통 보**

+ 보통(普通) – 특별하지 아니하고 흔히 볼 수 있어 평범함.
+ 日(해 일, 날 일), 通(통할 통)

활용어휘 普及(보급), 普遍(보편), 普施(보시)

- -

譜

19획 / 부수 言

譜 譜 譜 譜 譜 譜 譜 譜
譜 譜 譜 譜 譜 譜 譜 譜
譜 譜 譜

말(言)로 널리(普) 계보를 따져 정리한 족보나 악보니

족보 보, 악보 보

+ 족보(族譜) – 한 가문의 계통과 혈통 관계를 적어 놓은 책.
+ 言(말씀 언), 族(겨레 족)

활용어휘 系譜(계보), 年譜(연보), 樂譜(악보)

6II

童

12획 / 부수 立

童童童童童童童童
童童童童

(어른은 일터에 나가고) **서서**(효) 마을(里)에서 노는 사람은 주로 아이니 **아이 동**

+ ㅂ 重(무거울 중, 귀중할 중, 거듭 중) - 제목번호 057 참고
+ 立(설 립), 里(마을 리, 거리 리)

활용어휘 童詩(동시), 童心(동심), 童話(동화), 神童(신동)

특II

鐘

20획 / 부수 金

鐘鐘鐘鐘鐘鐘鐘鐘
鐘鐘鐘鐘鐘鐘鐘鐘
鐘鐘鐘鐘

쇳(金)소리가 **아이**(童) 소리처럼 맑은 쇠북이니 **쇠북 종**
또 쇠북처럼 종치는 시계니 **종치는 시계 종**

+ ㅂ 鍾(쇠북 종, 술잔 종) - 제목번호 057 참고

활용어휘 *鐘樓(종루), *警鐘(경종), *打鐘(타종)

6

親

16획 / 부수 見

親親親親親親親親
親親親親親親親親

서(효) 있는 **나무**(木)를 **돌보듯**(見) 자식을 보살피는 어버이니 **어버이 친**
또 어버이처럼 친하니 **친할 친**

+ '아침에 나가 날이 저물도록 돌아오지 않는 자식을 기다리다 더 멀리 바라보기 위하여 나무(木) 위에 서서(立) 바라보는(見) 심정을 지닌 분이라는 데서 어버이 친, 친할 친(親)'이라고도 해요.
+ 見(볼 견, 뵐 현)

활용어휘 母親(모친), 兩親(양친), 親睦(친목), 親密(친밀)

6II

新

13획 / 부수 斤

新新新新新新新新
新新新新新

서(효) 있는 **나무**(木)를 **도끼**(斤)로 베어 새로 만들어 새로우니 **새로울 신**

+ 斤(도끼 근, 저울 근) - 제목번호 299 참고

활용어휘 新規(신규), 新銳(신예), 新正(신정), *斬新(참신)

4

龍

16획 / 제부수

龍龍龍龍龍龍龍龍
龍龍龍龍龍龍龍龍

머리 **세우고(立) 몸(月)을 꿈틀거리며(𧋞)** 하늘로 오르는 용이니 용 **룡(용)**

+ 엽 竜 – 머리 세우고(立) 몸을 길게 펴며(𢑓) 하늘로 오르는 용이니 '용 룡(용)'
+ 용은 전설 속의 동물로 신성하게 여겨 임금이나 큰 인물을 나타내기도 하지요.
+ 𢑓[펼 신, 아뢸 신, 원숭이 신, 아홉째 지지 신(申)의 변형]

활용어휘 龍宮(용궁), 恐龍(공룡), 臥龍(와룡), 潛龍(잠룡)

- -

3Ⅱ

襲

22획 / 부수 衣

襲襲襲襲襲襲襲
襲襲襲襲襲襲襲
襲襲襲襲襲襲

용(龍)이 갑자기 비를 내려 옷(衣)을 젖게 하듯 습격하거나 이어받으니 습격할 습, 이어받을 습

+ 衣(옷 의)

활용어휘 襲擊(습격), 襲攻(습공), 被襲(피습), 踏襲(답습)

■ 명언 ■

龍豈池中物(용기지중물)이리오? 乘雷欲上天(승뢰욕상천)
"용이 어찌 연못 속의 물건이랴. 천둥타고 하늘로 오르려 하네."
지금은 대중 속에 묻혀 있지만 마음속에는 꿈이 있으니 언젠가 큰 뜻을 이루겠다는 뜻이지요.
+ 豈(어찌 기), 池(못 지), 物(물건 물), 乘(탈 승, 곱할 승), 雷(천둥 뢰, 우레 뢰), 欲(바랄 욕), 上(위 상, 오를 상), 天(하늘 천)

6급II

音

9획 / 제부수

音音音音音音音音
音

서서(효) 말하듯(曰) 내는 소리니 소리 음

+ 가로다 – '말하다'를 예스럽게 이르는 말
+ 立(설 립), 曰(가로 왈)

활용어휘 音讀(음독), *音癡(음치), 音響(음향), 防音(방음)

4급II

暗

13획 / 부수 日

暗暗暗暗暗暗暗暗
暗暗暗暗暗

**해(日)가 지고 소리(音)만 들릴 정도로 어두우니
어두울 암**

또 어둡게 몰래 하니 몰래 암

+ 日(해 일, 날 일)

활용어휘 暗黑(암흑), 明暗(명암), 暗號(암호), 暗殺(암살)

6급II

意

13획 / 부수 心

意意意意意意意意
意意意意意

소리(音)를 듣고 마음(心)에 생각되는 뜻이니 뜻 의

+ 囗 竟(마침내 경, 다할 경)
+ 心(마음 심, 중심 심)

활용어휘 意見(의견), 意外(의외), 意志(의지), 意向(의향)

5급

億

15획 / 부수 人(亻)

億億億億億億億
億億億億億億億

너무 커서 사람(亻)이 뜻(意)을 생각해 보는 억이니 억 억

+ 억은 1초에 하나를 세는 속도로 3년 가까이 쉬지도 않고 자지도
않고 세어야 하는 큰 수지요.
+ 亻(사람 인 변)

활용어휘 億臺(억대), 億丈(억장), 億兆(억조), 數億(수억)

3급II

憶

16획 / 부수 心(忄)

憶憶憶憶憶憶憶
憶憶憶憶憶憶憶

**마음(忄)속에 뜻(意)을 기억하여 생각하니
기억할 억, 생각할 억**

+ 忄(마음 심 변)

활용어휘 記憶(기억), 追憶(추억), 憶念(억념), 憶昔(억석)

6

章

11획 / 부수 立

`立 立 立 立 产 产 音 音`
`音 童 章`

소리(音)를 적은 글자 **열(十)** 개 정도면 되는 문장이나 글이니
문장 **장**, 글 **장**

+ 소리를 적은 글자 열 개 정도면 한 문장이 되지요.
+ 十(열 십, 많을 십)

활용어휘 文章(문장), 圖章(도장), 印章(인장), 憲章(헌장)

4II

障

14획 / 부수 阜(阝)

`障 障 障 障 障 障 障`
`障 障 障 障 障 障`

위험한 **언덕(阝)**에 **문장(章)**을 써 붙여 길을 막으니
막을 **장**

+ 阝(언덕 부 변)

활용어휘 障壁(장벽), 障害(장해), 故障(고장), 保障(보장)

3

竟

11획 / 부수 立

`竟 竟 竟 竟 竟 竟 竟 竟`
`竟 竟 竟`

소리(音)치며 **사람(儿)**이 마침내 일을 다했음을 알리니
마침내 **경**, 다할 **경**

+ 阝 意(뜻 의)
+ 어려운 일을 끝내고는 그동안 힘들었다고, 또는 드디어 다했다고
  기뻐하며 소리치지요.
+ 音(소리 음), 儿(사람 인 발, 어진사람 인)

활용어휘 畢竟(필경), 竟夜(경야), 究竟(구경)

4II

境

14획 / 부수 土

`境 境 境 境 境 境 境`
`境 境 境 境 境 境`

땅(土)이 **다한(竟)** 경계니 경계 **경**
또 어떤 경계에 이른 형편이니 형편 **경**

+ 土('흙 토'지만 여기서는 땅으로 봄)

활용어휘 國境(국경), 地境(지경), 境地(경지), 逆境(역경)

4

鏡

19획 / 부수 金

`鏡 鏡 鏡 鏡 鏡 鏡 鏡 鏡`
`鏡 鏡 鏡 鏡 鏡 鏡 鏡 鏡`
`鏡 鏡 鏡`

쇠(金)를 닦으면 **마침내(竟)** 광채 나면서 비추는 거울이니
거울 **경**

+ 유리가 없던 옛날에는 쇠로 거울을 만들어 썼답니다.
+ 金(쇠 금, 금 금, 돈 금, 성씨 김)

활용어휘 鏡臺(경대), 銅鏡(동경), 眼鏡(안경), 破鏡(파경)

<table>
<tr><td>참</td><td>

音

8획 / 부수 口

音 音 音 音 音 音 音 音
</td><td>

서서(立) 입(口)씨름하면서 튀기는 침처럼 갈라지니
침 부, 갈라질 부

+ 立(설 립), 口(입 구, 말할 구, 구멍 구)
</td></tr>
</table>

<table>
<tr><td>5</td><td>

倍

10획 / 부수 人(亻)

倍 倍 倍 倍 倍 倍 倍 倍
倍 倍
</td><td>

사람(亻)이 둘로 가른(音) 곱이고 갑절이니
곱 배, 갑절 배

+ 곱 - 배. 곱절.

활용어휘 倍加(배가), 倍數(배수), 倍率(배율), 倍前(배전)
</td></tr>
</table>

<table>
<tr><td>3II</td><td>

培

11획 / 부수 土

培 培 培 培 培 培 培
培 培 培
</td><td>

흙(土)을 갈라(音) 잘게 부수어 나무가 잘 자라도록 북돋우니
북돋울 배

+ 북돋우다 - 기운이나 정신 등을 더욱 높여 주다.

활용어휘 培植(배식), 培養(배양), 肥培(비배), 栽培(재배)
</td></tr>
</table>

<table>
<tr><td>6II</td><td>

部

11획 / 부수 邑(阝)

部 部 部 部 部 部 部 部
部 部 部
</td><td>

갈라놓은(音) 것처럼 **고을(阝)**의 여기저기 나눠진 마을이니
나눌 부, 마을 부

또 나눠진 마을을 함께 거느리니 거느릴 부

+ 阝(고을 읍 방)

활용어휘 部品(부품), 部落(부락), 部隊(부대), 部下(부하)
</td></tr>
</table>

196

③ **辛**

7획 / 제부수

辛 辛 辛 辛 辛 辛 辛

서(효) 있는 곳이 **십(十)**자가 위인 것처럼 고생하니
고생할 신

또 먹기에 고생스럽도록 매우니 **매울 신**

+ 효(설 립), +(열 십, 많을 십)

활용어휘 辛苦(신고), *辛辣(신랄), 香辛料(향신료)

---

③ **宰**

10획 / 부수 宀

宰 宰 宰 宰 宰 宰 宰 宰
宰 宰

집(宀)안일을 **고생하며(辛)** 주관하니 **주관할 재**

또 나랏일을 주관하는 재상이니 **재상 재**

+ 주관(主管)하다 - 어떤 일을 책임지고 맡아 관리하다.
+ 재상(宰相) - 옛날 조정에서 임금을 보필하던 최고 책임자의 총칭.
+ 宀(집 면), 主(주인 주), 管(대롱 관, 피리 관, 관리할 관), 相(서로 상, 모습 상, 볼 상, 재상 상)

활용어휘 主宰(주재), 宰相(재상)

---

④ **辯**

21획 / 부수 辛

辯 辯 辯 辯 辯 辯 辯
辯 辯 辯 辯 辯 辯 辯
辯 辯 辯 辯 辯

어려운 일 틈(辛辛)에 끼어서도 **말(言)**을 잘하니
말 잘할 변

+ 고생할 신, 매울 신(辛) 둘로 어려운 일 틈을 나타냈네요.
+ 言(말씀 언)

활용어휘 辯論(변론), 辯護(변호), 代辯(대변), 雄辯(웅변)

---

③ **辨**

16획 / 부수 辛

辨 辨 辨 辨 辨 辨 辨
辨 辨 辨 辨 辨 辨 辨

어려운 일 틈(辛辛)에 끼어 **칼(刂)**로 딱 자르듯이 시비를
분별하니 **분별할 변**

+ 刂[칼 도 방(刂)의 변형]

활용어휘 辨明(변명), 辨別(변별), 辨償(변상), 辨濟(변제)

특

辟

13획 / 부수 辛

辟 辟 辟 辟 辟 辟 辟 辟
辟 辟 辟 辟 辟

몸(尸)과 입(口)으로 어려움(辛)을 물리치니 물리칠 벽

또 이렇게 물리치는 임금이니 임금 벽

또 물리치고 한쪽으로 치우치니 치우칠 벽

+ 尸(주검 시, 몸 시) – 제목번호 268 참고

활용어휘 *辟穀(벽곡), *辟邪(벽사)

- -

4Ⅱ

壁

16획 / 부수 土

壁 壁 壁 壁 壁 壁 壁 壁
壁 壁 壁 壁 壁 壁 壁 壁

추위 등을 물리치려고(辟) 흙(土)으로 막아 쌓은 벽이니
벽 벽

+ 土(흙 토)

활용어휘 壁報(벽보), 壁紙(벽지), 壁畫(벽화), 絕壁(절벽)

- -

4

避

17획 / 부수 辵(辶)

避 避 避 避 避 避 避 避
避 避 避 避 避 避 避 避
避

치우친(辟) 곳으로 뛰어가(辶) 피하니 피할 피

+ 辶(뛸 착, 갈 착, = 辶)

활용어휘 避球(피구), 避難(피난), 避亂(피란), 避暑(피서)

- -

참

苹

10획 / 부수 丨

苹 苹 苹 苹 苹 苹 苹 苹
苹 苹

매울 신, 고생할 신(辛) 위에 점 셋(丷)을 더 붙여
풀 무성한 모양을 나타내어 풀 무성할 착

- -

6Ⅱ

業

13획 / 부수 木

業 業 業 業 業 業 業 業
業 業 業 業 業

풀 무성한(苹) 곳에 있는 나무(木)와 같이
이미 정해진 업이고 일이니 업 업, 일 업

+ 업(業) – ㉠ '직업'의 준말.
  ㉡ 몸으로 지은 소행에 따라 받는 보답.

활용어휘 業苦(업고), 業報(업보), 業績(업적), 就業(취업)

- -

풀 무성하듯(丵) 많은 사람이 **자리**(一)에 앉아
정해진 **법도**(寸)에 따라 상대하고 대답하니
상대할 대, 대답할 대

+ 몐 対 − 글(文)로 법도(寸)에 따라 상대하고 대답하니
　'상대할 대, 대답할 대'
+ 一('한 일'이지만 여기서는 자리로 봄), 寸(마디 촌, 법도 촌),
　文(무늬 문, 글월 문)

활용어휘 對決(대결), 對立(대립), 對答(대답), 對話(대화)

---

160 행 환집(幸 丸執) − 幸과 丸으로 된 한자

하나(一) 정도만 바꿔 생각하면 **고생**(辛)도 행복하니
행복할 행

또 행복은 누구나 바라니 **바랄 행**

+ 하나 정도만 바꿔 생각하면 고생도 행복하다는 데서 고생할 신,
　매울 신(辛) 위에 한 일(一)을 붙여서 행복할 행(幸)이라는 한자를
　만든 선인들의 아이디어가 빛나네요.

활용어휘 幸福(행복), 幸運(행운), 多幸(다행), 萬幸(만행)

많은(九) 것들이 **점**(丶)처럼 둥글둥글한 알이니
둥글 환, 알 환

+ 九(아홉 구, 클 구, 많을 구), 丶(점 주, 불똥 주)

활용어휘 丸石(환석), 丸藥(환약), 彈丸(탄환)

다행히(幸) 좋은 **환**(丸)약을 구하여 잡으니 **잡을 집**

또 잡아서 집행하니 **집행할 집**

+ 집행(執行) − (실제로) 잡아서 행함.
+ 行(다닐 행, 행할 행, 항렬 항)

활용어휘 執權(집권), 執念(집념), 固執(고집), 我執(아집)

참 罟

13획 / 부수 目

罟 罟 罟 罟 罟 罟 罟 罟
罟 罟 罟 罟 罟

그물(罒) 쳐 놓고 걸리기를 바라며(幸) 엿보니 엿볼 역

+ 위가 그물 망(罒)인데 부수는 눈 목, 볼 목, 항목 목(目)이네요.
+ 罟이 들어간 한자를 약자로 쓸 때는 罟부분을 '자 척(尺)'으로 씁니다.
+ 幸(행복할 행, 바랄 행)

3Ⅱ 譯

20획 / 부수 言

譯 譯 譯 譯 譯 譯 譯
譯 譯 譯 譯 譯 譯 譯
譯 譯 譯 譯

말(言)을 엿보아(罟) 번역하니 번역할 역

+ 🈁 訳 - 말(言)을 자(尺)로 재듯 살펴 번역하니 '번역할 역'

활용어휘 飜譯(번역), 意譯(의역), 直譯(직역), 通譯(통역)

3Ⅱ 驛

23획 / 부수 馬

驛 驛 驛 驛 驛 驛 驛 驛
驛 驛 驛 驛 驛 驛 驛 驛
驛 驛 驛 驛 驛 驛 驛

말(馬)을 엿보아(罟) 갈아타는 역이니 역 역

+ 🈁 駅 - 말(馬)을 자(尺)로 재듯 살펴 골라 타는 역이니 '역 역'
+ 지금의 역은 기차를 타는 곳이지만, 옛날의 역(驛)은 출장 나온 중앙 관리의 말을 바꿔 주거나 중앙과 지방 관청의 문서를 전하는 일을 했습니다.
+ 馬(말 마)

활용어휘 驛舍(역사), 驛前(역전), 簡易驛(간이역)

---

4 擇

16획 / 부수 手(扌)

擇 擇 擇 擇 擇 擇 擇
擇 擇 擇 擇 擇 擇 擇

손(扌)으로 엿보아(罟) 가리니 가릴 택

+ 🈁 択 - 손(扌)으로 자(尺)를 재어 가리니 '가릴 택'
+ 扌(손 수 변)

활용어휘 擇一(택일), 擇日(택일), 選擇(선택), 採擇(채택)

3Ⅱ

16획 / 부수 水(氵)

澤澤澤澤澤澤澤澤
澤澤澤澤澤澤澤澤

물(氵)을 엿보아(睪) 막아 두는 연못이니 <mark>연못 택</mark>

또 연못물처럼 여러모로 잘 쓰이게 주는 은혜니 <mark>은혜 택</mark>

+ 옙 沢 - 물(氵) 깊이를 자(尺)로 재며 가두어 두는 연못이니
  '연못 택'
  또 연못물처럼 여러모로 잘 쓰이게 주는 은혜니 '은혜 택'

활용어휘 *沼澤(소택), 德澤(덕택), 潤澤(윤택), 惠澤(혜택)

- -

3Ⅱ

20획 / 부수 釆

釋釋釋釋釋釋釋
釋釋釋釋釋釋釋
釋釋釋釋

나누고(釆) 엿보아(睪) 푸니 <mark>풀 석</mark>

또 석가모니와 불교도 나타내어 <mark>석가모니 석, 불교 석</mark>

+ 옙 釈 - 나누고(釆) 자(尺)로 재며 푸니 '풀 석'
  또 석가모니와 불교도 나타내어 '석가모니 석, 불교 석'

+ 釆(나눌 변)

활용어휘 釋放(석방), 解釋(해석), 稀釋(희석), *釋迦(석가)

■ 도움말 ■

〈번역, 번안, 해석〉
'번역(飜譯)'은 원래의 내용 그대로 말만 다른 나라말로 바꾸는 것이고, '번안(飜案)'은 말만 바꾸는
것이 아니라 작품의 여러 요소들까지 고쳐서 새롭게 꾸미는 것이고, '해석(解釋)'은 어려운 말을 쉬운
말로 푼다는 뜻이지요.
+ 飜(뒤집을 번, 번역할 번), 案(책상 안, 생각 안, 계획 안), 解(해부할 해, 풀 해)

〈명언〉
釋己而教人者逆(석기이교인자역)이요, 正己而化人者順(정기이화인자순)이라.
자기를 풀어서 남을 가르친 자는(자기는 아무렇게나 행동하면서 남만 잘하라 하는 사람은) 거슬리고,
자기를 바르게 하고서 남을 감화시킨 자는(솔선수범하면서 남을 감동으로 가르친 사람은) 순하다(잘
따라 온다).
                                                                                    - 〈명심보감〉 -

+ 己(몸 기, 자기 기, 여섯째 천간 기), 而(말 이을 이), 教(가르칠 교), 者(놈 자, 것 자), 逆(거스를 역, 배반할 역), 正(바
를 정), 化(될 화, 변화할 화, 가르칠 화), 順(순할 순)

巾

3획 / 제부수

巾 巾 巾

성(冂)처럼 사람(丨)이 몸에 두르는 수건이니 수건 건

+ 수건(手巾) - 얼굴이나 몸을 닦기 위하여 만든 천 조각.
+ 冂(멀 경, 성 경), 丨('뚫을 곤'이지만 여기서는 사람으로 봄),
  手(손 수, 재주 수, 재주 있는 사람 수)

활용어휘 *頭巾(두건), *網巾(망건), *紅巾(홍건)

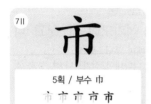

市

5획 / 부수 巾

市 市 市 市 市

머리(亠)를 수건(巾)으로라도 꾸미고 가던 시장이나 시내니 시장 시, 시내 시

+ '저자 시'라고도 하는데, '저자'는 시장에서 물건을 파는 가게, 또
  는 그런 가게가 열리는 시장으로, 요즘은 잘 쓰이지 않기에 '시장
  시, 시내 시'로 바꾸었어요.
+ 亠(머리 부분 두)

활용어휘 市場(시장), 市內(시내), 市街(시가), 都市(도시)

姉

8획 / 부수 女

姉 姉 姉 姉 姉 姉 姉 姉

여자(女) 중 시장(市)에 갈 정도로 큰 손위 누이니 손위 누이 자

+ ﹝반﹞妹(여동생 매) - 제목번호 062 참고
+ 원래 한자는 '姊'인데, 대부분 속자인 姉로 많이 쓰지요.
+ ﹝원﹞姊 - 여자(女) 중 교묘하게(丂) 사람(亻)을 잘 다스리는 손위
  누이니 '손위 누이 자'
+ 丂(공교할 교, 교묘할 교), 亻[사람 인(人)의 변형]

활용어휘 姉妹(자매), 姉母(자모), 姉兄(자형)

肺

8획 / 부수 肉(月)

肺 肺 肺 肺 肺 肺 肺 肺

몸(月)에서 시장(市)처럼 바쁜 허파니 허파 폐

+ 허파는 숨을 쉬어야 하니 바쁘지요.
+ 필순이 市(시장 시, 시내 시)와 다릅니다.
+ 月(달 월, 육 달 월), 市[시장 시, 시내 시(市)의 변형]

활용어휘 肺炎(폐렴), 肺病(폐병), 肺活量(폐활량)

帶

11획 / 부수 巾

帶 帶 帶 帶 帶 帶 帶 帶
帶 帶 帶

장식을 꿰어 만든 끈(丱)으로 덮어(冖) 수건(巾)처럼
둘러차는 띠니 찰 대, 띠 대

+ 冖(덮을 멱)

활용어휘 帶同(대동), 聲帶(성대), 腰帶(요대), 寒帶(한대)

<table>
<tr><td>

3Ⅱ

滯

14획 / 부수 水(氵)

滯滯滯滯滯滯滯滯
滯滯滯滯滯滯

</td><td>

물(氵)이 띠(帶) 모양의 둑에 막혀 머무르니

막힐 체, 머무를 체

활용어휘 滯症(체증), 延滯(연체), 停滯(정체), 滯留(체류)

</td></tr>
</table>

163 포(보) 희희[布 希稀] – 布와 希로 된 한자

<table>
<tr><td>

4Ⅱ

布

5획 / 부수 巾

布布布布布

</td><td>

많이(𠂇) 사용하는 **수건(巾)**처럼 베를 펴니 베 포, 펼 포

또 불교에서 펴 베푸는 보시니 보시 보

+ 보시(布施) – 자비심으로 남에게 재물이나 불법을 베풂.
+ 𠂇[열 십, 많을 십(十)의 변형], 施(행할 시, 베풀 시)

활용어휘 *布袋(포대), 布石(포석), 宣布(선포), 布施(보시)

</td></tr>
<tr><td>

4Ⅱ

希

7획 / 부수 巾

希希希希希希希

</td><td>

찢어진(乂) 베(布)옷이면 새 옷을 바라니 바랄 희

+ 乂(벨 예, 다스릴 예, 어질 예) – 제목번호 087 참고

활용어휘 希求(희구), 希念(희념), 希望(희망), 希願(희원)

</td></tr>
<tr><td>

3Ⅱ

稀

12획 / 부수 禾

稀稀稀稀稀稀稀稀
稀稀稀稀

</td><td>

벼(禾)는 바라는(希) 만큼 수확하기가 드무니 드물 희

+ 禾(벼 화)

활용어휘 稀貴(희귀), 稀薄(희박), 稀釋(희석), 稀少(희소)

</td></tr>
</table>

4

帝

9획 / 부수 巾

帝帝帝帝帝帝帝帝
帝

머리 부분(亠)을 받치고(丷) 덮어(冖) 수건(巾) 같은
면류관을 쓴 제왕이니 **제왕 제**

+ 제왕(帝王) - 황제와 국왕을 아울러 이르는 말.
+ 亠(머리 부분 두), 冖(덮을 멱), 巾(수건 건)

활용어휘 帝國(제국), 日帝(일제), 皇帝(황제)

- -

1Ⅱ

旁

10획 / 부수 方

旁旁旁旁旁旁旁旁
旁旁

서(立) 있는 방향(方)의 곁을 두루 넓게 살피니
곁 방, 두루 방, 넓을 방

+ 두루 - 빠짐없이 골고루.
+ 立[설 립(立)의 변형], 方(모 방, 방향 방, 방법 방)

활용어휘 *旁觀(방관), *旁求(방구), *旁通(방통)

- -

3

傍

12획 / 부수 人(亻)

傍傍傍傍傍傍傍
傍傍傍傍

사람(亻)이 두루(旁) 마음 써야 하는 곁이니 **곁 방**

+ 가까운 곁일수록 조금만 잘못해도 서운해하니 가까울수록 더욱
조심하며 신경 써야 하지요.

활용어휘 傍系(방계), 傍觀(방관), 傍照(방조), 近傍(근방)

3II **帥**
 9획 / 부수 巾
 帥 帥 帥 帥 帥 帥 帥 帥 帥
	쌓인(𠂤) 듯 많은 군사를 거느리고 **깃발(巾)**을 든 장수니
	 장수 수
	 + 얜 帥 - 칼(刂)을 수건(巾)으로 닦으며 위험을 대비하는 장수니
	  '장수 수'
	 + 𠂤 - 흙이 비스듬히(丿) 쌓인(𠂤) 모양에서 '쌓일 퇴, 언덕 퇴'로,
	  '쌓일 퇴, 언덕 퇴(堆)'의 원래 한자인 垖의 획 줄임
	 + 巾('수건 건'이지만 여기서는 '깃발'로 봄), 刂(칼 도 방(刂)의 변형)
	 활용어휘 將帥(장수), 元帥(원수), 總帥(총수)

4II **師**
 10획 / 부수 巾
 師 師 師 師 師 師 師 師 師 師
	쌓인(𠂤) 듯 많은 제자들이 빙 **둘러(帀)** 있는 스승이나
	 전문가니 **스승 사, 전문가 사**
	 또 쌓인(𠂤) 듯 많이 **둘러싼(帀)** 군사니 **군사 사**
	 + 얜 师 - 장수(帅)와 한(一) 가지로 엄해야 하는 스승이나 전문가니
	  '스승 사, 전문가 사'
	  또 장수(帅)가 하나(一)같이 거느리는 군사니 '군사 사'
	 + 帀 - 머리(一)에 수건(巾) 두른 모양에서 '두를 잡'
	 + 一('한 일'이지만 여기서는 머리로 봄)
	 활용어휘 師弟(사제), 敎師(교사), 醫師(의사), 師團(사단)

3II **追** 10획 / 부수 辵(辶) 追 追 追 追 追 追 追 追 追	언덕(𠂤)까지 쫓아서 따라 **가니(辶) 쫓을 추, 따를 추** + 辶(뛸 착, 갈 착, = 辶) 활용어휘 追加(추가), 追擊(추격), 追更(추경), 追從(추종)
3 **遣** 14획 / 부수 辵(辶) 遣 遣 遣 遣 遣 遣 遣 遣 遣 遣 遣 遣 遣 遣	중심(中) 되는 **한(一)** 사람을 뽑아 **언덕(𠂤)** 너머로 가게(辶) 보내니 **보낼 견** + 㵃 遺(남길 유, 잃을 유) - 제목번호 362 참고 + 𠂤[쌓일 퇴, 언덕 퇴(𠂤)의 획 줄임] 활용어휘 遣歸(견귀), 分遣(분견), 增遣(증견), 派遣(파견)

官

8획 / 부수 宀

官官官官官官官官

(옛날에) 집(宀)이 높은 언덕(目)에 있으면 주로 백성을
다스리는 관청이었으니 관청 관

또 관청에 근무하는 벼슬이니 벼슬 관

+ 비 宮(궁궐 궁) - 제목번호 037 참고

활용어휘 官權(관권), 官吏(관리), 貪官汚吏(탐관오리)

館

17획 / 부수 食(飠)

館館館館館館館館
館館館館館館館館
館

출장가면 먹고(飠) 묵을 수 있도록 관리(官)들을 위해 지은
집이나 객사니 집 관, 객사 관

+ 어 舘 - 집(舍) 중 관리(官)들을 위해 지은 집이나 객사니
   '집 관, 객사 관'

+ 객사(客舍) - ㉠ 객지에서 묵는 집.
              ㉡ 고려·조선 시대에 각 고을에 둔 관사.

+ 飠(밥 식, 먹을 식 변), 客(손님 객), 舍(집 사)

활용어휘 館長(관장), 本館(본관), 旅館(여관), 會館(회관)

管

14획 / 부수 竹(竹)

管管管管管管管管
管管管管管管

대(竹)가 벼슬(官)한 것처럼 좋게 쓰인 대롱이나 피리니
대롱 관, 피리 관

또 피리 구멍을 잘 조정하여 불듯 잘 관리하니 관리할 관

+ 竹(대 죽)

활용어휘 木管(목관), 血管(혈관), 管理(관리), 管掌(관장)

참

商

11획 / 부수 口

商商商商商商商商
商商商

머리 부분(亠)을 받친(䒑) 성(冂) 모양으로 오래된(古)
밑동이나 뿌리니 **밑동 적, 뿌리 적**

+ 圖 商(헤아릴 상, 장사할 상) – 제목번호 170 참고
+ 밑동 – 나무줄기의 밑부분으로, 사물의 제일 중요한 부분을 말함.
+ 亠(머리 부분 두), 䒑(받친 모양), 冂(멀 경, 성 경), 古(오랠 고, 옛 고)

3II

摘

14획 / 부수 手(扌)

摘摘摘摘摘摘摘
摘摘摘摘摘摘

손(扌)으로 과일의 밑동(商)을 따니 딸 적

+ 扌(손 수 변)

활용어휘 摘果(적과), 摘讀(적독), 摘發(적발), 指摘(지적)

3

滴

14획 / 부수 水(氵)

滴滴滴滴滴滴滴滴
滴滴滴滴滴滴

물(氵) 중 밑동(商)으로 떨어지는 물방울이니
물방울 적

+ 氵(삼 수 변)

활용어휘 滴露(적로), 滴水(적수), *硯滴(연적)

4II

敵

15획 / 부수 攴(攵)

敵敵敵敵敵敵敵
敵敵敵敵敵敵敵

뿌리(商), 즉 근본까지 치며(攵) 달려드는 원수니 원수 적

+ 攵(칠 복, = 攴)

활용어휘 敵國(적국), 敵軍(적군), 對敵(대적), 宿敵(숙적)

4

適

15획 / 부수 辵(辶)

適適適適適適適
適適適適適適適

뿌리(商)가 알맞은 곳으로 뻗어 가듯(辶) 알맞게 가니
알맞을 적, 갈 적

+ 辶(뛸 착, 갈 착, = 辶)

활용어휘 適當(적당), 適性(적성), 最適(최적), 自適(자적)

4II

豆

7획 / 제부수

豆豆豆豆豆豆豆

제기(🍲 → 豆) 모양을 본떠서 **제기 두**

또 제기처럼 둥근 콩이니 **콩 두**

+ 제기(祭器) - 제사 때 쓰는 그릇.
+ 祭(제사 제, 축제 제), 器(그릇 기, 기구 기)

활용어휘 豆腐(두부), 豆油(두유), 大豆(대두)

6II

短

12획 / 부수 矢

短短短短短短短短
短短短短

화살(矢)이 **콩**(豆)만 하여 짧고 모자라니

짧을 단, 모자랄 단

+ 矢(화살 시)

활용어휘 短期(단기), 短縮(단축), 長短(장단), 短點(단점)

6

頭

16획 / 부수 頁

頭頭頭頭頭頭頭頭
頭頭頭頭頭頭頭頭

콩(豆)처럼 둥근 **머리**(頁)니 **머리 두**

또 조직의 머리가 되는 우두머리니 **우두머리 두**

+ 頁(머리 혈) - 제목번호 363 참고

활용어휘 頭角(두각), 頭痛(두통), 頭目(두목), 頭領(두령)

3

豈

10획 / 부수 豆

豈豈豈豈豈豈豈豈
豈豈

어찌 **산**(山)에 **콩**(豆)을 심을까에서 **어찌 기**

+ 어떤 사람이 산에 콩을 심는 것을 보고 만들었다는 한자.

활용어휘 豈敢(기감), 豈敢毁傷(기감훼상), 豈不(기불)

4

鬪

20획 / 부수 鬥

鬪鬪鬪鬪鬪鬪鬪鬪
鬪鬪鬪鬪鬪鬪鬪鬪
鬪鬪鬪鬪

싸움(鬥)은 **제기**(豆)의 음식이 **법도**(寸)에 맞지 않을 때도

하니 **싸울 투**

+ 鬥 - 두 왕(王王)이 발을 뻗어(ㅣ ㅣ) 싸우니 '싸울 투' - 부수자
+ 寸(마디 촌, 법도 촌), 王(임금 왕, 으뜸 왕, 구슬 옥 변)

활용어휘 鬪技(투기), 鬪病(투병), 鬪志(투지), 健鬪(건투)

5획 / 부수자

癶 癶 癶 癶 癶

등지고 걸어가는 모양에서 **등질 발, 걸을 발**

3

9획 / 부수 癶

癸 癸 癸 癸 癸 癸 癸
癸

등지고(癶) 하늘(天)의 뜻을 헤아리는 북방이니
북방 계, 헤아릴 계, 열째 천간 계, 월경 계
+ 우리가 사는 북반구에서는 대부분 북쪽을 등지고 남쪽을 향하여 하늘을 관측하지요.

활용어휘 癸丑日記(계축일기), 癸期(계기), 天癸(천계)

6II

發

12획 / 부수 癶

發 發 發 發 發 發 發
發 發 發 發

걸어가(癶) 활(弓)과 창(殳)을 쏘면 싸움이 일어나니
쏠 발, 일어날 발
+ ⑭ 発 - 걸어가(癶) 두(二) 사람(儿)이 활을 쏘면 싸움이 일어나니 '쏠 발, 일어날 발'
+ 弓(활 궁), 殳(칠 수, 창 수), 儿(사람 인 발, 어진사람 인)

활용어휘 發射(발사), 發砲(발포), 發動(발동), 發效(발효)

3II

廢

15획 / 부수 广

廢 廢 廢 廢 廢 廢 廢 廢
廢 廢 廢 廢 廢 廢 廢

집(广)에 활을 쏘면(發) 부서지고 폐하니
부서질 폐, 폐할 폐
+ ⑭ 廃
+ 폐(廢)하다 - ㉠ 있던 제도·기관·풍습 등을 버리거나 없애다.
　　　　　　㉡ 해 오던 일을 중도에 그만 두다.
　　　　　　㉢ 물건 등을 쓰지 아니하고 버려두다.
+ 广(집 엄)

활용어휘 廢家(폐가), 廢刊(폐간), 廢業(폐업), 廢車(폐차)

7

12획 / 부수 癶

癶 癶 癶 癶 癶 癶 癶 癶
登 登 登 登

제기(豆)처럼 납작한 곳을 디디며 **걸어(癶)** 오르니 **오를 등**
또 문서에 올려 기재하니 **기재할 등**

활용어휘 登山(등산), 登壇(등단), 登記(등기), 登錄(등록)

---

4 II

燈

16획 / 부수 火

燈燈燈燈燈燈燈燈
燈燈燈燈燈燈燈燈

불(火)을 등잔에 **올려(登)** 켠 등불이니 등불 등

+ 凹 灯 – 불(火)을 고무래(丁) 같은 등잔에 올려 켠 등불이니 '등불 등'
+ 火(불 화), 丁(고무래 정, 못 정, 장정 정, 넷째 천간 정)

활용어휘 燈臺(등대), 消燈(소등) ↔ 點燈(점등), 電燈(전등)

4

證

19획 / 부수 言

證證證證證證證證
證證證證證證證證
證證證

말(言)로 높은 데 **올라(登)** 서서 떳떳하게 증명하니 증명할 증

+ 凹 証 – 말(言)로 바르게(正) 증명하니 '증명할 증'
+ 言(말씀 언), 正(바를 정)

활용어휘 證明(증명), 證言(증언), 認證(인증), 確證(확증)

---

169 곡전 풍례 골체(曲典 豊禮 骨體) - 曲, 豊, 骨로 된 한자

5

曲

6획 / 부수 日

曲曲曲曲曲曲

대바구니의 굽은 모양을 본떠서 굽을 곡

또 굽은 듯 올라가고 내려가는 가락의 노래니 노래 곡

활용어휘 曲線(곡선), 屈曲(굴곡), 歌曲(가곡), 名曲(명곡)

---

5 II

典

8획 / 부수 八

典典典典典典典典

굽은(曲) 것도 종류별로 **나누어(八)** 법으로 만든 책이니 법 전, 책 전

또 법으로 물건을 전당잡히니 전당잡힐 전

+ 전당(典當) – 기한 내에 돈을 갚지 못하면 맡긴 물건을 마음대로 처분하여도 좋다는 조건 하에 돈을 빌리는 일.
+ 曲[굽을 곡, 노래 곡(曲)의 변형], 八(여덟 팔, 나눌 팔), 當(마땅할 당, 당할 당)

활용어휘 *典型(전형), 古典(고전), 法典(법전), 典當(전당)

豊

13획 / 부수 豆

豊 豊 豊 豊 豊 豊 豊 豊
豊 豊 豊 豊 豊

상다리가 **굽을(曲)** 정도로 **제기(豆)**에 음식을 차려 풍성하니

풍성할 풍

+ 원래 한자는 제기에 음식이 많은 모양을 본 뜬 '豐'이지만 대부분 속자인 '豊'으로 많이 씁니다.
+ 제기(祭器) – 제사 때 쓰는 그릇.
+ 豆(제기 두, 콩 두), 祭(제사 제, 축제 제), 器(그릇 기, 기구 기)

활용어휘 豊盛(풍성), 豊年(풍년), 豊滿(풍만), 豊富(풍부)

禮

18획 / 부수 示

禮 禮 禮 禮 禮 禮 禮
禮 禮 禮 禮 禮 禮 禮
禮 禮

신(示) 앞에 **풍성한(豊)** 음식을 차리는 것은 신에 대한 예도니 **예도 례(예)**

+ 웹 礼 – 신(示) 앞에 몸 구부리고(乚) 표하는 예도니 '예도 례(예)'
+ 示 – 보일 시, 신 시(示)가 부수로 쓰일 때의 모양으로 '보일 시, 신 시 변'
+ 乚[새 을, 둘째 천간 을, 둘째 을, 굽을 을(乙)이 부수로 쓰일 때의 모양]

활용어휘 禮度(예도), 禮物(예물), 禮拜(예배), 禮節(예절)

骨

10획 / 제부수

骨 骨 骨 骨 骨 骨 骨 骨
骨 骨

살 속의 뼈(骨)를 본떠서 **뼈 골**

활용어휘 骨材(골재), 骨折(골절), 露骨(노골), 遺骨(유골)

體

23획 / 부수 骨

體 體 體 體 體 體 體 體
體 體 體 體 體 體 體
體 體 體 體 體 體 體

뼈(骨)마디로 **풍성하게(豊)** 이루어진 몸이니 **몸 체**

+ 웹 体 – 사람(亻)에게 근본(本)은 몸이니 '몸 체'
+ 비 休(쉴 휴) – 제목번호 060 참고
+ 마음이 없는 몸은 주검이요, 몸이 없는 마음은 귀신이지요. 사랑은 국경도 시간도 심지어는 운명마저도 초월하지만, 오직 그 육체인 껍데기를 넘어서지 못하니, 사랑할수록 뜻이 클수록 몸의 건강도 보살펴야 합니다.
+ 本(근본 본, 뿌리 본, 책 본)

활용어휘 體格(체격), 體力(체력), 體驗(체험), 身體(신체)

2획 / 부수자

亠 亠

(옛날 갓을 쓸 때) 상투를 튼 머리 부분 모양에서
머리 부분 두

+ 상투 – ㉠ 예전에 장가든 남자가 머리털을 끌어 올려 정수리 위에
틀어 감아 맨 것.
㉡ 최고로 오른 주식 시세를 속되게 이르는 말.

5II

11획 / 부수 口

商商商商商商商商
商商商

머리(亠)에 물건을 **이고**(丷) 다니며 **성**(冂) 안에서
사람(儿)이 **말하며**(口) 장사하니 **장사할 상**

또 장사하듯 이익을 헤아리니 **헤아릴 상**

+ 圀 商(밑동 적, 뿌리 적)
+ 丷(머리에 인 모양), 冂(멀 경, 성 경), 儿(사람 인 발, 어진사람
인), 口(입 구, 말할 구, 구멍 구)

활용어휘 商社(상사), 商店(상점), 商量(상량), 協商(협상)

6II

圖

14획 / 부수 口

圖圖圖圖圖圖圖圖
圖圖圖圖圖圖

종이(口)에 말하듯(口) 머리(亠) **돌리며**(回) 그림을
그리고 꾀하니 **그림 도, 꾀할 도**

+ 圀 図 – 일정한 지면(囗)을 점점(丶)이 다스려(乂) 그림을 그리고
꾀하니 '그림 도, 꾀할 도'
+ 꾀하다 – 어떤 일을 이루려고 뜻을 두거나 힘을 쓰다.
+ 囗('에운담, 나라 국(國)의 약자'지만 여기서는 종이로 봄], 回(돌
회, 돌아올 회, 횟수 회), 乂(벨 예, 다스릴 예, 어질 예)

활용어휘 圖案(도안), 地圖(지도), 試圖(시도), 意圖(의도)

5II

8획 / 부수 十

卒卒卒卒卒卒卒卒

우두**머리**(亠) 밑에 모인 **사람들**(人人)의 **많은**(十)
무리는 졸병이니 **졸병 졸**

또 졸병은 전쟁에서 앞장서야하기 때문에 갑자기 죽어 생을
마치니 **갑자기 졸, 죽을 졸, 마칠 졸**

+ 圀 卆 – 많고(九) 많은(十) 졸병이니 '졸병 졸'
+ 十(열 십, 많을 십), 九(아홉 구, 클 구, 많을 구)

활용어휘 卒兵(졸병), 卒倒(졸도), 卒逝(졸서), 卒業(졸업)

212

醉

15획 / 부수 酉

醉 醉 醉 醉 醉 醉 醉 醉
醉 醉 醉 醉 醉 醉 醉

술(酉)기운에 졸병(卒)이 된 듯 취하니 **취할 취**

+ 획 醉 – 술(酉)기운에 졸병(졸)이 된 듯 취하니 '취할 취'
+ '술(酉) 마심을 마치면(卒) 취하니 취할 취'라고도 합니다.
+ 酉(술 그릇 유, 술 유, 닭 유, 열째 지지 유) – 제목번호 261 참고

활용어휘 醉氣(취기), 醉興(취흥), 宿醉(숙취), 心醉(심취)

夜

8획 / 부수 夕

夜 夜 夜 夜 夜 夜 夜 夜

머리(亠) 두르고 **사람(亻)**이 집으로 돌아가는
저녁(夕)부터 **이어지는(乀)** 밤이니 **밤 야**

+ 夕(저녁 석), 乀('파임 불'이지만 여기서는 이어지는 모양으로 봄)

활용어휘 夜間(야간), 夜景(야경), 夜勤(야근), 徹夜(철야)

液

11획 / 부수 水(氵)

液 液 液 液 液 液 液 液
液 液 液

물(氵)이 **밤(夜)**처럼 어두운 진액이나 즙이니
진액 액, 즙 액

활용어휘 液肥(액비), 液體(액체), *津液(진액), 血液(혈액)

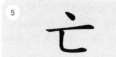

亡

3획 / 부수 亠

亡 亡 亡

머리(亠)를 감추어야(乚) 할 정도로 망하여 달아나니
망할 망, 달아날 망

또 망하여 죽으니 **죽을 망**

+ 乚(감출 혜, 덮을 혜, = 匚)

활용어휘 亡國(망국), 亡身(망신), 亡命(망명), 死亡(사망)

忙

6획 / 부수 心(忄)

忙 忙 忙 忙 忙 忙

마음(忄)이 망할(亡) 정도로 바쁘니 바쁠 망

+ 忄(마음 심 변)

활용어휘 忙中閑(망중한) ↔ 閑中忙(한중망), 奔忙(분망)

茫

10획 / 부수 草(艹)

茫 茫 茫 茫 茫 茫 茫 茫
茫 茫

풀(艹)까지 물(氵)에 잠겨 없어져(亡) 망망하고 아득하니
망망할 망, 아득할 망

+ 망망(茫茫)하다 – ㉠ 넓고 멀다. ㉡ 막연하고 아득하다.
+ 아득하다 – ㉠ 보이는 것이나 들리는 것이 희미하고 매우 멀다.
　　　　　　 ㉡ 까마득히 오래되다. ㉢ 정신이 흐려진 상태이다.
+ 艹(초 두), 氵(삼 수 변)

활용어휘 茫茫(망망), 茫漠(망막), 茫然(망연), *滄茫(창망)

望

11획 / 부수 月

望 望 望 望 望 望 望 望
望 望 望

이지러진(亡) 달(月)이 차올라 왕(王) 같은 보름달이 뜨는
보름이니 보름 망

또 보름달처럼 되기를 바라니 **바랄 망**

+ 보름 – 음력의 매월 15일. 이때 둥근 보름달이 뜨지요.
+ 月(달 월, 육 달 월), 王(임금 왕, 으뜸 왕, 구슬 옥 변)

활용어휘 所望(소망), 熱望(열망), 希望(희망), 望月(망월)

罔

8획 / 부수 网(罒)

罔 罔 罔 罔 罔 罔 罔 罔

그물(网)로 고기를 잡아 죽여(亡) 없으니 없을 망

+ 冂 岡(산등성이 강) - 제목번호 356 참고
+ 网[그물 망(网, 罒)의 변형]

활용어휘 罔極(망극), 罔測(망측), 罔然(망연)

망한(亡) 마음(心)처럼 잊으니 **잊을 망**

활용어휘 忘却(망각), 健忘症(건망증), 不忘(불망)

정신이 **망한(亡) 여자(女)**처럼 망령되니 **망령될 망**

+ 망령(妄靈) - 정신이 흐려서 말과 행동이 정상을 벗어난 상태.
+ 女(여자 녀), 靈(신령스러울 령, 신령 령)

활용어휘 妄動(망동), 妄想(망상), 輕妄(경망), 虛妄(허망)

망한(亡) 눈(目)처럼 눈먼 시각장애인이니
눈멀 맹, 시각장애인 맹

또 시각장애인처럼 잘 보지 못하여 무지하니 **무지할 맹**

+ 〈~盲〉 글자를 모르면 '문맹(文盲)', 컴퓨터를 모르면 '컴맹(-盲)'
  이라 하듯이, 어느 분야에 무지한 경우를 '장님 맹, 무지할 맹(盲)'을
  붙여 말하기도 하지요.
+ 文(무늬 문, 글월 문)

활용어휘 盲人(맹인), 盲動(맹동), 夜盲(야맹), 色盲(색맹)

■ 도움말 ■

〈忙과 忘의 구별〉
글자 성분은 같지만 연결되는 순서가 다르니 순서대로 풀어서 '마음(忄)이 망할(亡) 정도로 바쁘면
바쁠 망(忙)', '망한(亡) 마음(心)이면 잊을 망(忘)'으로 구분하세요.

6

言

7획 / 제부수

言 言 言 言 言 言 言

머리(亠)로 두(二) 번 이상 생각하고 입(口)으로 말하는 말씀이니 말씀 언

➕ 자칫 잘못하면 실수하니 말을 조심해야 하지요.

➕ 亠(머리 부분 두), 二(둘 이), 口(입 구, 말할 구, 구멍 구)

활용어휘 言動(언동), 言路(언로), 言約(언약), 確言(확언)

6II

信

9획 / 부수 人(亻)

信 信 信 信 信 信 信 信 信

사람(亻)이 말한(言) 대로 행하면 믿으니 믿을 신

또 믿을 만한 소식이니 소식 신

활용어휘 信念(신념), 信仰(신앙), 答信(답신), 書信(서신)

7

語

14획 / 부수 言

語 語 語 語 語 語 語 語 語 語 語 語 語 語

말(言)로 나(吾)의 뜻을 알리는 말씀이니 말씀 어

➕ 吾(나 오) - 제목번호 015 참고

활용어휘 語感(어감), 語錄(어록), 語塞(어색), 單語(단어)

■ 명언 ■

自信者 人亦信之(자신자 인역신지)
自疑者 人亦疑之(자의자 인역의지)
스스로 믿는 사람은 남도 역시 그를 믿고,
스스로를 의심하는 사람은 남도 역시 그를 의심한다.

– 〈명심보감〉 –

➕ 自(자기 자, 스스로 자, 부터 자), 信(믿을 신, 소식 신), 亦(또 역), 之(갈 지, ~의 지, 이 지), 疑(의심할 의)

③

亥

6획 / 부수 亠

亥 亥 亥 亥 亥 亥

돼지 **머리**(亠)와 **뼈대**(ㄆ ㄟ →亥) 모양을 본떠서

돼지 해

또 돼지는 열두째 지지니 열두째 지지 해

+ 亠(머리 부분 두)

활용어휘 亥時(해시), 亥月(해월)

---

③

該

13획 / 부수 言

該 該 該 該 該 該 該 該
該 該 該 該 該

말(言)을 살찐 **돼지**(亥)처럼 넓게 갖추어 바로 그것이라 하니

넓을 해, 갖출 해, 그 해

+ 言(말씀 언)

활용어휘 該博(해박), 該當(해당), 該校(해교)

---

④

核

10획 / 부수 木

核 核 核 核 核 核 核 核
核 核

나무(木) 열매에서 **돼지**(亥)가죽처럼 단단한 껍질로
둘러싸인 씨나 알맹이니 씨 핵, 알맹이 핵

+ 木(나무 목)

활용어휘 核家族(핵가족), 核武器(핵무기), 核心(핵심)

---

④

刻

8획 / 부수 刀(刂)

刻 刻 刻 刻 刻 刻 刻 刻

돼지(亥) 뼈에 **칼**(刂)로 새기니 새길 각

또 숫자를 새겨 나타내는 시각이니 시각 각

+ 요즘 시계도 눈금을 새겨 시각을 나타내기도 하지요. 1각은 15분.
+ 刂(칼 도 방)

활용어휘 刻薄(각박), 木刻(목각), 深刻(심각), 遲刻(지각)

6॥
高
10획 / 제부수
高高高高高高高高 高高

높은 누각(🏛 → 高)을 본떠서 **높을 고**

+ ⼇는 지붕, 口는 창틀, 冂은 받친 기둥, 口는 출입구.

활용어휘 高價(고가), 高潔(고결), 提高(제고), 最高(최고)

3॥
稿
15획 / 부수 禾
稿稿稿稿稿稿稿稿 稿稿稿稿稿稿稿

벼(禾)를 수확하고 **높이**(高) 쌓아 놓은 볏짚이니 **볏짚 고**

또 볏짚이 무엇의 재료가 되듯 책의 재료가 되는 원고니
원고 고

+ 옛날이나 지금이나 볏짚은 여러 용도로 쓰입니다.
+ 禾(벼 화)

활용어휘 稿料(고료), 玉稿(옥고), 遺稿(유고), 投稿(투고)

3॥
豪
14획 / 부수 豕
豪豪豪豪豪豪豪豪 豪豪豪豪豪豪

힘센(亠) 멧**돼지**(豕)처럼 굳세고 뛰어난 호걸이니
호걸 호, 굳셀 호

+ 돼지는 머리나 주둥이로 밀거나 파고 다니지요.
+ 亠[높을 고(高)의 획 줄임], 豕(돼지 시)

활용어휘 豪傑(호걸), 豪氣(호기), 豪華(호화), 強豪(강호)

3
毫
11획 / 부수 毛
毫毫毫毫毫毫毫毫 毫毫毫

높이(亠) 자란 가는 **털**(毛)이니 **가는 털 호**

또 가는 털로 만든 붓이니 **붓 호**

+ 털은 가늘어야 부드럽고 따뜻하여 여러 용도로 쓸 수 있지요.
+ 毛(털 모)

활용어휘 毫末(호말), 一毫(일호), 秋毫(추호), 揮毫(휘호)

높은(🅰️) 학문을 배운 아들(子)이 행복을 누리니 누릴 향

+ 🅰️[높을 고(高)의 획 줄임], 子(아들 자, 첫째 지지 자, 자네 자, 접미사 자)

활용어휘 享年(향년), 享樂(향락), 享有(향유), 祭享(제향)

높은(🅰️) 학문을 마치면(了) 만사형통하니 형통할 형

+ 형통(亨通)하다 - 모든 일이 뜻과 같이 잘되어 가다.
+ 了(마칠 료), 通(통할 통)

활용어휘 亨運(형운), 元亨利貞(원형이정)

높이(高) 지어 장정(丁)들이 쉬도록 한 정자니 정자 정

+ 정자(亭子) - 경치가 좋은 곳에 놀거나 쉬기 위하여 벽이 없이 기둥과 지붕으로만 지은 집.
+ 🅰️[높을 고(高)의 획 줄임], 丁(고무래 정, 못 정, 장정 정, 넷째 천간 정)

활용어휘 亭閣(정각), 樓亭(누정)

사람(亻)이 정자(亭)에 머무르니 머무를 정

+ 亻(사람 인 변)

활용어휘 停止(정지), 停車(정차), 停滯(정체), 調停(조정)

---

③

敦

12획 / 부수 攵(攴)

敦敦敦敦敦敦敦敦
敦敦敦敦

행복을 **누리도록(享) 치면서(攵)** 가르치는 부모의 마음처럼 도타우니 도타울 **돈**

+ 도탑다 - 사랑이나 인정이 많고 깊다.
+ 攵(칠 복, = 攴)

활용어휘 敦篤(돈독), 敦厚(돈후)

---

③

郭

11획 / 부수 邑(阝)

郭郭郭郭郭郭郭郭
郭郭郭

행복을 **누리도록(享) 고을(阝)**마다 쌓은 성곽이니 성곽 **곽**

또 성곽의 둘레니 둘레 **곽**

+ 성곽(城郭) - ㉠ 내성(內城)과 외성(外城)을 통틀어 이르는 말. ㉡ 성.
+ 阝(고을 읍 방), 城(성 성), 內(안 내, 나인 나), 外(밖 외)

활용어휘 郭內(곽내), 郭外(곽외), 輪郭線(윤곽선)

---

③

孰

11획 / 부수 子

孰孰孰孰孰孰孰孰
孰孰孰

행복을 **누리며(享) 둥글게(丸)** 살기를 바라는 누구니 누구 **숙**

+ 비 執(잡을 집, 집행할 집) - 제목번호 160 참고
+ 丸(둥글 환, 알 환)

활용어휘 孰誰(숙수), 孰若(숙약), 孰知(숙지)

---

③Ⅱ

熟

15획 / 부수 火(灬)

熟熟熟熟熟熟熟熟
熟熟熟熟熟熟熟

누구(孰)나 불(灬)에는 익으니 익을 **숙**

또 몸에 익도록 익혀 익숙하니 익숙할 **숙**

+ 비 熱(더울 열) - 제목번호 096 참고
+ 灬(불 화 발)

활용어휘 熟考(숙고), 熟成(숙성), 熟達(숙달), 親熟(친숙)

6

京

8획 / 부수 ㄹ

京 京 京 京 京 京 京 京

높은(ㅗ) 곳에도 **작은(小)** 집들이 많은 서울이니 서울 **경**

+ 지금은 많이 좋아졌지만 옛날에 서울 같은 큰 도시는 땅이 부족하여 높은 곳까지 집을 짓고 살았지요.
+ ㅗ[높을 고(高)의 획 줄임]

활용어휘 京城(경성), 歸京(귀경), 上京(상경), 在京(재경)

3

諒

15획 / 부수 言

諒 諒 諒 諒 諒 諒 諒 諒
諒 諒 諒 諒 諒 諒 諒

말(言)도 **서울(京)**에서는 살펴서 해야 믿으니
살필 **량(양)**, 믿을 **량(양)**

+ 言(말씀 언)

활용어휘 諒知(양지), 諒察(양찰), 諒解(양해), 海諒(해량)

3Ⅱ

涼

11획 / 부수 水(氵)

涼 涼 涼 涼 涼 涼 涼 涼
涼 涼 涼

물(氵) 있는 곳은 **서울(京)**도 서늘하니 서늘할 **량(양)**

+ 凉 涼 - 얼음(冫)이 얼면 서울(京)도 서늘하니 '서늘할 량(양)'

활용어휘 納涼(납량), 炎涼(염량), 淸涼(청량), 荒涼(황량)

3

掠

11획 / 부수 手(扌)

掠 掠 掠 掠 掠 掠 掠
掠 掠 掠

손(扌)으로도 **서울(京)**에서는 잘 노략질하니
노략질할 **략(약)**

+ 노략(擄掠) - 떼를 지어 다니며 재물을 빼앗음.
+ 擄(노략질 노)

활용어휘 掠奪(약탈), 攻掠(공략), 侵掠(침략)

4

就

12획 / 부수 尢

就 就 就 就 就 就 就
就 就 就 就

(벼슬자리가 많은) **서울(京)**로 **더욱(尢)** 나아가 꿈을 이루니
나아갈 **취**, 이룰 **취**

+ 尢(더욱 우, 허물 우) - 제목번호 108 참고

활용어휘 就業(취업), 就任(취임), 就寢(취침), 成就(성취)

景

12획 / 부수 日

景 景 景 景 景 景 景 景
景 景 景 景

햇(日)볕이 서울(京)을 비추면 드러나는 경치가 크니

볕 경, 경치 경, 클 경

+ 日(해 일, 날 일)

활용어휘 景光(경광), 景致(경치), 景福宮(경복궁)

3II

影

15획 / 부수 彡

影 影 影 影 影 影 影 影
影 影 影 影 影 影 影

볕(景)을 가려 머릿결(彡)처럼 아른거리는 그림자니

그림자 영

+ 彡(터럭 삼, 긴머리 삼)

활용어휘 影寫(영사), 影響(영향), 無影(무영), 投影(투영)

---

178 요소첨 교교교(夭笑添 喬橋矯) - 夭와 喬로 된 한자

1

夭

4획 / 부수 大

夭 夭 夭 夭

위(丿)로 크게(大) 자라나는 모양이 젊고 예쁘니

젊을 요, 예쁠 요

또 기울어(丿) 큰(大) 뜻을 펼치지 못하고 일찍 죽으니

일찍 죽을 요

+ 丿(삐침 별), 大(큰 대)

활용어휘 *夭夭(요요), *夭桃(요도), *夭折(요절)

4II

笑

10획 / 부수 竹(⺮)

笑 笑 笑 笑 笑 笑 笑 笑
笑 笑

대(⺮)가 구부러지듯 허리 굽혀 예쁘게(夭) 웃으니

웃을 소

+ 누구나 웃는 모습은 예쁘지요.

활용어휘 苦笑(고소), 談笑(담소), 微笑(미소), 爆笑(폭소)

添

11획 / 부수 水(氵)

添添添添添添添添
添添添

물(氵)으로 오른 젊은이(夭)의 마음(忄)처럼 기쁨을 더하니
더할 첨

✚ 忄 – 마음 심, 중심 심(心)이 글자의 발에 붙는 부수로 쓰일 때의
모양으로 '마음 심 발'

활용어휘 添加(첨가), 添附(첨부), 添削(첨삭), 別添(별첨)

12획 / 부수 口

喬喬喬喬喬喬喬喬
喬喬喬喬

젊은(夭) 사람이 높이(高) 올라가 높으니 **높을 교**

✚ 高[높을 고(高)의 획 줄임]

활용어휘 *喬幹(교간), *喬林(교림), *喬嶽(교악)

橋

16획 / 부수 木

橋橋橋橋橋橋橋橋
橋橋橋橋橋橋橋橋

나무(木)로 높이(喬) 걸쳐 만든 다리니 **다리 교**

✚ 건축 자재가 귀했던 옛날에는 다리도 나무로 놓았지요.
✚ 木(나무 목)

활용어휘 橋脚(교각), 橋梁(교량), 架橋(가교), 陸橋(육교)

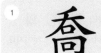

17획 / 부수 矢

矯矯矯矯矯矯矯
矯矯矯矯矯矯矯矯
矯

화살(矢)을 높이(喬) 쏘려고 곧게 바로잡으니
바로잡을 교

✚ 화살은 곧아야 높이나 멀리 나가지요.
✚ 矢(화살 시)

활용어휘 矯角殺牛(교각살우), 矯導(교도), 矯正(교정)

6획 / 제부수

衣衣衣衣衣衣

동정과 옷고름 있는 저고리를 본떠서 옷 의

+ '옷 의(衣)'는 옷을 대표하거나 윗옷을 말함.

+ 부수로 쓰일 때는 '옷 의 변(衤)'이니, 보일 시, 신 시(示)가 부수로 쓰일 때의 '보일 시, 신 시 변(礻)'과 혼동하지 마세요.

활용어휘 衣類(의류), 衣服(의복), 衣裳(의상), 脫衣(탈의)

8획 / 부수 人(亻)

依依依依依依依依

사람(亻)이 옷(衣)에 의지하듯 의지하니 의지할 의

+ 옷으로 추위를 막고 부끄러운 부분을 가리니 옷에 의지한 것이지요.

활용어휘 依據(의거), 依存(의존), 依支(의지), 依他(의타)

6II

表

8획 / 부수 衣

表表表表表表表表

흙(土)이 옷(衣)에 묻은 겉이니 겉 표

+ 土(흙 토)

활용어휘 表面(표면), 表情(표정), 表題(표제), 公表(공표)

3II

哀

9획 / 부수 口

哀哀哀哀哀哀哀哀
哀

옷(衣)에 입(口)을 가리고 울 정도로 슬프니 슬플 애

+ '구멍(口)난 옷(衣)을 입은 사람은 추워 슬프다는 데서 슬플 애(哀)'라고도 합니다.

활용어휘 哀切(애절), 哀痛(애통), 哀歡(애환), 悲哀(비애)

3II

衰

10획 / 부수 衣

衰衰衰衰衰衰衰衰
衰衰

옷(衣)을 추하게(丑) 입은 듯 기운이 쇠하니 쇠할 쇠

또 쇠한 모양으로 입는 상복이니 상복 최

+ 상복(喪服) - 사람이 죽었을 때 상주가 입는 옷.

+ 丑(소 축, 추할 추, 둘째 지지 축) - 제목번호 202 참고, 喪(초상 날 상, 잃을 상), 服(옷 복, 먹을 복, 복종할 복)

활용어휘 衰骨(쇠골), 衰弱(쇠약), 老衰(노쇠), *齋衰(재최)

1ll

袁

10획 / 부수 衣

袁 袁 袁 袁 袁 袁 袁 袁
袁 袁

한(一) 벌씩 옷(衣)을 식구(口) 수대로 챙기니
옷 챙길 원, 성씨 원

＋ 口(입 구, 말할 구, 구멍 구)

6

遠

14획 / 부수 辵(辶)

遠 遠 遠 遠 遠 遠 遠
遠 遠 遠 遠 遠 遠

옷 챙겨(袁) 가야(辶) 할 만큼 머니 **멀 원**

＋ 辶(뛸 착, 갈 착, = 辶)

활용어휘 遠隔(원격), 遠近(원근), 永遠(영원), 不遠(불원)

6

園

13획 / 부수 囗

園 園 園 園 園 園 園 園
園 園 園 園 園

옷 챙겨(袁) 싸듯 울타리를 친(囗) 동산이나 밭이니
동산 원, 밭 원

＋ 園은 주로 과수를 심는 밭이나 정원, 苑(동산 원)은 짐승을 기르
는 곳.

활용어휘 園藝(원예), 公園(공원), 樂園(낙원), 庭園(정원)

4ll

制

8획 / 부수 刀(刂)

制 制 制 制 制 制 制 制

소(牛)고기나 천(巾)을 칼(刂)로 자르는 제도니 **제도 제**
또 제도에 맞도록 억제하니 **억제할 제**

＋ 牛(소 우), 巾('수건 건'이지만 여기서는 '천'으로 봄), 刂(칼 도 방)

활용어휘 制約(제약), 制動(제동), 制壓(제압), 制御(제어)

4ll

製

14획 / 부수 衣

製 製 製 製 製 製 製
製 製 製 製 製

제도(制)에 따라 옷(衣)을 지어 만드니
지을 제, 만들 제

활용어휘 製作(제작), 製品(제품), 手製(수제), 外製(외제)

특II

舛

6획 / 제부수

舛 舛 舛 舛 舛 舛

저녁(夕)에는 어두워 **하나(一)**씩 **덮어(ㄴ) 뚫어도(丨)**
어긋나니 **어긋날 천**

＋ 夕(저녁 석), ㄴ(감출 혜, 덮을 혜, ＝ 匸), 丨(뚫을 곤)

활용어휘 *舛逆(천역), *舛誤(천오), *舛訛(천와)

1II

舜

12획 / 부수 舛

舜 舜 舜 舜 舜 舜 舜 舜
舜 舜 舜 舜

손톱(爫) 같은 꽃잎에 **덮여(冖) 어긋나게(舛)** 여기저기
꽃피는 무궁화니 **무궁화 순**

또 중국에서 성군(聖君)으로 꼽히는 순임금도 나타내어
순임금 순

활용어휘 *堯舜(요순)

3II

瞬

17획 / 부수 目

瞬 瞬 瞬 瞬 瞬 瞬 瞬 瞬
瞬 瞬 瞬 瞬 瞬 瞬 瞬 瞬
瞬

눈(目) 깜짝할 사이에 **무궁화(舜)**는 피고 지니
눈 깜짝할 순

＋ 目(눈 목, 볼 목, 항목 목)

활용어휘 瞬間(순간), 瞬發力(순발력), 瞬息間(순식간)

1II

桀

10획 / 부수 木

桀 桀 桀 桀 桀 桀 桀 桀
桀 桀

어긋난(舛) 사람을 **나무(木)** 위에 매달아 벌줌이
사나우니 **사나울 걸**

또 사납기로 대표적인 걸 임금이니 **걸 임금 걸**

활용어휘 *姦桀(간걸)

4

傑

12획 / 부수 人(亻)

傑 傑 傑 傑 傑 傑 傑
傑 傑 傑 傑

사람(亻)이 **사납게(桀)** 무엇에 열중하면 뛰어나니
뛰어날 걸

＋ 图杰 – 나무(木)가 불(灬)타듯이 열성적이면 뛰어나니 '뛰어날 걸'
＋ 마음이 약하면 뛰어나지 못하지요. 한 번 결심하면 어떤 어려움도
극복하는 사나움이 있어야 뛰어나게 된다는 어원은 우리에게 많
은 교훈을 주네요.

활용어휘 傑作(걸작), 傑出(걸출), 俊傑(준걸), 豪傑(호걸)

참

粦

12획 / 부수 米

粦 粦 粦 粦 米 米 米 米
米 米 粦 粦

쌀(米)알처럼 작은 불이 서로 **어긋나게(舛)** 날며 반짝이는
반딧불이니 반딧불 **린(인)**

+ 米(쌀 미)

3

隣

15획 / 부수 阜(阝)

隣 隣 隣 隣 隣 隣 隣 隣
隣 隣 隣 隣 隣 隣 隣

언덕(阝)에 **반딧불(粦)**이 어우러져 반짝이듯
서로 어우러져 사는 이웃이니 이웃 **린(인)**

+ 阝(언덕 부 변)

활용어휘 隣近(인근), 隣接(인접), 近隣(근린), 善隣(선린)

3

憐

15획 / 부수 心(忄)

憐 憐 憐 憐 憐 憐 憐 憐
憐 憐 憐 憐 憐 憐 憐

마음(忄)에 **반딧불(粦)** 깜빡이듯 불쌍히 여기는 마음이 드니
불쌍히 여길 **련(연)**

+ 忄(마음 심 변)

활용어휘 憐憫(연민), 可憐(가련), 垂憐(수련), 相憐(상련)

5

無

12획 / 부수 火(灬)

無 無 無 無 無 無 無 無
無 無 無 無

장작더미를 **쌓아서(血)** 그 밑에 **불(灬)**을 지핀 모양으로
불타면 없으니 없을 **무**

+ 약 无 – 하늘(一)과 땅(一) 사이에 사람(丿)도 없으니 '없을 무'
　无 – 하나(一)도 감춘(乚) 사람(丿)이 없으니 '없을 무'
+ 灬(불 화 발), 乚(감출 혜, 덮을 혜, = 匸)

활용어휘 無難(무난), 無能(무능), 無線(무선), 無情(무정)

4

舞

14획 / 부수 舛

舞 舞 舞 舞 舞 舞 舞 舞
舞 舞 舞 舞 舞 舞

정신 **없이(無)** 발을 **어긋나게(舛)** 디디며 춤추니
춤출 **무**

+ 無[없을 무(無)의 획 줄임], 舛(어긋날 천)

활용어휘 舞臺(무대), 歌舞(가무), 鼓舞(고무), 僧舞(승무)

짐승의 꼬리털을 본떠서 **털 모**

활용어휘 毛髮(모발), 毛皮(모피), 脫毛(탈모)

4획 / 제부수
毛 毛 毛 毛

손가락을 편 손을 본떠서 **손 수**
또 손으로 하는 재주나 재주 있는 사람을 가리켜서
재주 수, 재주 있는 사람 수

+ 부수로 쓰일 때는 '손 수 변(扌)'입니다.

활용어휘 手記(수기), 手足(수족), 手法(수법), 選手(선수)

4획 / 제부수
手 手 手 手

拜

손(扌)과 손(扌)을 하나(一)로 모으고 하는 절이니 **절 배**

+ 扌, 手[손 수, 재주 수, 재주 있는 사람 수(手)의 변형]

활용어휘 敬拜(경배), 禮拜(예배), 歲拜(세배), 崇拜(숭배)

9획 / 부수 手
拜 拜 拜 拜 拜 拜 拜 拜
拜

邦

풀 무성하듯(丰) 고을(阝)이 번성하여 이루어지는 나라니
나라 방

+ 丰[풀 무성할 봉, 예쁠 봉, 풍성할 풍(丰)의 변형], 阝(고을 읍 방)

활용어휘 邦境(방경), 聯邦(연방), 友邦(우방), 合邦(합방)

7획 / 부수 邑(阝)
邦 邦 邦 邦 邦 邦 邦

才

3획 / 제부수

一 十 才

땅(一)에 초목(丨)의 싹(丿)이 자라나듯이 그런 바탕이나 재주나 재주 있는 사람이니

바탕 **재**, 재주 **재**, 재주 있는 사람 **재**

＋ 처음에는 작지만 꽃도 피고 열매도 맺고 큰 재목도 되는 초목처럼, 사람에게도 그런 재주와 바탕이 있다는 데서 만들어진 한자.

＋ 삐침 별(丿)을 우측 위에서 좌측 아래로 그으면 '재주 재, 바탕 재(才)', 좌측 아래에서 우측 위로 그으면 '손 수 변(扌)'

활용어휘 才能(재능), 才致(재치), 秀才(수재), 天才(천재)

材

7획 / 부수 木

材 材 材 材 材 材 材

나무(木)가 바탕(才)이 되는 재목이나 재료니

재목 **재**, 재료 **재**

활용어휘 材木(재목), 材料(재료), 骨材(골재), 敎材(교재)

財

10획 / 부수 貝

財 財 財 財 財 財 財 財
財 財

돈(貝) 버는 재주(才)가 있어 늘어나는 재물이니 재물 **재**

＋ 조개 패, 재물 패, 돈 패(貝)는 재물을 뜻하는 부수, 재물 재(財)는 재물을 뜻하는 한자

활용어휘 財務(재무), 財産(재산), 財源(재원), 蓄財(축재)

■ 도움말 ■

〈才와 材의 구별〉
'재주 재, 바탕 재(才)'는 눈으로 볼 수 없는 본바탕의 재주고, '재목 재, 재료 재(材)'는 무엇을 만들 때의 재료를 말합니다. 옛날에는 대부분의 재료가 나무였기 때문에 글자에 나무 목(木)이 들어가지요.

8

3획 / 제부수
寸 寸 寸

손목(⺕ → ⺕)에서 **맥박**(丶)이 뛰는 곳까지의 마디니
마디 촌

또 마디마디 살피는 법도니 법도 촌

+ '법도 촌'으로는 주로 한자 어원에 사용됩니다.
+ 1촌은 손목에서 손가락 하나를 끼워 넣을 수 있는 거리에 있는
맥박이 뛰는 곳까지니, 손가락 하나의 폭으로 약 3cm입니다. 1촌
= 1치, 1자의 1/10.

활용어휘 寸刻(촌각), 寸劇(촌극), 寸數(촌수), 寸志(촌지)

7

7획 / 부수 木
 十 十 村 村 村 村 村

나무(木)를 마디**마디**(寸) 이용하여 집을 지은 마을이니
마을 촌

+ 木(나무 목)

활용어휘 村家(촌가), 江村(강촌), 農村(농촌), 富村(부촌)

4

10획 / 부수 言
討 討 討 討 討 討 討 討
討 討

말(言)로 마디**마디**(寸) 치며 토론하니
칠 토, 토론할 토

+ 토론(討論) - 어떤 문제에 대하여 여러 사람이 의견을 내세워
그것의 정당함을 논함. 또는 그 논의.
+ 言(말씀 언), 論(논의할 론, 평할 론)

활용어휘 討伐(토벌), 聲討(성토), 討議(토의), 檢討(검토)

4II

6획 / 부수 宀
守 守 守 守 守 守

집(宀)에서도 **법도**(寸)는 지키니 지킬 수

+ 宀(집 면)

활용어휘 守舊(수구), 守備(수비), 守衛(수위), 守護(수호)

3II

付

5획 / 부수 人(亻)

付 付 什 付 付

사람(亻)들은 촌(寸)수 가까운 친척끼리 서로 주기도 하고 부탁도 하니 **줄 부, 부탁할 부**

활용어휘 交付(교부), 發付(발부), 付託(부탁), 結付(결부)

3II

附

8획 / 부수 阜(阝)

附 附 附 附 附 附 附 附

언덕(阝)이 산에 **부탁하는(付)** 모양으로 붙어 가까이 하니 **붙을 부, 가까이 할 부**

+ 阝(언덕 부 변)

활용어휘 附錄(부록), 附屬(부속), 附合(부합), 阿附(아부)

3II

符

11획 / 부수 竹(⺮)

符 符 符 符 符 符 符 符
符 符 符

대(⺮)쪽에 글을 똑같이 써 **주었다가(付)** 나중에 증거로 삼는 부절이나 부호니 **부절 부, 부호 부**

또 부절처럼 들어맞으니 **들어맞을 부**

+ 부절(不節) - 제목번호 149 卩의 주 참고

활용어휘 符籍(부적), 符合(부합), 符號(부호)

4II

府

8획 / 부수 广

府 府 府 府 府 府 府 府

집(广) 중 문서를 **주고(付)**받는 관청이 있는 마을이니 **관청 부, 마을 부**

또 집(广)에 **준(付)** 물건을 넣어 두는 창고니 **창고 부**

+ '마을 부'로는 옛날 행정 구역의 하나로 쓰였지요.
+ 广(집 엄)

활용어휘 政府(정부), 漢城府(한성부), 府庫(부고)

3II

腐

14획 / 부수 肉

腐 腐 腐 腐 腐 腐 腐
腐 腐 腐 腐 腐 腐

창고(府)에 있는 **고기(肉)**도 오래되면 썩으니 **썩을 부**

+ 肉(고기 육) - 제목번호 245 참고

활용어휘 *腐蝕(부식), 腐敗(부패), 豆腐(두부), 陳腐(진부)

寺

4II

6획 / 부수 寸

寺 寺 寺 寺 寺 寺

땅(土)에 법도(寸)를 지키며, 수도하거나 일하도록 지은 절이나 관청이니 **절 사, 관청 시**

+ 어느 사회에나 일정한 규칙이 있지만 절 같은 사원(寺院)이 더욱 엄격하지요.
+ 사원(寺院) - 종교의 교당을 통틀어 이르는 말.
+ 土(흙 토), 院(집 원, 관청 원)

활용어휘 *寺刹(사찰), 山寺(산사), 寺正(시정)

詩

4II

13획 / 부수 言

詩 詩 詩 詩 詩 詩 詩 詩 詩 詩 詩 詩 詩

말(言)을 아끼고 절(寺)에서처럼 경건하게 짓는 시니 **시 시**

+ 시는 다른 문학 장르보다 말을 아끼고 경건하게 지으니, 시를 '언어(言語)의 사원(寺院)'이라고도 하지요.
+ 言(말씀 언), 語(말씀 어)

활용어휘 詩想(시상), 詩心(시심), 詩人(시인), 童詩(동시)

時

7II

10획 / 부수 日

時 時 時 時 時 時 時 時 時 時

(해시계로 시간을 재던 때에) 해(日)의 위치에 따라 절(寺)에서 종을 쳐 알리는 때니 **때 시**

+ 시계가 없었던 옛날에는 해의 위치에 따라 시간을 짐작했답니다. 지금도 절에서 일정한 시간에 종이나 북을 치지요.

활용어휘 時計(시계), 時差(시차), 臨時(임시), 常時(상시)

侍

3II

8획 / 부수 人(亻)

侍 侍 侍 侍 侍 侍 侍 侍

사람(亻)이 절(寺)에서 부처님을 모시듯 모시니 **모실 시**

+ 亻(사람 인 변)

활용어휘 侍女(시녀), 侍史(시사), 內侍(내시), 侍下(시하)

持

4

9획 / 부수 手(扌)

持 持 持 持 持 持 持 持 持

손(扌)에 절(寺)에서 염주를 가지듯 가지니 **가질 지**

+ 扌(손 수 변)

활용어휘 持見(지견), 持病(지병), 持分(지분), 所持(소지)

待

9획 / 부수 彳

待 待 待 待 待 待 待 待
待

천천히 걸어(彳) 절(寺)에 가며 뒤에 오는 사람을
대접하여 같이 가려고 기다리니 **대접할 대, 기다릴 대**

＋ 彳(조금 걸을 척)

활용어휘 待接(대접), 招待(초대), 待期(대기), 苦待(고대)

特

10획 / 부수 牛(牜)

特 特 特 特 特 特 特 特
特 特

소(牛)가 절(寺)에 가는 일처럼 특별하니 **특별할 특**

＋ 특별(特別) – 보통과 구별되게 다름.
＋ 牜 – 소 우(牛)가 부수로 쓰일 때의 모양으로 '소 우 변'
＋ 別(나눌 별, 다를 별)

활용어휘 特講(특강), 特技(특기), 特徵(특징), 特出(특출)

等

12획 / 부수 竹(⺮)

等 等 等 等 等 等 等
等 等 等 等

대(⺮)가 절(寺) 주변에 같은 무리를 이루고 차례로 서 있으니
같을 등, 무리 등, 차례 등

＋ 자주 쓰이니 세 뜻을 모두 알아두세요.
＋ ⺮(대 죽)

활용어휘 等號(등호), 平等(평등), 吾等(오등), 等級(등급)

6Ⅱ

身

7획 / 제부수

身 身 身 身 身 身 身

아이 밴 여자의 몸(月)을 본떠서 **몸 신**

활용어휘 身邊(신변), 身分(신분), 身體(신체), 全身(전신)

4

窮

15획 / 부수 穴

窮 窮 窮 窮 窮 窮 窮 窮
窮 窮 窮 窮 窮 窮 窮

구멍(穴)에서 **몸**(身)을 **활**(弓)처럼 웅크리고 사는 모양이
곤궁하니 **곤궁할 궁**

또 곤궁함을 벗어나려고 최선을 다하니 **다할 궁**

+ 곤궁(困窮) - ㉠ 가난하여 살림이 구차함.
　　　　　　 ㉡ 처지가 이러지도 저러지도 못하게 난처하고 딱함.
+ 穴(구멍 혈, 굴 혈), 弓(활 궁), 困(곤란할 곤)

활용어휘 窮極(궁극), 窮理(궁리), 無窮花(무궁화)

4

射

10획 / 부수 寸

射 射 射 射 射 射 射 射
射 射

활이나 총을 **몸**(身)에 대고 조준하여 손**마디**(寸)로 당겨 쏘니
쏠 사

+ 寸(마디 촌, 법도 촌)

활용어휘 射擊(사격), 反射(반사), 發射(발사), 注射(주사)

4Ⅱ

謝

17획 / 부수 言

謝 謝 謝 謝 謝 謝 謝 謝
謝 謝 謝 謝 謝 謝 謝 謝
謝

말(言)을 **쏘듯이**(射) 갈라 끊어 분명하게 사례하고
사절하며 비니 **사례할 사, 사절할 사, 빌 사**

+ 言(말씀 언)

활용어휘 謝禮(사례), 謝絶(사절), 謝過(사과), 謝罪(사죄)

3II

壽

14획 / 부수 士

선비(士)도 하나(ㅡ)같이 **장인(工)도 하나(一)같이**
입(口)으로 먹으며 마디**마디(寸)** 이어가는 목숨이고
나이니 목숨 **수**, 나이 **수**

또 목숨을 이어 장수하니 장수할 **수**

+ 얜 寿 – 예쁘게(丰) 법도(寸)를 지키며 이어가는 목숨이고 나이니
　　　 '목숨 수, 나이 수'
　　　 또 목숨을 이어 장수하니 '장수할 수'
+ 士(선비 사, 군사 사, 칭호나 직업에 붙이는 말 사), ㅡ [한 일(一)
　 의 변형], 工(장인 공, 만들 공, 연장 공), 寸(마디 촌, 법도 촌),
　 丰[풀 무성할 봉, 예쁠 봉, 풍성할 풍(丰)의 변형]

활용어휘 壽命(수명), 減壽(감수), 天壽(천수), 長壽(장수)

3II

鑄

22획 / 부수 金

쇠(金)를 오래(壽) 녹여 부어 만드니
쇠 부어 만들 **주**

+ 얜 鋳
+ 金(쇠 금, 금 금, 돈 금, 성씨 김)

활용어휘 鑄物(주물), 鑄造(주조), 鑄鐵(주철), 鑄貨(주화)

특

丰

4획 / 부수 丨

丰 丰 丰 丰

풀이 무성하게 자라 예쁘니 **풀 무성할 봉, 예쁠 봉**
또 재물이 **삼**(三)대까지 **이어질**(丨) 정도로 풍성하니
풍성할 풍

참

夆

7획 / 부수 夂

夆 夆 夆 夆 夆 夆 夆

뒤져오더라도(夂) **예쁜**(丰) 것을 이끌어 만나니
이끌 봉, 만날 봉

+ 夂(천천히 걸을 쇠, 뒤져올 치)

특II

峰

10획 / 부수 山

峰 峰 峰 峰 峰 峰 峰 峰
峰 峰

산(山)등성이가 **만나**(夆) 이루어진 산봉우리니
산봉우리 봉

+ 山(산 산)

활용어휘 *雪峰(설봉), *雲峰(운봉), *最高峰(최고봉)

3

蜂

13획 / 부수 虫

蜂 蜂 蜂 蜂 蜂 蜂 蜂 蜂
蜂 蜂 蜂 蜂 蜂

벌레(虫) 중 서로 **만나**(夆) 무리지어 사는 벌이니 **벌 봉**
+ 벌은 여왕을 중심으로 수만 마리가 모여 살지요.
+ 虫[벌레 충(蟲)의 속자와 부수]

활용어휘 蜂起(봉기), 分蜂(분봉), 養蜂(양봉)

3II

逢

11획 / 부수 辵(辶)

逢 逢 逢 逢 逢 逢 逢 逢
逢 逢 逢

필요한 물건이나 사람을 이끌고(夆) **가서**(辶) 만나니
만날 봉

+ 辶(뛸 착, 갈 착, = 辶)

활용어휘 逢變(봉변), 逢別(봉별), 逢着(봉착), 相逢(상봉)

3II

契

9획 / 부수 大

契 契 契 契 契 契 契
契

어지럽지(丰) 않도록 **칼(刀)**로 **크게(大)** 새겨 확실하게 맺으니 **맺을 계**
또 **어지럽게(丰) 칼(刀)**들고 **크게(大)** 싸우던 부족 이름이니 **부족 이름 글**

+ 丰[풀 무성할 봉, 예쁠 봉, 풍성할 풍(丰)의 변형] – 무성하니 어지럽다는 뜻도 되지요.

활용어휘 契機(계기), 契約(계약), 契丹(글단 → 거란)

4II

潔

15획 / 부수 水(氵)

潔 潔 潔 潔 潔 潔 潔 潔
潔 潔 潔 潔 潔 潔 潔

물(氵)로 **어지럽게(丰)** 더러워진 **칼(刀)**과 **실(糸)**을 씻어 깨끗하니 **깨끗할 결**

+ 糸(실 사, 실 사 변)

활용어휘 潔白(결백), 高潔(고결), 純潔(순결), 清潔(청결)

4

憲

16획 / 부수 心

憲 憲 憲 憲 憲 憲 憲 憲
憲 憲 憲 憲 憲 憲 憲 憲

집(宀)이나 나라의 **어지러운(丰)** 일을 **법망(罒)**으로 다스리기 위해 **마음(心)**을 다해 만든 법이니 **법 헌**

+ 법망(法網) – '법의 그물'로, 범죄자에 대한 제재를 물고기에 대한 그물로 비유하여 이르는 말.
+ 罒(그물 망), 法(법 법), 網(그물 망)

활용어휘 憲法(헌법), 憲章(헌장), 違憲(위헌) ↔ 合憲(합헌)

5II

害

10획 / 부수 宀

害 害 害 害 害 害 害 害
害 害

집(宀)에서 **어지럽게(丰)** **말하며(口)** 해치고 방해하니 **해칠 해, 방해할 해**

+ 宀(집 면)

활용어휘 害惡(해악), 害蟲(해충), 公害(공해), 妨害(방해)

3II

割

12획 / 부수 刀(刂)

割 割 割 割 割 割 割 割
割 割 割 割

해(害) 되는 것을 **칼(刂)**로 베어 나누니 **벨 할, 나눌 할**

+ 刂(칼 도 방)

활용어휘 割當(할당), 割引(할인), 割增(할증), 分割(분할)

| 3 | 又 | 2획 / 제부수 | 又 又 |

주먹을 쥔 오른손()을 본떠서 **오른손 우**

또 오른손은 또또 자주 쓰이니 **또 우**

+ 혜 叉(깍지 낄 차) - 1급
+ 글자를 만드는 데는 '오른손'의 뜻으로 많이 쓰이고, 실제 말에서
는 '또'라는 의미로 많이 쓰입니다.

활용어휘 又重之(우중지), 又況(우황), 又賴(우뢰)

| 5II | 友 | 4획 / 부수 又 | 友友友友 |

자주(ナ) 손(又) 잡으며 사귀는 벗이니 **벗 우**

+ 友는 같은 뜻의 벗, 朋(벗 붕, 무리 붕)은 같은 또래의 벗.
+ ナ ['열 십, 많을 십'의 변형]

활용어휘 友愛(우애), 友情(우정), 戰友(전우), 知友(지우)

| 6II | 反 | 4획 / 부수 又 | 反反反反 |

굴 바위(厂)처럼 덮인 것을 손(又)으로 거꾸로 뒤집으니
거꾸로 반, 뒤집을 반

+ 厂('굴 바위 엄, 언덕 엄'이지만 여기서는 덮어 가린 모양으로 봄)

활용어휘 反對(반대), 反抗(반항), 違反(위반), 反復(반복)

| 3II | 怪 | 8획 / 부수 心(忄) | 怪怪怪怪怪怪怪怪 |

마음(忄)이 또(又) 흙(土)처럼 흩어지면 괴이하니
괴이할 괴

+ 괴이(怪異) - 괴상하고 이상함. 이상야릇함.
+ 忄(마음 심 변), 土(흙 토), 異(다를 이)

활용어휘 怪物(괴물), 怪談(괴담), 怪疾(괴질), 怪漢(괴한)

| 3II | 桑 | 10획 / 부수 木 | 桑桑桑桑桑桑桑桑 桑桑 |

여러 손(又又又)으로 잎을 따 누에를 먹이는 **뽕나무**(木)니
뽕나무 상

+ 옙 桒 - 많이(十) 풀(艹)잎을 따 누에를 먹이는 뽕나무(木)니
'뽕나무 상'
+ 뽕나무 잎을 따서 누에를 기르지요.

활용어휘 桑果(상과), 桑田碧海(상전벽해)

5

板

8획 / 부수 木

板板板板板板板
板

나무(木)를 톱으로 켜면 **반대(反)**쪽으로 벌어지면서 생기는 널조각이니 널조각 **판**

+ 木(나무 목)

활용어휘 板書(판서), 板子(판자), 看板(간판), 黑板(흑판)

3II

版

8획 / 부수 片

版版版版版版版版

나무 **조각(片)**에 글자를 새겨 **뒤집어(反)** 인쇄하는 판목이니 인쇄할 **판**, 판목 **판**

+ 판목(版木) – 인쇄를 위하여 그림이나 글씨를 새긴 나무. 또는 그런 재료로 쓰는 목판.
+ 片(조각 편)

활용어휘 版權(판권), 版畫(판화), 木版(목판), 出版(출판)

3

販

11획 / 부수 貝

販販販販販販販販
販販販

재물(貝)을 **거꾸로(反)** 주듯 팔며 장사하니 팔 **판**, 장사할 **판**

+ 貝(조개 패, 재물 패, 돈 패)

활용어휘 販路(판로), 販促(판촉), 共販(공판), 總販(총판)

3

叛

9획 / 부수 又

叛叛叛叛叛叛叛
叛

반(半)씩 나누어도 **뒤집으며(反)** 배반하니 배반할 **반**

+ 半(반 반) – 제목번호 015 참고

활용어휘 叛骨(반골), 叛起(반기), 叛逆(반역), 謀叛(모반)

3

返

8획 / 부수 辶(辶)

返返返返返返返返

거꾸로(反) 가게(辶) 돌이키니 돌이킬 **반**

+ 辶(뛸 착, 갈 착, = 辶)

활용어휘 返納(반납), 返送(반송), 返品(반품), 返還(반환)

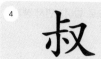

위(上)로 아버지보다 작은(小) 또(又) 다른 작은아버지나 아저씨니 작은아버지 숙, 아저씨 숙

4

8획 / 부수 又

叔 叔 叔 叔 叔 叔 叔 叔

+ 백중숙계(伯仲叔季) – 맏이는 맏 백(伯), 둘째는 버금 중(仲), 셋째는 작은아버지 숙(叔), 막내는 끝 계(季)로, 사형제를 차례로 이르는 말.
+ 上(위 상, 오를 상), 小(작을 소), 又(오른손 우, 또 우)

활용어휘 叔母(숙모), 叔父(숙부), 叔姪(숙질), 堂叔(당숙)

물(氵)처럼 아저씨(叔) 성품이 맑으니 맑을 숙

3II

11획 / 부수 水(氵)

淑 淑 淑 淑 淑 淑 淑 淑 淑 淑

+ 원래는 '물(氵)로만 자란 콩[叔 – 콩 숙(菽)의 축약형]나물은 맑고 깨끗하다는 데서 맑을 숙(淑)'입니다.

활용어휘 淑女(숙녀), 淑明(숙명), 貞淑(정숙)

집(宀)에 아저씨(叔)만 있는 듯 고요하니 고요할 적

3II

11획 / 부수 宀

寂 寂 寂 寂 寂 寂 寂 寂 寂 寂

+ 宀(집 면)

활용어휘 *寂寞(적막), 孤寂(고적), 靜寂(정적), 閑寂(한적)

아저씨(叔)가 보며(目) 감독하니 감독할 독

4II

13획 / 부수 目

督 督 督 督 督 督 督 督 督 督 督 督 督

+ 감독(監督) – 일이나 사람 등이 잘못되지 아니하도록 살피어 단속함. 또는 일 전체를 지휘함.
+ 目(눈 목, 볼 목, 항목 목), 監(볼 감)

활용어휘 督納(독납), 督勵(독려), 督促(독촉), 總督(총독)

4II

取

8획 / 부수 又

取 取 取 取 取 取 取 取

귀(耳)로 듣고 손(又)으로 취하여 가지니

취할 취, 가질 취

+ 원래는 적군을 죽이고 그 전공을 알리기 위하여 귀(耳)를 잘라 손 (又)으로 취하여 가져온다는 데서 생긴 한자지요. 일본에 가면 임 진왜란 때 잘라 간 귀를 묻은 이총(耳塚)이 있습니다.
+ 耳(귀 이), 又(오른손 우, 또 우), 塚(무덤 총)

활용어휘 取得(취득), 取消(취소), 攝取(섭취), 爭取(쟁취)

5

最

12획 / 부수 日

最 最 最 最 最 最 最
最 最 最 最

(무슨 일을 결정할 때) 여러 말(曰)을 취하여(取) 들음이

가장 최선이니 **가장 최**

+ 가로다 – '말하다'를 예스럽게 이르는 말.
+ 曰(가로 왈)

활용어휘 最強(최강), 最高(최고), 最古(최고), 最善(최선)

4

趣

15획 / 부수 走

趣 趣 趣 趣 趣 趣 趣 趣
趣 趣 趣 趣 趣 趣 趣

달려가(走) 취할(取) 정도로 느끼는 재미와 취미니

재미 취, 취미 취

+ 취미(趣味) – 전문적으로 하는 것이 아니라 즐기기 위하여 하는 일.
+ 走(달릴 주, 도망갈 주)

활용어휘 興趣(흥취), 趣旨(취지), 趣向(취향)

3II
皮
5획 / 제부수
皮皮皮皮皮

언덕(厂)처럼 둘러싸인 것을 칼(丨) 들고 손(又)으로 벗기는 가죽이니 **가죽 피**

또 가죽 같은 살갗의 피부니 **피부 피**

+ 厂('굴 바위 엄, 언덕 엄(厂)'의 변형이지만 여기서는 가죽으로 봄), 丨('뚫을 곤'이지만 여기서는 칼로 봄), 又(오른손 우, 또 우)

활용어휘 *皮膚(피부), 毛皮(모피), 鐵面皮(철면피)

3II
彼
8획 / 부수 彳
彼彼彼彼彼彼彼彼

벗겨 간(彳) 저 가죽(皮)이니 **저 피**

+ 자기를 중심으로 가까운 것은 '이 차(此)'고, 먼 것은 '저 피(彼)'입니다.
+ 彳(조금 걸을 척)

활용어휘 彼我(피아), 彼此(피차), 知彼知己(지피지기)

3II
被
10획 / 부수 衣(衤)
被被被被被被被被 被被

옷(衤)을 살가죽(皮)에 닿도록 입으니 **입을 피**

또 입은 것처럼 무슨 일을 당하니 **당할 피**

+ '옷(衤)을 가죽(皮)으로 만들어 입으니 입을 피'라고도 합니다.
+ 衤(옷 의 변)

활용어휘 被服(피복), 被擊(피격), 被告(피고), 被害(피해)

4II
波
8획 / 부수 水(氵)
波波波波波波波波

물(氵)의 가죽(皮)에서 치는 물결이니 **물결 파**

+ 물의 표면이 물의 가죽인 셈이지요.

활용어휘 波及(파급), 波紋(파문), 電波(전파), 寒波(한파)

4
疲
10획 / 부수 疒
疲疲疲疲疲疲疲疲 疲疲

병(疒)든 것처럼 살가죽(皮)에 드러나도록 피곤하니 **피곤할 피**

+ 피곤하면 피부도 거칠어지지요.
+ 疒(병들 녁)

활용어휘 疲困(피곤), 疲勞(피로), 疲弊(피폐)

1Ⅱ	**韋**
9획 / 제부수	

잘 다듬어진 가죽을 본떠서 **가죽 위**
또 서로 반대 방향으로 어기는 모양이니 **어길 위**

> **활용어휘** *韋編三絶(위편삼절)

5Ⅱ	**偉**
11획 / 부수 人(亻)	

보통 **사람**(亻)과 **달리**(韋) 크고 훌륭하니
클 위, 훌륭할 위

> **활용어휘** 偉功(위공), 偉大(위대), 偉力(위력), 偉人(위인)

3	**緯**
15획 / 부수 糸	

실(糸) 중 날실과 **어긋나게**(韋) 짜는 씨실이니 **씨실 위**

+ 만 經(지날 경, 날실 경, 경서 경) - 제목번호 282 참고
+ 베를 짤 때는 날실의 엇갈린 사이에 씨실을 담은 북이 왔다 갔다
  하지요. 길게 늘어뜨린 쪽의 실을 '날실 경(經)', 좁은 쪽의 실을
  '씨실 위(緯)'라 합니다.

> **활용어휘** 緯度(위도), 緯線(위선), 經緯(경위)

3	**違**
13획 / 부수 辶(辶)	

어긋나게(韋) **가며**(辶) 어기고 잘못하니
어길 위, 잘못 위

+ 辶(뛸 착, 갈 착, = 辶)

> **활용어휘** 違骨(위골), 違反(위반), 違約(위약), 非違(비위)

4	**圍**
12획 / 부수 囗	

가죽(韋)으로 둘레를 **둘러싸니**(囗)
둘레 위, 둘러쌀 위

+ 약 囲 - 우물틀(井)처럼 둘레를 둘러싸니(囗) '둘레 위, 둘러쌀 위'
+ 囗[에운담, 나라 국(國)의 약자], 井(우물 정, 우물틀 정)

> **활용어휘** 周圍(주위), 範圍(범위), 圍立(위립), 包圍(포위)

6

行

6획 / 제부수

行 行 行 行 行 行

사람이 다니며 일을 행하는 사거리를 본떠서
다닐 행, 행할 행

또 (친척의 이름에서 돌려) 다니며 쓰는 항렬이니 **항렬 항**

+ 행렬(行列) - ㉠ 여럿이 줄서서 감. 또는 그 줄.
　　　　　　 ㉡ 어떤 수를 몇 개의 행과 열로 나열한 표.
+ 항렬(行列) - ㉠ 같은 혈족에서 갈라져 나간 계통 사이의 대수 관계.
　　　　　　 ㉡ 형제 관계를 같은 항렬이라 함.
+ 列(벌일 렬, 줄 렬)

활용어휘 行人(행인), 行動(행동), 行爲(행위), 履行(이행)

3Ⅱ

衝

15획 / 부수 行

衝 衝 衝 衝 衝 衝 衝 衝
衝 衝 衝 衝 衝 衝 衝

무거운(重) 것을 들고 갈(行) 때처럼 잘 볼 수 없어 부딪치
고 찌르니 **부딪칠 충, 찌를 충**

+ 重(무거울 중, 귀중할 중, 거듭 중) - 제목번호 057 참고

활용어휘 衝擊(충격), 衝突(충돌), 緩衝(완충), 衝天(충천)

4Ⅱ

衛

15획 / 부수 行

衛 衛 衛 衛 衛 衛 衛 衛
衛 衛 衛 衛 衛 衛 衛

서로 **어긋나게(韋)** 바꿔 **다니며(行)** 지키니 **지킬 위**

+ 지키고 보호하기 위하여 보초를 서지요. 보초는 일정한 시간마다
　서로 엇갈려 가면서 서야, 즉 장소를 서로 교대하면서 서야 빈틈
　이 없다는 데서 만들어진 한자.

활용어휘 衛兵(위병), 衛生(위생), 防衛(방위), 守衛(수위)

3Ⅱ

衡

16획 / 부수 行

衡 衡 衡 衡 衡 衡 衡
衡 衡 衡 衡 衡 衡 衡 衡

물고기(魚)처럼 떠서 **움직이는(行)** 저울대니 **저울대 형**

+ 옛날 저울은 막대(저울대)에 추를 달아서 무게를 달도록 만들어,
　물건을 달 때는 저울대가 무게에 따라 움직였지요.
+ 魚[물고기 어(魚)의 변형]

활용어휘 衡平(형평), 均衡(균형), 平衡(평형)

3Ⅱ

乾

11획 / 부수 乙

乾 乾 乾 乾 乾 乾 乾 乾
乾 乾 乾

해 돋아(휵) 사람(ㅗ)과 새(乙) 등을 살게 하는 하늘이니 하늘 건

또 해 돋은 하늘에 물건은 마르니 마를 건

+ 휵 – 나무 사이에 해(日) 돋는 모양에서 '해 돋을 간'
　　　(어원 해설을 위한 참고자로 실제 쓰이는 한자는 아님)
+ ㅗ[사람 인(人)의 변형], 乙(새 을, 둘째 천간 을, 둘째 을, 굽을 을)

활용어휘 乾坤(건곤), 乾杯(건배), 乾燥(건조), 乾性(건성)

3Ⅱ

幹

13획 / 부수 干

幹 幹 幹 幹 幹 幹 幹 幹
幹 幹 幹 幹 幹

해 돋을(휵) 때부터 사람(人)과 방패(千)를 관리하는 간부니 간부 간

또 나무에서 간부 같은 줄기니 줄기 간

+ 千(방패 간, 범할 간, 얼마 간, 마를 간)

활용어휘 幹部(간부), 幹事(간사), 幹線(간선), 根幹(근간)

8

韓

17획 / 부수 韋

韓 韓 韓 韓 韓 韓 韓
韓 韓 韓 韓 韓 韓 韓
韓 韓 韓

해 돋는(휵) 동쪽의 위대한(韋) 한국이니 한국 한

+ 韋['가죽 위, 어길 위'지만 여기서는 '클 위, 훌륭할 위(偉)'의 획 줄임]

활용어휘 韓國(한국), 韓方(한방), 韓服(한복), 韓食(한식)

6

朝

12획 / 부수 月

朝 朝 朝 朝 朝 朝 朝
朝 朝 朝 朝

해 돋는(휵)데 아직 달(月)도 있는 아침이니 아침 조
또 (신하는) 아침마다 조정에 나가 임금을 뵈었으니
조정 조, 뵐 조

+ 뵙다 – 웃어른을 대하여 보다.
+ 月(달 월, 육 달 월)

활용어휘 朝刊(조간), 朝飯(조반), 朝廷(조정), 朝會(조회)

潮

15획 / 부수 水(氵)

潮 潮 潮 潮 潮 潮 潮 潮
潮 潮 潮 潮 潮 潮 潮

바다에서 **물(氵)**이 **아침(朝)** 저녁으로 불었다 줄었다 하는
조수니 조수 조

+ 조수(潮水) – 주기적으로 들었다가 나갔다가 하는 바닷물.

활용어휘 潮流(조류), 滿潮(만조) ↔ 干潮(간조)

廟

15획 / 부수 广

廟 廟 廟 廟 廟 廟 廟 廟
廟 廟 廟 廟 廟 廟 廟

집(广) 중 **아침(朝)**마다 제사 지내는 사당이니 사당 묘

+ 옙 庙 – 집(广) 중 말미암은(由) 조상께 제사 지내는 사당이니
  '사당 묘'

+ 사당(祠堂) – 조상의 신주(神主)를 모셔 놓은 집.

+ 广(집 엄), 由(말미암을 유, 까닭 유), 祠(사당 사)

활용어휘 廟堂(묘당), 廟社(묘사), 宗廟(종묘)

7

有

6획 / 부수 肉(月)

有 有 有 有 有 有

많이(尢) 고기(月)를 가지고 있으니 가질 유, 있을 유

+ 尢[열 십, 많을 십(十)의 변형], 月(달 월, 육 달 월)

활용어휘 所有(소유), 有罪(유죄), 有口無言(유구무언)

7II

右

5획 / 부수 口

右 右 右 右 右

자주(尢) 써서 말(口)에 잘 움직이는 오른쪽이니 오른쪽 우

+ 요즘은 양쪽 손을 잘 써야 하지만 옛날에는 오른손만 주로 써, 습관이 되어서 오른손이 편하니 대부분의 일을 오른손으로 했지요.

활용어휘 右側(우측), 座右銘(좌우명)

7II

左

5획 / 부수 工

左 左 左 左 左

(목수는 왼손에 자를 들고 오른손에 연필이나 연장을 듦을 생각하여) 많이(尢) 자(工)를 쥐는 왼쪽이니 왼쪽 좌

또 왼쪽은 낮은 자리도 뜻하여 낮은 자리 좌

+ 예전에 중국에서 오른쪽을 숭상하고 왼쪽을 멸시하였던 데서 유래.
+ 工('장인 공, 만들 공, 연장 공'이지만 여기서는 '자'로 봄)

활용어휘 左傾(좌경), 左翼(좌익), 左遷(좌천)

3

佐

7획 / 부수 人(亻)

佐 佐 佐 佐 佐 佐 佐

사람(亻)이 왼쪽(左)에서 도우니 도울 좌

+ 同 佑(도울 우) - 2급
+ 사람 인 변(亻)에 왼쪽 좌(左)나 오른쪽 우(右)를 붙이면 모두 돕는다는 뜻이 되네요.

활용어휘 佐飯(좌반 → 자반), 補佐·*輔佐(보좌), 上佐(상좌)

4

灰

6획 / 부수 火

灰 灰 灰 灰 灰 灰

많이(尢) 불(火)에 타고 남은 재니 재 회

+ 火(불 화)

활용어휘 灰色(회색), 灰心(회심), 石灰(석회), 洋灰(양회)

5

炭

9획 / 부수 火

炭炭炭炭炭炭炭炭
炭

산(山)에 묻힌 **재(灰)** 같은 숯이나 석탄이니
숯 **탄**, 석탄 **탄**

+ 山(산 산), 灰[재 회(灰)의 변형]

활용어휘 炭價(탄가), 炭素(탄소), 炭鑛(탄광), *煉炭(연탄)

6

苦

9획 / 부수 草(艹)

苦苦苦苦苦苦苦苦
苦

풀(艹) 같은 나물도 **오래(古)** 자라면 쇠어서 쓰니 쓸 **고**
또 맛이 쓰면 먹기에 괴로우니 괴로울 **고**

+ 뿐 甘(달 감, 기쁠 감) – 제목번호 049 참고
+ 쇠다 – 채소가 너무 자라서 줄기나 잎이 뻣뻣하고 억세게 되다.
+ 艹 (초 두)

활용어휘 苦杯(고배), 苦樂(고락), 苦痛(고통)

3Ⅱ

若

9획 / 부수 草(艹)

若若若若若若若若
若

풀(艹)이 만약 들쑥날쑥하다면 자주 쓰는 **오른쪽(右)**
손으로 잘라 같게 하니 만약 **약**, 같을 **약**, 반야 **야**
또 쑥쑥 자라는 풀(艹)이나 힘센 **오른쪽(右)** 손처럼 젊으니
젊을 **약**

+ 반야(般若) – 대승 불교에서, 만물의 참다운 실상을 깨닫고 불법을
 꿰뚫는 지혜.
+ 右(오른쪽 우), 般(옮길 반, 일반 반)

활용어휘 萬若(만약), 明若觀火(명약관화), 若干(약간)

3Ⅱ

諾

16획 / 부수 言

諾諾諾諾諾諾諾諾
諾諾諾諾諾諾諾諾

청하는 **말(言)**과 같이(若) 허락하고 대답하니
허락할 **락(낙)**, 대답할 **락(낙)**

+ 言(말씀 언)

활용어휘 許諾(허락), 受諾(수락), 承諾(승낙)

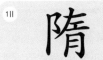

隋

1II

12획 / 부수 阜(阝)

隋 隋 阝 阝 阝 隋 隋 隋
隋 隋 隋 隋

언덕(阝) 아래 **낮은 자리**(𠂢)로 **몸**(月)이 떨어지니
떨어질 타

또 중심에서 멀리 떨어져 있던 수나라니 **수나라 수**

+ 수(隋)나라 – 옛날 중국에 있었던 나라(581~618년).
+ 阝(언덕 부 변), 𠂢(왼쪽 좌, 낮은 자리 좌), 月(달 월, 육 달 월)

[활용어휘] *隋書(수서), *隋珠(수주)

墮

3

15획 / 부수 土

墮 墮 墮 墮 墮 墮 墮 墮
墮 隋 隋 隋 隋 隋 墮

떨어져(隋) **흙**(土)에 빠지니 **떨어질 타, 빠질 타**

+ 옌 墮 – 언덕(阝) 아래에 있는(有) 흙(土)으로 떨어져 빠지니
  '떨어질 타, 빠질 타'
+ 土(흙 토), 有(가질 유, 있을 유)

[활용어휘] 墮落(타락), 墮漏(타루), 墮罪(타죄)

隨

3II

16획 / 부수 阜(阝)

隨 隨 阝 阝 隨 隨 隨 隨
隋 隋 隋 隋 隋 隨 隨 隨

약간 떨어져(隋) **가며**(辶) 따르니 **따를 수**

+ 옌 隨 – 언덕(阝)까지라도 뜻이 있는(有) 분을 따라 가니(辶)
  '따를 수'
+ 누구를 따를 때는 약간 뒤져서 가지요.
+ 辶(뛸 착, 갈 착, = 辶)

[활용어휘] 隨伴(수반), 隨時(수시), 隨筆(수필), 隨行(수행)

6

石

5획 / 제부수

石 丆 石 石 石

언덕(丆) 밑에 있는 돌(口)을 본떠서 **돌 석**

+ 丆[굴 바위 엄, 언덕 엄(厂)의 변형], 口('입 구, 말할 구, 구멍 구'지만 여기서는 돌로 봄)

활용어휘 石器(석기), 石造(석조), 木石(목석), 化石(화석)

3II

拓

8획 / 부수 手(扌)

拓 扌 拓 扩 扩 扩 拓 拓

손(扌)으로 돌(石)을 치워 땅을 넓히니 **넓힐 척**

또 손(扌)으로 돌(石)에 새겨진 글씨를 눌러 박으니

박을 탁

+ 扌(손 수 변)

활용어휘 拓植(척식), 干拓(간척), 開拓(개척), 拓本(탁본)

4II

研

11획 / 부수 石

研 研 研 研 研 研 研 研
研 研 研

돌(石)을 방패(干)와 방패(干)를 이은 것처럼 평평하게 가니 **갈 연**

또 갈고 닦듯이 연구하니 **연구할 연**

+ 阅 硏 – 돌(石)의 표면을 한(一)결같게 받쳐 들고(廾) 가니 '갈 연'
　　　또 갈고 닦듯이 연구하니 '연구할 연'
+ 干(방패 간, 범할 간, 얼마 간, 마를 간), 廾(받쳐 들 공)

활용어휘 硏磨(연마), *硏鑽(연찬), 硏究(연구), 硏修(연수)

4II

破

10획 / 부수 石

破 破 破 破 破 破 破 破
破 破

돌(石)의 가죽(皮)처럼, 즉 돌 표면처럼 단단하면 잘 깨지니 **깨질 파**

또 깨져서 생명이 다하니 **다할 파**

+ 부드러운 것보다 단단한 것이 잘 깨지지요.
+ 皮(가죽 피) – 제목번호 195 참고

활용어휘 破壞(파괴), 破損(파손), 讀破(독파), 走破(주파)

3II

碧

14획 / 부수 石

碧 碧 碧 王 碧 碧 玗 碧
碧 碧 碧 碧 碧 碧

옥(王)으로 된 흰(白) 돌(石)은 희다 못해 푸르니 **푸를 벽**

+ 너무 희면 푸른빛이 나지요.
+ 王(임금 왕, 으뜸 왕, 구슬 옥 변), 白(흰 백, 밝을 백, 깨끗할 백, 아뢸 백)

활용어휘 碧溪(벽계), 碧空(벽공), 碧眼(벽안), 碧海(벽해)

⊐

3획 / 부수자

ㄱ ⊐ 彑

고슴도치 머리 모양을 본떠서 고슴도치 머리 **계**

또 오른손의 손가락을 편 모양으로도 보아 오른손 **우**

+ 원래 彑인데 변형된 모양인 ⊐로도 많이 쓰입니다.

+ 오른손 주먹을 쥔 모양(✋)을 본떠서 '오른손 우, 또 우(又)', 오른손 손가락을 편 모양(✍)을 본떠서 '오른손 우(彑)'

- -

盡

14획 / 부수 皿

ㄱ ㄱ ⼹ 圭 圭 圭 肀 肀
肀 肀 書 書 盡 盡

손(⊐)에 막대(丨) 하나(一)로 불(灬) 있는

화로 그릇(皿) 뒤적이면 꺼져 다하니 다할 **진**

+ 阅尽 – 자(尺)로 눈금을 재면서 한 점(丶) 한 점(丶) 최선을 다하니 '다할 진'

+ 불은 뒤적이면 산소에 노출되어 금방 타고 꺼지지요.

+ 丨('뚫을 곤'이지만 여기서는 막대로 봄), 灬(불 화 발), 尺(자 척)

활용어휘 極盡(극진), 賣盡(매진), 未盡(미진), 脫盡(탈진)

- -

龜

16획 / 제부수

龜 龜 龜 龜 龜 龜 龜 龜
龜 龜 龜 龜 龜 龜 龜 龜

거북의 머리(ク)와 등판(⼍)과 등뼈(丨)와 꼬리(乚)와

양쪽 네 다리(⺕ヨ)를 본떠서 거북 **구**, 거북 **귀**

또 갈라진 거북 등처럼 터지니 터질 **균**

+ 阅亀 – 머리(ク)와 등판(日)과 몸(日) 속에 꼬리(乚)가 난 거북이니 '거북 구, 거북 귀' 또 갈라진 거북 등처럼 터지니 '터질 균'

+ '거북'의 뜻으로는 단어에 따라 '구, 귀'로 읽고, '터지다'의 뜻으로는 '균'으로 읽습니다.

+ ク[사람 인(人)의 변형이지만 여기서는 거북의 머리로 봄], 丨('뚫을 곤'이지만 여기서는 등뼈로 봄), 乚[새 을, 굽을 을(乙)이 부수로 쓰일 때의 모양이지만 여기서는 꼬리로 봄], 日('가로 왈'이지만 여기서는 거북의 등판과 몸으로 봄)

활용어휘 龜尾(구미), 龜鑑(귀감), 龜甲(귀갑), 龜裂(균열)

- -

丑

4획 / 부수 一

ㄱ ㄲ ㄲ 丑

오른손(⊐)에 쥔 고삐(丨)에 매인 소처럼 추하니

소 **축**, 추할 **추**

또 소는 12지지의 둘째 지지니 둘째 지지 **축**

+ 소를 한 마리씩 몰고 다닐 때는 고삐로 매어 끌지요.

+ 丑은 주로 12지지에 쓰이고, '소'의 뜻으로는 소 우(牛)를 씁니다.

+ ⊐[고슴도치 머리 계, 오른손 우(彑)의 변형], 丨('뚫을 곤'이지만 여기서는 소 고삐로 봄)

활용어휘 丑時(축시), 己丑年(기축년)

- -

尹

4획 / 부수 尸

ㄱ ㅋ ㅋ 尹

오른손(ㅋ)에 지휘봉(╱) 들고 다스리는 벼슬이니
다스릴 윤, 벼슬 윤

+ ╱ ('삐침 별'이지만 여기서는 지휘봉으로 봄)

활용어휘 *府尹(부윤), *判尹(판윤)

君

7획 / 부수 口

君 君 君 尹 君 君 君

다스리며(尹) 입(口)으로 명령하는 임금이니 임금 군
또 임금처럼 섬기는 남편이나 그대니 남편 군, 그대 군

활용어휘 君臣(군신), 檀君(단군), 郎君(낭군), 夫君(부군)

郡

10획 / 부수 邑(阝)

郡 君 君 尹 君 君 君 君'
郡 郡

임금(君)이 다스리는 고을(阝)이니 고을 군

+ 阝 – 글자의 왼쪽에 붙으면 언덕 부(阜)가 부수로 쓰일 때의 모양
으로 '언덕 부 변', 글자의 오른쪽에 붙으면 고을 읍(邑)이 글자의
방으로 쓰인 경우로 '고을 읍 방'

활용어휘 郡民(군민), 郡守(군수), 州郡(주군)

群

13획 / 부수 羊

群 群 群 尹 君 君 君 君
群' 群 群 群 群

임금(君)을 따르는 양(羊) 떼처럼 많은 무리니 무리 군

+ 羊(양 양)

활용어휘 群島(군도), 群衆(군중), 群集(군집), 學群(학군)

특II

聿

6획 / 제부수

ㄱ ㅋ ㅋ �ᄅ ⺪ ⺪

오른손(ㅋ)에 잡고 쓰는 붓을 본떠서 **붓 율**

+ 요즘에는 붓을 대로 만든다는 데서 위에 대 죽(ㅆ)을 붙인 '붓 필 (筆)'로 많이 씁니다.
+ ㅋ(고슴도치 머리 계, 오른손 우)

4II

律

9획 / 부수 彳

彳 彳 彳 律 律 律 律 律
律

행할(彳) 법을 붓(聿)으로 써놓은 법률이니 **법률 률(율)**

또 법률처럼 일정하게 반복되는 음률이니 **음률 률(율)**

+ 彳('조금 걸을 척'으로, 여기서는 '어떤 일을 행하다'의 뜻으로 봄)

활용어휘 律法(율법), 戒律(계율), 音律(음률), 律動(율동)

5II

筆

12획 / 부수 竹(ㅆ)

ㅆ ㅆ ㅆ ㅆ ㅆ ㅆ ㅆ ㅆ
筆 筆 筆 筆

대(ㅆ)로 만든 붓(聿)으로 쓰는 글씨니 **붓 필, 글씨 필**

+ ㅆ(대 죽)

활용어휘 粉筆(분필), 執筆(집필), 筆記(필기), 筆答(필답)

5

建

9획 / 부수 廴

ㄱ ㄱ ⺪ ⺪ ⺪ ⺪ 津 律
建

붓(聿)으로 길게 써가며(廴) 계획을 세우니 **세울 건**

+ 廴(길게 걸을 인)

활용어휘 建立(건립), 建物(건물), 建設(건설), 再建(재건)

5

健

11획 / 부수 人(亻)

亻 亻 亻 亻 健 健 健
健 健 健

사람(亻)은 몸을 바로 세워야(建) 건강하니 **건강할 건**

활용어휘 健康(건강), 健勝(건승), 健全(건전), 強健(강건)

6II

書

10획 / 부수 日

⺕⺕⺕⺕書書書書
書書

붓(⺕)으로 말하듯(曰) 쓰니 쓸 서

또 써 놓은 글이나 책이니 글 서, 책 서

+ 가로다 - '말하다'를 예스럽게 이르는 말.
+ ⺕[붓 율(聿)의 변형], 曰(가로 왈)

활용어휘 書記(서기), 書簡(서간), 書堂(서당), 良書(양서)

6

晝

11획 / 부수 日

⺕⺕⺕⺕書書書書
書書晝

붓(⺕)으로 해(日) 하나(一)를 보고 그릴 수 있는 낮이니 낮 주

+ 약 昼 - 한 자(尺) 이상 아침(旦) 해가 올라온 낮이니 '낮 주'
+ 日(해 일, 날 일), 尺(자 척), 旦(아침 단)

활용어휘 晝間(주간), 晝夜(주야), 晝行(주행), 白晝(백주)

6

畫

12획 / 부수 田

⺕⺕⺕⺕書書書書
書書書畫

붓(⺕)으로 밭(田) 하나(一)를 그린 그림이니 그림 화

또 그림 그리듯이 그으니 그을 획

+ 속 畫 - 붓(⺕)으로 밭(田)의 경계(凵)를 그린 그림이니 '그림 화'
  또 그림 그리듯이 그으니 '그을 획'
+ 약 画 - 하나(一)를 대상으로 말미암아(由) 입 벌리고(凵) 그린
  그림이니 '그림 화'
  또 그림 그리듯이 그으니 '그을 획'
+ '그을 획'으로는 劃과 통함.
+ 田(밭 전), 凵('입 벌릴 감, 그릇 감'이지만 여기서는 경계로 봄),
  由(까닭 유, 말미암을 유)

활용어휘 畫家(화가), 畫室(화실), 漫畫(만화), 畫順(획순)

3II

劃

14획 / 부수 刀(刂)

劃劃劃劃劃劃劃書
書書書書書劃

그림(畫) 그리듯 칼(刂)로 새겨 그으니 그을 획

+ 원래는 그림 화, 그을 획(畫)으로 썼는데 옛날 칼을 차고 다니던
  시절 칼로 긋고 계획한다는 데서 칼 도 방(刂)을 붙인 한자입니다.
+ 刂(칼 도 방)

활용어휘 劃一(획일), 計劃(계획), 區劃(구획), 企劃(기획)

1Ⅱ

秉

8획 / 부수 禾

秉秉秉秉秉秉秉秉

벼(禾)를 손(彐)으로 잡으니 **잡을 병**

+ 禾(벼 화), 彐(고슴도치 머리 계, 오른손 우)

활용어휘 *秉權(병권), *秉彝(병이), *秉燭(병촉)

3Ⅱ

兼

10획 / 부수 八

兼兼兼兼兼兼兼兼
兼兼

(많이) **나뉜**(八) 것을 **한**(一) **손**(彐)에 **두 개**(丨丨)씩
나누어(八) 잡으며 겸하니 **겸할 겸**

+ 앱兼 – 따로(丶) 따로(丿) 있는 것도 한(一) 손(彐)에 두 개(丨丨)씩
　　나누어(八) 잡으며 겸하니 '겸할 겸'
+ 겸(兼)하다 – 본 업무 외에 다른 직무를 더 맡아 하다.
+ 八(여덟 팔, 나눌 팔)

활용어휘 兼備(겸비), 兼業(겸업), 兼任(겸임), 兼職(겸직)

3Ⅱ

謙

17획 / 부수 言

謙謙謙謙謙謙謙謙
謙謙謙謙謙謙謙謙
謙

말(言)이 학식과 인품을 **겸비한**(兼) 사람처럼 겸손하니
겸손할 겸

+ 兼[겸할 겸(兼)의 약자(兼)의 변형]

활용어휘 *謙遜(겸손), 謙恭(겸공), 謙讓(겸양), 謙虛(겸허)

3

嫌

13획 / 부수 女

嫌嫌嫌嫌嫌嫌嫌
嫌嫌嫌嫌嫌

여자(女) 둘을 **겸하여**(兼) 사귀면 싫어하고 의심하니
싫어할 혐, 의심할 혐

활용어휘 嫌忌(혐기), 嫌怒(혐노), 嫌惡(혐오), 嫌疑(혐의)

3

廉

13획 / 부수 广

廉廉廉廉廉廉廉
廉廉廉廉廉

집(广) 살림까지 **겸하여**(兼) 생활이 검소하고 청렴하니
청렴할 렴(염)

또 (이익을 조금 남기고) 청렴하게 팔면 값싸니 **값쌀 렴(염)**

+ 广(집 엄)

활용어휘 淸廉(청렴), 廉恥(염치), 廉價(염가), 低廉(저렴)

참

帚

8획 / 부수 巾

帚 帚 帚 帚 帚 帚 帚 帚

한쪽은 **고슴도치 머리**(⼹)처럼 펴지게 하고, 다른 한쪽은
덮고(冖) **수건**(巾) 같은 천으로 묶어 손잡이를 만든 비니
비 추

＋ ⼹(고슴도치 머리 계, 오른손 우), 冖(덮을 멱), 巾(수건 건)

4II

掃

11획 / 부수 手(扌)

掃 扌 扌 扌 扫 扫 扫 扫
掃 掃 掃

손(扌)에 **비**(帚) 들고 쓰니 **쓸 소**

＋ 扌(손 수 변)

활용어휘 掃除(소제), *掃蕩(소탕), 一掃(일소), 淸掃(청소)

4II

婦

11획 / 부수 女

婦 女 女 妒 妒 妒 妒 婦
婦 婦 婦

여자(女) 중 **비**(帚) 들고 집일을 하는 아내나 며느리니
아내 부, 며느리 부

＋ 女(여자 녀)

활용어휘 夫婦(부부), 新婦(신부), 主婦(주부), 姑婦(고부)

4

歸

18획 / 부수 止

歸 歸 歸 歸 歸 歸 歸 歸
歸 歸 歸 歸 歸 歸 歸 歸
歸 歸

쌓이고(𠂤) **그쳐**(止) 있던 잡념을 **비**(帚)로 쓸어낸 듯 맑은
마음으로 돌아오거나 돌아가니 **돌아올 귀, 돌아갈 귀**

＋ ⸬ 帰 – 두(丨) 번이나 비(帚)로 쓸어내고 집으로 돌아오거나 돌아
　　　가니 '돌아올 귀, 돌아갈 귀'
＋ 𠂤 – 흙이 비스듬히(丿) 쌓인 모양에서 '쌓일 퇴, 언덕 퇴'로,
　　　'쌓일 퇴, 언덕 퇴(堆)'의 원래 한자인 垍의 획 줄임
＋ 止(그칠 지), 刂[칼 도 방(刂)의 변형이지만 여기서는 두 번으로 봄]

활용어휘 歸家(귀가), 歸結(귀결), 歸路(귀로), 歸鄕(귀향)

<table>
<tr><td>4Ⅱ
侵
9획 / 부수 人(亻)
亻亻侵侵侵侵侵侵侵
侵</td><td>사람(亻)이 비(⺕)를 오른손(又)에 들고 조금씩
쓸어나가듯 남의 땅을 침범하니 **침범할 침**
+ ⺕[비 추(帚)의 획 줄임], 又(오른손 우, 또 우)
활용어휘 侵犯(침범), 侵攻(침공), 侵略(침략), 侵害(침해)</td></tr>
</table>

<table>
<tr><td>3Ⅱ
浸
10획 / 부수 水(氵)
浸浸浸浸浸浸浸浸
浸浸</td><td>물(氵)이 비(⺕)를 오른손(又)에 들고 조금씩 쓸어나가듯
점점 잠겨 적시니 **잠길 침, 적실 침**
활용어휘 浸水(침수), *浸蝕(침식), 浸透(침투)</td></tr>
</table>

<table>
<tr><td>4
寢
14획 / 부수 宀
寢寢寢宀宀宀宀宀
宀宀宀宀寢寢</td><td>집(宀)에서 **나무 조각**(爿)으로 만든 침대에 **비**(⺕)를
오른손(又)에 들고 쓸고 닦은 다음에 누워 자니 **잘 침**
+ 宀(집 면), 爿(나무 조각 장)
활용어휘 寢具(침구), 寢臺(침대), 寢食(침식), 就寢(취침)</td></tr>
</table>

207 당당(탕) 혜혜 혜[唐糖 彗慧 惠] – 唐과 彗로 된 한자와 惠

<table>
<tr><td>3Ⅱ
唐
10획 / 부수 口
唐唐广庐庐庐庐唐唐
唐唐</td><td>집(广)에서라도 **손**(⺕)에 **회초리**(丨) 들고 **입**(口)으로
갑자기 소리치면 황당하니 **갑자기 당, 황당할 당**
또 갑자기 세력을 떨쳤던 당나라니 **당나라 당**
+ 갑자기 – 미처 생각할 겨를도 없이 급히.
+ 황당(荒唐)하다 – 말이나 행동 등이 참되지 않고 터무니없다.
+ 广(집 엄), ⺕(고슴도치 머리 계, 오른손 우), 荒(거칠 황), 丨('뚫
을 곤'이지만 여기서는 회초리로 봄)
활용어휘 唐突(당돌), *唐惶(당황)</td></tr>
</table>

糖

16획 / 부수 米

쌀(米)밥에 엿기름을 넣으면 **갑자기**(唐) 바뀌며 만들어지는 사탕이니 사탕 **당**, 사탕 **탕**

+ 米(쌀 미)

활용어휘 糖度(당도), 糖分(당분), 沙糖(사탕), 雪糖(설탕)

彗

11획 / 부수 彐

풀 무성한 가지 두 개(丰丰)를 손(彐)으로 묶어 만든 비니 비 **혜**

또 빗자루 모양으로 꼬리를 끌며 날아가는 혜성이니 혜성 **혜**

+ 혜성(彗星) - ㉠ 빛나는 긴 꼬리를 끌고 태양을 도는 별. 꼬리별.
　　　　　 ㉡ (밤하늘에 혜성이 갑자기 나타나듯) 어떤 분야에서 갑자기 뛰어나게 드러나는 존재를 비유적으로 이르는 말.
+ 丰(풀 무성할 봉, 예쁠 봉, 풍성할 풍), 星(별 성)

활용어휘 *彗掃(혜소), *彗星(혜성)

慧

15획 / 부수 心

잡념을 비(彗)로 쓸어버린 마음(心)처럼 밝은 지혜니 밝을 **혜**, 지혜 **혜**

활용어휘 慧巧(혜교), 慧敏(혜민), 慧眼(혜안), 智慧(지혜)

惠

12획 / 부수 心

언행을 **삼가고**(叀) 어진 마음(心)으로 베푸는 은혜니 은혜 **혜**

+ 叀 - 차(車)에 점(丶) 찍는 일은 삼가니 '삼갈 전'
　　　　(어원 해설을 위한 참고자로 실제 쓰이는 한자는 아님)
+ 車[수레 거, 차 차(車)의 변형]

활용어휘 恩惠(은혜), 惠澤(혜택), 受惠(수혜), 施惠(시혜)

7II

8획 / 부수 亅

一 一 一 一 一 一 一 一 一 事 事 事 事 事

한(一) 입(口)이라도 더 먹이기 위해 **손(⇒)**에
갈고리(亅) 같은 도구도 들고 하는 일이니 **일 사**

또 일하며 섬기니 섬길 사

+ ⇒(고슴도치 머리 계, 오른손 우), 亅(갈고리 궐)

활용어휘 事故(사고), 事理(사리), 農事(농사), 事大(사대)

3

8획 / 부수 广

庚 庚 广 户 户 庐 庚 庚

집(广)에서 **손(⇒)**으로 **사람(人)**이 세어 보는 나이이니
나이 경, 일곱째 천간 경

+ 广(집 엄)

활용어휘 庚伏(경복), 庚炎(경염), 庚辰(경진)

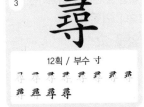

3

12획 / 부수 寸

尋 尋 尋 尋 尋 尋 尋
尋 尋 尋 尋

손(⇒)으로 만든(工) 것을 **입(口)**으로 마디**마디(寸)**
평가하며 흠을 찾으니 **찾을 심**

또 누구나 흠을 찾아 말함이 보통이니 보통 심

+ 工(장인 공, 만들 공, 연장 공), 寸(마디 촌, 법도 촌)

활용어휘 尋訪(심방), 推尋(추심), 尋常(심상)

4

13획 / 부수 肀

肅 肅 肅 肅 肅 肅 肅
肅 肅 肅 肅 肅

손(⇒)으로 깊은 **연못(肀)**에서 **노(丨)**를 저을 때처럼
엄숙하니 엄숙할 숙

+ 어원 肅 - 손(⇒)으로 자루를 뚫어(丨) 쌀(米)의 품질을 이쪽(丿)
　　저쪽(丨)으로 검사할 때처럼 엄숙하니 '엄숙할 숙'
+ 엄숙(嚴肅) - ㉠ 장엄하고 정숙함. ㉡ 위풍 있고 엄중함.
+ 잘못하면 물에 빠지니 엄숙하고, 옛날에는 쌀로 물물 교환을 했으니
　품질을 검사할 때는 엄숙했지요.
+ 肀[연못 연(淵)의 획 줄임], 丨('뚫을 곤'이지만 여기서는 노로 봄),
　米(쌀 미), 嚴(엄할 엄)

활용어휘 肅敬(숙경), 肅拜(숙배), 肅然(숙연), 自肅(자숙)

손톱 모양을 본떠서 **손톱 조**

+ 부수로는 '爫' 모양으로 짧습니다.

활용어휘 *爪傷(조상), *爪痕(조흔)

4획 / 제부수

爪 丆 爪 爪

넝쿨에 오이가 열린 모양을 본떠서 **오이 과**

활용어휘 *瓜菜(과채), *瓜年(과년)

5획 / 제부수

瓜 丆 瓜 瓜 瓜

자식(子)이 부모를 잃어 말라 버린 줄기에 **오이**(瓜)만 앙상하게 매달린 모양처럼 외로우니 **외로울 고**

또 외롭게 부모 없으니 **부모 없을 고**

+ 子(아들 자, 첫째 지지 자, 자네 자, 접미사 자)

활용어휘 孤獨(고독), 孤立(고립), 孤兒(고아)

8획 / 부수 子

孤 孑 孑 孤 孤 孤 孤 孤

손톱(爫)을 세우고 **오른손**(ヨ)에 **갈고리**(｜) 들고 다투니 **다툴 쟁**

+ 앱 争 – 사람(ク)이 오른손(ヨ)에 갈고리(｜) 들고 다투니 '다툴 쟁'
+ ｜ (갈고리 궐), ク[사람 인(人)의 변형]

활용어휘 爭取(쟁취), 競爭(경쟁), 論爭(논쟁), 戰爭(전쟁)

8획 / 부수 爪(爫)

爭 ク 爭 爭 ユ 争 争 爭

3Ⅱ

淨

물(氵)로 **경쟁하듯**(爭) 씻어 깨끗하니 **깨끗할 정**

+ 앱 浄

활용어휘 淨潔(정결), 淨水(정수), 淨化(정화), 淸淨(청정)

11획 / 부수 水(氵)

淨 淨 淨 淨 淨 淨 淨 淨
淨 淨 淨

④ **靜** 16획 / 부수 靑 靜 靜 靜 靑 靑 靑 靑 靑 靑 靑 靑 靑 靜 靜 靜 靜	푸르게(靑), 즉 공정하게 **경쟁하면**(爭) 불평이 없어 고요하니 고요할 **정** ✛ 옌 静 ✛ 靑[푸를 청, 젊을 청(靑)의 약자] 활용어휘 靜寂(정적), 靜趣(정취), 動靜(동정), 鎭靜(진정)

특Ⅱ **孚** 7획 / 부수 子 孚 孚 孚 孚 孚 孚 孚	새가 **발톱**(爫)으로 **알**(子)을 품어 굴리며 알 까게 알 속의 새끼를 기르니 알 깔 **부**, 기를 **부** ✛ 알은 품으면서 적당히 굴려 고루 따뜻하게 해야 부화되지요. ✛ 爫(손톱 조), 子('아들 자, 첫째 지지 자, 자네 자, 접미사 자'지만 여기서는 '알'로 봄) 활용어휘 *孚佑(부우), *見孚(견부)

3Ⅱ **浮** 10획 / 부수 水(氵) 浮 浮 浮 浮 浮 浮 浮 浮 浮 浮	물(氵)에 새가 **알 깔**(孚) 때의 모양으로 뜨니 뜰 **부** 활용어휘 浮刻(부각), 浮上(부상), 浮沈(부침), 浮標(부표)

---

④ **乳** 8획 / 부수 乙(乚) 乳 乳 乳 乳 乳 乳 乳 乳	**기를**(孚) 때 **꼭지**(乚)로 먹이는 젖이니 젖 **유** ✛ 乚[새 을, 둘째 천간 을, 둘째 을, 굽을 을(乙)이 부수로 쓰일 때의 모양이지만 여기서는 꼭지로 봄] 활용어휘 乳兒(유아), 母乳(모유), 粉乳(분유), 授乳(수유)

采

8획 / 부수 采

采采采采采平采采

손(爫)으로 나무(木)를 캐니 **캘 채**
또 손(爫)으로 나무(木)를 고르는 모양이니
고를 채, 모양 채

+ 爫('손톱 조'지만 가끔 손으로 보기도 함), 木(나무 목)

활용어휘 *采色(채색), *喝采(갈채), *風采(풍채)

採

11획 / 부수 手(扌)

採採採採採採採採
採採採

손(扌)으로 가려서 캐니(采) **가릴 채, 캘 채**

+ 扌(손 수 변)

활용어휘 採用(채용), 採集(채집), 採取(채취), 採擇(채택)

彩

11획 / 부수 彡

彩彩彩彩彩彩彩彩
彩彩彩

캔(采) 나물의 **머릿결(彡)**처럼 빛나는 채색 무늬니
채색 채, 무늬 채

+ 나물은 주로 봄에 캐는데, 추위를 뚫고 파랗게 돋아난 나물의 색은
신비로울 정도로 아름답지요.
+ 채색(彩色) - ㉠ 여러 가지의 고운 빛깔.
㉡ 그림 등에 색을 칠함.
+ 彡(터럭 삼, 긴머리 삼)

활용어휘 彩度(채도), 光彩(광채), 多彩(다채)

菜

12획 / 부수 草(艹)

菜菜菜菜菜菜菜菜
菜菜菜菜

풀(艹) 속에서 골라 캐는(采) 나물이니 **나물 채**

+ 艹(초 두)

활용어휘 菜蔬(채소), 菜食(채식), 山菜(산채), 野菜(야채)

특II

爰

9획 / 부수 爪(爫)

爰 爰 爰 爰 爰 爰 爰
爰

손(爫)으로 한(一) 명의 벗(友)을 이에 끌어당기니

이에 원, 끌 원, 당길 원

+ 爫('손톱 조'지만 여기서는 손으로 봄), 友(벗 우)

활용어휘 *爰書(원서), *爰居爰處(원거원처)

4

援

12획 / 부수 手(扌)

援 援 援 援 援 援 援
援 援 援 援

손(扌)으로 당겨(爰) 도우니 **도울 원**

활용어휘 援用(원용), 援助(원조), 援護(원호), 救援(구원)

3II

緩

15획 / 부수 糸

緩 緩 緩 緩 緩 緩 緩 緩
緩 緩 緩 緩 緩 緩 緩

실(糸)을 당기면(爰) 늘어나 느슨하니 **느슨할 완**

또 느슨하게 행동하여 느리니 **느릴 완**

+ 糸(실 사, 실 사 변)

활용어휘 緩急(완급), 緩慢(완만), 緩衝(완충), 緩行(완행)

4II

暖

13획 / 부수 日

暖 暖 暖 暖 暖 暖 暖 暖
暖 暖 暖 暖 暖

햇(日)빛을 끌어당긴(爰) 듯 따뜻하니 **따뜻할 난**

+ 煗 煖(따뜻할 난) - 1급

+ 해 일, 날 일(日)이 들어간 '따뜻할 난(暖)'은 날씨, 즉 햇볕으로 인하여 따뜻하다는 말이고, 불 화(火)가 들어간 '따뜻할 난(煖)'은 불을 때서, 즉 불로 인하여 따뜻하다는 말입니다.

활용어휘 暖氣(난기), 暖帶(난대), 暖流(난류), 暖陽(난양)

<table>
</table>

4Ⅱ

受

8획 / 부수 又

受受受受受受受受

손톱(爫)처럼 덮어(冖) 손(又)으로 받으니 받을 수

+ 爫(손톱 조), 冖(덮을 멱), 又(오른손 우, 또 우)

활용어휘 受講(수강), 受容(수용), 受精(수정), 授受(수수)

4Ⅱ

授

11획 / 부수 手(扌)

授授授授授授授授
授授授

손(扌)으로 받도록(受) 주거나 가르치니
줄 수, 가르칠 수

+ 扌(손 수 변)

활용어휘 授與(수여), 授業(수업), 敎授(교수), 師授(사수)

6

愛

13획 / 부수 心

愛愛愛愛愛愛愛愛
愛愛愛愛愛

손톱(爫)처럼 덮어주며(冖) 마음(心)으로
서서히 다가가는(夂) 사랑이니 사랑 애

또 사랑하여 즐기고 아끼니 즐길 애, 아낄 애

+ 夂(천천히 걸을 쇠, 뒤져올 치)

활용어휘 愛人(애인), 愛情(애정), 愛讀(애독), 愛着(애착)

4

辭

19획 / 부수 辛

辭 辭 辭 辭 辭 辭 辭
辭 辭 辭 辭 辭 辭 辭
辭 辭 辭

손(爪)에 창(ㄱ) 들고 성(冂)을 지키는 군인들이 **사사로운(厶)** 욕심으로 **또(又) 매서운(辛)** 말씀이나 글을 쓰고 물러나니
말씀 사, 글 사, 물러날 사

+ 옐 辞 – 혀(舌)로 매서운(辛) 말씀이나 글을 쓰고 물러나니
'말씀 사, 글 사, 물러날 사'
+ 爪('손톱 조'지만 여기서는 손으로 봄), ㄱ[창 모(矛)의 획 줄임],
冂(멀 경, 성 경), 厶(사사로울 사, 나 사), 又(오른손 우, 또 우),
辛(매울 신, 고생할 신, 여덟째 천간 신), 舌(혀 설)

활용어휘 辭典(사전), 祝辭(축사), 辭讓(사양), 辭意(사의)

4

亂

13획 / 부수 乙(乚)

亂 亂 亂 亂 亂 亂 亂 亂
亂 亂 亂 亂 亂

손(爪)에 창(ㄱ) 들고 성(冂)을 지키는 군인들이
사사로운(厶) 욕심으로 **또(又) 새(乚)** 떼처럼
난리를 일으켜 어지러우니 **어지러울 란(난)**

+ 옐 乱 – 혀(舌)로 아무 말이나 새(乚)처럼 떠들면 어지러우니
'어지러울 란(난)'
+ 乚[새 을, 둘째 천간 을, 둘째 을, 굽을 을(乙)이 부수로 쓰일 때의
모양]

활용어휘 亂動(난동), 避亂(피란), 昏亂(혼란), 混亂(혼란)

4Ⅱ

爲

12획 / 부수 爪(爫)

爲 爲 爲 爲 爲 爲 爲 爲
爲 爲 爲 爲

손톱(爫) 하나(丿)로라도 허리 **구부리며(크)** 불(灬)처럼
뜨겁게 일하고 위하니 **할 위, 위할 위**

+ 옐 为 – 점(丶) 하나(丿)까지 허리 구부리며(크) 불(灬)처럼 뜨겁게
일하고 위하니 '할 위, 위할 위'
+ 丿('삐침 별'이지만 여기서는 하나로 봄), 크(구부리는 모양)

활용어휘 當爲(당위), 行爲(행위), 爲民(위민), 爲主(위주)

3Ⅱ

僞

14획 / 부수 人(亻)

僞 僞 僞 僞 僞 僞 僞
僞 僞 僞 僞 僞

(순리에 따르지 않고) **사람(亻)**이 꾸며서 **하는(爲)** 일은
거짓이니 **거짓 위**

+ 옐 伪
+ 亻(사람 인 변)

활용어휘 僞善(위선), 僞證(위증), 眞僞(진위), 虛僞(허위)

3Ⅱ

淫

11획 / 부수 水(氵)

淫淫淫淫淫淫淫
淫淫淫

물(氵) 묻은 손톱(爫)으로 간사하게(壬) 굴며 음란하니 음란할 음

+ 음란(淫亂) - 음탕하고 난잡함.
+ 음탕(*淫蕩) - 음란하고 방탕함.
+ 壬(간사할 임, 짊어질 임), 亂(어지러울 란), 蕩(방탕할 탕, 쓸어 버릴 탕, 넓을 탕)
+ 단어 중 *이 붙은 단어는 3급 외 한자로 이루어진 단어

활용어휘 淫氣(음기), 淫談(음담), 姦淫(간음)

3

爵

18획 / 부수 爪(爫)

爵爵爵爵爵爵爵爵
爵爵爵爵爵爵爵爵
爵爵

손(爫)에 법망(罒)을 잡고 머물러(艮) 마디마디(寸) 살피며 일하는 벼슬이니 벼슬 작

또 손(爫)에 그릇(罒)을 잡고 머물러(艮) 조금씩(寸) 따라 마시는 술잔이니 술잔 작

+ 법망(法網) - '법의 그물'로, 범죄자에 대한 제재를 물고기에 대한 그물로 비유하여 이르는 말.
+ 爫('손톱 조'지만 여기서는 손으로 봄), 罒(그물 망), 艮[멈출 간, 어긋날 간(艮)의 변형], 寸(마디 촌, 법도 촌), 法(법 법), 網(그물 망), '술잔 작'의 어원 풀이에서는 그물 망(罒)을 그릇 명(皿)의 변형으로 봄.

활용어휘 爵位(작위), 交爵(교작), 獻爵(헌작)

4

隱

17획 / 부수 阜(阝)

隱隱阝阝隱隱隱隱
阝隱隱隱隱隱隱隱
隱

언덕(阝)을 손톱(爫)처럼 움푹 패게 만들어(工) 손(ㅋ)과 마음(心)까지 숨으니 숨을 은

또 숨은 듯 들려오는 소리나 풍기는 향기가 은은하니 은은할 은

+ 隱 - 언덕(阝)의 손톱(爫)처럼 패인 곳에 손(ㅋ)과 마음(心)까지 숨으니 '숨을 은'
  또 숨은 듯 들려오는 소리나 풍기는 향기가 은은하니 '은은할 은'
+ 阝(언덕 부 변), 工(장인 공, 만들 공, 연장 공), ㅋ(고슴도치 머리 계, 오른손 우), 心(마음 심, 중심 심)

활용어휘 隱居(은거), 隱密(은밀) 隱退(은퇴), 隱隱(은은)

3 稻

15획 / 부수 禾

稻 稻 千 稻 稻 稻 稻 稻
稻 稻 稻 稻 稻 稻 稻

(옛날에 벼는 절구에 넣어 찧었으니)

벼 화(禾)에 **절구 요(舀)**를 붙여서 **벼 도**

+ 벼를 나타내는 한자로는 벼 화(禾)와 벼 도(稻)가 있습니다.
+ 舀 - 손(爫)으로 절구(臼)에서 곡식을 찧어 퍼내는 절구니
   '퍼낼 요, 절구 요'
+ 臼(절구 구)

활용어휘 稻苗(도묘), 稻熱病(도열병), 稻作(도작)

-----

4 稱

14획 / 부수 禾

稱 稱 稱 稱 稱 稱 稱
稱 稱 稱 稱 稱 稱

벼(禾)를 **손(爫)**으로 **땅(土)**에서 **들어(冂)** 달며 무게를
일컬으니 **일컬을 칭**

+ 얜 称- 벼(禾)의 양을 사람(亻)이 조금(小)씩 재며 일컬으니
   '일컬을 칭'
+ 한자가 만들어지던 옛날에는 주로 농사를 지었기 때문에 곡식이나
   농사와 관련된 한자가 많답니다.
+ 冂('멀 경, 성 경'이지만 여기서는 들어올리는 모양으로 봄),
   亻[사람 인(人)의 변형], 小(작을 소)

활용어휘 稱頌(칭송), 稱讚(칭찬), 稱號(칭호), 尊稱(존칭)

3II 菌

12획 / 부수 草(艹)

菌 菌 菌 菌 菌 菌 菌 菌
菌 菌 菌 菌

풀(艹)처럼 **창고(囗)**의 **벼(禾)**같은 곡식이 썩은 곳에 나는
버섯이나 세균이니 **버섯 균, 세균 균**

+ 세균(細菌) - 생물체 가운데 가장 미세하고 가장 하등에 속하는
   단세포 생명체.
+ 囗('에운담'이지만 여기서는 창고로 봄), 禾(벼 화), 細(가늘 세)

활용어휘 滅菌(멸균), 無菌(무균), 殺菌(살균), 抗菌(항균)

2획 / 부수자

厶 厶

팔 굽혀 사사로이 나에게 끌어당기는 모양에서
사사로울 사, 나 사

+ 지금은 부수로만 쓰이고 '사사롭다'라는 뜻의 한자로는 '사사로울 사(私)'를 씁니다. – 제목번호 073 참고

5Ⅱ

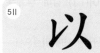

5획 / 부수 人

以 以 以 以 以

사사로운(丷) 욕심 때문에 **사람(人)**으로서(써)의 가치를
잃으니 **써 이, 까닭 이**

+ 써 – '그것을 가지고', '그것으로 인하여'의 뜻을 지닌 접속 부사.
+ 丷[사사로울 사, 나 사(厶)의 변형]

활용어휘 以上(이상), 以往(이왕), 以前(이전), 所以(소이)

3

似

7획 / 부수 人(亻)

似 似 似 似 似 似 似

사람(亻)들은 태어날 때부터 **써(以)** 같거나 닮으니
같을 사, 닮을 사

+ 亻(사람 인 변)

활용어휘 似而非(사이비), 近似(근사), 類似(유사)

台

1II
5획 / 부수 口
台 台 台 台 台

사사로운(厶) 말(口)들처럼 무수히 뜬 수많은 별이니 **별 태**
또 **사사로운(厶) 말(口)**들에도 나는 기쁘니
나 이, 기쁠 이
또 **사사로이(厶) 입(口)** 다물고 이르는 누각이나 정자니
누각 대, 정자 대(臺)의 약자

始

6II
8획 / 부수 女
乀 乁 女 女 女 始 始 始

여자(女)가 **기뻐하며(台)** 결혼을 시작하는 처음이니
처음 시
+ 女(여자 녀)
활용어휘 始球(시구), 始動(시동), 始作(시작), 始初(시초)

治

4II
8획 / 부수 水(氵)
治 治 治 治 治 治 治 治

물(氵)을 **기쁘게(台)** 사용하도록 잘 다스리니 **다스릴 치**
+ 수리 시설이 미비했던 옛날에는 물로 인한 피해가 많았으니, 치산
치수(治山治水)가 지도자의 큰 임무였답니다.
활용어휘 治安(치안), 治粧(치장), 根治(근치), 完治(완치)

殆

3II
9획 / 부수 歹
殆 殆 殆 殆 殆 殆 殆 殆
殆

죽을지(歹) 모르고 우선 당장 **기쁜(台)** 것만 찾아다니면
거의 위태하니 **거의 태, 위태할 태**
+ 나쁜 곳은 우선 달콤하여 많이 뛰어들지만 결국에는 위태로운 지
경에 빠지게 되지요.
+ 歹(뼈 앙상할 알, 죽을 사 변)
활용어휘 殆無(태무), 殆半(태반), 危殆(위태)

怠

3
9획 / 부수 心
怠 怠 怠 怠 怠 怠 怠 怠
怠

누각(台)에서 놀기만 하는 **마음(心)**처럼 게으르니
게으를 태
+ 心(마음 심, 중심 심)
활용어휘 怠慢(태만), *倦怠(권태), *懶怠(나태)

3

只

5획 / 부수 口

只 只 只 只 只

입(口)으로 다만 팔(八)자 타령만 하니 다만 지

+ 팔자(八字) - 태어난 해·달·일·시를 간지(干支)로 말할 때의 여덟 글자로, 사람의 평생 운수를 말함.
+ 口(입 구, 말할 구, 구멍 구), 八(여덟 팔, 나눌 팔)

활용어휘 只今(지금), 但只(단지)

6II

公

4획 / 부수 八

公 公 公 公

나눔(八)에 사사로움(厶) 없이 공평하니 공평할 공
또 공평한 사람이 대중에게 통하고 귀공자니
대중 공, 귀공자 공

+ 공평(公平)하다 - 어느 쪽으로도 치우치지 않고 고르다.
+ 厶(사사로울 사, 나 사), 平(평평할 평, 평화 평)

활용어휘 公開(공개), 公園(공원), 公布(공포), 公主(공주)

6II

分

4획 / 부수 刀

分 分 分 分

여덟(八) 번이나 칼(刀)로 나누니 나눌 분
또 나누어 놓은 단위나 신분이니
단위 분, 단위 푼, 신분 분
또 나누듯 분별하여 아는 분수니 **분별할 분, 분수 분**

+ 㔾 兮(어조사 혜) - 제목번호 298 참고
+ 刀(칼 도)

활용어휘 兩分(양분), 一分(일분), 分錢(푼전),
分別(분별), 分數(분수), 過分(과분)

4II

送

10획 / 부수 辵(辶)

送 送 送 送 送 送 送 送
送 送

**나누어(八) 다른 하늘(天) 아래로 가도록(辶) 보내니
보낼 송**

+ 힌 送 - 이쪽저쪽(丷)의 하늘(天) 아래로 가도록(辶) 보내니
  '보낼 송'
+ 天(하늘 천), 辶[뛸 착, 갈 착, = 辶]

활용어휘 送金(송금), 送別(송별), 送致(송치), 移送(이송)

4

松

8획 / 부수 木

松 松 松 松 松 松 松 松

나무(木) 중 귀공자(公)처럼 모양도 빼어나고 두루 쓰이는 소나무니 소나무 송

+ 소나무는 귀공자처럼 모양도 빼어나고 어느 것 하나 버릴 것 없이 두루 쓰이지요.

활용어휘 松林(송림), *松柏(송백), *松津(송진), 靑松(청송)

3Ⅱ

訟

11획 / 부수 言

訟 訟 訟 訟 訟 訟 訟 訟 訟 訟

말하여(言) 공평하게(公) 판정받으려고 소송하니 소송할 송

+ 소송(訴訟) - 판결을 법원에 요구하는 절차.
+ 言(말씀 언), 訴(소송할 소)

활용어휘 訟事(송사), 使無訟(사무송), 爭訟(쟁송)

4

頌

13획 / 부수 頁

頌 頌 頌 頌 頌 頌 頌 頌 頌 頌 頌 頌

대중(公)들이 머리(頁) 들어 칭송하니 칭송할 송

+ 칭송(稱頌) - 칭찬하여 기림.
+ 頁(머리 혈), 稱(일컬을 칭)

활용어휘 頌歌(송가), 頌德(송덕), 讚頌(찬송)

3

翁

10획 / 부수 羽

翁 翁 翁 翁 翁 翁 翁 翁 翁 翁

두루(公) 새의 깃(羽)처럼 수염 난 늙은이니 늙은이 옹

+ 나이 들수록 수염이 많이 나지요.
+ 羽(날개 우, 깃 우)

활용어휘 老翁(노옹), 翁主(옹주), 塞翁之馬(새옹지마)

5

去

5획 / 부수 厶

亠 大 去 去 去

어떤 **땅**(土)으로 **사사로이**(厶) 가니 **갈 거**

또 가서 제거하니 **제거할 거**

+ 맨 來(올 래) - 제목번호 066 참고
+ 土('흙 토'지만 여기서는 땅으로 봄), 厶(사사로울 사, 나 사)

활용어휘 去年(거년), 去來(거래), 去就(거취), 除去(제거)

5Ⅱ

法

8획 / 부수 水(氵)

法 法 法 法 法 法 法 法

물(氵)이 흘러**가듯**(去) 순리에 맞아야 하는 법이니 **법 법**

활용어휘 法律(법률), 法則(법칙), 立法(입법), 遵法(준법)

3Ⅱ

蓋

14획 / 부수 草(艹)

蓋 蓋 蓋 蓋 蓋 蓋 蓋
蓋 蓋 蓋 蓋 蓋 蓋

풀(艹)을 **제거하듯**(去) 베어 **그릇**(皿)을 덮으니 **덮을 개**

또 옛날에는 대개 풀로 덮었으니 **대개 개**

+ 역 盖 - 양(羊)고기 담은 그릇(皿)을 뚜껑으로 덮으니 '덮을 개'
  또 덮개는 대개 그릇마다 있으니 '대개 개'
+ 대개(大概) - ㉠ 대부분. ㉡ 일반적인 경우에.
+ 대개(大蓋) - 일의 큰 원칙으로 말하건대.
+ 皿(그릇 명), 羊[양 양(羊)의 변형], 槪(대개 개, 대강 개)

활용어휘 頭蓋骨(두개골), 覆蓋(복개), 蓋然性(개연성)

3

却

7획 / 부수 卩

却 却 却 却 却 却 却

가서(去) **무릎 꿇려**(卩) 물리치니 **물리칠 각**

+ 卩(무릎 꿇을 절, 병부 절, = 㔾)

활용어휘 却說(각설), 却下(각하), 忘却(망각), 燒却(소각)

3Ⅱ

脚

11획 / 부수 肉(月)

月 月 月 月 肝 肝 肺 肺
脚 脚 脚

몸(月)으로 **물리칠**(却) 때 구부려 쓰는 다리니 **다리 각**

+ 月(달 월, 육 달 월)

활용어휘 脚光(각광), 脚本(각본), 橋脚(교각), 立脚(입각)

3II **鬼** 10획 / 제부수 鬼鬼鬼鬼鬼鬼鬼鬼 鬼鬼	귀신(→ 鬼) 형상을 생각하고 만들어서 **귀신 귀** ✚ 田는 머리, 儿은 몸과 다리, 厶는 사악함을 나타냅니다. ✚ 귀신(鬼神) – ㉠ 사람이 죽은 뒤에 남는다는 넋. ㉡ 사람에게 화(禍)와 복(福)을 준다는 신령. ㉢ 어떤 일에 남보다 뛰어난 재주가 있는 사람을 비유하여 이르는 말. 활용어휘 鬼才(귀재), *魔鬼(마귀), 惡鬼(악귀), 雜鬼(잡귀)

3 **愧** 13획 / 부수 心(忄) 愧愧愧愧愧愧愧愧 愧愧愧愧愧	마음(忄)에 **귀신(鬼)**에게 벌 받을 것을 걱정할 정도로 부끄러워하니 **부끄러워할 괴** ✚ 부끄러운 일을 저지르면 하늘이나 신에게 벌 받을까 두렵지요. 활용어휘 愧心(괴심), 自愧(자괴), 慙愧(참괴)

3 **塊** 13획 / 부수 土 塊塊塊塊塊塊塊塊 塊塊塊塊塊	흙(土)이 **귀신(鬼)**처럼 이상한 모양으로 뭉쳐진 덩어리니 **덩어리 괴** ✚ 土(흙 토) 활용어휘 塊石(괴석), 金塊(금괴), 銀塊(은괴), 地塊(지괴)

3II **魂** 14획 / 부수 鬼 魂魂魂魂魂魂魂 魂魂魂魂魂魂	(몸 속에 살아서) **말한다는(云) 귀신(鬼)** 같은 넋이니 **넋 혼** 또 넋처럼 깊은 마음이니 **마음 혼** ✚ 넋 – 사람의 몸에 있으면서 몸을 거느리고 정신을 다스리는 비물 질적인 것. ✚ 云(말할 운) 활용어휘 魂靈(혼령), *魂魄(혼백), 招魂(초혼), 鬪魂(투혼)

4

9획 / 부수 玉(王)

珍珍珍珍珍珍珍珍
珍

옥(王)을 **사람**(人)의 **머릿**(彡)결처럼 정교하게 다듬어
만든 보배니 보배 **진**

+ 옙 珎 – 구슬(王)처럼 사람(⺅)들이 좋아하는 작은(小) 보배니
　　'보배 진'

+ 王(임금 왕, 으뜸 왕, 구슬 옥 변), ⺅[사람 인(人)의 변형], 小(작을 소)

활용어휘 珍貴(진귀), 珍技(진기), 珍珠(진주), 珍重(진중)

- -

5Ⅱ

11획 / 부수 厶

參參參參參參參參
參參參

장식품(厽)을 **사람**(人)이 **머리**(彡)에 꽂고 행사에 참여하니
참여할 **참**

또 **사람 인**(人)에 **사사로울 사**(厶)와 **삐침 별**(丿)을
셋이나 썼으니 석 **삼**

+ 옙 参 – 사사로이(厶) 크게(大) 머리(彡)를 꾸미고 행사에 참여하니
　　'참여할 참'
　　또 사사로울 사(厶)와 큰 대(大)에 삐침 별(丿)을 셋이나
　　썼으니 '석 삼'

+ 석 삼(三)은 보통 말하는 셋으로 쓰이고, 변조하면 안 되는 계약서
등에서는 참여할 참, 석 삼(參)으로 '삼'을 씁니다.

+ 厶('사사로울 사, 나 사'지만 여기서는 머리에 장식품을 꽂은 모양
으로 봄), 彡(터럭 삼, 긴머리 삼)

활용어휘 參加(참가), 參觀(참관), 參席(참석), 持參(지참)

- -

3

14획 / 부수 心(忄)

慘慘慘慘慘慘慘
慘慘慘慘慘慘

마음(忄)으로만 **참여하고**(參) 직접 하지 못하면 슬프니
슬플 **참**

+ 옙 惨
+ 忄(마음 심 변)

활용어휘 慘劇(참극), 慘變(참변), 無慘(무참), 悲慘(비참)

- -

7

8획 / 부수 肉(月)

育育育育育育育育

말하며(云) 내 **몸**(月)처럼 기르니 기를 **육**

+ 云(말할 운)

활용어휘 育林(육림), 育苗(육묘), 育成(육성), 育兒(육아)

- -

3II 徹 15획 / 부수 彳 徹徹徹徹徹徹徹 徹徹徹徹徹徹	걸을(彳) 때부터 **기르기**(育)를 **치며**(攵) 엄하게 하면 사리에 통하고 뚫으니 **통할 철, 뚫을 철** ＋ 彳(조금 걸을 척), 攵(칠 복, = 攴) **활용어휘** 貫徹(관철), 冷徹(냉철), 徹底(철저), 透徹(투철)

222 지질치실(至姪致室) - 至로 된 한자

4II 至 6획 / 제부수 至至至至至至	하나(一)의 **사사로운**(厶) **땅**(土)에 이르니 **이를 지** 또 이르러 보살핌이 지극하니 **지극할 지** ＋ 土('흙 토'지만 여기서는 땅으로 봄) **활용어휘** 至極(지극), 至毒(지독), 至誠(지성), 至尊(지존)
3 姪 9획 / 부수 女 姪姪姪姪姪姪姪 姪	딸(女)처럼 **이르러**(至) 보살펴야 하는 조카니 **조카 질** ＋ 女(여자 녀) **활용어휘** 姪女(질녀), 姪婦(질부), 堂姪(당질), 叔姪(숙질)
5 致 10획 / 부수 至 致致致致致致致 致致	지극하게(至) **치며**(攵) 지도하면 꿈을 이루고 목표에 이르니 **이룰 치, 이를 치** ＋ 攵(칠 복, = 攴) **활용어휘** 致富(치부), *拉致(납치), 理致(이치), 極致(극치)
8 室 9획 / 부수 宀 室室室室室室室室 室	지붕(宀) 아래 **이르러**(至) 쉬는 집이나 방이니 **집 실, 방 실** 또 주로 집에서 살림하는 아내도 가리켜서 **아내 실** ＋ 宀('집 면'이지만 여기서는 지붕으로 봄) **활용어휘** 室內(실내), 溫室(온실), 浴室(욕실), 小室(소실)

5II

到

8획 / 부수 刀(刂)

到 到 到 到 到 到 到 到

무사히 목적지에 **이르려고**(至) 위험을 대비하여 **칼**(刂)을 가지고 이를 정도로 주도면밀하니
이를 **도**, 주도면밀할 **도**

+ 주도면밀(周到綿密) - 주의가 두루 이르러(미쳐) 자세하고 빈틈이 없음.
+ 刂(칼 도 방), 周(두루 주, 둘레 주), 綿(솜 면, 자세할 면, 이어질 면), 密(빽빽할 밀, 비밀 밀)

활용어휘 到達(도달), 到着(도착), 殺到(쇄도), 周到(주도)

3II

倒

10획 / 부수 人(亻)

倒 倒 倒 倒 倒 倒 倒 倒
倒 倒

사람(亻)에 **이르는**(至) 것이 **칼**(刂)이면 찔려 넘어지고 거꾸로 되니 넘어질 **도**, 거꾸로 **도**

활용어휘 壓倒(압도), 卒倒(졸도), 打倒(타도), 倒置(도치)

5

屋

9획 / 부수 尸

屋 屋 屋 屋 屋 屋 屋 屋
屋

몸(尸)이 **이르러**(至) 쉬는 집이니 집 **옥**

+ 尸(주검 시, 몸 시)

활용어휘 屋上(옥상), 舍屋(사옥), 洋屋(양옥), 韓屋(한옥)

3II

臺

14획 / 부수 至

臺 臺 臺 臺 臺 臺 臺
臺 臺 臺 臺 臺 臺

(아름다운 경치에 취해) **선비**(士)들이 **입**(口) 다물고(冖) **이르는**(至) 누각이나 정자니 누각 **대**, 정자 **대**

+ 약 台 - 사사로이(厶) 입(口) 다물고 이르는 누각이나 정자니 '누각 대, 정자 대' - 제목번호 216 참고
+ 누각은 복잡한 일에서 벗어나 고요히 머리를 식히도록 아름다운 곳에 짓지요.
+ 누각(樓閣) - 사방을 바라볼 수 있도록 문과 벽이 없이 다락처럼 높이 지은 집.
+ 정자(亭子) - 경치가 좋은 곳에 놀거나 쉬기 위하여 벽이 없이 기둥과 지붕으로만 지은 집.
+ 士(선비 사, 군사 사, 칭호나 직업 이름에 붙이는 말 사), 冖(덮을 멱), 厶(사사로울 사, 나 사), 樓(다락 루, 누각 루, 층 루), 亭(정 자 정)

활용어휘 舞臺(무대), 築臺(축대), 寢臺(침대), 土臺(토대)

幺

3획 / 부수자

幺 幺 幺

작고 어린 아기(→ 幺) 모양을 본떠서

작을 요, 어릴 요

+ 실 사, 실 사 변(糸)의 일부분이니 작다는 데서 '작을 요'라고도 합니다.

幼

3Ⅱ

5획 / 부수 幺

幼 幼 幼 幼 幼

아직 **작은(幺)** 힘(力)이면 어리니 어릴 유

+ 圄 幻(허깨비 환) - 2급

활용어휘 幼年(유년), 幼兒(유아), 幼蟲(유충), 幼稚(유치)

幽

3Ⅱ

9획 / 부수 幺

幽 幽 幽 幽 幽 幽 幽 幽 幽

산(山) 속에 **작고(幺) 작은(幺)** 것이 보이지 않게 숨어 아득하니 숨을 유, 아득할 유

활용어휘 幽獨(유독), 幽靈(유령), 幽谷(유곡)

後

7Ⅱ

9획 / 부수 彳

後 後 後 後 後 後 後 後 後

조금씩 걷고(彳) 조금(幺)씩 **천천히 걸으면(夊)** 뒤지고 늦으니 뒤 후, 늦을 후

+ 彳(조금 걸을 척), 夊(천천히 걸을 쇠, 뒤져올 치)

활용어휘 後繼(후계), 後光(후광), 背後(배후), 前後(전후)

濕

3Ⅱ

17획 / 부수 水(氵)

濕 濕 濕 濕 濕 濕 濕 濕 濕 濕 濕 濕 濕 濕 濕 濕 濕

물(氵)이 햇(日)빛이나 **작고(幺) 작은(幺)** 불(灬)빛처럼 스며들어 젖으니 젖을 습

+ 圄 湿 - 물(氵)이 햇(日)빛 같이(ㅣㅣ) 이쪽저쪽(丷)으로 스며들어(一) 젖으니 '젖을 습'

활용어휘 濕氣(습기), 濕度(습도), 濕地(습지), 除濕(제습)

③

幾

12획 / 부수 幺

幾 幾 幾 幾 幾 幾 幾 幾
幾 幾 幾 幾

(아직은) 작고(幺) 작게(幺) 보이는 창(戈)과 사람(人)이
지만 몇이나 되는지 살피는 기미니 **몇 기, 기미 기**

+ 기미(幾微·機微) - 앞일이나 상황에 대하여 느낌으로 알아차릴
  수 있게 하는 어떤 현상이나 상태.
+ 幺(작을 요, 어릴 요), 戈(창 과), 微(작을 미, 숨을 미)

활용어휘 幾十(기십), 幾何級數(기하급수)

---

④

機

16획 / 부수 木

機 機 機 機 機 機 機 機
機 機 機 機 機 機 機 機

나무(木) 몇(幾) 개로 얽어 만든 베틀이니 **베틀 기**
또 베틀 같이 짜인 기계나 기회니 **기계 기, 기회 기**

+ 木(나무 목)

활용어휘 斷機(단기), 機械(기계), 機會(기회), 契機(계기)

---

③Ⅱ

畿

15획 / 부수 田

畿 畿 畿 畿 畿 畿 畿 畿
畿 畿 畿 畿 畿 畿 畿

서울에서 얼마(幾) 떨어지지 않은 밭(田) 같은 땅이 경기니
경기 기

+ 경기(京畿) - 서울을 중심으로 한 가까운 주위의 땅.
+ 幾[몇 기, 기미 기(幾)의 획 줄임], 田(밭 전), 京(서울 경)

활용어휘 畿伯(기백), *畿甸(기전), 畿湖(기호)

---

④

繼

20획 / 부수 糸

繼 繼 繼 繼 繼 繼 繼
繼 繼 繼 繼 繼 繼 繼
繼 繼 繼 繼

실(糸)로 상자(ㄴ) 속이나 밖을 조금씩 계속(㡭) 이으니
이을 계

+ 㘴 継 - 실(糸)로 감춰(ㄴ) 놓은 쌀(米)이 나오지 않도록 터진 곳을
  이으니 '이을 계'
+ 糸(실 사, 실 사 변), ㄴ [상자 방(匚)의 변형], ㄴ(감출 혜, 덮을
  혜, = 匚), 米(쌀 미)

활용어휘 繼續(계속), 繼承(계승), 繼走(계주), 後繼(후계)

4II

斷

18획 / 부수 斤

斷 斷 斷 斷 斷 斷 斷 斷
斷 斷 斷 斷 斷 斷 斷 斷
斷 斷

상자(匚)의 물건을 조금씩 계속(𢆶) 꺼내어 도끼(斤)로 끊으니 **끊을 단**

또 무엇을 끊듯이 결단하니 **결단할 단**

+ 몘 断 – 감춰(匚) 놓은 쌀(米)이 나오도록 도끼(斤)로 끊으니 '끊을 단'
　　또 무엇을 끊듯이 결단하니 '결단할 단'
+ 決斷(결단) – 결정적인 판단을 하거나 단정을 내림. 또는 그런 판단이나 단정.
+ 斤(도끼 근), 決(정할 결, 터질 결)

활용어휘 斷念(단념), 斷言(단언), 斷乎(단호), 勇斷(용단)

---

226 해계계(奚溪鷄) – 奚로 된 한자

3

奚

10획 / 부수 大

奚 奚 奚 奚 奚 奚 奚 奚
奚 奚

손톱(爫)으로 세상의 작고(幺) 큰(大) 일을 어찌할까에서 **어찌 해**

또 손톱(爫)으로라도 작고(幺) 큰(大) 일을 다 해야 하는 종이니 **종 해**

+ 爫(손톱 조), 大(큰 대)

활용어휘 奚暇(해가), 奚琴(해금)

- -

3II

溪

13획 / 부수 水(氵)

溪 溪 溪 溪 溪 溪 溪 溪
溪 溪 溪 溪 溪

물(氵)이라고 **어찌**(奚) 말할 수 없는 작은 시내니 **시내 계**

활용어휘 溪谷(계곡), 碧溪水(벽계수), 淸溪(청계)

- -

4

鷄

21획 / 부수 鳥

鷄 鷄 鷄 鷄 鷄 鷄 鷄 鷄
鷄 鷄 鷄 鷄 鷄 鷄 鷄 鷄
鷄 鷄 鷄 鷄 鷄

닭은 날지 못하니 **어찌**(奚) 새(鳥)란 말인가에서 **닭 계**

+ 몘 雞(닭 계)
+ 鳥(새 조)

활용어휘 鷄卵(계란), 鷄林(계림), 養鷄(양계)

4Ⅱ

鄕

13획 / 부수 邑(阝)

鄕 鄕 鄕 鄕 鄕 鄕 鄕
鄕 鄕 鄕 鄕 鄕

어린(彡) 시절 흰(白) 쌀밥을 **숟가락**(匕)으로 먹으며 살던 시골 **고을**(阝)이 고향이니 **시골 향, 고향 향**

+ 액鄕 – 어린(彡) 시절 멈추어(艮) 살던 시골 고을(阝)이 고향이니 '시골 향, 고향 향'

+ 비卿(벼슬 경) – 제목번호 151 참고

+ 먹을 것이 귀하던 옛날에 좋은 음식이었던 흰 쌀밥을 먹던 고을을 고향이라고 했네요. 이처럼 한자가 만들어지던 옛날을 생각해 봄도 한자 이해에 큰 도움이 됩니다.

+ 彡[작을 요, 어릴 요(幺)의 변형], 白(흰 백, 밝을 백, 깨끗할 백, 아뢸 백), 匕(비수 비, 숟가락 비), 阝(고을 읍 방), 艮[멈출 간(艮)의 변형]

활용어휘 京鄕(경향), 故鄕(고향), 鄕愁(향수), 愛鄕(애향)

- -

3Ⅱ

響

22획 / 부수 音

響 響 響 響 響 響 響
響 響 響 響 響 響 響
響 響 響 響 響

시골(鄕)에서 소리(音)치면 메아리가 울리듯 울리니 **울릴 향**

+ 音(소리 음) – 제목번호 155 참고

활용어휘 反響(반향), 影響(영향), 音響(음향)

6II

15획 / 부수 木

樂樂樂樂樂樂樂樂
樂樂樂樂樂樂樂

(악기의 대표인) **북(白)**을 **작고(幺) 작은(幺)** 실로 **나무(木)** 받침대 위에 묶어 놓고 치며 노래 부르고 즐기며 좋아하니

노래 **악**, 즐길 **락(낙)**, 좋아할 **요**

+ 옙 樂 – (악기의 대표인) 북(白)을 나무(木) 받침대 위에 올려놓고
　　　 양손으로 두드리며(乂) 노래 부르고 즐기며 좋아하니
　　　 '노래 악, 즐길 락(낙), 좋아할 요'
+ 白('흰 백, 밝을 백, 깨끗할 백, 아뢸 백'이지만 여기서는 북으로
　 봄), 幺(작을 요, 어릴 요), 木(나무 목)

활용어휘 音樂(음악), 快樂(쾌락), 樂山樂水(요산요수)

- -

6II

19획 / 부수 草(艹)

藥藥藥藥藥藥藥藥
藥藥藥藥藥藥藥藥
藥藥藥

풀(艹) 중 환자에게 **좋은(樂)** 약이니 **약 약**

+ 옙 薬
+ 옛날에는 대부분의 약을 풀에서 구했지요.
+ 艹(초 두)

활용어휘 藥局(약국), 藥水(약수), 藥草(약초), 藥效(약효)

<table>
<tr><td>

3II

率

11획 / 부수 玄

率 率 率 率 率 率 率 率
率 率 率

</td><td>

우두**머리**(亠)가 **작은**(幺) 사람을 양쪽에 **둘**(冫冫)씩 아래에
열(十)의 비율로 거느리니 비율 **률(율)**, 거느릴 **솔**
또 잘 거느리려고 솔직하니 **솔직할 솔**

+ 비율(比率) - 다른 수나 양에 대한 어떤 수나 양의 비(比).
+ 솔직(率直)하다 - 거짓이나 숨김이 없이 바르고 곧다.
+ 亠(머리 부분 두), 幺(작을 요, 어릴 요), 十(열 십, 많을 십),
   比(나란할 비, 견줄 비), 直(곧을 직, 바를 직)

활용어휘 換率(환율), 引率(인솔), 眞率(진솔)

</td></tr>
<tr><td>

3II

畜

10획 / 부수 田

畜 畜 畜 畜 畜 畜 畜 畜
畜 畜

</td><td>

머리(亠) **작은**(幺) 어린 짐승을 **밭**(田)에서 기르니
기를 축
또 집에서 기르는 가축이니 **가축 축**

+ 가축(家畜) - 집에서 기르는 짐승.
+ 家(집 가, 전문가 가)

활용어휘 畜舍(축사), 畜産(축산), 畜協(축협), 牧畜(목축)

</td></tr>
<tr><td>

4II

蓄

14획 / 부수 草(艹)

蓄 蓄 蓄 蓄 蓄 蓄 蓄 蓄
蓄 蓄 蓄 蓄 蓄 蓄

</td><td>

풀(艹)을 **가축**(畜)에게 먹이려고 쌓으니 **쌓을 축**

+ 艹(초 두)

활용어휘 蓄財(축재), 蓄積(축적), 備蓄(비축), 含蓄(함축)

</td></tr>
</table>

玄

5획 / 제부수

玄玄玄玄玄

머리(亠) 아래 **작은**(幺) 것이 검고 오묘하니

검을 현, 오묘할 현

+ 오묘(奧妙)하다 – 심오하고 묘하다.
+ 亠(머리 부분 두), 幺(작을 요, 어릴 요), 奧(속 오), 妙(묘할 묘, 예쁠 묘)

활용어휘 玄米(현미), 玄武巖(현무암), 玄關(현관)

絃

11획 / 부수 糸

絃絃絃絃絃絃絃絃
絃絃絃

줄(糸)을 퉁기면 **오묘한**(玄) 소리가 나는 악기 줄이니

악기 줄 현

+ 糸(실 사, 실 사 변)

활용어휘 絃歌(현가), 絃樂器(현악기), 管絃樂(관현악)

牽

11획 / 부수 牛

牽牽牽牽牽牽牽
牽牽牽

검은(玄) 고삐로 **묶어**(冖) 소(牛)를 끄니 **끌 견**

+ 冖('덮을 멱'이지만 여기서는 묶은 모양으로 봄), 牛(소 우)

활용어휘 牽引(견인), 牽制(견제), 牽牛(견우)

玆

10획 / 부수 幺

玆玆玆玆玆玆玆玆
玆玆

검은(玄) 빛 두 개가 겹쳐 더 검으니 **검을 자**

또 검으면 눈에 잘 보이니 가까운 것을 가리키는

지시 대명사로도 쓰여 **이 자**

+ 기미 독립 선언서 내용 중 "오등(吾等)은 자(玆)에 아(我) 조선(朝鮮)의 독립국임을 선언하노라"에 쓰인 '자(玆)'는 '이'의 뜻입니다.

활용어휘 玆白(자백), 今玆(금자), 念念在玆(염념재자)

慈

13획 / 부수 心

慈慈慈慈慈慈慈
慈慈慈慈慈

속이 **검게**(玆) 타도 변치 않는 **마음**(心)으로 사랑해 주는

어머니니 **사랑 자, 어머니 자**

+ 玆[검을 자, 이 자(玆)의 변형], 心(마음 심, 중심 심)

활용어휘 慈悲(자비), 仁慈(인자), 慈堂(자당), 慈親(자친)

특
糸
6획 / 제부수
糸 糸 糸 糸 糸 糸

실을 감아놓은 실타래(🧵)를 본떠서

실 사, 실 사 변

+ 타래 - 사리어 뭉쳐 놓은 실이나 노끈 등의 뭉치.
+ 주로 실 사(絲)의 약자나 실을 나타내는 부수로 쓰입니다.

4
絲
12획 / 부수 糸
絲 絲 絲 絲 絲 絲 絲 絲 絲 絲 絲 絲

실(糸)타래의 실이 겹쳐진 모양을 본떠서 **실 사**

+ 역 糸

활용어휘 *螺絲(나사), 一絲不亂(일사불란), 鐵絲(철사)

3II
紛
10획 / 부수 糸
紛 紛 紛 紛 紛 紛 紛 紛 紛 紛

실(糸)을 **나누어**(分) 놓은 듯 헝클어져 어지러우니
어지러울 분

+ 비 粉(가루 분) - 제목번호 076 참고
+ 分(나눌 분, 단위 분, 단위 푼, 신분 분, 분별할 분, 분수 분)

활용어휘 紛糾(분규), 紛亂(분란), 紛爭(분쟁), 內紛(내분)

5
終
11획 / 부수 糸
終 終 終 終 終 終 終 終 終 終 終

(누에 같은 벌레가) **실**(糸) 뽑아 집 짓는 일은 **겨울**(冬)이
되기 전에 다하여 마치니 **다할 종, 마칠 종**

+ 冬(겨울 동) - 제목번호 367 참고

활용어휘 終結(종결), 終日(종일), 終點(종점), 臨終(임종)

5II
結
12획 / 부수 糸
結 結 結 結 結 結 結 結 結 結 結 結

실(糸)로 좋게(吉) 맺으니 **맺을 결**

+ 吉(길할 길, 상서로울 길) - 제목번호 092 참고

활용어휘 結果(결과), 結論(결론), 結婚(결혼), 凝結(응결)

3

絹

13획 / 부수 糸

絹 絹 絹 絹 絹 絹 絹 絹
絹 絹 絹 絹 絹

실(糸)을 누에의 입(口)을 통해 몸(月)에서 나온 것으로 짠 비단이니 비단 견

＋ 누에의 입으로 몸 속 실이 나오지요.

활용어휘 絹絲(견사), 絹織物(견직물), 人造絹(인조견)

3Ⅱ

索

10획 / 부수 糸

索 索 索 索 索 索 索 索
索 索

많이(十) 꼬아서(冖) 만든 동아줄(糸)이니 동아줄 삭

또 동아줄로 묶어 두었다가 잃으면 찾으니 **찾을 색**

또 누구를 찾아야 할 정도로 쓸쓸하니 **쓸쓸할 삭**

＋ 十(열 십, 많을 십)

활용어휘 索道(삭도), 索出(색출), 檢索(검색), *索寞(삭막)

3Ⅱ

戀

23획 / 부수 心

戀 戀 戀 戀 戀 戀 戀 戀
戀 戀 戀 戀 戀 戀 戀
戀 戀 戀 戀 戀 戀 戀

실(絲)처럼 계속 말(言)과 마음(心)이 이어가며 사모하니 사모할 련(연)

＋ 엽 恋 – 또(亦) 자꾸 마음(心)에 생각하며 사모하니 '사모할 련(연)'
＋ 絲(실 사), 言(말씀 언), 心(마음 심, 중심 심), 亦(또 역)

활용어휘 戀慕(연모), 戀人(연인), 戀情(연정), 悲戀(비련)

5Ⅱ

變

23획 / 부수 言

變 變 變 變 變 變 變 變
變 變 變 變 變 變 變
變 變 變 變 變 變 變

실(絲)처럼 길게 말하며(言) 치면(攵) 변하니 변할 변

＋ 엽 変 – 또(亦) 천천히(攵) 변하니 '변할 변'
＋ 攵(천천히 걸을 쇠, 뒤져올 치)

활용어휘 變更(변경), 變動(변동), 變遷(변천), 變化(변화)

4

系

7획 / 부수 糸

系 系 系 系 系 系 系

하나(/)의 **실**(系)처럼 이어지는 혈통이니
이을 계, 혈통 계

활용어휘 系列(계열), 母系(모계), 直系(직계), 體系(체계)

4Ⅱ

係

9획 / 부수 人(亻)

係 係 係 係 係 係 係
係

사람(亻)들은 서로 **이어져**(系) 관계되니 관계될 **계**

또 관계되는 사람끼리 모인 계니 계 **계**

+ 계(係) – 사무나 작업 분담의 작은 갈래.

활용어휘 關係(관계), 係員(계원), 係長(계장)

6

孫

10획 / 부수 子

孫 子 子 孫 孫 孫 孫
孫 孫

아들(子)의 대를 **이어주는**(系) 손자니 손자 **손**

+ 子(아들 자, 첫째 지지 자, 자네 자, 접미사 자)

활용어휘 孫子(손자), 世孫(세손), 祖孫(조손)

3

縣

16획 / 부수 糸

縣 縣 縣 縣 縣 縣 縣
縣 縣 縣 縣 縣 縣 縣

한 **눈**(目)에 **덮어**(乚) 바라볼 정도로 **조금**(小)씩
혈통(系)이 같은 사람들이 모여 사는 고을이니 고을 **현**

+ 얍 県 – 한 눈(目)에 덮어(乚) 바라볼 수 있는 작은(小) 고을이니
　　'고을 현'

+ 目(눈 목, 볼 목, 항목 목), 乚(감출 혜, 덮을 혜, = 匸)

활용어휘 縣監(현감), 縣令(현령), 縣吏(현리)

3Ⅱ

懸

20획 / 부수 心

懸 懸 懸 懸 懸 懸 懸
懸 懸 懸 懸 懸 懸 懸
懸 懸 懸 懸

고을(縣)에서 **마음**(心) 나쁜 자들을 매달고 멀리하니
매달 현, 멀 현

+ 心(마음 심, 중심 심)

활용어휘 懸賞(현상), 懸垂(현수), 懸案(현안), 懸隔(현격)

3

卜

2획 / 제부수

卜 卜

점치던 거북 등껍데기(龜)가 갈라진 모양을 본떠서 **점 복**

＋ 옛날에는 점을 많이 쳐서 점과 관련된 한자도 많네요.

활용어휘 卜居(복거), 卜吉(복길), 卜年(복년), 卜債(복채)

8

外

5획 / 부수 夕

外 外 外 外 外

저녁(夕)에 점(卜)치러 나가는 밖이니 **밖 외**

＋ 夕(저녁 석)

활용어휘 外勤(외근), 外貌(외모), 外遊(외유), 課外(과외)

6

朴

6획 / 부수 木

朴 朴 朴 朴 朴 朴

나무(木) 껍질이나 점(卜)칠 때 쓰는 거북 등껍데기처럼 갈라져 투박하고 순박하니 **순박할 박**

또 순박한 사람들의 성씨니 **성씨 박**

＋ 순박(淳朴) - 순하고 꾸밈이 없음.
＋ 꾸미지 않고 갈라진 채로 있으니 순박한 것이지요.
＋ 淳(순박할 순)

활용어휘 素朴(소박), 質朴(질박)

3

赴

9획 / 부수 走

赴 赴 赴 赴 赴 赴 赴 赴
赴

달려(走) 목적지에 다다라 점(卜)친 것을 알리니
다다를 부, 알릴 부

＋ 卽 起(일어날 기, 시작할 기) - 제목번호 240 참고
＋ 走(달릴 주, 도망갈 주) - 제목번호 240 참고

활용어휘 赴任(부임), 赴援(부원), 赴告(부고)

3Ⅱ

貞

9획 / 부수 貝

貞 貞 貞 貞 貞 貞 貞 貞
貞

점(卜)치듯 요모조모 따져 재물(貝)을 씀이 곧으니
곧을 정

＋ 貝(조개 패, 재물 패, 돈 패)

활용어휘 貞潔(정결), 貞烈(정렬), 貞淑(정숙), 貞操(정조)

4
5획 / 부수 卜
卜 占 占 占 占

점(卜)쟁이에게 **말하며**(口) 점치니 **점칠 점**
또 **표지판**(卜)을 **땅**(口)에 세우고 점령하니 **점령할 점**

+ 점령(占領) - (일정한 곳을) 점령하여 거느림.
+ 口(입 구, 말할 구, 구멍 구), 두 번째 어원의 口는 땅으로 봄,
  領(거느릴 령, 우두머리 령)

활용어휘 *占卦(점괘), 占術(점술), 占據(점거), 獨占(독점)

5II
8획 / 부수 广
店 店 店 店 店 店 店 店

집(广)에 **점령하듯**(占) 물건을 진열하여 파는 가게니
가게 점

+ 广(집 엄)

활용어휘 飯店(반점), 商店(상점), 書店(서점), 酒店(주점)

4
11획 / 부수 彳
從 從 從 從 從 從 從 從
從 從 從

걸어서(彳) 두 **사람**(人人) 중 **점쳐**(卜) 고른 **사람**(人)
을 좇아 따르니 **좇을 종, 따를 종**

+ 약 從 - 걸어서(彳) 이쪽저쪽(丷)으로 아래(下)까지 사람(人)을
  좇아 따르니 '좇을 종, 따를 종'
  从 - 사람(人)이 사람(人)을 좇아 따르니 '좇을 종, 따를 종'
+ 彳(조금 걸을 척), 卜(점 복), 下(아래 하, 내릴 하)

활용어휘 從屬(종속), 服從(복종), 順從(순종), 追從(추종)

3II
17획 / 부수 糸
縱 縱 縱 縱 縱 縱 縱 縱
縱 縱 縱 縱 縱 縱 縱 縱
縱

실(糸)을 **따라**(從) 세로로 놓으니 **세로 종, 놓을 종**

+ 약 縦, 纵
+ 糸(실 사, 실 사 변)

활용어휘 縱斷(종단), 放縱(방종), 操縱(조종)

5

黑

12획 / 제부수

黑黑黑黑黑黑黑黑
黑黑黑黑

굴뚝(里)처럼 불(灬)에 그을려 검으니 검을 흑

+ 엘 黑 – 마을(里)이 불(灬)에 그을려 검으니 '검을 흑'
+ 罒(구멍 뚫린 굴뚝의 모양으로 봄), 灬(불 화 발), 里(마을 리, 거리 리)

활용어휘 黑白(흑백), 黑字(흑자), 黑板(흑판), 暗黑(암흑)

4

點

17획 / 부수 黑

點點點點點點點點
點點點點點點點點
點

검게(黑) 점령하듯(占) 찍은 점이니 점 점
또 점을 찍듯 불을 켜니 불 켤 점

+ 엘 点 – 점령하듯(占) 찍은 네 점(灬)이니 '점 점'
  炅 – 점령하듯(占) 크게(大) 찍은 점이니 '점 점'

활용어휘 點檢(점검), 點數(점수), 得點(득점), 點燈(점등)

3II

默

16획 / 부수 黑

默默默默默默默默
默默默默默默默默

캄캄하고(黑) 개(犬)도 짖지 않는 밤처럼 말없이 고요하니
말없을 묵, 고요할 묵

+ 犬(개 견)

활용어휘 默過(묵과), 默念(묵념), 默認(묵인), 沈默(침묵)

3II

墨

15획 / 부수 土

墨墨墨墨墨墨墨墨
墨墨墨墨墨墨墨

검게(黑) 흙(土)으로 만든 먹이니 먹 묵

+ 먹 – 벼루에 물을 붓고 갈아서 글씨를 쓰거나 그림을 그릴 때 사용하는 검은 물감.
+ 土(흙 토)

활용어휘 墨畫(묵화), 白墨(백묵), 水墨畫(수묵화)

7II

3획 / 부수 一

丨 卜 上

일정한 **기준(一)**보다 위로 오르니 **위 상, 오를 상**

＋ 一('한 일'이지만 여기서는 일정한 기준으로 봄)

활용어휘 上官(상관), 頂上(정상), 上京(상경), 向上(향상)

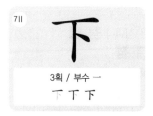

7II

3획 / 부수 一

丅 丁 下

일정한 **기준(一)**보다 아래로 내리니 **아래 하, 내릴 하**

활용어휘 下降(하강), 下山(하산), 下車(하차), 零下(영하)

5

4획 / 제부수

止 止 止 止

두 발이 그쳐 있는 모양에서 **그칠 지**

활용어휘 止血(지혈), 禁止(금지), 防止(방지), 停止(정지)

3II

6획 / 부수 人

企 企 企 企 企 企

사람(人)이 하던 일을 **그치고(止)** 무엇을 바라고 꾀하니
바랄 기, 꾀할 기

＋ 꾀하다 - 어떤 일을 이루려고 뜻을 두거나 힘을 쓰다.

활용어휘 企待(기대), 企圖(기도), 企業(기업), 企劃(기획)

3

8획 / 부수 肉(月)

肯 肯 肯 肯 肯 肯 肯 肯

일을 **그치고(止) 몸(月)**을 쉬며 즐기니 **즐길 긍**

또 즐기며 그러하다고 긍정하니 **긍정할 긍**

＋ 긍정(肯定)하다 - 그러하다고 생각하여 옳다고 인정하다.
＋ 月(달 월, 육 달 월), 定(정할 정)

활용어휘 肯從(긍종), 肯可(긍가), 肯意(긍의), 首肯(수긍)

齒

15획 / 제부수

齒 齒 齒 齒 齒 齒 齒 齒
齒 齒 齒 齒 齒 齒 齒

씹기를 **그치고**(止) **윗니**(人人)와 **나란히**(一)
아랫니(人人)가 **입 벌린**(凵) 속에 있는 모양에서 이 **치**

또 (옛날에) 이의 숫자로 알았던 나이니 나이 **치**

+ 앱 齒 – 씹기를 그치고(止) 입 벌린(凵) 속에 있는 쌀 미(米) 자처럼
   나눠진 이의 모양에서 '이 치'

+ 사랑니처럼 나이가 들어야 나는 이도 있으니 옛날에는 이의 숫자
   로 나이를 알았답니다. 지금도 짐승의 나이는 이의 숫자로 짐작하
   지요.

+ 凵(입 벌릴 감, 그릇 감), 米(쌀 미)

활용어휘 齒牙(치아), 齒藥(치약), 蟲齒(충치), 年齒(연치)

■ 도움말 ■

〈건강 십훈(十訓)〉 – 이율곡

1. 소식다작(小食多嚼) [음식은 적게 먹고, 많이 씹는다.]

2. 소육다채(小肉多菜) [고기는 적게, 채소는 많이 먹는다.]

3. 소염다초(小鹽多酢) [소금은 적게, 식초는 많이 먹는다.]

4. 소주다과(小酒多果) [술은 적게, 과일은 많이 먹는다.]

5. 소노다소(小怒多笑) [화는 적게 내고(삼가고), 많이 웃는다.]

6. 소번다면(小煩多眠) [근심은 적게 하고, 잠은 많이(깊이) 잔다.]

7. 소언다행(小言多行) [말은 적게 하고(필요한 말만 하고), 활동은 많이 한다.]

8. 소욕다시(小欲多施) [욕심은 적게 하고(버리고), 많이 베푼다.]

9. 소차다보(小車多步) [차는 적게 타고, 많이 걷는다.]

10. 소의다욕(小衣多浴) [옷은 적게(가볍게) 입고, 목욕은 많이(자주) 한다.]

+ 小('작을 소'지만 여기서는 '적다'의 뜻으로 봄), 食(밥 식, 먹을 식, 먹이 사), 多(많을 다), 嚼(씹을 작), 肉(고기 육),
   菜(나물 채), 鹽(소금 염), 酢(초 초), 酒(술 주), 果(과실 과, 결과 과), 怒(성낼 노), 笑(웃을 소), 煩(번거로울 번), 眠
   (잘 면), 言(말씀 언), 行(다닐 행, 행할 행, 항렬 항), 欲(바랄 욕), 施(행할 시, 베풀 시), 車(수레 거, 차 차), 步(걸음
   보), 衣(옷 의), 浴(목욕할 욕)

4II

武

8획 / 부수 止

武 武 武 武 武 武 武 武

하나(一)의 **주살**(弋)로도 적의 침략을 **그치게**(止) 하는 군사니 군사 무

또 군사들이 사용하는 무기니 무기 무

+ 주살 - 줄을 매어 쏘는 화살.
+ 弋(주살 익)

활용어휘 武功(무공), 武力(무력), 武裝(무장), 文武(문무)

3II

賦

15획 / 부수 貝

賦 賦 賦 賦 賦 賦 賦 賦 賦 賦 賦 賦 賦

재물(貝)을 무력(武)으로 세금 거두어 필요한 곳에 주니 세금 거둘 부, 줄 부

또 무슨 일에 써 주는 문체 이름이니 문체 이름 부

+ 貝(조개 패, 재물 패, 돈 패)

활용어휘 賦課(부과), 賦與(부여), 赤壁賦(적벽부)

4II

步

7획 / 부수 止

步 步 步 步 步 步 步

한 발은 **멈추고**(止) 다른 발은 **조금씩**(少) 옮기는 것을 반복하며 걷는 걸음이니 걸음 보

+ 止(그칠 지), 少[적을 소, 젊을 소(少)의 획 줄임]

활용어휘 步行(보행), 速步(속보), 讓步(양보), 進步(진보)

3

涉

10획 / 부수 水(氵)

涉 涉 涉 涉 涉 涉 涉 涉 涉 涉

물(氵)길을 걸어(步) 건너니 건널 섭

또 자기 역할의 범위를 건너 간섭하거나 섭렵하니 간섭할 섭, 섭렵할 섭

+ 涉獵(섭렵) - 많은 책을 널리 읽거나 여기저기 찾아다니며 경험함을 이르는 말.

활용어휘 涉歷(섭력), 涉外(섭외), 干涉(간섭), 交涉(교섭)

4

延

7획 / 부수 廴

延延延延延延延

삐뚤어져(丿) 하던 일을 그치고(止) 길게 걸으면서(廴)
시간을 끌고 늘이니 **끌 연, 늘일 연**

+ 旧 廷(조정 정, 관청 정)
+ 丿(삐침 별), 止[그칠 지(止)의 변형], 廴(길게 걸을 인)

활용어휘 延期(연기), 延長(연장), 延滯(연체), 遲延(지연)

3

誕

14획 / 부수 言

誕誕誕誕誕誕誕
誕誕誕誕誕誕

말(言)을 늘이(延)듯 길게 울면서 태어나니 **태어날 탄**

+ 고고지성(呱呱之聲) - '아이가 태어나면서 처음으로 우는 소리'로,
  사물이 처음으로 시작되는 기척을 비유하여 이르는 말.
+ 言(말씀 언), 呱(아이 태어나면서 울 고), 聲(소리 성)

활용어휘 誕降(탄강), 誕生(탄생), 聖誕(성탄)

3II

廷

7획 / 부수 廴

廷廷廷廷廷廷廷

임무를 맡고(壬) 걸어가는(廴) 조정이나 관청이니
조정 정, 관청 정

+ 旧 延(끌 연, 늘일 연)
+ 조정(朝廷) - 임금이 정사를 펴며 의식을 행하는 곳.
+ 壬(간사할 임, 짊어질 임, 아홉째 천간 임), 朝(아침 조, 조정 조,
  뵐 조)

활용어휘 宮廷(궁정), 開廷(개정), 法廷(법정), 退廷(퇴정)

6II

庭

10획 / 부수 广

庭庭庭庭庭庭庭
庭庭

집(广) 안에 조정(廷)처럼 가꾼 뜰이니 **뜰 정**

+ 广(집 엄)

활용어휘 庭園(정원), 家庭(가정), 校庭(교정), 親庭(친정)

4II	走
	7획 / 제부수
	走 走 走 走 走 走 走

흙(土)을 점(卜)치듯 사람(人)이 가려 디디며
달리고 도망가니 달릴 **주**, 도망갈 **주**

+ 土(흙 토), 卜(점 복), 人(사람 인)

활용어휘 走行(주행), 繼走(계주), 縱走(종주), 逃走(도주)

4	徒
	10획 / 부수 彳
	徒 徒 徒 徒 徒 徒 徒 徒 徒 徒

한갓 걷거나(彳) 달리는(走) 무리니
한갓 **도**, 걸을 **도**, 무리 **도**

+ 彳(조금 걸을 척)

활용어휘 徒食(도식), 徒步(도보), 信徒(신도), 生徒(생도)

4II	起
	10획 / 부수 走
	起 起 起 起 起 起 起 起 起 起

달리려고(走) 몸(己)이 일어나니 일어날 **기**
또 일어나 시작하니 시작할 **기**

+ 卪 赴(다다를 부, 알릴 부) - 제목번호 234 참고

활용어휘 起立(기립), 起床(기상), 起工(기공), 發起(발기)

3II	越
	12획 / 부수 走
	越 越 越 越 越 越 越 越 越 越 越 越

달려가며(走) 도끼(戉)로 협박하면 달아나려고 뛰어넘으니
넘을 **월**, 월나라 **월**

+ 戉 - 창(戈)처럼 아래로 찍는데(丿) 사용하는 도끼니 '도끼 월'

활용어휘 越權(월권), 移越(이월), 追越(추월), 卓越(탁월)

7Ⅱ

正

5획 / 부수 止

正 丁 丅 正 正

하나(一)에 그쳐(止) 열중해야 바르니 바를 정

+ 무슨 일이나 오직 하나(一)에 그쳐(止) 열중해야 바르지요.
+ 止(그칠 지)

활용어휘 正義(정의), 正直(정직), 公正(공정), 修正(수정)

3Ⅱ

征

8획 / 부수 彳

征 征 征 征 征 征 征

가서(彳) 바로(正)잡으려고 치니 칠 정

+ 彳(조금 걸을 척)

활용어휘 征伐(정벌), 征服(정복), 遠征(원정), 出征(출정)

4Ⅱ

政

9획 / 부수 攵(攴)

政 政 政 政 政 政 政 政
政

바르도록(正) 치면서(攵) 다스리니 다스릴 정

+ 攵(칠 복, = 攴)

활용어휘 政府(정부), 政治(정치), 政派(정파), 善政(선정)

6

定

8획 / 부수 宀

定 定 定 定 定 定 定

집(宀)안의 물건도 바르게(𤴓) 자리를 정하니 정할 정

+ '집(宀) 아래(下) 사람(人)이 잘 곳을 정하니 정할 정'이라고도 합니다.
+ 옌 㝎 – 집(宀)에서 갈(之) 곳을 정하니 '정할 정'
+ 宀(집 면), 𤴓[바를 정(正)의 변형], 下(아래 하, 내릴 하), 之(갈 지, ~의 지, 이 지)

활용어휘 定價(정가), 定着(정착), 安定(안정), 限定(한정)

4

整

16획 / 부수 攵(攴)

整 整 整 整 整 整 整 整
整 整 整 整 整 整 整 整

**(개수가 많은 물건은 가운데를) 묶어(束) 양끝을 쳐서(攵)
바르게(正) 하면 가지런하니 가지런할 정**

+ 束(묶을 속)

활용어휘 整理(정리), *整頓(정돈), 端整(단정), 調整(조정)

症

10획 / 부수 疒

症 症 症 症 症 症 症 症
症 症

병(疒)을 **바르게**(正) 진단하여 아는 병세니 **병세 증**

+ 병세(病勢) - 병의 상태나 형세.
+ 疒(병들 녁), 勢(기세 세)

활용어휘 症狀(증상), 渴症(갈증), 痛症(통증)

- -

焉

11획 / 부수 火(灬)

焉 焉 焉 焉 焉 焉 焉 焉
焉 焉 焉

바른(正) 모양으로 **새**(鳥)는 어찌 나뭇가지에도 앉을 수
있는지 궁금하니 **어찌 언**

또 어조사로도 쓰여 **어조사 언**

+ 鳥[새 조(鳥)의 획 줄임]

활용어휘 焉敢生心(언감생심), 於焉間(어언간), 終焉(종언)

4II

是

9획 / 부수 日

是 是 是 是 是 是 是
是

해(日)처럼 밝고 **바르면**(疋) 옳으니 옳을 **시**

또 해(日)처럼 밝게 **바로**(疋) 이것이라며 가리키니
이 **시**, ~이다 **시**

+ 是에는 영어의 be동사처럼 '~이다'라는 뜻도 있습니다.
+ 疋[바를 정(正)의 변형]

활용어휘 是非(시비), 是認(시인), 或是(혹시)

4II

提

12획 / 부수 手(扌)

提 提 提 提 提 提 提
提 提 提 提

손(扌)으로 옳게(是) 끌어 내놓으니 끌 **제**, 내놓을 **제**

+ 扌(손 수 변)

활용어휘 提高(제고), 提供(제공), 提示(제시), 提出(제출)

3

堤

12획 / 부수 土

堤 堤 堤 堤 堤 堤 堤
堤 堤 堤 堤

흙(土)으로 물이 옳게(是) 흐르도록 쌓은 제방이니
제방 **제**

+ 제방을 쌓아 물이 일정한 방향으로 흐르게 하지요.
+ 제방(堤防) - 물가에 흙이나 돌, 콘크리트 등으로 쌓은 둑.
+ 土(흙 토), 防(둑 방, 막을 방)

활용어휘 *堤堰(제언), 防波堤(방파제)

6II

題

18획 / 부수 頁

題 題 題 題 題 題 題
題 題 題 題 題 題 題
題 題

내용을 옳게(是) 알 수 있는 글의 **머리**(頁)는 제목이니
제목 **제**

또 먼저 쓰는 제목처럼 먼저 내는 문제니 문제 **제**

+ 문제는 정답보다 먼저 내지요.
+ 頁(머리 혈)

활용어휘 題目(제목), 主題(주제), 問題(문제), 宿題(숙제)

7II

足

7획 / 제부수

足足足足足足足

무릎(口)부터 발(止)까지를 본떠서 <mark>발 족</mark>

또 발까지 편해야 마음이 넉넉하니 <mark>넉넉할 족</mark>

+ 발이 건강해야 신체 모두가 건강하다고 하지요. 그래서 발 마사지, 족욕(足浴) 등 발 관련 프로그램이 많답니다.

+ 口('입 구, 말할 구, 구멍 구'지만 여기서는 무릎 뼈의 모양으로 봄), 止(발의 모양), 浴(목욕할 욕)

활용어휘 發足(발족), 手足(수족), 滿足(만족), 充足(충족)

3II

促

9획 / 부수 人(亻)

促促促促促促促促促

사람(亻)이 발(足)까지 구르며 재촉하니 <mark>재촉할 촉</mark>

+ 재촉(再促) - (어떤 일을) 빨리 하라고 다그침.

+ 再(다시 재, 두 번 재)

활용어휘 促求(촉구), 促迫(촉박), 督促(독촉)

3

捉

10획 / 부수 手(扌)

捉捉捉捉捉捉捉捉捉捉

손(扌)으로 발(足)목을 잡으니 <mark>잡을 착</mark>

+ 扌(손 수 변)

활용어휘 捉去(착거), 捉來(착래), 捉送(착송), 捕捉(포착)

1

疋

5획 / 제부수

疋疋疋疋疋

하나(ㄱ)씩 점(卜)치듯 가늠하여 **사람(人)**이 일정하게 묶어 베를 세는 단위인 필이니 <mark>필 필</mark>

또 무릎부터 발까지의 모양으로도 보아 <mark>발 소</mark>

+ 필(疋)은 일정한 길이로 말아 놓은 피륙을 세는 단위로 짝 필, 하나 필, 단위 필(匹)과 같이 쓰입니다.

+ ㄱ[한 일(一)의 변형], 卜(점 복)

활용어휘 *疋緞(필단), *疋木(필목)

1Ⅱ	
楚	
13획 / 부수 木	
楚 楚 楚 楚 楚 楚 楚 楚 楚 楚 楚 楚 楚	

수풀(林)의 **발**(疋), 즉 밑부분에서 자란 나무는 고우니

고울 **초**

또 곱게 자란 가지로 회초리를 만들어 쳐도 아프니

회초리 **초**, 아플 **초**, 초나라 **초**

+ 초(楚)나라 – 중국 춘추 전국 시대에 양자강 중류에 있었던 나라.
+ 林(수풀 림)

활용어휘 *清楚(청초), *撻楚(달초), *苦楚(고초)

3Ⅱ	
礎	
18획 / 부수 石	
礎 礎 礎 礎 礎 礎 礎 礎 礎 礎 礎 礎 礎 礎 礎 礎	

돌(石)을 **아프게**(楚) 받친 주춧돌이나 기초니

주춧돌 **초**, 기초 **초**

+ 주춧돌 – 기둥 밑에 기초로 받쳐 놓은 돌.

활용어휘 礎石(초석), 柱礎(주초), 基礎(기초), 礎稿(초고)

---

244 경 량(냥)만 동동동(통)[冂 兩滿 同銅洞] – 冂과 兩, 同으로 된 한자

冂	
2획 / 부수자	
冂 冂	

멀리 떨어져 윤곽만 보이는 성이니 멀 **경**, 성 **경**

+ 좌우 두 획은 문의 기둥이고 가로획은 지붕을 그린 것이지요.

4Ⅱ	
兩	
8획 / 부수 入	
兩 兩 兩 兩 兩 兩 兩 兩	

하나(一)의 성(冂)을 둘로 **나누어**(丨) 양쪽에 **들어**(入) 있는 둘이나 짝이니 두 **량(양)**, 짝 **량(양)**

또 화폐 단위로도 쓰여 **냥 냥**

+  两 – 하나(一)의 성(冂)이 산(山) 때문에 나뉜 둘이나 짝이니 '두 량(양), 짝 량(양)'
+ 回 雨(비 우) – 제목번호 290 참고
+ 入(들 입), 山(산 산)

활용어휘 兩論(양론), 兩立(양립), 兩面(양면), 萬兩(만냥)

滿

14획 / 부수 水(氵)

滿 滿 滿 滿 滿 滿 滿 滿
滿 滿 滿 滿 滿 滿

물(氵)이 여기저기 나는 **잡초(艹)**처럼 **양(兩)**쪽에 가득 차니
찰 만

+ 액 満

+ 艹[초 두(艹)의 약자]

활용어휘 滿開(만개), 滿期(만기), 圓滿(원만), 充滿(충만)

7

同

6획 / 부수 口

丨 冂 冂 同 同 同

성(冂)에서 **하나(一)**의 출입구(口)로 같이 다니니
같을 동

+ 동 仝 – 사람(人)이 똑같이 만들어(工) 같으니 '같을 동'

+ 口(입 구, 말할 구, 구멍 구), 工(장인 공, 만들 공, 연장 공)

활용어휘 同居(동거), 同期(동기), 同一(동일), 同胞(동포)

銅

14획 / 부수 金

銅 銅 銅 銅 銅 銅 銅 銅
銅 銅 銅 銅 銅 銅

금(金)과 **같은(同)** 색의 구리니 **구리 동**

+ 색 구분이 분명하지 않았던 옛날에 금과 구리의 색을 같다고 본
것입니다.

+ 金(쇠 금, 금 금, 돈 금, 성씨 김)

활용어휘 銅鏡(동경), 銅賞(동상), 銅錢(동전)

7

洞

9획 / 부수 水(氵)

洞 洞 洞 洞 洞 洞 洞
洞 洞

물(氵)을 **같이(同)** 쓰는 마을이나 동굴이니
마을 동, 동굴 동

또 **물(氵)같이(同)** 맑아 사리에 밝으니 **밝을 통**

+ 氵(삼 수 변)

활용어휘 洞里(동리), 洞長(동장), *洞窟(동굴), 洞察(통찰)

7II

內

4획 / 부수 入

內 冂 內 內

성(冂)으로 들어(入)간 안이니 안 내

또 궁궐 안에서 임금을 모시는 나인이니 나인 나

+ 图 內 – 성(冂)으로 사람(人)이 들어간 안이니 '안 내'
   또 궁궐 안에서 임금을 모시는 나인이니 '나인 나'
+ 나인(內人) – 궁궐 안에서 윗분을 모시는 내명부를 통틀어 말함.
+ 冂(멀 경, 성 경), 入(들 입), 人(사람 인)

활용어휘 內科(내과), 內容(내용), 內爭(내쟁), 案內(안내)

4

納

10획 / 부수 糸

納 納 納 納 納 納 納 納
納 納

실(糸)을 안(內)으로 들여 바치니 들일 납, 바칠 납

+ 图 納
+ 화폐가 별로 없었던 옛날에는 곡식이나 천, 그리고 실을 돈처럼 사용했답니다.
+ 糸(실 사, 실 사 변)

활용어휘 納付(납부), 納稅(납세), 未納(미납), 返納(반납)

3II

丙

5획 / 부수 一

丙 丙 丙 丙 丙

(북반구의) 하늘(一)에서는 안(內)이 남쪽이고 밝으니
남쪽 병, 밝을 병, 셋째 천간 병

+ 一('한 일'이지만 여기서는 하늘로 봄), 內[안 내, 나인 나(內)의 속자]

활용어휘 丙種(병종), 丙子胡亂(병자호란)

4II

肉

6획 / 제부수

肉 冂 內 內 肉 肉

고깃덩어리(冂)에 근육이나 기름(仌)이 있는 모양을 본떠서
고기 육

또 부수로 쓰일 때는 육 달 월(月)

+ 月이 肉의 부수로 쓰일 때는 실제의 달 월(月)과 구분하기 위하여 '육 달 월'이라 부릅니다.
+ '육 달 월(月)'의 '월'은 부수 이름이 아니기에 색 조정을 하지 않았습니다.
+ 冂('멀 경, 성 경'이지만 여기서는 고깃덩어리로 봄)

활용어휘 肉感(육감), 肉薄(육박), 肉體(육체), 血肉(혈육)

6

6획 / 부수 口

向 冂 冋 向 向 向

표시(丿)된 성(冂) 입구(口)를 향하여 나아가니

향할 **향**, 나아갈 **향**

+ 丿('삐침 별'이지만 여기서는 안내 표시로 봄), 口(입 구, 말할 구,
구멍 구)

활용어휘 向方(향방), 向後(향후), 外向(외향), 趣向(취향)

- -

3II

8획 / 부수 小

尙 尙 尙 尙 尙 尙 尙 尙

(말도 실수하지 않으려고) 작은(小) 일이라도 성(冂)처럼
입(口) 지킴을 오히려 높이 숭상하니

오히려 **상**, 높을 **상**, 숭상할 **상**

+ 小(작을 소)

활용어휘 時機尙早(시기상조), 高尙(고상), 崇尙(숭상)

- -

5

6획 / 부수 冂

再 再 再 再 再 再

한(一) 개의 성(冂)처럼 흙(土)으로 다시 두 번이나 쌓으니

다시 **재**, 두 번 **재**

+ 土(흙 토)

활용어휘 再建(재건), 再考(재고), 再起(재기), 再會(재회)

常

11획 / 부수 巾

常常常常常常常常
常常常

숭상하듯(尙) 수건(巾) 같은 천으로 옷을 만들어 입음은 항상 보통의 일이니 **항상 상, 보통 상**

또 항상 정직하게 살면 떳떳하니 **떳떳할 상**

+ 인간의 생존에 기본으로 필요한 것을 식(食 – 밥 식, 먹을 식, 먹이 사), 주(住 – 살 주, 사는 곳 주)보다 의(衣 – 옷 의)를 먼저 써서 '의식주(衣食住)'라고 함은 옷의 중요함을 강조한 것이지요.
+ 尙[오히려 상, 높을 상, 숭상할 상(尙)의 변형], 巾(수건 건)

활용어휘 恒常(항상), 常識(상식), 非常(비상), 常理(상리)

裳

14획 / 부수 衣

裳裳裳裳裳裳裳裳
裳裳裳裳裳裳

허리에 높이(尙) 묶어 입는 옷(衣)이 치마니 **치마 상**

활용어휘 衣裳(의상), 紅裳(홍상), 同價紅裳(동가홍상)

嘗

14획 / 부수 口

嘗嘗嘗嘗嘗嘗嘗嘗
嘗嘗嘗嘗嘗嘗

숭상하는(尙) 맛(旨)을 내려고 맛보니 **맛볼 상**

또 맛은 먹기 전에 일찍 보니 **일찍 상**

+ 옙 甞 – 숭상하는(尙) 단(甘)맛을 내려고 맛보니 '맛볼 상'
  또 맛은 먹기 전에 일찍 보니 '일찍 상'
+ 旨(맛 지, 뜻 지), 甘(달 감)

활용어휘 嘗味(상미), 嘗試(상시), 未嘗不(미상불)

賞

15획 / 부수 貝

賞賞賞賞賞賞賞賞
賞賞賞賞賞賞賞

숭상(尙)하여 재물(貝)로 상도 주고 구경도 보내니
상줄 상, 구경할 상

+ 貝(조개 패, 재물 패, 돈 패)

활용어휘 賞金(상금), 賞與(상여), 施賞(시상), 鑑賞(감상)

償

17획 / 부수 人(亻)

償償償償償償償
償償償償償償償償
償

공을 세운 사람(亻)에게 상(賞)을 주어 갚고 보답하니
갚을 상, 보답할 상

+ 亻(사람 인 변)

활용어휘 償債(상채), 償還(상환), 辨償(변상), 補償(보상)

6II

堂

11획 / 부수 土

堂堂堂堂堂堂堂堂
堂堂堂

높이(尙) 흙(土)을 다져 세운 집이니 **집 당**

또 집에서처럼 당당하니 **당당할 당**

+ 당당(堂堂) - 남 앞에 내세울 만큼 떳떳한 모습이나 태도.
+ 土(흙 토)

활용어휘 講堂(강당), 食堂(식당), 正正堂堂(정정당당)

5II

當

13획 / 부수 田

當當當當當當當當
當當當當當

숭상하여(尙) 먹을거리를 생산하는 **전답(田)**을 잘 가꾸는
일처럼 마땅하니 **마땅할 당**

또 마땅하게 어떤 일을 당하니 **당할 당**

+ 몐 当 - 작은(丷) 손(크)길이라도 정성스럽게 대해야 함이
　　　마땅하니 '마땅할 당'
　　　또 마땅하게 어떤 일을 당하니 '당할 당'
+ 田(밭 전), 丷[작을 소(小)의 변형], 크(고슴도치 머리 계, 오른손 우)

활용어휘 當然(당연), 當爲(당위), 當到(당도), 當番(당번)

4II

黨

20획 / 부수 黑

黨黨黨黨黨黨黨黨
黨黨黨黨黨黨黨黨
黨黨黨黨

높은(尙) 뜻을 품고 **어두운(黑)** 현실을 밝히려고 모인
무리니 **무리 당**

+ 몐 党 - (어떤 뜻을) 숭상하는(尙) 사람(儿)들의 무리 '무리 당'
+ 요즘 돌아가는 정치 현실을 보면 '숭상하는(尙) 것이 검은(黑) 무
　리니 무리 당'으로도 풀어지네요.
+ 黑(검을 흑), 儿(사람 인 발, 어진사람 인)

활용어휘 黨派(당파), 朋黨(붕당), 惡黨(악당), 作黨(작당)

3II

掌

12획 / 부수 手

掌掌掌掌掌掌掌掌
掌掌掌掌

숭상하듯(尙) **손(手)**에서 쥐어지는 손바닥이니 **손바닥 장**

+ 手(손 수, 재주 수, 재주 있는 사람 수)

활용어휘 *掌匣(장갑), *掌握(장악), 合掌(합장)

3II

央

5획 / 부수 大

央 央 央 央 央

성(冂)처럼 큰(大) 둘레의 가운데니 가운데 앙

+ 冂(멀 경, 성 경), 大(큰 대)

활용어휘 中央(중앙), 中央政府(중앙정부), 中央廳(중앙청)

3

殃

9획 / 부수 歹

殃 殃 殃 殃 殃 殃 殃 殃
殃

죽음(歹) 가운데(央) 빠지는 재앙이니 재앙 앙

+ 歹(뼈 앙상할 알, 죽을 사 변)

활용어휘 災殃(재앙), 殃禍(앙화), 百殃(백앙)

4

映

9획 / 부수 日

映 映 映 映 映 映 映 映
映

해(日)처럼 가운데(央)서 비치니 비칠 영

+ 日(해 일, 날 일)

활용어휘 映像(영상), 映畫(영화), 反映(반영), 放映(방영)

6

英

9획 / 부수 草(艹)

英 英 英 英 英 英 英 英
英

풀(艹)의 가운데(央)에서 핀 꽃부리니 꽃부리 영

또 꽃부리처럼 빛나는 업적을 쌓은 영웅이니 **영웅 영**

+ '부리'는 원래 새나 짐승의 주둥이, 또는 물건의 끝이 뾰족한 부분
으로 '사물의 제일 중요하고 예민한 부분'을 가리키지요. 英은 꽃
에서도 가장 아름다운 부리 부분을 가리키는 한자니, 뜻이 좋아
사람 이름에 많이 쓰입니다.
+ 영웅(英雄) – 지혜와 재능이 뛰어나고 용맹하여 보통 사람이 하기
어려운 일을 해내는 사람.

활용어휘 英靈(영령), 英才(영재), 育英(육영), 英特(영특)

특

夬

4획 / 부수 大

夬 夬 夬 夬

가운데 앙(央)의 앞쪽이 터지니 **터질 쾌**

4Ⅱ

快

7획 / 부수 心(忄)

快 快 快 快 快 快 快

막혔던 **마음(忄)**이 **터진(夬)** 듯 상쾌하니 **상쾌할 쾌**

+ 상쾌(爽快) - 느낌이 시원하고 산뜻함.
+ 忄(마음 심 변), 爽(시원할 상)

활용어휘 快樂(쾌락), 快晴(쾌청), 明快(명쾌), *愉快(유쾌)

5Ⅱ

決

7획 / 부수 水(氵)

決 決 決 決 決 決 決

물(氵)이 한쪽으로 **터지니(夬)** **터질 결**
또 물(氵)이 한쪽으로 **터지듯(夬)** 무엇을 한쪽으로 정하니
정할 결

활용어휘 決裂(결렬), 決定(결정), 票決(표결), 解決(해결)

4Ⅱ

缺

10획 / 부수 缶

缺 缺 缺 缺 缺 缺 缺 缺
缺 缺

장군(缶)이 **터지면(夬)** 이지러지고 내용물이 빠지니
이지러질 결, 빠질 결

+ 옛 欠(하품 흠, 모자랄 흠, 이지러질 결, 빠질 결) - 제목번호 130
  참고
+ 장군 - 옛날에 액체를 담았던 통으로, 나무나 도자기로 만들었음.
+ 缶(장군 부)

활용어휘 缺如(결여), 缺陷(결함), 缺席(결석), 補缺(보결)

3Ⅱ

訣

11획 / 부수 言

訣 訣 訣 訣 訣 訣 訣
訣 訣 訣

말(言)을 **터놓고(夬)** 다 하며 이별하니 **이별할 결**
또 꽉 막혔던 **말(言)**을 비로소 **터지게(夬)** 하는 비결이니
비결 결

+ 참고 지내다가도 막상 이별할 때는 할 말을 다하지요.

활용어휘 訣別(결별), 永訣式(영결식), 要訣(요결)

襾
6획 / 부수자

襾 襾 襾 襾 襾 襾

뚜껑(ㅠ)을 덮으니(冂) 덮을 아

+ ㅠ(뚜껑의 모양), 冂['멀 경, 성 경'이지만 여기서는 덮을 멱(冖)의 변형으로 봄]

3
粟
12획 / 부수 米

粟 粟 粟 粟 粟 粟 粟 粟
粟 粟 粟 粟

껍질로 덮인(襾) 쌀(米)은 벼니 벼 속

또 벼처럼 식량으로 쓰는 조니 조 속

+ 조 – 볏과의 한해살이 풀. 오곡의 하나.
+ 襾[덮을 아(襾)의 변형], 米(쌀 미)

활용어휘 粟米(속미), 粟田(속전), 大海一粟(대해일속)

3Ⅱ
栗
10획 / 부수 木

栗 栗 栗 栗 栗 栗 栗 栗
栗 栗

가시로 덮인(襾) 나무(木) 열매는 밤이니 밤 률(율)

활용어휘 栗木(율목), 生栗(생율), *棗栗梨柿(조율이시)

5Ⅱ
要
9획 / 부수 襾(覀)

要 要 要 要 要 要 要 要
要

덮 듯(襾) 몸에 입는 옷이 여자(女)에게는 더욱 중요하고 필요하니 중요할 요, 필요할 요

활용어휘 重要(중요), 要人(요인), 要地(요지), 必要(필요)

3
腰
13획 / 부수 肉(月)

腰 腰 腰 腰 腰 腰 腰 腰
腰 腰 腰 腰 腰

몸(月)에서 중요한(要) 허리니 허리 요

+ 허리를 다치면 몸을 잘 움직이지도 못하니 허리가 몸에서 중요하지요.
+ 月(달 월, 육 달 월)

활용어휘 腰帶(요대), 腰痛(요통), 腰折腹痛(요절복통)

4II

票

11획 / 부수 示

票票票票票票票票
票票票

덮인(覀) 것이 잘 보이게(示) 표시한 표니
표시할 표, 표 표

+ 示(보일 시, 신 시)

활용어휘 票決(표결), 開票(개표), 暗票(암표), 投票(투표)

4

標

15획 / 부수 木

標標標標標標標標
標標標標標標標

나무(木)로 알리려고 표시한(票) 표니
표시할 표, 표 표

+ 표시 – ㉠ 標示 – 표를 하여 외부에 드러내 보임.
　　　　㉡ 表示 – 겉으로 드러내 보임.
+ 表(겉 표)

활용어휘 標記(표기), 標本(표본), 標的(표적), 商標(상표)

3

漂

14획 / 부수 水(氵)

漂漂漂漂漂漂漂漂
漂漂漂漂漂漂

물(氵) 위에 표(票)나게 뜨니 뜰 표
또 물(氵)가에 표(票)나게 앉아 빨래하니 빨래할 표

활용어휘 漂流(표류), 漂母(표모), 漂白(표백)

3II

遷

15획 / 부수 辵(辶)

遷遷遷遷遷遷遷遷
遷遷遷遷遷遷遷

덮듯(覀) 크게(大) 무릎 꿇어(㔾) 항복하고
옮겨 가니(辶) 옮길 천

+ 略 迁 – 많이(千) 옮겨 가니(辶) '옮길 천'
+ 㔾(무릎 꿇을 절, 병부 절, = 卩), 千(일천 천, 많을 천)

활용어휘 遷都(천도), 變遷(변천), 左遷(좌천)

■ 도움말 ■

〈票와 標의 차이〉
票와 標는 같이 쓰지만, 엄밀히 말하면 票는 종이에 써서 만든 일반적 표시, 標는 나무로 드러나게
한 표시입니다.

1

几

2획 / 제부수

几 几

안석이나 책상의 모양을 본떠서 **안석 궤, 책상 궤**

+ 안석(案席) - 벽에 세워 놓고 앉을 때 몸을 기대는 방석.
+ 案(책상 안, 생각 안, 계획 안), 席(자리 석)

활용어휘 *几席(궤석), *几案(궤안), *几案眞樂(궤안진락)

3II

微

13획 / 부수 彳

微 微 微 微 微 微 微 微
微 微 微 微 微

걸어(彳) 산(山)에 가 한(一) 개의 안석(几)을 만들기
위해 나무를 **치고**(攵) 보니 작다는 데서 **작을 미**

또 작으면 잘 숨으니 **숨을 미**

+ 彳(조금 걸을 척), 攵(칠 복, = 攴)

활용어휘 微動(미동), 微微(미미), 微笑(미소), 微行(미행)

3II

徵

15획 / 부수 彳

徵 徵 徵 徵 徵 徵 徵 徵
徵 徵 徵 徵 徵 徵 徵

작아도(微) 실력만 있으면 왕(王)이 부르니 **부를 징**

또 부르듯 소리 내는 음률 이름이니 **음률 이름 치**

+ 치(徵) - 동양 음악에 쓰인 음이름. '궁, 상, 각, 치, 우'로 되어있음.
+ 微[작을 미, 숨을 미(微)의 획 줄임], 王(임금 왕, 으뜸 왕, 구슬 옥 변)

활용어휘 徵兵(징병), 徵收(징수), 徵用(징용), 徵候(징후)

3

懲

19획 / 부수 心

懲 懲 懲 懲 懲 懲 懲
懲 懲 懲 懲 懲 懲 懲
懲 懲 懲

불러서(徵) 뉘우치는 마음(心)이 들도록 징계하니
징계할 징

+ 징계(懲戒) - 허물이나 잘못을 뉘우치도록 나무라며 경계함.
+ 心(마음 심, 중심 심), 戒(경계할 계)

활용어휘 懲勸(징권), 懲罰(징벌), 懲役(징역)

3II

凡

3획 / 부수 几

几 几 凡

공부하는 책상(几)에 점(丶)이 찍힘은 무릇 보통이니
무릇 범, 보통 범

+ 무릇 - 종합하여 살펴보건대.
+ 丶(점 주, 불똥 주)

활용어휘 凡例(범례), 凡常(범상), 非凡(비범), 平凡(평범)

築

16획 / 부수 竹(⺮)

築築築築築築築築
築築築築築築築築

대(⺮)로도 장인(工)은 무릇(凡) 나무(木)처럼 쌓고
지으니 **쌓을 축, 지을 축**

+ ⺮(대 죽), 工(장인 공, 만들 공, 연장 공)

활용어휘 築造(축조), 改築(개축), 建築(건축), 構築(구축)

- -

6II

風

9획 / 제부수

風凡凡凡風風風風
風

무릇(凡) 벌레(虫)를 옮기는 바람이니 **바람 풍**
또 어떤 바람으로 말미암은
풍속 풍, 경치 풍, 모습 풍, 기질 풍, 병 이름 풍

+ 작은 벌레는 바람을 타고 옮겨간다고 하지요.
+ 虫[벌레 충(蟲)의 속자와 부수]

활용어휘 暴風(폭풍), 風俗(풍속), 風景(풍경),
風貌(풍모), 中風(중풍), 威風(위풍)

- -

3II

楓

13획 / 부수 木

楓楓楓楓楓楓楓
楓楓楓楓楓

나뭇(木)잎이 찬**바람**(風)에 물든 단풍이니 **단풍 풍**

+ 木(나무 목)

활용어휘 楓菊(풍국), 楓林(풍림), 丹楓(단풍)

참

㕣

5획

㕣 㕣 㕣 㕣 㕣

안석(几)처럼 패인 구멍(口)에 물이 고인 늪이니 늪 연

+ 어원 풀이를 위한 참고자로, 실제 쓰이는 한자는 아닙니다.
+ 늪 - ㉠ 땅바닥이 우묵하게 패이고 늘 물이 괴어 있는 곳.
　　　 ㉡ 빠져나오기 힘든 상태나 상황을 비유적으로 이르는 말.
+ 几(안석 궤, 책상 궤), 口(입 구, 말할 구, 구멍 구)

3II

沿

8획 / 부수 水(氵)

沿 沿 沿 沿 沿 沿 沿 沿

물(氵) 따라가며 늪(㕣)이 이어지니
물 따라갈 연, 따를 연

+ 氵(삼 수 변)

활용어휘 沿邊(연변), 沿岸(연안), 沿海(연해), 沿道(연도)

4

鉛

13획 / 부수 金

鉛 鉛 鉛 鉛 鉛 鉛 鉛 鉛
鉛 鉛 鉛 鉛 鉛

쇠(金) 중 늪(㕣)의 물처럼 잘 녹는 납이니 납 연

+ 앱 鈆 - 쇠(金) 중 대중(公)들이 쉽게 녹여 쓰는 납이니 '납 연'
+ 납은 낮은 온도에도 잘 녹습니다.
+ 金(쇠 금, 금 금, 돈 금, 성씨 김), 公(공평할 공, 대중 공, 귀공자 공)

활용어휘 鉛粉(연분), 鉛筆(연필), 無鉛(무연), 黑鉛(흑연)

5

船

11획 / 부수 舟

船 船 船 船 船 船 船
船 船 船

배(舟) 중 늪(㕣)에도 다니도록 만든 배니 배 선

+ 앱 舩 - 배(舟) 중 대중(公)들이 타도록 만든 배니 '배 선'
+ '舟(배 주)'는 작은 통나무 배, '般(배 선)'은 보통의 배.

활용어휘 船歌(선가), 船團(선단), 船上(선상), 乘船(승선)

참
咼
9획 / 부수 口
咼 咼 咼 咼 咼 咼 咼 咼 咼

입(口)이 비뚤어진 모양을 본떠서
입 비뚤어질 괘, 입 비뚤어질 와

+ 비뚤어지다 - 바르지 아니하고 한쪽으로 기울어지거나 쏠리다.
+ 口(입 구, 말할 구, 구멍 구)

3II
禍
14획 / 부수 示
禍 禍 禍 禍 禍 禍 禍 禍 禍 禍 禍 禍 禍

신(示)이 **비뚤어진(咼)** 사람에게 주는 재앙이니 **재앙 화**

+ 재앙(災殃) - 뜻하지 아니하게 생긴 불행한 변고. 또는 천재지변으로 인한 불행한 사고.
+ 示(보일 시, 신 시), 災(재앙 재), 殃(재앙 앙)

활용어휘 禍根(화근), 責禍(책화), 慘禍(참화)

5II
過
13획 / 부수 辶(辶)
過 過 過 過 過 過 過 過 過 過 過 過 過

비뚤어지게(咼) 지나가(辶) 지나치니
지날 과, 지나칠 과

또 지나쳐서 생기는 허물이니 **허물 과**

+ 辶(뛸 착, 갈 착, = 辶)

활용어휘 過去(과거), 過速(과속), 過食(과식), 功過(공과)

특

殳

4획 / 제부수

殳殳殳殳

안석(几) 같은 것을 손(又)에 들고 치니 **칠 수**

또 들고 치는 창이나 몽둥이니 **창 수, 몽둥이 수**

+ 几(안석 궤, 책상 궤), 又(오른손 우, 또 우)

4II

設

11획 / 부수 言

設設設設設設設設
設設設

말(言)로 상대의 주장을 **치며**(殳) 자기주장을 세우고 베푸니 **세울 설, 베풀 설**

+ 言(말씀 언)

활용어휘 設計(설계), 設立(설립), 設備(설비), 私設(사설)

4

段

9획 / 부수 殳

段段段段段段段段
段

언덕(𠂆)을 **치고**(殳) 깎아서 차례로 만든 계단이니 **차례 단, 계단 단**

+ 𠂆 [언덕 애(厓)의 변형]

활용어휘 段階(단계), 昇段(승단), 初段(초단), 階段(계단)

3II

役

7획 / 부수 彳

役役役役役役役

가서(彳) 창(殳) 들고 부리니 **부릴 역**

+ 彳(조금 걸을 척)

활용어휘 役割(역할), 苦役(고역), 兒役(아역), 用役(용역)

4

投

7획 / 부수 手(扌)

投投投投投投投

손(扌)으로 창(殳)을 던지니 **던질 투**

활용어휘 投稿(투고), 投寄(투기), 投手(투수), 投身(투신)

4II

殺

11획 / 부수 殳

殺 殺 殺 殺 殺 殺 殺
殺 殺 殺

베고(乂) 나무(木)로 찍고(丶) 쳐서(殳) 죽여 빨리
감하니 **죽일 살, 빠를 쇄, 감할 쇄**

+ 감(減)하다 - 일정한 양이나 정도에서 일부를 떼어 줄이거나 적게
하다.
+ 乂(벨 예, 다스릴 예, 어질 예), 木(나무 목), 減(줄어들 감)

활용어휘 殺蟲(살충), 殺到(쇄도), 減殺(감쇄), 相殺(상쇄)

3

毁

13획 / 부수 殳

毁 毁 毁 毁 毁 毁 毁 毁
毁 毁 毁 毁 毁

절구(臼)처럼 만들어(工) 곡식을 넣고 치면(殳) 허니
헐 훼

+ 원래 한자는 毀이지만 속자인 毁로 많이 쓰여 표제자로 함.
+ 원 毀 - 절구(臼)에 흙(土)을 넣고 치면(殳) 허니 '헐 훼'
+ 헐다 - 상처가 나서 살이 짓무르다. 쌓은 것이 무너지다.
+ 臼(절구 구), 工(장인 공, 만들 공, 연장 공), 土(흙 토)

활용어휘 毁棄(훼기), *毁謗(훼방), 毁傷(훼상), 毁損(훼손)

3II

般

10획 / 부수 舟

般 般 般 般 般 般 般
般 般

옛날 배(舟)는 창(殳) 같은 노를 저어 옮겨감이 일반이었으니
옮길 반, 일반 반

+ 주로 '일반 반'으로 쓰이고, 옮기다의 뜻으로는 손 수 변(扌)을 붙인
'옮길 반, 나를 반(搬)'으로 많이 씁니다.

활용어휘 一般(일반), 萬般(만반), 全般(전반), 諸般(제반)

3II

盤

15획 / 부수 皿

盤 盤 盤 盤 盤 盤 盤
盤 盤 盤 盤 盤 盤 盤

물건을 옮길(般) 때 쓰는 그릇(皿)이 쟁반이니 **쟁반 반**

+ 쟁반 - 둘레의 높이가 얕고 동글납작하거나 네모난 넓고 큰 그릇.
+ 皿(그릇 명)

활용어휘 盤石(반석), 盤松(반송), 骨盤(골반), 基盤(기반)

4

擊

17획 / 부수 手

擊 擊 擊 擊 擊 擊 擊
擊 擊 擊 擊 擊 擊 擊
擊

수레(車)가 산(山)길을 갈 때 부딪치듯(殳) 손(手)으로 치니 **칠 격**

+ 車(수레 거, 차 차), 山(산 산), 手(손 수, 재주 수, 재주 있는 사람 수)

활용어휘 擊破(격파), 突擊(돌격), 反擊(반격), 打擊(타격)

3

繫

19획 / 부수 糸

繫 繫 繫 繫 繫 繫 繫
繫 繫 繫 繫 繫 繫 繫
繫 繫 繫

수레(車)가 산(山)길을 갈 때 부딪침(殳)을 대비하여 실(糸)로 단단히 매니 **맬 계**

+ 糸(실 사, 실 사 변)

활용어휘 繫留(계류), 繫留場(계류장), 連繫(연계)

1

殼

12획 / 부수 殳

殼 殼 殼 殼 殼 殼 殼
殼 殼 殼 殼

군사(士)들이 덮어(冖) 지키고 하나(一)의 안석(几)처럼 편안히 감싸, 쳐도(殳) 끄떡없는 껍질이니 **껍질 각**

+ 士(선비 사, 군사 사, 칭호나 직업 이름에 붙이는 말 사), 冖(덮을 멱), 几(안석 궤, 책상 궤)

활용어휘 *殼果(각과), *甲殼類(갑각류), *地殼(지각)

4

穀

15획 / 부수 禾

穀 穀 穀 穀 穀 穀 穀
穀 穀 穀 穀 穀 穀 穀

껍질(殼) 속에 여물어 차 있는 벼(禾) 같은 곡식이니 **곡식 곡**

+ 殼[껍질 각(殼)의 획 줄임], 禾(벼 화)

활용어휘 穀氣(곡기), 穀物(곡물), 雜穀(잡곡)

亢

4획 / 부수 亠

亢 亢 亢 亢

머리(亠) 아래 **안석**(几)처럼 이어진 목이니 **목 항**

또 목처럼 높으니 **높을 항**

+ 亠(머리 부분 두)

활용어휘 *亢龍(항룡), *亢鼻(항비), *亢龍有悔(항룡유회)

- -

抗

7획 / 부수 手(扌)

抗 抗 抗 抗 抗 抗 抗

손(扌)으로 **높은**(亢) 자에 대항하니 **대항할 항**

+ 대항(對抗) – ㉠ 굽히거나 지지 않으려고 맞서서 반항함.
　　　　　　 ㉡ 서로 상대하여 승부를 다툼.
+ 扌(손 수 변), 對(상대할 대, 대답할 대)

활용어휘 抗拒(항거), 抗告(항고), 抗議(항의), 反抗(반항)

- -

航

10획 / 부수 舟

航 航 航 航 航 航 航 航
航 航

(옛날 돛단배로 건너던 시절에는)

배(舟)에 **높은**(亢) 돛을 세우고 건넜으니 **건널 항**

+ 舟(배 주)

활용어휘 航空(항공), 航路(항로), 航海(항해), 歸航(귀항)

3II

丹

4획 / 부수 丶

丿 几 几 丹

성(冂) 안에 불똥(丶) 하나(一)가 붉으니 **붉을 단**

또 붉게 꽃피는 모란이니 **모란 란**

+ 円(둥글 원, 둘레 원, 일본 화폐 단위 엔) – 제목번호 102 참고
+ 모란(牡丹)은 꽃도 좋지만 뿌리는 한약재로 사용되어 화초명은 '모란', 약초명은 '목단'입니다.
+ 冂(멀 경, 성 경), 丶(점 주, 불똥 주)

활용어휘 丹心(단심), 丹粧(단장), 丹田(단전), *牡丹(모란)

3

舟

6획 / 제부수

舟 丿 几 月 舟 舟

통나무배(🚤→舟)를 본떠서 **배 주**

활용어휘 舟遊(주유), 舟行(주행), 一葉片舟(일엽편주)

특

鬲

10획 / 제부수

鬲 鬲 鬲 鬲 鬲 鬲 鬲 鬲
鬲 鬲

하나(一)의 구멍(口)이 성(冂)처럼 패이고(八) 아래를 막은(丁) 솥의 모양에서 **솥 력(역)**, **막을 격**

+ 口(입 구, 말할 구, 구멍 구), 八(여덟 팔, 나눌 팔)

3II

隔

13획 / 부수 阜(阝)

隔 隔 隔 隔 隔 隔 隔 隔
隔 隔 隔 隔 隔

언덕(阝)처럼 막으니(鬲) **막을 격**

또 막으면 사이가 뜨니 **사이 뜰 격**

+ 阝(언덕 부 변)

활용어휘 隔年(격년), 隔離(격리), 隔差(격차), 間隔(간격)

3II

獻

20획 / 부수 犬

獻 獻 獻 獻 獻 獻 獻 獻
獻 獻 獻 獻 獻 獻 獻 獻
獻 獻 獻 獻

범(虍) 대신 솥(鬲)에 개(犬)를 삶아 바치니 **바칠 헌**

+ 献 – 남쪽(南)에서 개(犬)를 삶아 바치니 '바칠 헌'
+ 虍(범 호 엄), 犬(개 견), 南(남쪽 남)

활용어휘 獻金(헌금), 獻身(헌신), 獻血(헌혈), 貢獻(공헌)

참

3획 / 제부수

屮 屮 屮

풀의 싹이 돋아 나는 모양을 본떠서
싹날 **철**, 풀 **초**

3

屯

4획 / 부수 屮

屯 屯 屯 屯

땅(一)에 싹(屮)이 묻혀 있는 모양에서 묻힐 **둔**
또 묻히듯이 숨어 병사들이 진 치니 진 칠 **둔**

+ 一('한 일'이지만 여기서는 땅의 모양으로 봄), 屮[싹날 철, 풀 초
(屮)의 변형]

활용어휘 屯防(둔방), 屯營(둔영), *駐屯(주둔), 退屯(퇴둔)

3

鈍

12획 / 부수 金

鈍 鈍 鈍 鈍 鈍 鈍 鈍 鈍
鈍 鈍 鈍 鈍

무거운 쇠(金)에 묻힌(屯) 것처럼 둔하니 둔할 **둔**

+ 몸이 무거우면 행동이 둔하지요.
+ 둔(鈍)하다 - ㉠ 깨우침이 늦고 재주가 무디다.
　　　　　　　㉡ 동작이 느리고 굼뜨다.
　　　　　　　㉢ 감각이나 느낌이 예리하지 못하다.

활용어휘 鈍感(둔감), 鈍器(둔기), 鈍濁(둔탁), 愚鈍(우둔)

4II

純

10획 / 부수 糸

純 純 純 純 純 純 純 純
純 純

깨끗한 흰 실(糸)과 아직 땅에 묻혀(屯) 올라오는 새싹처럼
순수하니 순수할 **순**

+ 땅 속에서 올라오는 새싹은 정말 순수하지요.
+ 순수(純粹)하다 - ㉠ 전혀 다른 것의 섞임이 없다.
　　　　　　　　㉡ 사사로운 욕심이나 못된 생각이 없다.
+ 糸(실 사, 실 사 변), 粹(순수할 수)

활용어휘 純減(순감), 純潔(순결), 純白(순백), 純眞(순진)

西

6획 / 부수 襾

西 襾 襾 襾 西 西

지평선(一) 아래(口)로 해가 들어가는(儿) 서쪽이니

서쪽 **서**

✚ 襾(덮을 아) – 제목번호 250 참고
✚ 口('에운담, 나라 국(國)의 약자'지만 여기서는 지평선 아래 땅으로 봄), 儿('사람 인 발, 어진사람 인'이지만 여기서는 들어가는 모양으로 봄)
✚ 부수는 襾(덮을 아)네요.

활용어휘 *西歐(서구), 西紀(서기), 東問西答(동문서답)

- -

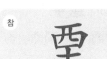

垔

9획 / 부수 土

垔 垔 垔 垔 垔 垔 垔 垔
垔

서쪽(西)을 흙(土)으로 막으니 막을 인

✚ 덮을 아(襾)와 흙 토(土)의 구조로 보아 '덮어(襾) 흙(土)으로 막으니 막을 인'으로 풀기도 합니다.

- -

4II

煙

13획 / 부수 火

煙 煙 煙 煙 煙 煙 煙 煙
煙 煙 煙 煙 煙

불(火)을 잘 타지 못하게 막으면(垔) 나는 연기니 연기 연

또 연기 내며 피우는 담배니 담배 **연**

✚ 烟 – 불(火)로 말미암아(因) 나는 연기니 '연기 연'
　　　　또 연기 내며 피우는 담배니 '담배 연' – 특II
✚ 火(불 화), 因(말미암을 인, 의지할 인)

활용어휘 煙氣(연기), 煙幕(연막), 禁煙(금연), 吸煙(흡연)

3	酉

7획 / 제부수

酉 酉 酉 酉 酉 酉 酉

술 담는 그릇을 본떠서 **술 그릇 유, 술 유**

또 술 마시듯 고개 들고 물을 마시는 닭이니 **닭 유**

또 닭은 열째 지지니 **열째 지지 유**

+ 술과 관련된 한자에 부수로도 쓰입니다.

활용어휘 酉時(유시)

4	酒

10획 / 부수 酉

酒 酒 酒 酒 酒 酒 酒 酒 酒

물(氵)처럼 **술 그릇**(酉)에 있는 술이니 **술 주**

활용어휘 酒量(주량), 酒店(주점), 淸酒(청주), 濁酒(탁주)

3	醜

17획 / 부수 酉

醜 醜 醜 醜 醜 醜 醜 醜 醜 醜 醜 醜 醜 醜 醜 醜 醜

술(酉)을 많이 마신 **귀신**(鬼)처럼 용모가 추하니 **추할 추**

+ 귀신(鬼)이 마약(麻)을 먹으면 '마귀 마(魔)' - 2급
+ 鬼(귀신 귀), 麻(삼 마, 마약 마)

활용어휘 醜聞(추문), 醜惡(추악), 醜雜(추잡), *陋醜(누추)

6	醫

18획 / 부수 酉

醫 醫 醫 醫 醫 醫 醫 醫 醫 醫 醫 醫 醫 醫 醫 醫 醫 醫

상자(匚)처럼 패이고 **화살**(矢)과 **창**(殳)에 찔린 곳을
약술(酉)로 소독하고 치료하는 의원이니 **의원 의**

+ 엺 医 - 약 상자(匚)를 들고 화살(矢)처럼 달려가 치료하는 의원
이니 '의원 의'
+ 술은 알코올 성분이 있기 때문에 소독약 대신 사용되기도 하지요.
+ 匚(상자 방), 矢(화살 시), 殳(칠 수, 창 수, 몽둥이 수)

활용어휘 醫院(의원), *醫療(의료), 醫師(의사), 醫術(의술)

1

酋

9획 / 부수 酉

酋 酋 酋 酋 酋 酋 酋 酋
酋

나누어(八) 술(酉)까지 주는 우두머리니 **우두머리 추**

+ 八(여덟 팔, 나눌 팔)

활용어휘 *酋長(추장), *群酋(군추)

3II

猶

12획 / 부수 犬(犭)

猶 猶 猶 猶 猶 猶 猶 猶
猶 猶 猶 猶

개(犭)같이 행동하면 **우두머리**(酋)라도 오히려 머뭇거리니
같을 유, 오히려 유, 머뭇거릴 유

+ 오히려 – ㉠ 일반적인 기준이나 예상, 짐작, 기대와는 전혀 반대가
　　　　　되거나 다르게.
　　　　㉡ 그럴 바에는 차라리.
　　　　여기서는 ㉠의 뜻.
+ 犭(큰 개 견, 개 사슴 록 변)

활용어휘 過猶不及(과유불급), 猶不足(유부족), 猶豫(유예)

4II

尊

12획 / 부수 寸

尊 尊 尊 尊 尊 尊 尊 尊
尊 尊 尊 尊

우두머리(酋)에게처럼 말 한마디(寸)라도 높이니
높일 존

+ 寸(마디 촌, 법도 촌)

활용어휘 尊敬(존경), 尊稱(존칭), 極尊(극존), 至尊(지존)

3

遵

16획 / 부수 辵(辶)

遵 遵 遵 遵 遵 遵 遵 遵
遵 遵 遵 遵 遵 遵 遵 遵

존경하는(尊) 사람을 따라가며(辶) 법도를 지키니
따라갈 준, 지킬 준

+ 辶(뛸 착, 갈 착, = 辵)

활용어휘 遵敎(준교), 遵法(준법), 遵奉(준봉), 遵守(준수)

8

門

8획 / 제부수

門 門 門 門 門 門 門 門

좌우 두 개의 문짝이 있는 문을 본떠서 **문 문**

+ 한 짝으로 된 문은 '문 호, 집 호(戶)' – 제목번호 265 참고

활용어휘 門中(문중), 家門(가문), 名門(명문), 房門(방문)

7

問

11획 / 부수 口

問 問 問 問 問 問 問
門 門 問 問

문(門) 앞에서 **말하여**(口) 물으니 **물을 문**

+ 어른이 계신 방은 문 열지 않고 문 앞에서 묻지요.

활용어휘 問答(문답), 問安(문안), 問題(문제), 問責(문책)

6II

聞

14획 / 부수 耳

聞 聞 聞 聞 聞 聞 門 門
門 門 門 門 聞 聞

문(門)에 **귀**(耳) 대고 들으니 **들을 문**

+ 벽보다 문쪽이 더 잘 들리니 문에 귀를 대고 듣지요.
+ 耳(귀 이)

활용어휘 見聞(견문), 所聞(소문), 聽聞(청문), 風聞(풍문)

4

閑

12획 / 부수 門

閑 閑 閑 閑 閑 門 門 門
門 閑 閑 閑

문(門) 안에서 **나무**(木)를 가꿀 정도로 한가하니
한가할 한

+ 동 閒 – 문(門) 안에서 달(月)을 볼 정도로 한가하니 '한가할 한'
+ 비 閉(닫을 폐)

활용어휘 閑暇(한가), 閑良(한량), 閑散(한산), 閑寂(한적)

開

12획 / 부수 門

開 開 開 開 開 開 門 門
門 門 開 開

문(門)의 빗장(一)을 받쳐 들듯(卄) 잡아 여니 **열 개**

+ 문 같은 물질적인 것을 열면 '열 개(開)', 마음의 문이 열리도록
  일깨우면 '열 계, 일깨울 계(啓)'
+ 一('한 일'이지만 여기서는 빗장으로 봄), 卄(받쳐 들 공)

활용어휘 開發(개발), 開封(개봉), 開會(개회), 公開(공개)

4

閉

11획 / 부수 門

閉 閉 閉 閉 閉 門 門 門
門 閉 閉

문(門)에 빗장(才)을 끼워 닫으니 **닫을 폐**

+ 비 閑(한가할 한)
+ 빗장 - 문을 닫고 가로질러 잠그는 것.
+ 才('재주 재, 바탕 재'지만 여기서는 빗장으로 봄)

활용어휘 閉幕(폐막), 閉鎖(폐쇄), 閉業(폐업), 密閉(밀폐)

5Ⅱ

關

19획 / 부수 門

關 關 關 關 關 門 門 門
門 門 門 閈 閈 閮 關 關
關 關 關

문(門)을 작고(幺) 작게(幺) 이쪽(丱)저쪽(丱)을 이어 거는
빗장이니 **빗장 관**

또 빗장처럼 이어지는 관계니 **관계 관**

+ 앤 関 - 문(門)의 양쪽(丷)으로 나눠지는 문짝을 하나(一)로
  크게(大) 이어 닫는 빗장이니 '빗장 관'
  또 빗장처럼 이어지는 관계는 '관계 관'
+ 幺(작을 요, 어릴 요), 大(큰 대)

활용어휘 *關鍵(관건), 關門(관문), 關聯(관련), 無關(무관)

3

憫

15획 / 부수 心(忄)

憫 憫 憫 憫 憫 憫 憫 憫
憫 憫 憫 憫 憫 憫 憫

마음(忄)으로 대문(門)에 붙은 조문(文)을 보고
불쌍히 여기니 **불쌍히 여길 민**

+ 忄(마음 심 변), 文(무늬 문, 글월 문)

활용어휘 *憫憫(민망), 憫然(민연), 憫情(민정), 憐憫(연민)

7II

間

12획 / 부수 門

間 門 門 門 門 門 門
門 門 間 間 間

문(門) 안으로 햇(日)빛이 들어오는 사이(日)니 **사이 간**

활용어휘 間隔(간격), 間食(간식), 間接(간접), *間歇(간헐)

4

簡

18획 / 부수 竹(⺮)

簡 簡 簡 簡 簡 簡 簡 簡
簡 簡 簡 簡 簡 簡 簡 簡
簡 簡

종이가 없던 옛날에 대(⺮) 조각 **사이**(間)에 적은 편지니 **편지 간**

또 편지처럼 필요한 말만 써 간단하니 **간단할 간**

+ ⺮(대 죽)

활용어휘 書簡(서간), 簡潔(간결), 簡單(간단), 簡易(간이)

3

閏

12획 / 부수 門

閏 閏 閏 閏 閏 門 門
門 門 閏 閏

(윤달이 되면 대궐 밖에 나가지 않고)

문(門) 안에만 왕(王)이 있었던 윤달의 풍습에서 **윤달 윤**

+ 윤달이 되면 왕이 대궐 밖에 나가지 않고 문 안에만 있었답니다.
+ 태양력에는 4년마다 한 번의 윤일이 있고(2월 29일), 태음력에서는 5년에 두 번 비율로 윤달이 있지요.
+ 王(임금 왕, 으뜸 왕, 구슬 옥 변)

활용어휘 閏年(윤년), 閏月(윤월), 閏秒(윤초)

3II

潤

15획 / 부수 水(氵)

潤 潤 潤 潤 潤 潤 潤 潤
潤 潤 潤 潤 潤 潤 潤

물(氵)이 윤달(閏)처럼 남아돌면 살림이 윤택하고 이익이 붙으니 **윤택할 윤, 붙을 윤**

+ 氵(삼 수 변)

활용어휘 潤氣(윤기), 潤文(윤문), 潤濕(윤습), 利潤(이윤)

4Ⅱ

戶

4획 / 제부수

戶 戶 戶 戶

한 짝으로 된 문(戶)을 본떠서 **문 호**

또 (옛날에는 대부분 문이 한 짝씩 달린 집이었으니) 집도 나타내어 **집 호**

+ 두 짝으로 된 문은 '문 문(門)'
+ 旧 尸(주검 시, 몸 시) - 제목번호 268 참고

활용어휘 門戶(문호), 窓戶(창호), 戶籍(호적), 戶主(호주)

7

所

8획 / 부수 戶

所 所 所 所 所 所 所 所

집(戶)에 도끼(斤)를 두는 장소니 **장소 소**

또 장소처럼 앞에서 말한 내용을 이어받는 '바'로도 쓰여 **바 소**

+ 도끼는 위험하여 아무 데나 두지 않고 집의 일정한 장소에 보관하지요.
+ 바 - ㉠ 앞에서 말한 내용 그 자체나 일 등을 나타내는 말.
 ㉡ (어미 '~을' 뒤에 쓰여) 일의 방법이나 방도.
+ 斤(도끼 근, 저울 근)

활용어휘 住所(주소), 所見(소견), 所得(소득), 所望(소망)

3Ⅱ

啓

11획 / 부수 口

啓 啓 啓 啓 啓 啓 啓 啓
啓 啓 啓

마음의 문(戶)이 열리도록 치고(攵) 말하며(口) 일깨우니 **열 계, 일깨울 계**

+ 문 같은 물질적인 것을 열면 '열 개(開)', 마음의 문이 열리도록 일깨우면 '열 계, 일깨울 계(啓)'
+ 攵(칠 복, = 攴), 口(입 구, 말할 구, 구멍 구)

활용어휘 啓導(계도), 啓蒙(계몽), 啓發(계발), 啓示(계시)

3

肩

8획 / 부수 肉(月)

肩 肩 肩 肩 肩 肩 肩 肩

문(戶)처럼 몸(月)에서 쩍 벌어진 어깨니 **어깨 견**

활용어휘 肩骨(견골), 肩章(견장), 比肩(비견)

3

淚

11획 / 부수 水(氵)

淚 淚 淚 淚 淚 淚 淚 淚
淚 淚 淚

물(氵) 중 집(戶)의 개(犬)만도 못하다고 뉘우치며 흘리는 눈물이니 **눈물 루(누)**

+ 犬(개 견)

활용어휘 感淚(감루), 落淚(낙루), 催淚彈(최루탄), 血淚(혈루)

3Ⅱ	倉
	10획 / 부수 人
	倉 倉 倉 倉 倉 倉 倉 倉 倉 倉

사람(人)이 문(戶) 잠그고(一) 입(口)에 먹을 곡식을
저장해 두는 창고니 **창고 창**

또 창고에 저장해둔 것을 꺼내 써야 할 정도로 급하니
급할 창

+ 一('한 일'이지만 여기서는 잠근 모양으로 봄)

활용어휘 倉庫(창고), 船倉(선창), 倉卒間(창졸간)

- -

4Ⅱ	創
	12획 / 부수 刀(刂)
	創 創 創 創 創 創 創 創 創 創 創 創

창고(倉) 짓는 일은 칼(刂)로 재목 자르는 데에서
비롯하여 시작하니 **비롯할 창, 시작할 창**

+ 刂(칼 도 방)

활용어휘 創刊(창간), 創作(창작), 創造(창조), 獨創(독창)

- -

3Ⅱ	蒼
	14획 / 부수 草(艹)
	蒼 蒼 蒼 蒼 蒼 蒼 蒼 蒼 蒼 蒼 蒼 蒼 蒼 蒼

풀(艹)로 덮인 창고(倉)처럼 푸르니 **푸를 창**

+ 艹(초 두)

활용어휘 蒼空(창공), 蒼白(창백), 蒼然(창연)

4

冊

5획 / 부수 冂

冂 冂 冂 冊 冊

글을 적은 대 조각을 한 줄로 엮어서(𠕋 → 冊) 만들었던 책이니 책 **책**

또 책을 세우듯 어떤 벼슬 자리에 세우니 세울 **책**

+ 동 册
+ 종이가 없던 옛날에는 나무나 대 조각에 글을 썼다지요.

활용어휘 冊曆(책력), 冊床(책상), 別冊(별책), 冊封(책봉)

특II

侖

8획 / 부수 人

侖 侖 侖 侖 侖 侖 侖 侖

사람(人)이 한(一) 권씩 책(𠕋)을 들고 둥글게 모이니 둥글 륜(윤), 모일 륜(윤)

+ 人(사람 인), 𠕋[책 책(冊)의 변형으로 필순도 달라지네요.]

3II

倫

10획 / 부수 人(亻)

倫 倫 倫 倫 倫 倫 倫 倫 倫

사람(亻)이 모이면(侖) 지켜야 할 윤리니 윤리 **륜(윤)**

+ 윤리(倫理) - 사람이 지켜야 할 도리와 규범.
+ 理(이치 리, 다스릴 리)

활용어휘 不倫(불륜), 人倫(인륜), 天倫(천륜), *悖倫(패륜)

4

輪

15획 / 부수 車

輪 輪 輪 輪 輪 輪 輪 輪 輪 輪 輪 輪 輪 輪

수레(車)의 둥근(侖) 바퀴니 바퀴 **륜(윤)**

또 바퀴처럼 둥글어 잘 도니 둥글 **륜(윤)**, 돌 **륜(윤)**

+ 바퀴에 수레나 차의 무게가 모이니 잘 관리해야 사고 나지 않지요.

활용어휘 車輪(차륜), *輪廓(윤곽), 輪番(윤번), *輪廻(윤회)

4II

論

15획 / 부수 言

論 論 論 論 論 論 論 論 論 論 論 論 論 論

말(言)로 모여서(侖) 논의하고 평하니 논의할 론(논), 평할 론(논)

+ 言(말씀 언)

활용어휘 論議(논의), 論爭(논쟁), 論題(논제), 推論(추론)

1II **扁** 9획 / 부수 戶 扁 扁 扁 扁 扁 扁 扁 扁	문(户)이 **책(冊)**처럼 작고 넓적하니 작을 편, 넓적할 편 + 户(문 호, 집 호), 冊[책 책(冊)의 변형] 활용어휘 *扁桃腺(편도선), *扁柏(편백), *扁形(편형)
3II **偏** 11획 / 부수 人(亻) 偏 偏 偏 偏 偏 偏 偏 偏 偏 偏	사람(亻)은 **작은(扁)** 이익에도 잘 치우치니 치우칠 편 활용어휘 偏見(편견), 偏食(편식), 偏愛(편애), 偏重(편중)
3II **編** 15획 / 부수 糸 編 編 編 編 編 編 編 編 編 編 編 編 編 編	실(糸)로 **작은(扁)** 것들을 엮으니 엮을 편 + 糸(실 사, 실 사 변) 활용어휘 編曲(편곡), 編成(편성), 編入(편입), *編輯(편집)
4 **篇** 15획 / 부수 竹(⺮) 篇 篇 篇 篇 篇 篇 篇 篇 篇 篇 篇 篇 篇 篇 篇	(종이가 없던 옛날에) 대(⺮)를 **작게(扁)** 잘라 글을 써서 만든 책이니 책 편 + ⺮(대 죽) 활용어휘 短篇(단편), 玉篇(옥편), 全篇(전편), 篇次(편차)
3 **遍** 13획 / 부수 辵(辶) 遍 遍 遍 遍 遍 遍 遍 遍 遍 遍 遍 遍	**작은(扁)** 곳까지 두루 가니(辶) 두루 편 + 辶(뛸 착, 갈 착, = 辵) 활용어휘 遍歷(편력), 遍在(편재), 普遍(보편)

특II **尸** 3획 / 제부수 尸 尸 尸	누워 있는 몸을 본떠서 **주검 시, 몸 시** + 戸(문 호, 집 호) + 사람이나 집과 관련된 한자에 부수로도 쓰입니다. **활용어휘** *尸童(시동), *尸祿(시록), *尸解(시해)
2 **尉** 11획 / 부수 寸 尉 尉 尉 尉 尉 尉 尉 尉 尉 尉 尉	주검(尸)을 보아도(示) 두려워하지 않고 **법도(寸)**에 따라 처리하는 벼슬이니 **벼슬 위** + 示(보일 시, 신 시), 寸(마디 촌, 법도 촌) **활용어휘** 尉官(위관), 尉級(위급), 大尉(대위), 中尉(중위)
4 **慰** 15획 / 부수 心 慰 慰 慰 慰 慰 慰 慰 慰 慰 慰 慰 慰 慰 慰	벼슬아치(尉)가 마음(心)으로 위로하니 **위로할 위** + 위로(慰勞) – 따뜻한 말이나 행동으로 괴로움을 덜어 주거나 슬픔을 달래 줌. + 心(마음 심, 중심 심), 勞(수고할 로, 일할 로) **활용어휘** 慰靈祭(위령제), 慰問(위문), 慰安(위안)
3II **尺** 4획 / 부수 尸 尺 尺 尺 尺	몸(尸) 구부리고(乀) 길이를 재는 자니 **자 척** + 乀['파임 불'이지만 여기서는 구부리는 모양으로 봄], 1자는 30.3cm. **활용어휘** 尺度(척도), 越尺(월척), *咫尺(지척), 縮尺(축척)
5II **局** 7획 / 부수 尸 局 局 局 尸 局 局 局	자(月)로 재어 말(口)로 구역을 확정 지은 판이나 관청이니 **판 국, 관청 국** 또 어떤 판 같은 상황이니 **상황 국** + 月[자 척(尺)의 변형], 口(입 구, 말할 구, 구멍 구) **활용어휘** 局部(국부), 局限(국한), 局面(국면), 局長(국장)

居

4

8획 / 부수 尸

居 居 居 居 居 居 居 居

몸(尸)이 오래(古) 머물러 사니 **살 거**

+ 古(오랠 고, 옛 고)

활용어휘 居間(거간), 居室(거실), 居住(거주), 同居(동거)

尾

3II

7획 / 부수 尸

尾 尾 尾 尾 尾 尾 尾

짐승의 몸(尸)에서 **털**(毛)이 난 꼬리니 **꼬리 미**

또 꼬리처럼 무엇의 끝이니 **끝 미**

+ 毛(털 모)

활용어휘 尾行(미행), 交尾(교미), 末尾(말미), 後尾(후미)

刷

3II

8획 / 부수 刀(刂)

刷 刷 刷 刷 刷 刷 刷 刷

나무의 몸(尸)을 **수건**(巾)으로 닦고 **칼**(刂)로 새겨서

인쇄하니 **닦을 쇄, 인쇄할 쇄**

+ 옛날에는 넓적한 나무판에 글자를 새겨 인쇄했는데, 이를 목판(木板) 인쇄라 하지요.
+ 巾(수건 건), 刂(칼 도 방)

활용어휘 刷掃(쇄소), 刷新(쇄신), 印刷(인쇄), 增刷(증쇄)

展

5II

10획 / 부수 尸

展 展 展 展 展 展 展 展
展 展

몸(尸) 앞을 가리던 풀(艹)이 쓰러져 펴지고 넓게 **되니**(𠂤)
펼 전, 넓을 전

+ 艹[초 두(艹)의 약자], 𠂤[될 화, 변화할 화, 가르칠 화(化)의 변형]

활용어휘 展開(전개), 展示(전시), 展望(전망), 進展(진전)

殿

3II

13획 / 부수 殳

殿 殿 殿 殿 殿 殿 殿 殿
殿 殿 殿 殿 殿

집(尸) 중 여러 사람들이 **함께**(共) **쳐서**(殳) 지은 대궐이나
큰 집이니 **대궐 전, 큰 집 전**

+ 중요한 분을 모시거나 울 안에서 제일 큰 집이 殿입니다.
+ 尸('주검 시, 몸 시'지만 여기서는 집으로 봄), 共(함께 공), 殳(칠 수, 창 수, 몽둥이 수)

활용어휘 宮殿(궁전), 內殿(내전), 聖殿(성전), 寢殿(침전)

참

叚

9획 / 부수 又

叚 叚 叚 叚 叚 叚 叚 叚
叚

지붕(尸)을 두(二) 번이나 **장인(ㄱ)**의 손(又)을 빌려 고쳐야하는 허물이니 **빌릴 가, 허물 가**

+ 叚가 들어간 한자를 약자로 쓸 때는 叚부분을 '거꾸로 반, 뒤집을 반(反)'으로 씁니다.
+ 尸['주검 시, 몸 시(尸)의 변형이지만 여기서는 지붕으로 봄], ㄱ[장인 공, 만들 공, 연장 공(工)의 변형], 又(오른손 우, 또 우)

4II

假

11획 / 부수 人(亻)

假 假 假 假 假 假 假
假 假 假

사람(亻)이 **빌려서(叚)** 꾸민 거짓이고 임시니 **거짓 가, 임시 가**

+ 약 仮 – 사람(亻)이 거꾸로(反) 꾸민 거짓이고 임시니 '거짓 가, 임시 가'

활용어휘 假面(가면), 假名(가명), 假飾(가식), 假想(가상)

4

暇

13획 / 부수 日

暇 暇 暇 暇 暇 暇 暇
暇 暇 暇 暇 暇

날(日)을 **빌린(叚)** 듯 겨를이 있고 한가하니 **겨를 가, 한가할 가**

+ 약 昄 – 날(日)이 거꾸로(反) 흐른 듯 겨를이 있고 한가하니 '겨를 가, 한가할 가'
+ 겨를 – 어떤 일을 하다가 생각 등을 다른 데로 돌릴 수 있는 시간적인 여유.
+ 한가(閑暇)하다 – 겨를이 생겨 여유가 있다.

활용어휘 病暇(병가), 餘暇(여가), 年暇(연가), 休暇(휴가)

3II

漏

14획 / 부수 水(氵)

漏 漏 漏 漏 漏 漏 漏 漏
漏 漏 漏 漏 漏 漏

물(氵)이 뚫린 **지붕(尸)** 틈에서 **비(雨)**만 오면 새니 **샐 루(누)**

+ 尸('주검 시, 몸 시'지만 여기서는 지붕으로 봄), 雨(비 우)

활용어휘 漏落(누락), *漏泄(누설), 漏水(누수), 脫漏(탈루)

3

屛

11획 / 부수 尸

屛 屛 屛 屛 屛 屛 屛
屛 屛 屛

몸(尸) 여러 쪽을 **아우르게(幷)** 만든 병풍이니 **병풍 병**

+ 아우르다 – 여럿을 조화하여 한 덩어리가 되게 하다.
+ 幷(아우를 병)

활용어휘 屛風(병풍), 屛巖(병암), *繡屛(수병)

4	周	성(冂) 안의 **영토**(土)를 **입**(口)으로 잘 설명하여 두루 둘레까지 알게 하니 **두루 주, 둘레 주**

8획 / 부수 口
周 刀 刀 凡 用 用 周 周

＋ 冂(멀 경, 성 경), 土(흙 토), 口(입 구, 말할 구, 구멍 구)

활용어휘 周旋(주선), 周知(주지), 周邊(주변), 周圍(주위)

5Ⅱ 調

15획 / 부수 言
調 調 調 調 調 調 調 調
訂 訂 調 調 調 調 調

말(言)을 **두루**(周) 듣고 고르게 잘 어울리니
고를 조, 어울릴 조

또 높낮음이 고르게 어울린 노래 가락이니 **가락 조**

활용어휘 調理(조리), 調和(조화), 協調(협조), 曲調(곡조)

5Ⅱ 週

12획 / 부수 辵(辶)
週 刀 刀 用 用 用 周 周
调 调 调 週

각 요일을 **두루**(周) **뛰어**(辶) 돌 듯 도는 주일이니
돌 주, 주일 주

＋ 주일(週日) - 월요일부터 일요일까지의 이레 동안.
＋ 辶(뛸 착, 갈 착, = 辶)

활용어휘 週刊(주간), 週年(주년), 週番(주번), 一週(일주)

6Ⅱ 用

5획 / 제부수
用 刀 月 月 用

(옛날에는 거북 등껍데기를 도구로 썼으니)
거북 등껍데기(⊞) 모양을 본떠서 **쓸 용**

활용어휘 濫用(남용), 善用(선용), 惡用(악용), 誤用(오용)

庸

11획 / 부수 广

庸 庸 庸 庸 庸 庸 庸
庸 庸 庸

자기 **집(广)**에서는 **손(ヨ)**에 **송곳(┃)**을 들고 **써도(用)**
떳떳하니 떳떳할 **용**

또 떳떳해도 사랑이 없으면 어리석으니 어리석을 **용**

+ 떳떳하다 – 굽힐 것이 없이 당당하다.

+ 广(집 엄), ヨ(고슴도치 머리 계, 오른손 우), ┃ ('뚫을 곤'이지
만 여기서는 송곳으로 봄)

활용어휘 中庸(중용), 庸劣(용렬), 庸夫(용부), 庸弱(용약)

備

12획 / 부수 人(亻)

備 備 備 備 備 備 備
備 備 備 備

짐승 기르는 **사람(亻)**은 **풀(艹)**을 **굴 바위(厂)** 위에 말려
겨울에 **쓸(用)** 것을 갖추니 갖출 **비**

+ 艹[초 두(艹)의 약자], 厂(굴 바위 엄, 언덕 엄)

활용어휘 備蓄(비축), 備品(비품), 裝備(장비), 準備(준비)

1II

甫

7획 / 부수 用

甫 甫 甫 甫 甫 甫 甫

많이(十) 쓰이도록(用) 점(丶)까지 찍어가며 만들어 크고 넓으니 큰 보, 넓을 보

+ 술보, 졸보, 울음보처럼 사람의 별명에 쓰이기도 합니다.
+ 十(열 십, 많을 십), 用(쓸 용), 丶(점 주, 불똥 주)

활용어휘 *甫田(보전), *酒甫(주보), *拙甫(졸보)

- -

3II

補

12획 / 부수 衣(衤)

補 補 補 補 補 補 補 補 補 補 補

옷(衤)에 난 큰(甫) 구멍을 기워 보충하니 기울 보, 보충할 보

+ 깁다 - 해진 데에 조각을 대고 꿰매다.
+ 衤(옷 의 변)

활용어휘 補強(보강), 補缺(보결), 補償(보상), 補充(보충)

- -

3II

捕

10획 / 부수 手(扌)

捕 捕 捕 捕 捕 捕 捕 捕 捕

손(扌)을 크게(甫) 벌려 잡으니 잡을 포

+ 扌(손 수 변)

활용어휘 捕手(포수), 捕獲(포획), 生捕(생포), 逮捕(체포)

- -

3II

浦

10획 / 부수 水(氵)

浦 浦 浦 浦 浦 浦 浦 浦 浦

물(氵)이 넓게(甫) 퍼진 물가니 물가 포

활용어휘 浦口(포구), 浦落(포락), 浦村(포촌), 南浦(남포)

참

10획 / 부수 寸

尃尸尸肎肎尃尃尃
尃尃

널리(甫) 법도(寸)에 맞게 펴니 펼 부, 펼 포

+ 旧 專(오로지 전, 마음대로 할 전) - 제목번호 278 참고
+ 寸(마디 촌, 법도 촌)

4Ⅱ

12획 / 부수 十

博十十博博博博博
博博博博

여러(十) 방면에 두루 펴(尃) 넓으니 넓을 박

활용어휘 博士(박사), 博識(박식), 博愛(박애), 該博(해박)

3Ⅱ

17획 / 부수 草(艹)

薄薄薄薄薄薄薄薄
薄薄薄薄薄薄薄薄
薄

풀(艹)이 물(氵) 위에 펴져(尃) 엷으니 엷을 박

활용어휘 薄待(박대), 薄命(박명), 薄弱(박약), 淺薄(천박)

3Ⅱ

19획 / 부수 竹(⺮)

簿簿簿簿簿簿簿簿
簿簿簿簿簿簿簿簿
簿簿簿

대(⺮)를 물(氵)처럼 넓게 펴지도록(尃) 깎아 글을 적은 장부니 장부 부

+ 장부(帳簿) - 물건의 출납이나 돈의 수지 계산을 적어 두는 책.
+ ⺮(대 죽), 帳(장막 장, 장부 장)

활용어휘 簿記(부기), 名簿(명부), 學籍簿(학적부)

특II **甬** 7획 / 부수 用 甬 甬 甬 甬 甬 甬 甬	꽃봉오리가 부풀어 솟아(甬)오르는 모양을 본떠서 솟을 **용** + 공통 부분이 있는 한자의 어원 풀이를 위하여 3급 외 한자도 인용하였습니다.

---

3 **誦** 14획 / 부수 言 誦 誦 誦 誦 誦 誦 誦 誦 誦 誦 誦 誦 誦	(마음 속에) 말(言)이 솟아(甬)오르도록 외우니 외울 **송** + 言(말씀 언) 활용어휘 誦讀(송독), 誦詩(송시), 朗誦(낭송), 愛誦(애송)

6II **勇** 9획 / 부수 力 勇 勇 勇 勇 勇 勇 勇 勇 勇	솟는(甬) 힘(力)이 있어 날래니 날랠 **용** + 甬[솟을 용(甬)의 변형], 力(힘 력) 활용어휘 勇敢(용감), 勇斷(용단), 勇猛(용맹), 勇退(용퇴)

---

6 **通** 11획 / 부수 辵(辶) 通 通 通 通 通 通 通 通 通 通	무슨 일이나 솟을(甬) 정도로 뛰며(辶) 열심히 하면 통하니 통할 **통** + 辶(뛸 착, 갈 착, = 辶) 활용어휘 通告(통고), 通關(통관), 通達(통달), 流通(유통)

6Ⅱ

角

7획 / 제부수

角 角 角 角 角 角 角

소나 양의 뿔(角)을 본떠서 **뿔 각**

또 뿔은 모나서 싸우거나 겨룰 때도 쓰이니

모날 각, 겨룰 각

+ 뿔난 짐승들은 주로 뿔로 싸우지요.

활용어휘 頭角(두각), 三角(삼각), 直角(직각), 角逐(각축)

4Ⅱ

解

13획 / 부수 角

解 解 解 解 解 解 解
解 解 解 解 解

뿔(角)부터 칼(刀)로 소(牛)를 갈라 해부하니 **해부할 해**

또 해부하듯 문제를 푸니 **풀 해**

+ 魯 觧 – 뿔(角)부터 양(羊)을 갈라 해부하니 '해부할 해'
  또 해부하듯 문제를 푸니 '풀 해'
+ 짐승을 잡을 때는 뿔부터 가릅니다.
+ 刀(칼 도), 牛(소 우), 羊(양 양)

활용어휘 解渴(해갈), 解決(해결), 解答(해답), 解消(해소)

3Ⅱ

觸

20획 / 부수 角

觸 觸 觸 觸 觸 觸 觸
觸 觸 觸 觸 觸 觸 觸
觸 觸 觸 觸

뿔(角)로 애벌레(蜀)는 촉감을 알려고 휘둘러 닿으니

닿을 촉

+ 魯 触 – 뿔(角)로 벌레(虫)는 촉감을 알려고 휘둘러 닿으니
  '닿을 촉'
+ 촉수(觸手) – 하등 무척추 동물의 몸 앞부분이나 입 주위에 있는
  돌기 모양의 기관.
+ 蜀(애벌레 촉, 촉나라 촉), 手(손 수, 재주 수, 재주 있는 사람 수)

활용어휘 觸覺(촉각), 觸感(촉감), 觸發(촉발), *觸診(촉진)

7II

車

7획 / 제부수

車 一 一 厅 币 百 亘 車

수레 모양을 본떠서 수레 거, 차 차

+ 曰은 수레의 몸통, ㅣ은 바퀴의 축, 一과 一은 양 바퀴.

활용어휘 自轉車(자전거), 停車場(정거장), 列車(열차)

4

陣

10획 / 부수 阜(阝)

陣 陣 陣 陣 陣 陣 陣 陣
陣 陣

언덕(阝) 옆에 수레(車)들이 진 치는 줄이니
진 칠 진, 줄 진

+ 卪 陳(벌여 놓을 진, 묵을 진) – 제목번호 065 참고
+ 언덕(阝) 옆에 수레(車)들이 진 치는 줄이니 '진 칠 진, 줄 진', 언덕(阝)의 동쪽(東)에 벌여 놓고 묵으니 '벌여 놓을 진, 묵을 진'으로 외세요.
+ 阝(언덕 부 변), 東(동쪽 동, 주인 동)

활용어휘 陣地(진지), 敵陣(적진), 長蛇陣(장사진)

3

軌

9획 / 부수 車

軌 軌 軌 軌 軌 軌 軌 軌
軌

수레(車)도 다니도록 크게(九) 만든 길이니 길 궤
또 길처럼 따라야 할 법이니 법 궤

+ 九(아홉 구, 클 구, 많을 구)

활용어휘 軌道(궤도), 軌跡(궤적), *狹軌(협궤), 軌範(궤범)

4

庫

10획 / 부수 广

庫 庫 庫 庫 庫 庫 庫 庫
庫 庫

집(广)에 수레(車) 같은 물건을 넣어 두는 창고니 창고 고

+ 广(집 엄)

활용어휘 金庫(금고), 寶庫(보고), 在庫(재고), 車庫(차고)

4II

連

11획 / 부수 辵(辶)

連 連 連 連 連 連 連
連 連 連

수레(車)가 지나간(辶) 바퀴 자국처럼 이으니 이을 련(연)

+ 辶(뛸 착, 갈 착, = 辶)

활용어휘 連結(연결), 連絡(연락), 連累(연루), 一連(일련)

311

蓮

15획 / 부수 草(艹)

蓮蓮蓮蓮蓮茜茜茜
茜茛蓮蓮蓮蓮蓮蓮

풀(艹) 뿌리가 **이어지듯**(連) 뻗어가며 자라는 연이니
연 련(연)

활용어휘 蓮根(연근), 蓮池(연지), 白蓮(백련), 紅蓮(홍련)

---

277 군휘휘운(軍揮輝運) - 軍으로 된 한자

8

軍

9획 / 부수 車

軍軍軍軍軍軍軍軍
軍

덮어서(冖) 차(車)까지 위장한 군사니 **군사 군**
+ 군사들은 적에게 들키지 않으려고 주위 환경에 어울리게 무엇으로
덮어 위장하지요.
+ 冖(덮을 멱), 車(수레 거, 차 차)

활용어휘 軍歌(군가), 軍紀(군기), 軍隊(군대), 將軍(장군)

4

揮

12획 / 부수 手(扌)

揮揮揮揮揮揮揮
揮揮揮揮

손(扌) 휘둘러 군사(軍)를 지휘하니
휘두를 휘, 지휘할 휘

활용어휘 揮毫(휘호), 揮發(휘발), 發揮(발휘), 指揮(지휘)

3

輝

15획 / 부수 車

輝輝輝輝輝輝輝
輝輝輝輝輝輝輝

빛(光)에 군사(軍)의 계급장이 빛나니 **빛날 휘**
+ 한자가 만들어지던 옛날에는 종족과 종족, 나라와 나라 사이에
싸움이 많았기에 전쟁이나 군사, 무기와 관련된 한자가 많습니다.
+ 光(빛 광)

활용어휘 輝光(휘광), *輝煌(휘황), *輝煌燦爛(휘황찬란)

군사(軍)들이 갈(辶) 때는 차도 운전하여 옮기니
운전할 운, 옮길 운

또 삶을 옮기는 운수니 **운수 운**

13획 / 부수 辵(辶)

+ 운수(運數) – 미리 정하여져 있어 인간의 힘으로 어찌할 수 없는
  천운과 기수.
+ 數(셀 수, 두어 수, 자주 삭, 운수 수)

활용어휘 運動(운동), 運轉(운전), 運航(운항), 運命(운명)

삼가고(叀) 마디마디(寸) 살피며 오로지 하나에만 전념하니
오로지 전

또 오로지 자기 마음대로 하니 **마음대로 할 전**

11획 / 부수 寸

+ 비 尃(펼 부, 펼 포)
+ 叀 – 차(車)에 점(丶)찍는 일은 삼가니 '삼갈 전'
  (어원 해설을 위한 참고자로 실제 쓰이는 한자는 아님)
+ 寸(마디 촌, 법도 촌), 車[수레 거, 차 차(車)의 변형], 丶(점 주,
  불똥 주)

활용어휘 專攻(전공), 專念(전념), 專屬(전속), 專權(전권)

- -

사람(亻)들은 **오로지(專)** 자기 뜻을 전하니 **전할 전**

또 전하는 이야기니 **이야기 전**

13획 / 부수 人(亻)

+ 약 伝 – 사람(亻)이 자기 뜻을 말하여(云) 전하니 '전할 전'
  또 전하는 이야기니 '이야기 전'
+ 云(말할 운) – 제목번호 291 참고

활용어휘 傳達(전달), 傳承(전승), 遺傳(유전), 傳說(전설)

- -

수레(車)바퀴처럼 **오로지(專)** 구르니 **구를 전**

18획 / 부수 車

+ 약 転 – 수레(車)바퀴가 말하듯(云) 소리내며 구르니 '구를 전'

활용어휘 轉科(전과), 轉勤(전근), 轉移(전이), 逆轉(역전)

- -

5Ⅱ

團

14획 / 부수 口

圍 圍 圍 圍 圍 圍 圍 圍
團 團 團 團 團 團

에워싼(口) 듯 **오로지(專)** 하나로 둥글게 모이니
둥글 단, 모일 단

+ 역 团 – 에워싼(口) 듯 법도(寸)에 맞게 둥글게 모이니
　　　　'둥글 단, 모일 단'
+ 口[에운담, 나라 국(國)의 약자], 寸(마디 촌, 법도 촌)

> **활용어휘** *瓊團(경단), 團結(단결), 團合(단합), 集團(집단)

---

279 천훈 주주(川訓 州洲) – 川과 州로 된 한자

7

川

3획 / 제부수

川 川 川

물 흐르는 내를 본떠서 **내 천**

+ 잠겨 있는 물에 물결이 이는 모양을 본떠서 '물 수(水)'
+ 내 천(川)이 부수로 쓰일 때는 巛으로, 개미허리 모양 같다 하여
　'개미허리 천'이라 부릅니다. – 제목번호 281 참고

> **활용어휘** 川邊(천변), 山川草木(산천초목), 河川(하천)

6

訓

10획 / 부수 言

訓 訓 訓 訓 訓 訓 訓 訓
訓 訓

말(言)을 내(川)처럼 길게 하며 가르치니 **가르칠 훈**

+ 무엇을 가르치려고 말을 길게 하지요.

> **활용어휘** 訓戒(훈계), 訓練(훈련), 訓手(훈수), 訓話(훈화)

5Ⅱ

州

6획 / 부수 川

州 州 州 州 州 州

내(川) 사이에 점들(丶)처럼 집들이 있는 고을이니 **고을 주**

+ 나주(羅州), 충주(忠州)처럼, 고을 이름에 '주(州)'가 들어가면 물
　가에 있지요.

> **활용어휘** 州郡(주군), 州牧(주목), 全州(전주)

3Ⅱ

洲

9획 / 부수 水(氵)

洲 洲 洲 洲 洲 洲 洲 洲
洲

물(氵)로 둘러싸인 고을(州)이면 물가나 섬이니
물가 주, 섬 주

+ 氵(삼 수 변)

> **활용어휘** 洲島(주도), 三角洲(삼각주), 六大洲(육대주)

3II

荒

10획 / 부수 草(艹)

荒荒荒荒荒荒荒荒
荒荒

풀(艹)까지 **망가지게(亡)** 냇(巛)물이 휩쓸어 거치니
거칠 황

+ 巛[내 천(川)의 변형]

활용어휘 荒唐(황당), 荒野(황야), 荒廢(황폐), 虛荒(허황)

5II

流

10획 / 부수 水(氵)

流流流流流流流流
流流

물(氵)이 **소리 내며(云)** 내(巛)를 이루어 흐르고 번져나가니
흐를 류(유), 번져나갈 류(유)

+ 云(말할 운) - 제목번호 291 참고

활용어휘 流浪(유랑), 流失(유실), 流言(유언), 流行(유행)

3II

疏

12획 / 부수 疋(疋)

疏疏疏疏疏疏疏疏
疏疏疏疏

발(疋)로 차며 소리치면(云) 막힘이 내(巛)처럼 트이니
트일 소

또 트인 듯 관계가 드물고 성기니 **드물 소, 성길 소**

+ 图 疎 - 발(疋)을 묶어(束) 놓은 듯 왕래가 드물고 성기니
  '드물 소, 성길 소'
  또 왕래가 드물면 도로는 잘 트이니 '트일 소' - 1급
+ 성기다 - ㉠ 물건의 사이가 뜨다.
  ㉡ 관계가 깊지 않고 서먹하다.
+ 疋[발 소, 필 필(疋)의 변형], 束(묶을 속)

활용어휘 疏通(소통), 疏外・疎外(소외), 親疏(친소)

3

蔬

16획 / 부수 草(艹)

蔬蔬蔬蔬蔬蔬蔬蔬
蔬蔬蔬蔬蔬蔬蔬蔬

풀(艹) 중 **트인(疏)** 듯 자주 먹는 나물이나 채소니
나물 소, 채소 소

+ 艹(초 두)

활용어휘 蔬飯(소반), 蔬食(소식), 蔬店(소점)

巛

3획 / 부수자

巛 巛 巛

내 **천**(川)이 부수로 쓰일 때의 모양으로
개미허리 모양 같다 하여 개미허리 **천**

5

災

7획 / 부수 火

災 災 災 災 災 災 災

낸(巛)물이나 **불**(火)로 인하여 입는 재앙이니 재앙 **재**

+ 재앙(災殃) - 뜻하지 아니하게 생긴 불행한 사고. 또는 천재지변
  으로 인한 불행한 사고.
+ 재앙은 대부분 물이나 불로 인한 경우가 많으니 災도 물과 불을
  뜻하는 한자로 만들었네요.
+ 火(불 화), 殃(재앙 앙)

활용어휘 災難(재난), 災害(재해), 産災(산재), 火災(화재)

3II

巡

7획 / 부수 川(巛)

巡 巡 巡 巡 巡 巡 巡

낸(巛)물이 낮은 곳을 살펴 흘러가듯(辶) 살피며 도니
살필 **순**, 돌 **순**

+ 辶(뛸 착, 갈 착, = 辶)

활용어휘 巡警(순경), 巡訪(순방), 巡視(순시), *巡廻(순회)

3II

腦

13획 / 부수 肉(月)

腦 腦 腦 腦 腦 腦 腦 腦
腦 腦 腦 腦 腦

몸(月)에서 낸(巛)물처럼 쉴 새 없이 생각하는 정수리(囟)의
뇌니 뇌 **뇌**

+ 腦 - 몸(月)에서 점들(丷)처럼 흉한(凶) 모양으로 들어 있는
  뇌니 '뇌 뇌'
+ 정수리 - 머리 위에 있는 자리.
+ 囟(정수리 신), 凶(흉할 흉, 흉년 흉)

활용어휘 腦裏(뇌리), 頭腦(두뇌), 洗腦(세뇌), 首腦(수뇌)

惱

12획 / 부수 心(忄)

惱 惱 惱 惱 惱 惱 惱
惱 惱 惱 惱

어떤 **마음**(忄)이 **냇**(巛)물처럼 **정수리**(囟)에 계속 흘러 괴로워하니 괴로워할 뇌

+ 옌 悩 – 마음(忄)에 점들(ㅛ)처럼 흉한(凶) 것이 생각나 괴로워하니 '괴로워할 뇌'
+ 어떤 생각이 잊히지 않고 계속 떠오르면 괴롭지요.

활용어휘 苦惱(고뇌), 煩惱(번뇌), 百八煩惱(백팔번뇌)

獵

18획 / 부수 犬(犭)

獵 獵 獵 獵 獵 獵 獵 獵
獵 獵 獵 獵 獵 獵 獵 獵
獵 獵

개(犭)가 짐승의 **목 갈기**(巤)를 물며 사냥하니 사냥할 렵(엽)

+ 옌 猟 – 개(犭)가 점들(ㅛ)처럼 묻은 냄새를 이용하여(用) 사냥하니 '사냥할 렵(엽)'
+ 비 鼠(쥐 서) – 1급
+ 巤 – 내(巛)처럼 흘러내린 목(囟)에 털이 난(鬥) 목 갈기니 '목 갈기 렵(엽), 쥐털 렵(엽)'
+ 갈기 – 말이나 사자 등의 목덜미에 난 긴 털.
+ 개는 냄새로 짐승을 찾고, 짐승을 잡을 때는 짐승의 목을 물지요.
+ 犭(큰 개 견, 개 사슴 록 변), 囟(목의 모양), 鬥(털 난 모양), 用[쓸 용(用)의 변형]

활용어휘 獵師(엽사), 獵銃(엽총), 密獵(밀렵), 涉獵(섭렵)

참

巠

7획 / 부수 巛

巠 巠 巠 巠 巠 巠 巠

하나(一)의 냇물(巛)이 흐르면서 만들어지는(工)
물줄기니 **물줄기 경**

+ 동 조 - 또(又) 흙(土) 위에 생긴 물줄기니 '물줄기 경'
+ 工(장인 공, 만들 공, 연장 공), 又(오른손 우, 또 우), 土(흙 토)

5

輕

14획 / 부수 車

輕 輕 輕 輕 輕 輕 輕 輕
輕 輕 輕 輕 輕 輕

수레(車)가 물줄기(巠)처럼 저절로 달리도록 가벼우니
가벼울 경

+ 약 軽
+ 반 大(큰 대)

활용어휘 輕減(경감), 輕微(경미), 輕傷(경상), 輕率(경솔)

4Ⅱ

經

13획 / 부수 糸

經 經 經 經 經 經 經
經 經 經 經 經

실(糸)이 물줄기(巠)같이 길게 지나는 날실이니
지날 경, 날실 경

또 베를 짤 때 날줄이 기본이듯이 사람 사는 기본을 적어 놓은
경서니 **경서 경**

+ 약 経
+ 반 緯(씨실 위) - 제목번호 196 참고
+ 베를 짤 때 세로로 늘어뜨린 실을 '날실 경(經)', 좁은 쪽의 실을
  '씨실 위(緯)'라 합니다.

활용어휘 經歷(경력), 經緯(경위), 經費(경비), 經書(경서)

3Ⅱ

徑

10획 / 부수 彳

徑 徑 徑 徑 徑 徑 徑
徑 徑

걸을(彳) 때 물줄기(巠)처럼 빨리 가는 지름길이니
지름길 경, 길 경

+ 약 径
+ 동 俓 - 사람(亻)이 물줄기(巠)처럼 빨리 가는 지름길이니
  '지름길 경, 길 경'
+ 彳(조금 걸을 척)

활용어휘 徑路(경로), 半徑(반경), 直徑(직경), *捷徑(첩경)

1II

9획 / 부수 入

兪 人 亼 亽 合 俞 俞 兪
兪

산에 **들어가**(入) **한**(一) **달**(月)에 걸쳐 **냇**(巜)물로 씻으며 치료하면 대답하듯 병이 나으니

대답할 유, 병 나을 유

+ 곱 俞 – 사람(人)이 한(一) 달(月)에 걸쳐 칼(刂)로 수술도 하며
　　치료하면 대답하듯 병이 나으니 '대답할 유, 병 나을 유'
+ 巜 [내 천(川)이 부수로 쓰일 때의 모양인 개미허리 천(巛)이 줄어든
　　모양으로 봄]

3II

16획 / 부수 車

輸 輸 輸 輸 輸 輸 輸 輸
輸 輸 輸 輸 輸 輸 輸 輸

차(車)로 **대답하듯**(兪) 짐을 실어 보내고 나르니

보낼 수, 나를 수

+ 車(수레 거, 차 차)

활용어휘 輸送(수송), 輸入(수입), 輸血(수혈), 禁輸(금수)

愈

3

13획 / 부수 心

愈 愈 愈 愈 兪 兪 兪 兪
兪 兪 愈 愈 愈

병이 낫는다(兪)는 **마음**(心)이 들면 더욱 좋아 병이 더 잘 나으니 **더욱 유, 좋을 유, 병 나을 유**

+ 동 癒(병 나을 유)

활용어휘 愈甚(유심), 愈往愈甚(유왕유심)

8

火

4획 / 제부수

火 火 火 火

타오르는 불을 본떠서 **불 화**

+ 불 화(火)의 총획이 4획이니, 글자의 발로 쓰일 때도 점 네 개를 찍어 '불 화 발(灬)'이라 부릅니다.

활용어휘 火力(화력), 火傷(화상), 發火(발화), 放火(방화)

3Ⅱ

炎

8획 / 부수 火

炎 炎 炎 炎 炎 炎 炎 炎

불(火)과 불(火)이 겹쳐 더우니 **더울 염**

또 덥게 열나면서 아픈 염증이니 **염증 염**

+ 염증(炎症) – 붉게 붓고 아픈 병세.
+ 症(병세 증)

활용어휘 炎涼(염량), 炎天(염천), 暴炎(폭염)

5

談

15획 / 부수 言

談 談 談 談 談 談 談 談
談 談 談 談 談 談 談

말(言)로 **따뜻하게(炎)** 하는 말씀이니 **말씀 담**

+ 談은 주로 정답게 서로 주고받는 이야기에 쓰입니다.

활용어휘 談笑(담소), 談合(담합), 美談(미담), 情談(정담)

3Ⅱ

淡

11획 / 부수 水(氵)

淡 淡 淡 淡 淡 淡 淡 淡
淡 淡 淡

물(氵)을 **덥게(炎)** 끓여 소독하면 맑고 깨끗하니
맑을 담, 깨끗할 담

+ 물은 끓여서 소독하기도 하지요.
+ 氵(삼 수 변)

활용어휘 淡水(담수), *濃淡(농담), 冷淡(냉담), 淡白(담백)

3

螢

16획 / 부수 虫

螢 螢 螢 螢 螢 螢 螢 螢
螢 螢 螢 螢 螢 螢 螢 螢

불(火)과 불(火)에 덮인(冖) 듯 반짝이는 **벌레(虫)**는 반딧불이니 반딧불 형

+ 앱螢 - 불꽃(⺍)으로 덮인(冖) 듯 반짝이는 반딧불이니 '반딧불 형'
+ 冖(덮을 멱), 虫[벌레 충(蟲)의 속자와 부수]

활용어휘 螢光(형광), 螢雪(형설), 螢學(형학)

4II

榮

14획 / 부수 木

榮 榮 榮 榮 榮 榮 榮 榮
榮 榮 榮 榮 榮 榮

불(火)과 불(火)에 덮인(冖) 듯 **나무(木)**에 꽃이 피어 성하니 성할 영

또 성하게 누리는 영화니 영화 영

+ 앱榮 - 반짝이는 불꽃(⺍)으로 덮인(冖) 듯 나무에 꽃이 피어 성하니 '성할 영'
  또 성하게 누리는 영화니 '영화 영'
+ '炏, 𦥯, 𦥑'을 약자로 쓸 때는 '⺍'로 통일됩니다.

활용어휘 榮光(영광), 繁榮(번영), 榮華(영화), 虛榮(허영)

5II

勞

12획 / 부수 力

勞 勞 勞 勞 勞 勞 勞 勞
勞 勞 勞 勞

불(火)과 불(火)에 덮인(冖) 곳에서도 **힘(力)**써 수고하며 일하니 수고할 로(노), 일할 로(노)

+ 앱勞 - 불꽃(⺍)으로 덮인(冖) 속에서도 힘(力)써 수고하며 일하니 '수고할 로(노), 일할 로(노)'

활용어휘 勞苦(노고), 勞心(노심), 過勞(과로), 勤勞(근로)

4

營

17획 / 부수 火

營 營 營 營 營 營 營 營
營 營 營 營 營 營 營 營
營

불(火)과 불(火)에 덮인(冖) 듯 열성으로 **음률(呂)**을 다스리니 다스릴 영

+ 앱營 - 불꽃(⺍)으로 덮인(冖) 듯 열성으로 음률(呂)을 다스리니 '다스릴 영'
+ 呂 - 등뼈가 서로 이어진 모양을 본떠서 '등뼈 려(여)'
  또 등뼈처럼 소리의 높낮음이 이어진 음률이나 성씨니 '음률 려(여), 성씨 여' - 2급
+ 음률(音律) - 음악. 음악의 곡조.

활용어휘 營利(영리), 營業(영업), 營爲(영위), 國營(국영)

5

7획 / 제부수

赤 赤 赤 赤 赤 赤 赤

흙(土)이 불(小)타듯이 붉으니 **붉을 적**

또 붉게 보이도록 벌거벗으니 **벌거벗을 적**

+ 土(흙 토), 小[불 화(火)의 변형]

활용어휘 赤字(적자), *赤裸裸(적나라)

3II

亦

6획 / 부수 亠

亦 亦 广 亦 亦 亦

머리(亠)가 불(小)타도록 또 고민하니 **또 역**

+ 고민하면 머리가 열이 나면서 아프지요.

+ 亠(머리 부분 두)

활용어휘 亦是(역시), 全亦(전역), 此亦(차역)

3II

跡

13획 / 부수 足(𧾷)

跡 跡 跡 跡 跡 跡 跡 跡
跡 跡 跡 跡 跡

발(𧾷)로 밟으면 또(亦) 생기는 발자국이나 자취니
발자국 적, 자취 적

+ 𧾷[발 족, 넉넉할 족(足)의 변형]

활용어휘 足跡(족적), 遺跡(유적), 追跡(추적)

5획 / 부수자

氺 氺 氺 氺 氺

물 수(水)가 글자의 발로 쓰일 때의 모양으로
물 수 발

3II

漆

14획 / 부수 水(氵)

漆漆漆漆漆漆漆漆
漆漆漆漆漆漆

물(氵) 같은 진액이 나오도록 **나무(木)**를 **상처(人)**내어 뽑아 쓰는 **액(氺)**이 옻이니 **옻 칠**

또 옻은 검으니 **검을 칠**

+ 옙柒 – 물(氵)처럼 많이(七) 나무(木)에서 뽑아 쓰는 옻이니 '옻 칠'
+ 옻은 약용이나 공업용 등 여러 용도에 쓰입니다.
+ 人('사람 인'이지만 여기서는 액을 뽑기 위해 낸 상처로 봄), 七('일곱 칠'로, '일곱 칠'에는 많다는 뜻도 있음)

활용어휘 漆器(칠기), 漆板(칠판), 漆黑(칠흑)

3

遲

16획 / 부수 辵(辶)

遲遲遲遲遲遲遲
遲遲遲遲遲遲遲

몸(尸)이 물(龺)에 젖어 **소(牛)**처럼 더디게 **가(辶)** 늦으니 **더딜 지, 늦을 지**

+ 尸(주검 시, 몸 시), 龺[물 수 발(氺)의 변형], 辶(뛸 착, 갈 착, = 辵)

활용어휘 遲刻(지각), 遲延(지연), 遲滯(지체)

4II

求

7획 / 부수 水(氺)

求求求求求求求

하나(一)의 **물(氺)**방울(丶)이라도 구하니 **구할 구**

활용어휘 求乞(구걸), 求道(구도), 求愛(구애), 求職(구직)

6II

球

11획 / 부수 玉(王)

球球球球球球球球
球球球

구슬(王)처럼 재료를 **구해(求)** 만든 둥근 공이니 **둥글 구, 공 구**

+ 구슬은 대부분 둥글게 가공하여 둥글지요.

활용어휘 球根(구근), 地球(지구), 球技(구기), 排球(배구)

5

救

11획 / 부수 攴(攵)

救救救救救救救
救救救

(나쁜 길에 빠진 사람을 쳐서라도) **구하기(求)** 위하여 **치며(攵)** 구원하고 도우니 **구원할 구, 도울 구**

+ 내가 필요해서 구하면 '구할 구(求)', 남을 도와주면 '구원할 구, 도울 구(救)'
+ 攵(칠 복, = 攴)

활용어휘 救急(구급), 救命(구명), 救助(구조), 救護(구호)

隸

8획 / 부수자

隸隸隸隸隸隸隸隸

씻기 위하여 **손(ヨ)**이 **물(水)**에 이르러 미치니
미칠 이, 미칠 대

+ 미치다 – ㉠ 정신에 이상이 생기다.
　　　　㉡ 보통 때와 달리 몹시 흥분하다.
　　　　㉢ 어떤 일에 자기를 잊을 만큼 열중하다.
　　　　㉣ (어느 곳에) 이르다. 닿다
　　　　여기서는 ㉣의 뜻.
+ ヨ(고슴도치 머리 계, 오른손 우), 水(물 수 발)

3

隸

16획 / 부수 隸

隸隸隸隸隸隸隸隸
隸隸隸隸隸隸隸隸

선비(士) 같은 주인이 **보이는(示)** 곳에 **미쳐(隸)** 있는 종처럼
붙으니 **종 예, 붙을 예**

+ 종은 항상 주인 곁에 붙어 있지요.
+ 士(선비 사, 군사 사, 칭호나 직업 이름에 붙이는 말 사), 示(보일
시, 신 시)

〔활용어휘〕 奴隸(노예), 隸書(예서), 隸屬(예속)

4II

康

11획 / 부수 广

康康康康康康康康
康康康

일 끝내고 **집(广)**에서 **손(ヨ)**을 **물(水)**에 씻은 것처럼
편안하니 **편안할 강**

+ 广(집 엄)

〔활용어휘〕 康健(강건), 健康(건강), 壽福康寧(수복강녕)

3

逮

12획 / 부수 辵(辶)

逮逮逮逮逮逮逮
逮逮逮逮

미치도록(隸) 가서(辶) 잡으니 **미칠 체, 잡을 체**

+ 辶(뛸 착, 갈 착, = 辶)

〔활용어휘〕 逮問(체문), 逮捕(체포), 被逮(피체)

특II

彖

9획 / 부수 크(⺕)

彖 彖 彖 彖 彖 彖 彖 彖
彖

엇갈려(⺈) 돼지(豕)가 여기저기를 물어 끊으니 끊을 단

+ 원래는 彑(고슴도치 머리 계)와 豕(돼지 시)로 나누어 부수가 크네요. 크(고슴도치 머리 계, 오른손 우)는 변형하여 彑로도 쓰이는데 여기서는 ⺈모양으로 쓰였네요.
+ ⺈(엇갈리는 모양), 豕(돼지 시)

4

緣

15획 / 부수 糸

緣 緣 緣 緣 緣 緣 緣 緣
緣 緣 緣 緣 緣 緣 緣

실(糸)로 끊어진(彖) 곳을 잇듯이 서로를 이어주는 인연이니 인연 연

+ 訓 緣(푸를 록)

활용어휘 緣故(연고), 緣分(연분), 緣由(연유), 結緣(결연)

특

彔

8획 / 부수 크(⺕)

彔 彔 彔 彔 彔 彔 彔 彔

엇갈리게(⺈) 한(一) 곳으로 물(氺) 같은 진액이 나오도록 나무를 깎고 새기니 나무 깎을 록(녹), 새길 록(녹)

+ ⺈과 一을 나누어 풀었지만 부수는 크입니다.
+ 氺(물 수 발)

4II

錄

16획 / 부수 金

錄 錄 錄 錄 錄 錄 錄 錄
錄 錄 錄 錄 錄 錄 錄 錄

쇠(金)로 깎아(彔) 기록하니 기록할 록(녹)

활용어휘 錄音(녹음), 錄畫(녹화), 附錄(부록), 收錄(수록)

3II

祿

13획 / 부수 示

祿 祿 祿 祿 祿 祿 祿 祿
祿 祿 祿 祿 祿

신(示)께 나무 깎아(彔) 만든 위패를 모시고 제사 지내면 복을 주듯 일하면 주는 봉급이니 봉급 록(녹)

활용어휘 祿俸(녹봉), 祿米(녹미), 福祿(복록)

6

綠

14획 / 부수 糸

綠 綠 綠 綠 綠 綠 綠 綠
綠 綠 綠 綠 綠 綠

실(糸)이 **나무 깎을**(彔) 때 나오면 푸르니 푸를 **록(녹)**

+ 삐 緣(인연 연)

활용어휘 綠陰 (녹음), 綠茶 (녹차), 常綠樹 (상록수)

우로설상 령령뢰전(雨露雪霜 靈零雷電) – 雨로 된 한자

5Ⅱ

雨

8획 / 제부수

雨 雨 雨 雨 雨 雨 雨 雨

하늘(一)의 **구름**(冂)에서 **물**(氺)로 내리는 비니 비 **우**

+ 삐 兩(두 량, 짝 량) – 제목번호 244 참고
+ 雨는 날씨와 관계되는 한자의 부수로도 쓰입니다.
+ 一('한 일'이지만 여기서는 하늘의 모양으로 봄), 冂('멀 경, 성 경'이지만 여기서는 구름의 모양으로 봄), 氺[물 수 발(水)의 변형]

활용어휘 雨備 (우비), *雨傘 (우산), 暴雨 (폭우), 豪雨 (호우)

3Ⅱ

露

21획 / 부수 雨

露 露 露 露 露 露 露 露
露 露 露 露 露 露 露 露
露 露 露 露 露

비(雨) 온 듯 **길**(路)에 이슬이 맺혀 드러나니

이슬 **로(노)**, 드러날 **로(노)**

+ 새벽이 되면 이슬이 맺혀 드러나지요.
+ 路(길 로)

활용어휘 寒露 (한로), 露宿 (노숙), 露出 (노출), 吐露 (토로)

6Ⅱ

雪

11획 / 부수 雨

雪 雪 雪 雪 雪 雪 雪 雪
雪 雪 雪

비(雨)가 얼어 **고슴도치 머리**(彐)처럼 어지럽게 내리는 눈이니 눈 **설**

또 하얀 눈처럼 깨끗하게 씻으니 씻을 **설**

+ 彐(고슴도치 머리 계, 오른손 우)

활용어휘 雪景 (설경), 除雪 (제설), 雪憤 (설분), 雪辱 (설욕)

3II

霜

17획 / 부수 雨

霜 霜 霜 霜 霜 霜 霜 霜 霜 霜 霜 霜 霜 霜 霜 霜 霜

비(雨) 같은 습기가 **서로**(相) 얼어붙은 서리니 서리 **상**

+ 相(서로 상, 모습 상, 볼 상, 재상 상)

활용어휘 霜降(상강), 霜雪(상설), 秋霜(추상), 風霜(풍상)

3II

靈

24획 / 부수 雨

靈 靈

비(雨) 오게 해달라고 여러 사람의 **입들**(口口口)이 **무당**(巫)처럼 비는 신령스러운 신령이니 신령스러울 **령(영)**, 신령 **령(영)**

+ 약 灵 - 머리(⺕)를 불(火)꽃처럼 나부끼며 나타난다는 신령스러운 신령이니 '신령스러울 령(영), 신령 령(영)'
+ 신령(神靈)하다 - 신기하고 영묘하다.
+ 巫(무당 무), ⺕(고슴도치 머리 계, 오른손 우), 火(불 화)

활용어휘 靈感(영감), 靈藥(영약), 靈肉(영육), 靈魂(영혼)

3

零

13획 / 부수 雨

零 零 零 零 零 零 零 零 零 零 零 零 零

비(雨)와 **명령**(令)처럼 위에서 아래로 떨어지니 떨어질 **령(영)**

또 떨어지면 영이니 영 **령(영)**

+ 영(零) - 값이 없는 수. 0으로 표기.
+ 令(하여금 령, 명령할 령) - 제목번호 366 참고

활용어휘 零細(영세), 零落(영락), 零點(영점), 零下(영하)

3II

雷

13획 / 부수 雨

雷 雷 雷 雷 雷 雷 雷 雷 雷 雷 雷 雷 雷

비(雨) 올 때 **밭**(田) 같은 넓은 구름 사이에서 치는 천둥이니 천둥 **뢰(뇌)**, 우레 **뢰(뇌)**

+ 천둥 - 번개가 치고 천둥소리를 동반하는 대기 중의 방전 현상.

활용어휘 雷同(뇌동), 雷聲(뇌성), 落雷(낙뢰), 地雷(지뢰)

7II

電

13획 / 부수 雨

電 電 電 電 電 電 電 電 電 電 電 電 電

비(雨) 올 때 번쩍 빛을 **펴는**(电) 번개니 번개 **전**

또 번개처럼 빛을 내는 전기니 전기 **전**

+ 电[펼 신, 아뢸 신, 원숭이 신, 아홉째 지지 신(申)의 변형]

활용어휘 電擊(전격), 電燈(전등), 電子(전자), 充電(충전)

3

云

4획 / 부수 二

云 云 云 云

둘(二)이 사사로이(厶) 말하니 말할 운

+ 二(둘 이), 厶(사사로울 사, 나 사)

활용어휘 云云(운운), 云爲(운위), 云謂(운위)

5II

雲

12획 / 부수 雨

雲 雲 雲 雲 雲 雲 雲
雲 雲 雲 雲 雲

비(雨)가 오리라고 말해(云) 주는 구름이니 구름 운

+ 구름이 끼면 비가 올 것을 알게 되지요.
+ 雨(비 우)

활용어휘 雲霧(운무), 雲集(운집), 雲海(운해), 靑雲(청운)

4II

陰

11획 / 부수 阜(阝)

陰 陰 陰 陰 陰 陰 陰 陰
陰 陰 陰

**언덕(阝) 아래는 지금(今)도 말하자면(云) 그늘이니
그늘 음**

+ 陰 – 언덕(阝)처럼 생기는 사람(人)의 긴(镸) 그늘이니 '그늘 음'
+ 阝(언덕 부 변), 今(이제 금, 오늘 금), 镸[길 장, 어른 장(長)의 변형]

활용어휘 陰曆(음력), 陰地(음지), 陰凶(음흉), 光陰(광음)

4

巨

5획 / 부수 工

巨 巨 巨 巨 巨

匸자 형의 큰 자를 손에 든() 모양을 본떠서 **클 거**

활용어휘 巨金(거금), 巨物(거물), 巨富(거부), 巨人(거인)

5II

臣

6획 / 제부수

臣 臣 臣 臣 臣 臣

임금 앞에 엎드려 눈을 크게 뜬 신하를 본떠서 **신하 신**

활용어휘 臣道(신도), *奸臣(간신), 功臣(공신), 忠臣(충신)

3

互

4획 / 부수 二

互 互 互 互

새끼줄이 서로 번갈아 꼬이는() 모양을 본떠서
서로 호

+ 〔囲〕 五(다섯 오) – 제목번호 013 참고

활용어휘 互相(호상), 互換(호환), 相互(상호)

3II

瓦

5획 / 제부수

瓦 瓦 瓦 瓦 瓦

지붕에 엇갈리게 겹쳐 놓은 기와를 본떠서 **기와 와**
또 기와처럼 구워서 만든 질그릇이나 실패니
질그릇 와, 실패 와

+ 와해(瓦解)되다 – 말은 잘 맞추어 놓은 지붕의 기와가 풀어진 것
　처럼 어떤 일이나 모임이 허물어진다.
+ 解(해부할 해, 풀 해)

활용어휘 瓦屋(와옥), 瓦解(와해), 靑瓦臺(청와대)

4

拒

8획 / 부수 手(扌)

拒 拒 拒 拒 拒 拒 拒

손(扌)을 크게(巨) 벌려 막거나 물리치니
막을 거, 물리칠 거

+ 扌(손 수 변), 巨(클 거)

활용어휘 拒否(거부), 拒逆(거역), 拒絶(거절), 抗拒(항거)

3II

距

12획 / 부수 足(⻊)

距 距 距 距 距 距 距
距 距 距 距

발(⻊)로 크게(巨) 걸어야 할 정도로 떨어진 거리니
떨어질 거, 거리 거

+ ⻊[발 족, 넉넉할 족(足)의 변형]

활용어휘 距離(거리), 近距離(근거리), 長距離(장거리)

3

臥

8획 / 부수 臣

臥 臥 臥 臥 臥 臥 臥

임금 앞에 허리 굽히는 신하(臣)처럼 사람(人)이 엎드리거
나 누우니 엎드릴 와, 누울 와

활용어휘 臥病(와병), 臥龍(와룡), 臥遊(와유)

3II

臨

17획 / 부수 臣

臨 臨 臨 臨 臨 臨 臨
臨 臨 臨 臨 臨 臨 臨 臨
臨

엎드려(臣) 물건(品) 가까이 임하니 임할 림(임)

+ 약 临

+ 臣[엎드릴 와, 누울 와(臥)의 변형], 品(물건 품, 등급 품, 품위 품)

활용어휘 臨迫(임박), 臨終(임종), 降臨(강림), 君臨(군림)

4II

監

14획 / 부수 皿

監 監 監 監 監 監 監
監 監 監 監 監 監

(거울이 귀하던 시절에는) **엎드려(臥)** 물(一) 있는
그릇(皿)에 비추어 보았으니 **볼 감**

+ 앤 监 – 칼(刂)로 대(灬)를 잘라 그릇(皿)을 만들려고 보니 '볼 감'
+ 한 일(一) 대신에 점 주, 불똥 주(丶)를 쓰기도 합니다.
+ 皿(그릇 명), 一('한 일'이지만 여기서는 물의 평평한 모양으로
봄), 刂[칼 도 방(刂)의 변형], 灬[대 죽(灬)의 축약형]

활용어휘 監禁(감금), 監督(감독), 監視(감시), 監獄(감옥)

3II

鑑

22획 / 부수 金

鑑 鑑 鑑 鑑 鑑 鑑 鑑
鑑 鑑 鑑 鑑 鑑 鑑 鑑
鑑 鑑 鑑 鑑 鑑 鑑

쇠(金)를 갈아 잘 **보이도록(監)** 만든 거울이니 **거울 감**

또 거울을 보듯 살피니 **살필 감**

+ 옛날에는 쇠로 거울을 만들었지요.
+ 金(쇠 금, 금 금, 돈 금, 성씨 김)

활용어휘 龜鑑(귀감), 鑑別(감별), 鑑賞(감상), 鑑定(감정)

3

濫

17획 / 부수 水(氵)

濫 濫 濫 濫 濫 濫 濫 濫
濫 濫 濫 濫 濫 濫 濫 濫
濫

물(氵)이 밖으로 **보이게(監)** 넘치니 **넘칠 람(남)**

+ 앤 滥

활용어휘 濫發(남발), 濫用(남용), *氾濫(범람), *猥濫(외람)

4

覽

21획 / 부수 見

覽 覽 覽 覽 覽 覽 覽
覽 覽 覽 覽 覽 覽 覽
覽 覽 覽 覽 覽

보고(臨) 또 보니(見) **볼 람(남)**

+ 臨[볼 감(監)의 변형], 見(볼 견, 뵐 현)

활용어휘 觀覽(관람), 博覽(박람), 要覽(요람), 回覽(회람)

3II

鹽

24획 / 부수 鹵

鹽 鹽 鹽 鹽 鹽 鹽 鹽 鹽
鹽 鹽 鹽 鹽 鹽 鹽 鹽 鹽
鹽 鹽 鹽 鹽 鹽 鹽 鹽 鹽

엎드린(臥) 듯 허리 구부리고 **소금밭**(鹵)에서 만들어
그릇(皿)에 담는 소금이니 소금 염

+ 엔 塩 - 흙(土)에서 사람(𠂉)이 입(口)에 먹을 것을 만들어
　　　　그릇(皿)에 담는 소금이니 '소금 염'
+ 鹵 - 소금밭을 본떠서 '소금 로(노), 소금밭 로(노)'
+ 皿(그릇 명)

활용어휘 鹽度(염도), 鹽分(염분), 鹽藏(염장), 竹鹽(죽염)

---

295 장 장장 견현긴(臧 藏臟 堅賢緊) – 臧과 藏, 臤으로 된 한자

특II

臧

14획 / 부수 臣

臧 臧 臧 臧 臧 臧 臧 臧
臧 臧 臧 臧 臧 臧

장수(爿)가 창(戈)으로 신하(臣)를 보호하고 숨겨주는
마음이 착하니 숨길 장, 착할 장

+ 爿(나무 조각 장, 장수 장 변), 戈(창 과), 臣(신하 신)

활용어휘 *臧否(장부), *臧獲(장획)

3II

藏

18획 / 부수 草(艹)

藏 藏 藏 藏 藏 藏 藏 藏
藏 藏 藏 藏 藏 藏 藏 藏
藏 藏

풀(艹)로 숨겨(臧) 감추니 감출 장
또 감추듯 저장해 두는 곳간이니 곳간 장

+ 곳간(庫間) - 물건을 간직하여 두는 곳.
+ 庫(창고 고), 間(사이 간)

활용어휘 祕藏(비장), 死藏(사장), 所藏(소장), 貯藏(저장)

3II

臟

22획 / 부수 肉(月)

臟 臟 臟 臟 臟 臟 臟 臟
臟 臟 臟 臟 臟 臟 臟 臟
臟 臟 臟 臟 臟 臟

몸(月)속에 있는 곳간(藏) 같은 오장이니 오장 장

+ 오장육부(五臟六腑) - 폐장, 심장, 비장, 간장, 신장의 다섯 가지
　내장과 대장(大腸), 소장(小腸), 위(胃), 담(膽), 방광(膀胱), 삼
　초(三焦)의 총칭.
+ 月(달 월, 육 달 월), 腑(장부 부), 腸(창자 장), 胃(밥통 위), 膽(쓸
　개 담, 담력 담), 膀(오줌보 방), 胱(오줌보 광), 焦(탈 초, 볶을 초)

활용어휘 臟器(장기), 肝臟(간장), 內臟(내장), *膵臟(췌장)

4

11획 / 부수 土

堅堅堅堅堅堅堅堅
堅堅堅

신하(臣)처럼 오른손(又)을 땅(土)에 짚고 충성을 맹세함이 굳으니 **굳을 견**

+ 옌 坚 – 칼(刂)을 손(又)으로 땅(土)에 꽂고 맹세함이 굳으니
　'굳을 견'
+ 臣(신하 신), 又(오른손 우, 또 우), 土(흙 토), 刂[칼 도 방(刂)의 변형]

활용어휘 堅固(견고), 堅實(견실), 堅持(견지), 堅強(견강)

- -

4II

15획 / 부수 貝

賢賢賢賢賢賢賢賢
賢賢賢賢賢賢賢

신하(臣)처럼 또(又) 재물(貝)을 벌어 봉사함이 어지니 **어질 현**

+ 옌 贤 – 칼(刂)을 손(又)에 들고 재물(貝)을 관리함이 어지니 '어질 현'
+ 삐 肾(콩팥 신) – 2급
+ 貝(조개 패, 재물 패, 돈 패)

활용어휘 賢明(현명), 賢淑(현숙), 賢哲(현철), 聖賢(성현)

- -

3II

紧

14획 / 부수 糸

緊緊緊緊緊緊緊
緊緊緊緊緊緊

신하(臣)처럼 또(又) 실(糸)을 급하게 찾아 긴요하게 쓰니 **급할 긴, 긴요할 긴**

+ 옌 紧– 칼(刂)로 또(又) 실(糸)을 급하게 끊어 긴요하게 쓰니
　'급할 긴, 긴요할 긴'
+ 糸(실 사, 실 사 변)

활용어휘 緊急(긴급), 緊密(긴밀), 緊迫(긴박), 緊縮(긴축)

7Ⅱ

3획 / 제부수

一丁工

장인이 물건을 만들 때 쓰는 자(工)를 본떠서

장인 공, 만들 공, 연장 공

+ 장인 - ㉠ 匠人 - 물건 만듦을 직업으로 삼는 기술자.
  ㉡ 丈人 - 아내의 친아버지.
  여기서는 ㉠의 뜻.

+ 匠(장인 장), 丈(어른 장, 길이 장)

> 활용어휘 木工(목공), 工業(공업), 工作(공작), 工具(공구)

7Ⅱ

江

6획 / 부수 水(氵)

江江江江江江

물(氵)이 흘러가며 **만들어(工)**지는 강이니 **강 강**

+ 氵(삼 수 변)

> 활용어휘 江邊(강변), 江山(강산), 江村(강촌), 漢江(한강)

4

紅

9획 / 부수 糸

紅紅紅紅紅紅紅
紅

(붉은 색을 제일 좋아하는 중국에서)

실(糸)을 가공하면(工) 주로 붉은색이니 **붉을 홍**

+ 지금도 중국인들은 화려한 색인 붉은색을 제일 좋아하여 환영,
  찬양, 축하의 뜻으로 많이 사용하지요.

> 활용어휘 *紅蔘(홍삼), 紅顔(홍안), 紅一點(홍일점)

6Ⅱ

功

5획 / 부수 力

功功功功功

만드는(工) 데 **힘(力)**들인 공이며 공로니 **공 공, 공로 공**

+ 공(功) - 힘들여 이루어 낸 결과.

> 활용어휘 功過(공과), 功德(공덕), 成功(성공), 有功(유공)

3Ⅱ

貢

10획 / 부수 貝

貢貢貢責責責責
貢貢

만든(工) 재물(貝)을 바치니 **바칠 공**

+ 貝(조개 패, 재물 패, 돈 패)

> 활용어휘 貢納(공납), 貢物(공물), 貢獻(공헌), 朝貢(조공)

3II

恐

10획 / 부수 心

恐恐恐恐恐恐恐恐
恐恐

잘 만드는 **장인(工)**도 **무릇(凡)** 실수할까봐 **마음(心)**속으로 두려우니 **두려울 공**

+ 凡(무릇 범, 보통 범), 心(마음 심, 중심 심)

활용어휘 恐龍(공룡), *恐怖(공포), 可恐(가공), *惶恐(황공)

---

297 공감 엄암(攻敢 嚴巖) – 攻과 嚴으로 된 한자

4

攻

7획 / 부수 攴(攵)

攻攻攻攻攻攻攻

연장(工)으로 **치고(攵)** 닦으니 **칠 공, 닦을 공**

+ 攵(칠 복, = 攴)

활용어휘 攻擊(공격), 攻略(공략), 侵攻(침공), 專攻(전공)

4

敢

12획 / 부수 攴(攵)

敢敢敢敢敢敢敢敢
敢敢敢敢

적을 **치고(攵)** 감히 **귀(耳)**를 잘라옴이 용감하니
감히 감, 용감할 감

+ 감(敢)히 – 송구함을 무릅쓰고, 겁 없이.
+ 옛날 전쟁에서는 전쟁의 공을 알리기 위하여 잘라온 귀의 수로 그 공을 따졌답니다.
+ 攵(칠 복, = 攴), 耳(귀 이)

활용어휘 敢行(감행), 勇敢(용감), 果敢(과감)

4

嚴

20획 / 부수 口

嚴嚴嚴嚴嚴嚴嚴嚴
嚴嚴嚴嚴嚴嚴嚴
嚴嚴嚴嚴

소리소리(口口) 지르며 **바위(厂)**도 **용감히(敢)**
오르도록 엄하니 **엄할 엄**

+ 연 嚴 – 반짝이는 불꽃(丷)처럼 바위(厂)도 용감히(敢) 오르도록
  엄하니 '엄할 엄'
+ 口(입 구, 말할 구, 구멍 구), 厂(굴 바위 엄, 언덕 엄)

활용어휘 嚴格(엄격), 嚴選(엄선), 嚴守(엄수), 嚴肅(엄숙)

| 3Ⅱ | 巖 | 산(山)에 엄한(嚴) 모양으로 서 있는 바위니 **바위 암** |

3Ⅱ

巖

23획 / 부수 山

巖巖巖巖巖巖巖巖巖
巖巖巖巖巖巖巖巖巖
巖巖巖巖巖巖巖

산(山)에 엄한(嚴) 모양으로 서 있는 바위니 <mark>바위 암</mark>

+ 嚴 암 − 산(山)에서 보이는 돌(石)은 바위니 '바위 암'
+ 산의 숲 속에서도 보이는 돌은 큰 바위지요.

<mark>활용어휘</mark> 巖壁(암벽), 巖盤(암반), 巖石(암석)

298 교혜빙과오(巧兮聘誇汚) − 丂로 된 한자

3Ⅱ

巧

5획 / 부수 工

巧巧巧巧巧

(예술을 하는) 장인(工)은 크게(丂) 교묘하니 <mark>교묘할 교</mark>

+ 丂 − 한(一) 번에 묶어 싸는(勹) 기술이 공교하고 교묘하니
  '공교할 교, 교묘할 교'
+ 丂['공교할 교, 교묘할 교'지만 여기서는 큰 대(大)의 변형으로
  봄, 勹[쌀 포(勹)의 변형]

<mark>활용어휘</mark> *奸巧(간교), 計巧(계교), 技巧(기교), 精巧(정교)

3

兮

4획 / 부수 八

兮兮兮兮

입김 퍼져(八) 나감이 큰(丂) 어조사니 <mark>어조사 혜</mark>

+ 圓 分(나눌 분, 단위 분, 단위 푼, 신분 분, 분별할 분, 분수 분)
  − 제목번호 217 참고
+ '兮'는 감동을 나타내는 어조사로 쓰임.

3

聘

13획 / 부수 耳

聘聘聘聘聘聘聘
聘聘聘聘聘

귀(耳)로 말미암아(由) 들리도록 크게(丂) 부르니
<mark>부를 빙</mark>

또 하객들을 불러놓고 장가드니 <mark>장가들 빙</mark>

+ 耳(귀 이), 由(까닭 유, 말미암을 유)

<mark>활용어휘</mark> 招聘(초빙), 聘母(빙모), 聘父(빙부), 聘丈(빙장)

<table>
<tr><td>3Ⅱ</td><td>誇</td></tr>
</table>

誇

13획 / 부수 言

誇誇誇誇誇誇誇
誇誇誇誇誇

말(言)을 크게(大) 한(一) 번 하고도 크게(亏) 부풀려
자랑하니 **자랑할 과**

+ 言(말씀 언)

활용어휘 誇大(과대), 誇負(과부), 誇示(과시), 誇張(과장)

汚

3

6획 / 부수 水(氵)

汚汚汚汚汚汚

(홍수가 나서) 물(氵)에 크게(亏) 한(一) 번씩 빠지면
더러우니 **더러울 오**

+ 氵(삼 수 변)

활용어휘 汚名(오명), 汚物(오물), 汚水(오수), 汚點(오점)

299 근석사기 척소(斤析斯祈 斥訴) – 斤과 斥으로 된 한자

斤

3

4획 / 제부수

斤斤斤斤

도끼나 옛날 저울을 본떠서 **도끼 근, 저울 근**

+ 도끼나, 물건을 들어 올려 달던 옛날 저울 모양입니다.

활용어휘 *斤斧(근부), 斤量(근량), 斤數(근수)

析

3

8획 / 부수 木

析析析析析析析析

나무(木)를 도끼(斤)로 쪼개니 **쪼갤 석**

+ 木(나무 목)

활용어휘 析出(석출), 分析(분석), 透析(투석), 解析(해석)

---

3 斯	그(其) 도끼(斤)가 바로 이 도끼라는 데서 **이 사**
12획 / 부수 斤 斯斯斯斯斯斯斯 斯斯斯斯	+ 원래는 그(其)것을 도끼(斤)로 자른다는 뜻이었으나 바뀌어 지시 대명사 '이 사(斯)'로 쓰입니다. + 其(그 기) **활용어휘** 斯界(사계), 斯文(사문), 斯民(사민)

3II 祈	신(示) 앞에 두 손을 **도끼(斤)**날처럼 모으고 비니 **빌 기**
9획 / 부수 示 祈祈祈祈祈祈祈祈 祈	+ 示(보일 시, 신 시) **활용어휘** 祈求(기구), *祈禱(기도), 祈願(기원)

3 斥	도끼(斤)를 불똥(丶) 튀듯 휘둘러 물리치니 **물리칠 척**
5획 / 부수 斤 斥斥斥斥斥	+ 丶(점 주, 불똥 주) **활용어휘** 斥拒(척거), 斥棄(척기), 斥邪(척사), 排斥(배척)

3II 訴	말(言)로 **물리치기(斥)** 위해 소송하니 **소송할 소**
12획 / 부수 言 訴訴訴訴訴訴訴訴 訴訴訴訴	+ 言(말씀 언) **활용어휘** 告訴(고소), 上訴(상소), 泣訴(읍소), 呼訴(호소)

6

近

8획 / 부수 辵(辶)

近近近近近近近近

(저울에 물건을 달 때) **저울**(斤)의 막대가 눈금에서 좌우로 옮겨 **가는**(辶) 거리처럼 가깝고 비슷하니

가까울 **근**, 비슷할 **근**

+ 辶(뛸 착, 갈 착, = 辶)

활용어휘 附近(부근), 遠近(원근), 親近(친근), 近似(근사)

5Ⅱ

質

15획 / 부수 貝

質質質質質質質質
質質質質質質質

도끼(斤)와 **도끼**(斤)로 **재물**(貝)을 나눌 때 드러나는 바탕이니 **바탕 질**

+ 字 質 – 도끼(斤)로 재물(貝)을 나눌 때 드러나는 바탕이니 '바탕 질'
+ 재물을 나눌 때 본심, 즉 바탕이 드러나지요.
+ 斤[도끼 근(斤)의 변형], 貝(조개 패, 재물 패, 돈 패)

활용어휘 質量(질량), 質問(질문), 質責(질책), 性質(성질)

3Ⅱ

丘

5획 / 부수 一

丘丘丘丘丘

도끼(斤)를 하나(一)씩 들고 적을 지키는 언덕이니 **언덕 구**

+ 주로 언덕에 숨어서 적을 지키지요.

활용어휘 丘陵(구릉), 沙丘(사구), 波丘(파구)

3

岳

8획 / 부수 山

岳岳岳岳岳岳岳岳

언덕(丘)처럼 바위도 많은 큰 **산**(山)이니 **큰 산 악**

활용어휘 岳頭(악두), 山岳(산악), 楓岳山(풍악산)

5Ⅱ

兵

7획 / 부수 八

兵兵兵兵兵兵兵

언덕(丘) 아래에 **여덟**(八) 명씩 있는 군사니 **군사 병**

+ 요즘도 군대의 작은 단위(분대)는 약 8~9명으로 편성됩니다.

활용어휘 兵役(병역), 兵士(병사), 義兵(의병), 將兵(장병)

2

斬

11획 / 부수 斤

斬斬斬斬斬斬斬
斬斬斬

옛날에는 죄인을 **수레**(車)에 매달거나 **도끼**(斤)로 베어 죽였으니 벨 **참**, 죽일 **참**

활용어휘 *斬首(참수), *斬新(참신), *斬刑(참형)

3II

漸

14획 / 부수 水(氵)

漸漸漸漸漸漸漸漸
漸漸漸漸漸漸

물(氵)가가 물로 **점점**(斬) 깎이듯 점점이니 점점 **점**

활용어휘 漸減(점감), 漸增(점증), 漸進(점진), 漸次(점차)

3

慙

15획 / 부수 心

慙慙慙慙慙慙慙
慙慙慙慙慙慙慙

베어(斬) 버리고 싶도록 **마음**(心)에 부끄러우니 부끄러울 **참**

+ 图 慚 - 마음(忄)에 베어(斬) 버리고 싶도록 부끄러우니
　　 '부끄러울 참'
+ 心(마음 심, 중심 심), 忄(마음 심 변)

활용어휘 慙愧(참괴), 慙色(참색), 慙悔(참회)

3II

暫

15획 / 부수 日

暫暫暫暫暫暫暫
暫暫暫暫暫暫暫

무엇을 싹둑 **베듯**(斬) **해**(日)가 비치는 잠깐이니 잠깐 **잠**

+ 좁은 공간은 햇볕도 잠깐만 비치지요.

활용어휘 暫間(잠간), 暫見(잠견), 暫時(잠시), 暫定(잠정)

4

折

7획 / 부수 斤(扌)

一 十 扌 扩 折 折 折

손(扌)에 도끼(斤) 들고 찍어 꺾으니 꺾을 절

+ 扌(손 수 변)

활용어휘 折半(절반), 曲折(곡절), 九折(구절), 屈折(굴절)

3II

哲

10획 / 부수 口

哲 折 折 折 扌 折 折 折
哲 哲

꺾어서(折) 분명히 말할(口) 정도로 사리에 밝으니
밝을 철

+ 圖 喆 - 길하고(吉) 길하도록(吉) 밝으니 '밝을 철' - 특II
+ 길(吉)하다 - 운이 좋거나 일이 상서롭다.
+ 口(입 구, 말할 구, 구멍 구), 吉(길할 길, 상서로울 길)

활용어휘 哲學(철학), 明哲(명철), 明哲保身(명철보신)

3

逝

11획 / 부수 辵(辶)

逝 逝 逝 折 扌 折 折 折
逝 逝 逝

(생명이) 꺾어져(折) 가(辶) 죽으니 갈 서, 죽을 서

+ 辶(뛸 착, 갈 착, = 辵)

활용어휘 逝去(서거), 逝者(서자), 急逝(급서), 卒逝(졸서)

3

誓

14획 / 부 言

誓 誓 誓 誓 扌 折 折 折
誓 誓 誓 誓 言 誓

꺾듯이(折) 딱 잘라서 말(言)로 분명히 맹세하니
맹세할 서

+ 맹세하는 말은 대부분 짧고 단정적이지요.

활용어휘 誓文(서문), 誓盟(서맹), 誓詞(서사), 誓約(서약)

특II

无

4획 / 제부수

无 无 无 无

하늘 땅(二) 사이에 사람(儿) 하나 없으니 없을 무

+ 없을 무(無)의 고자(古字)이지만 현재는 약자로 쓰임.
+ 圖 旡 - 하나(一)도 숨은(乚) 사람(儿)이 없으니 '없을 무'
+ 二('둘 이'지만 여기서는 하늘과 땅으로 봄), 儿[사람 인 발, 어진 사람 인(儿)의 변형], 古(오랠 고, 옛 고), 字(글자 자), 乚(감출 혜, 덮을 혜, = 匸)

3II

潛

15획 / 부수 水(氵)

潛潛潛潛潛潛潛潛
潛潛潛潛潛潛潛

**물(氵)에 자취 없이(旡) 소리 없이(旡) 말하지도(曰)
못하고 잠기니 잠길 잠
또 잠기도록 감추어 숨기니 감출 잠, 숨길 잠**

+ 가로다 - '말하다'를 예스럽게 이르는 말.
+ 曰(가로 왈)

활용어휘 潛伏(잠복), 潛水(잠수), 潛跡(잠적), 潛在(잠재)

3

旣

11획 / 부수 无

旣旣旣旣旣旣旣旣
旣旣旣

날이 하얀(白) 비수(匕)로 이미 없애니(旡) 이미 기

+ 圖 既 - 그쳐(艮) 이미 없애니(旡) '이미 기'
+ 비수(匕首) - 짧고 날카로운 칼.
+ 匕(비수 비, 숟가락 비), 艮[멈출 간, 어긋날 간(艮)의 변형]

활용어휘 旣決(기결), 旣往(기왕), 旣存(기존), 旣婚(기혼)

3

慨

14획 / 부수 心(忄)

慨慨慨慨慨慨慨
慨慨慨慨慨慨

**마음(忄)속으로 이미(旣) 때가 늦었음을 슬퍼하니
슬퍼할 개**

+ 忄(마음 심 변), 旣[이미 기(旣)의 변형]

활용어휘 慨歎(개탄), 感慨(감개), 憤慨(분개)

3II

槪

15획 / 부수 木

槪槪槪槪槪槪槪
槪槪槪槪槪槪槪

**나무(木)가 이미(旣) 다 자라면 대개 대강 살피니
대개 개, 대강 개**

+ 대개(大槪) - ㉠ 대부분. ㉡ 일반적은 경우에.
+ 대개(大蓋) - 일의 큰 원칙으로 말하건대.
+ 蓋(덮을 개)

활용어휘 槪觀(개관), *槪括(개괄), 槪論(개론), 槪要(개요)

특

弋

3획 / 제부수
弋 弋 弋

주살을 본떠서 주살 **익**

+ 주살 - 줄을 매어 쏘는 화살.

활용어휘 *弋獵(익렵), *弋射(익사)

6II

代

5획 / 부수 人(亻)
代 代 代 代 代

전쟁터에서는 **사람(亻)**이 할 일을 **주살(弋)**이 대신하니
대신할 **대**

또 부모를 대신하여 이어가는 세대니 세대 **대**

또 물건을 대신하여 치르는 대금이니 대금 **대**

+ 화살이나 주살은 멀리 떨어져 있는 적을 향해 쏠 수도 있고, 글이나 불을 묶어 보낼 수도 있으니, 사람이 할 일을 대신한다고 한 것이지요.

활용어휘 代價(대가), 代辯(대변), 代表(대표), 代代孫孫
(대대손손), 代金(대금)

2

戈

4획 / 제부수
戈 戈 戈 戈

몸체가 구부러지고 손잡이 있는 창을 본떠서 창 **과**

활용어휘 *戈甲(과갑), *戈劍(과검), *干戈(간과)

4II

伐

6획 / 부수 人(亻)
伐 伐 代 代 伐 伐

사람(亻)이 **창(戈)** 들고 적을 치니 칠 **벌**

활용어휘 伐木(벌목), 伐草(벌초), 征伐(정벌), 討伐(토벌)

6

6획 / 부수 弋

式 式 式 式 式

주살(弋)을 만들(工) 때 따르는 법과 의식이니

법 **식**, 의식 **식**

+ 의식(儀式) – 어떤 행사를 치르는 법식.
+ 工(장인 공, 만들 공, 연장 공), 儀(거동 의, 법도 의)

활용어휘 格式(격식), 公式(공식), 正式(정식), 定式(정식)

4Ⅱ

試

13획 / 부수 言

試 試 試 試 試 試 試 試
試 試 試 試 試

말(言)이 법(式)에 맞는지 시험하니 시험할 **시**

+ 言(말씀 언)

활용어휘 試驗(시험), 試鍊(시련), 試案(시안), 試合(시합)

---

305 잔(전)전잔 천천천[戔錢殘 踐賤淺] – 戔으로 된 한자

참

戔

8획 / 부수 戈

戔 戔 戔 戔 戔 戔 戔 戔

창(戈)을 두 개나 들고 해치니 해칠 **잔**
또 해치면 적어도 원망이 쌓이고 찌꺼기가 남으니
적을 **전**, 쌓일 **전**, 나머지 **잔**

+ 戔이 들어간 한자를 약자로 쓸 때는 '戔' 부분을 戋으로 씁니다.
+ 역 戋 – 창(戈)을 두(二) 개나 들고 해치니 '해칠 잔'
　　　또 해치면 적어도 원망이 쌓이고 찌꺼기가 남으니
　　　'적을 전, 쌓일 전, 나머지 잔'
+ 戔의 일본 한자는 戋, 중국 한자(간체자)는 戋으로, 정자의 약자는
　대부분 일본 한자로 씁니다.
+ 戈(창 과)

4

16획 / 부수 金

錢 錢 錢 錢 錢 錢 錢 錢
錢 錢 錢 錢 錢 錢 錢 錢

쇠(金)로 만들어 쌓아(戔) 놓고 쓰는 돈이니 돈 **전**

+ 역 銭

활용어휘 錢穀(전곡), 銅錢(동전), 本錢(본전), 紙錢(지전)

4

12획 / 부수 歹

殘殘殘殘殘殘殘殘
殘殘殘殘

죽도록(歹) 잔인하게 해치니(戔) 잔인할 잔, 해칠 잔
또 죽도록(歹) 해쳐도(戔) 남는 나머지니 나머지 잔
+ 얩 残
+ 歹 - 하루(一) 저녁(夕) 사이에 뼈 앙상하게 말라 죽으니
    '뼈 앙상할 알, 죽을 사 변'
+ 歺 - 점(卜)쳐 나온 대로 저녁(夕)에 뼈 앙상하게 말라 죽으니
    '뼈 앙상할 알, 죽을 사 변'

활용어휘 殘忍(잔인), 殘業(잔업), 殘金(잔금)

3II

15획 / 부수 足(⻊)

踐踐踐踐踐踐踐踐
踐踐踐踐踐踐踐

발(⻊)을 해치도록(戔) 많이 밟고 행하니
밟을 천, 행할 천
+ 얩 践
+ ⻊[발 족, 넉넉할 족(足)의 변형]

활용어휘 踐踏(천답), 踐歷(천력), 實踐(실천)

3II

15획 / 부수 貝

賤賤賤賤賤賤賤賤
賤賤賤賤賤賤賤

재물(貝)을 해치도록(戔) 낭비하면 천하여 업신여기니
천할 천, 업신여길 천
+ 얩 贱
+ 貝(조개 패, 재물 패, 돈 패)

활용어휘 賤民(천민), 貴賤(귀천), 賤待(천대), 賤視(천시)

3II

淺

11획 / 부수 水(氵)

淺淺淺淺淺淺淺淺
淺淺淺

물(氵) 속에 돌이나 흙이 쌓여(戔) 얕으니 얕을 천
+ 얩 浅

활용어휘 淺薄(천박), *鄙淺(비천), 深淺(심천)

4

或

8획 / 부수 戈

或 或 或 或 或 或 或 或

창(戈) 들고 **식구**(口)와 **땅**(一)을 지키며 혹시라도 있을지 모르는 적의 침입에 대비하니 **혹시 혹**

+ 戈(창 과), 口('입 구, 말할 구, 구멍 구'지만 여기서는 식구로 봄), 一('한 일'이지만 여기서는 땅으로 봄)

활용어휘 或時(혹시), 或間(혹간), 或如(혹여), 或者(혹자)

4

域

11획 / 부수 土

域 域 域 域 域 域 域 域
域 域 域

땅(土)에서 **혹시**(或)라도 있을지 모르는 분쟁을 막기 위하여 나눠 놓은 구역이니 **구역 역**

활용어휘 區域(구역), 域內(역내), 領域(영역), 異域(이역)

3II

惑

12획 / 부수 心

惑 惑 惑 惑 惑 惑 惑
惑 惑 惑 惑

혹시(或)나 하는 **마음**(心)으로 유혹하면 어지러우니
유혹할 혹, 어지러울 혹

+ 유혹(誘惑) – 꾀어서 정신을 혼미하게 하거나 좋지 아니한 길로 이끎.
+ 마음이 일정하지 못하고 혹시나 하는 마음을 가진 사람이 유혹도 잘하고 잘 넘어가지요.
+ 心(마음 심, 중심 심), 誘(꾈 유)

활용어휘 困惑(곤혹), 當惑(당혹), 迷惑(미혹), 疑惑(의혹)

8

國

11획 / 부수 口

國 國 國 國 國 國 國 國
國 國 國

사방을 **에워싸고**(口) **혹시**(或)라도 쳐들어올 것을 지키는 나라니 **나라 국**

+ 역 国 – 사방을 에워싸고(口) 구슬(玉)처럼 소중히 국민을 지키는 나라니 '나라 국'
+ 玉(구슬 옥), 口[에운담, 나라 국(國)의 약자]

활용어휘 國歌(국가), 國境(국경), 建國(건국), 母國(모국)

3II

栽

10획 / 부수 木

栽栽栽栽栽栽栽栽
栽栽

자른(𢦏) 나무(木) 묘목을 심고 기르니 심을 재, 기를 재

+ 𢦏 - 많이(十) 창(戈)으로 찍어 끊으니 '끊을 재'
  (어원 해설을 위한 참고자로 실제 쓰이는 한자는 아님)

활용어휘 植栽(식재), 栽培(재배), *盆栽(분재)

3II

裁

12획 / 부수 衣

裁裁裁裁裁裁裁裁
裁裁裁裁

잘라(𢦏) 옷(衣)감을 재단하려고 몸의 크기를 헤아리고
결단하니 재단할 재, 헤아릴 재, 결단할 재

+ 재단 - ㉠ 財團 - 일정한 목적에 바친 재산을, 개인 소유로 아니
  하고 독립된 것으로 운영하기 위하여 법률적으로 구성
  된 법인.
  ㉡ 裁斷 - 옷감이나 재목 등을 치수에 맞도록 재거나 자
  르는 일. 여기서는 ㉡의 뜻.
+ 財(재물 재), 團(둥글 단, 모일 단), 斷(끊을 단, 결단할 단)

활용어휘 裁量(재량), 裁判(재판), 決裁(결재), 獨裁(독재)

3II

載

13획 / 부수 車

載載載載載載載載
載載載載載

물건을 잘라(𢦏) 수레(車)에 싣듯이 실으니 실을 재
또 모든 것을 싣고 가는 해(年)의 뜻도 있어서 해 재

+ 실을 재(載)에 어찌 '해 재'의 뜻도 있을까요? 세상 모든 것을 싣고
  가는 세월, 즉 해(年)라는 데서 붙여진 것이지요.

활용어휘 連載(연재), 積載(적재), 千載一遇(천재일우)

3

哉

9획 / 부수 口

哉哉哉哉哉哉哉哉
哉

끊어서(𢦏) 말할(口) 때 붙이는 어조사니 어조사 재
또 끊어서(𢦏) 말하며(口) 결정하고 비로소 일을 시작하니
비로소 재

+ 어조사(語助辭) - 뜻 없이 말에 힘만 더해 주는 말.
+ 語(말씀 어), 助(도울 조), 辭(말씀 사, 글 사, 물러날 사)

활용어휘 善哉(선재), 哀哉(애재), 痛哉(통재), 快哉(쾌재)

5

鐵

21획 / 부수 金

鐵鐵鐵鐵鐵鐵鐵鐵
鐵鐵鐵鐵鐵鐵鐵鐵
鐵鐵鐵鐵鐵

쇠(金) 중에 비로소(哉) 왕(王)이 된 철이니 쇠 철

+ 앱 鉄 - 쇠(金) 중 흔하여 잃어도(失) 되는 철이니 '쇠 철'
+ 철은 쇠 중에 제일 많이 쓰이니 쇠 중의 왕인 셈이고, 또 흔하여
  잃어도 된다고 했네요.

활용어휘 鐵鋼(철강), 鐵骨(철골), 鐵道(철도), 鐵則(철칙)

5

耳

6획 / 제부수
耳耳耳耳耳耳

귀를 본떠서 **귀 이**

활용어휘 耳目(이목), 耳鳴(이명), 耳順(이순), 牛耳(우이)

3Ⅱ

恥

10획 / 부수 心
恥恥恥恥恥恥恥
恥恥

잘못을 **귀**(耳)로 들은 듯 **마음**(心)에 부끄러우니
부끄러울 치

활용어휘 恥部(치부), 恥辱(치욕), 廉恥(염치)

3

耶

9획 / 부수 耳
耶耶耶耶耶耶耶耶
耶

귀(耳)에 **고을**(阝)에서 들려오는 소문처럼 별 뜻 없는
어조사니 **어조사 야**

+ 阝(고을 읍 방)

활용어휘 有耶無耶(유야무야), 耶蘇(야소), 耶蘇教(야소교)

3Ⅱ

聯

17획 / 부수 耳
聯聯聯聯聯聯聯聯
聯聯聯聯聯聯聯聯
聯

바늘 **귀**(耳)에 실을 꿰어 **작고**(幺) **작게**(幺) **이쪽**(丷)
저쪽(阝)을 잇닿아 이으니 **잇닿을 련(연), 이을 련(연)**

+ 옌 联 - 귀(耳)처럼 양쪽(丷)으로 하나(一)같이 크게(大) 잇닿아
　　이으니 '잇닿을 련(연), 이을 련(연)'
+ 幺(작을 요, 어릴 요), 大(큰 대)

활용어휘 聯立(연립), 聯想(연상), 聯合(연합), 關聯(관련)

4Ⅱ

聲

17획 / 부수 耳
聲聲聲聲聲聲聲
聲聲聲聲聲聲聲
聲

선비(士)가 놀라 **뱀**(尸)을 **칠**(殳) 때 지르는 소리처럼
귀(耳)에 들려오는 소리니 **소리 성**

+ 옌 声 - 선비(士)가 뱀(尸)처럼 길게 내는 소리니 '소리 성'
+ 士(선비 사, 군사 사, 칭호나 직업 이름에 붙이는 말 사), 尸[뱀
　　파(巴)의 변형], 殳(칠 수, 창 수, 몽둥이 수)

활용어휘 聲明(성명), 聲樂(성악), 同聲(동성), 發聲(발성)

3

攝

21획 / 부수 手(扌)

攝 攝 攝 攝 攝 攝 攝 攝
攝 攝 攝 攝 攝 攝 攝 攝
攝 攝 攝 攝 攝

손(扌)으로 소곤거리는(聶) 것을 끌어 당겨 알맞게 하니
끌어 당길 섭, 알맞게 할 섭

+ 뗑 摂 – 손(扌)으로 귀(耳)의 이쪽저쪽(丷丶)에서 들려오는 소리를
　　　끌어 당겨 알맞게 하니 '끌어 당길 섭, 알맞게 할 섭'
+ 聶 – 귀들(聶)을 대고 소곤거리니 '소곤거릴 섭'

활용어휘 攝取(섭취), 包攝(포섭), 攝理(섭리), 攝生(섭생)

4Ⅱ

職

18획 / 부수 耳

職 職 職 職 職 職 職 職
職 職 職 職 職 職 職 職
職 職

귀(耳)로 들은 상관의 소리(音)대로 창(戈) 들고
일하는 직업이나 직장이니 직업 직, 직장 직

+ 다른 종족과 싸움이 많았던 옛날에는 항상 무기를 지니고 일했으니
　무기와 관련된 한자도 많습니다.
+ 耳(귀 이), 音(소리 음), 戈(창 과)

활용어휘 職位(직위), 求職(구직), 補職(보직), 遷職(천직)

4

織

18획 / 부수 糸

織 織 織 織 織 織 織 織
織 織 織 織 織 織 織 織
織 織

실(糸) 치는 소리(音)가 창(戈) 부딪치는 소리를 내며 짜니
짤 직

+ 베를 짤 때 날실에 씨실을 쳐 넣는 바디 소리가 나지요. '바디'는
　베틀에서 날실에 씨실을 쳐서 베를 짜는 도구.
+ 糸(실 사, 실 사 변)

활용어휘 織工(직공), 織物(직물), *紡織(방직), 組織(조직)

5Ⅱ

識

19획 / 부수 言

識 識 識 識 識 識 識 識
識 識 識 識 識 識 識 識
識 識 識

말(言)이나 소리(音)를 창(戈)으로 알게 기록하니
알 식, 기록할 지

+ 言(말씀 언)

활용어휘 識見(식견), 認識(인식), 知識(지식), 標識(표지)

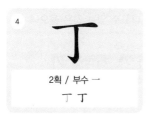

4

2획 / 부수 一

丁 丁

고무래나 못()의 모양을 본떠서 **고무래 정, 못 정**

또 고무래처럼 튼튼한 장정도 가리켜서
장정 정, 넷째 천간 정

+ 고무래 - 곡식을 말릴 때 넓게 펴서 고르는 도구로, 단단한 나무로
　튼튼하게 만듦.

　활용어휘 丁男(정남), 丁女(정녀), 兵丁(병정)

3

9획 / 부수 言

訂 訂 訂 訂 訂 訂 訂 訂
訂

말(言)을 고무래(丁)로 곡식을 펴듯 바로잡으니
바로잡을 정

　활용어휘 *訂訛(정와), 訂正(정정), 改訂(개정), 修訂(수정)

5

5획 / 부수 手(扌)

打 打 打 打 打

손(扌)에 망치 들고 못(丁)을 치듯이 치니 **칠 타**

+ 扌(손 수 변)

　활용어휘 打開(타개), 打擊(타격), 打令(타령), 打破(타파)

3Ⅱ

14획 / 부수 宀

寧 寧 寧 寧 寧 寧 寧 寧
寧 寧 寧 寧 寧 寧

집(宀)에서 마음(心)껏 그릇(皿)에 음식을 담아 먹는
장정(丁)이니 어찌 편안하지 않을까에서
어찌 녕(영), 편안할 녕(영)

+ 㝱盙 - 집(宀)에서 마음(心)껏 음식을 그릇(皿)으로 먹을 수 있으니
　　어찌 편안하지 않을까에서 '어찌 녕(영), 편안할 녕(영)'
+ 宀(집 면), 心(마음 심, 중심 심), 皿(그릇 명)

　활용어휘 寧日(영일), 寧息(영식), 康寧(강녕), 安寧(안녕)

5획 / 부수 口

可 可 可 可 可

장정(丁)처럼 씩씩하게 말할(口) 수 있는 것은 옳으니
옳을 **가**

또 옳으면 가히 허락하니 가히 **가**, 허락할 **가**

+ 땜 否(아닐 부, 막힐 비) – 제목번호 017 참고
+ 가히 – ('~ㄹ 만하다', '~ㄹ 수 있다', '~ㅁ 직하다' 등과 함께
쓰여) '능히, 넉넉히'의 뜻입니다.

활용어휘 可否(가부), 可觀(가관), 可望(가망), 許可(허가)

14획 / 부수 欠

歌 歌 歌 歌 歌 歌 歌
歌 歌 歌 歌 歌 歌

옳다(可) 옳다(可) 하며 **하품(欠)**하듯 입 벌리고
부르는 노래니 **노래 가**

+ 欠(하품 흠, 모자랄 흠, 이지러질 결, 빠질 결)

활용어휘 歌曲(가곡), 歌手(가수), 歌謠(가요), 戀歌(연가)

3II

阿

8획 / 부수 阜(阝)

阿 阿 阿 阿 阿 阿 阿 阿

언덕(阝)에 오를 때처럼 허리 굽히고 **옳다(可)**고만 하면서
아첨하니 **아첨할 아**

또 아첨하듯 구부러진 언덕이니 **언덕 아**

+ 아첨(阿諂) – 남의 환심을 사거나 잘 보이려고 알랑거리는 것.
+ 阝(언덕 부 변), 諂(아첨할 첨)

활용어휘 阿附(아부), 阿世(아세), 阿片(아편), 阿丘(아구)

5

河

8획 / 부수 水(氵)

河 河 河 河 河 河 河 河

물(氵)이 **가히(可)** 틀을 잡고 흘러가며 이룬 내나 강이니
내 하, 강 하

+ 氵(삼 수 변)

활용어휘 河川(하천), 渡河(도하), 氷河(빙하), 運河(운하)

<table>
<tr>
<td>
3II

何

7획 / 부수 人(亻)

何 何 何 何 何 何 何
</td>
<td>
사람(亻)이 옳은(可) 일만 하는데 어찌 무엇을
나무라겠는가에서 어찌 하, 무엇 하

✦ 亻(사람 인 변)

활용어휘 何等(하등), 何時(하시), 何處(하처), 何必(하필)
</td>
</tr>
<tr>
<td>
3II

荷

11획 / 부수 草(艹)

荷 荷 荷 荷 荷 荷 荷 荷
荷 荷 荷
</td>
<td>
풀(艹) 중 사람(亻)에게 가히(可) 쓰이는 연이니 연 하

또 풀(艹)을 사람(亻)이 옳게(可) 묶어 메는 짐이니

멜 하, 짐 하

✦ 연은 뿌리나 줄기, 잎까지도 음식이나 차로 이용되지요.
✦ 옛날에는 퇴비로 쓰거나 짐승을 먹여 기르기 위하여 산과 들에
　나가 풀을 베었는데, 풀은 짧아서 잘 묶어지지 않으니 요령 있게
　잘 묶어 짊어져야 했지요.

활용어휘 荷香(하향), 負荷(부하), 荷重(하중), 荷役(하역)
</td>
</tr>
</table>

4

奇
8획 / 부수 大
奇奇奇奇奇奇奇奇

크게(大) 옳으면(可) 기이하니 **기이할 기**

또 기이함이 짝도 없는 홀수니 **홀수 기**

+ 大(큰 대), 可(옳을 가, 가히 가, 허락할 가)

활용어휘 奇異(기이), 奇特(기특), 奇襲(기습), 奇數(기수)

3II

騎
18획 / 부수 馬
騎騎騎騎騎騎騎騎
騎騎騎騎騎騎騎騎
騎騎

말(馬)을 기이하게(奇) 타니 **말 탈 기**

+ 馬(말 마)

활용어휘 騎馬(기마), 騎士(기사), 騎手(기수)

4

寄
11획 / 부수 宀
寄寄寄寄寄寄寄寄
寄寄寄

집(宀)에 기이하게(奇) 붙어사니 **붙어살 기**

또 붙어살도록 부치니 **부칠 기**

+ 부치다 - 편지나 물건 등을 일정한 수단이나 방법을 써서 상대에 게로 보내다.
+ 宀(집 면)

활용어휘 寄居(기거), 寄生(기생), 寄稿(기고), 寄附(기부)

3II

司
5획 / 부수 口
司司司司司

허리 **구부리고**(ㄱ) 한(一) 사람의 **입**(口)에서 나온 명령을 맡으니 **맡을 사**

또 관청에서 일을 맡아 하는 벼슬이니 **벼슬 사**

+ 벼슬 - 국가기관에서 나라의 통치와 운영을 담당하는 직위나 직무를 말함.

활용어휘 司牧(사목), 司正(사정), 司會(사회), 上司(상사)

3II

詞
12획 / 부수 言
詞詞詞詞詞詞詞詞
詞詞詞詞

말(言)을 **맡아서**(司) 하는 말이나 쓰는 글이니 **말 사, 글 사**

활용어휘 歌詞(가사), 品詞(품사), 臺詞(대사), 作詞(작사)

3

戊

5획 / 부수 戈

戊 戊 戊 戊 戊

초목(丿)이 창(戈)처럼 자라 무성하니
무성할 **무**, 다섯째 천간 **무**

+ 이 한자는 주로 다섯째 천간으로 쓰이고, '무성하 ' 뜻으로는 위에 초 두(艹)를 붙인 무성할 무(茂)를 씁니다.
+ 丿('삐침 별'이지만 여기서는 초목으로 봄), 戈 창 과)

활용어휘 戊夜(무야), 戊午士禍(무오사화)

3II

茂

9획 / 부수 草(艹)

茂 茂 茂 茂 茂 茂 茂 茂
茂

풀(艹)이 무성하니(戊) 무성할 **무**

활용어휘 茂林(무림), 茂盛(무성), *松茂栢悅(송무백열)

3

戌

6획 / 부수 戈

戌 戌 戌 戌 戌 戌

무성하던(戊) 잎 하나(一)까지 떨어지는 구월이니 구월 **술**
또 **무성하게(戊) 하나(一)같이 짖는 개니** 개 **술**
또 개는 열한 번째 지지니 열한 번째 지지 **술**

+ 한자의 어원에 나온 날짜나 달은 모두 음력이고, 가을은 7, 8, 9월 이니 9월은 늦가을이지요.

활용어휘 戌方(술방), 戌時(술시), 戌日(술 일)

3II

戚

11획 / 부수 戈

戚 戚 戚 戚 戚 戚 戚 戚
戚 戚 戚

무성한(戊) 콩(未)이 한 줄기에 여러 개 열리듯이
같은 줄기에 태어난 여러 친척이니 친척 **척**

+ 未 – 위(上)로부터 작게(小) 열매를 맺는 콩 '니 '콩 숙(= 菽)'

활용어휘 親戚(친척), 外戚(외척), 姻戚(인척)

6II

成

7획 / 부수 戈

成 成 成 成 成 成 成

무성하게(戊) 장정(丁)처럼 일하여 이루니 이룰 성

+ 丁[고무래 정, 못 정, 장정 정, 넷째 천간 정(丁)의 변형]

활용어휘 成熟(성숙), 成長(성장), 結成(결성), 合成(합성)

4II

城

10획 / 부수 土

城 城 城 城 城 城 城 城
城 城

흙(土)을 쌓아 이룬(成) 성이니 성 성

활용어휘 城郭(성곽), 城壁(성벽), 山城(산성), 入城(입성)

4II

誠

14획 / 부수 言

誠 誠 誠 誠 誠 誠 誠 誠
誠 誠 誠 誠 誠 誠

말씀(言)대로 이루려고(成) 들이는 정성이니 정성 성

활용어휘 誠金(성금), 誠實(성실), 忠誠(충성), 孝誠(효성)

4II

盛

12획 / 부수 皿

盛 盛 盛 盛 盛 盛 盛 盛
盛 盛 盛 盛

**이루어진(成) 음식을 그릇(皿)에 많이 차려 성하니
성할 성**

+ 성(盛)하다 - 무성하다. 왕성하다.
+ 皿(그릇 명)

활용어휘 盛大(성대), 盛衰(성쇠), 盛業(성업), 盛況(성황)

4

威

9획 / 부수 女

威 威 威 威 威 威 威 威
威

개(戌)처럼 못난 사람이 **여자**(女) 같은 약자에게 부리는
위엄이니 위엄 **위**

+ 위엄(威嚴) - 위세가 있어 의젓하고 엄숙한 태도.
+ 개는 약한 모습을 보이면 더욱 달려 들지요.
+ 戌(구월 술, 개 술, 열한 번째 지지 술), 女(여자 녀), 嚴(엄할 엄)

활용어휘 威勢(위세), 威脅(위협), 權威(권위), 示威(시위)

5ǁ

歲

13획 / 부수 止

歲 歲 歲 歲 歲 歲 歲 歲
歲 歲 歲 歲 歲

크기를 **그치고**(止) 개(戌)가 **작은**(少) 새끼를 낳으면
태어난 지 한 해가 된 세월이고 먹는 나이니
해 세, 세월 세, 나이 세

+ 세월(歲月) - ㉠ 흘러가는 시간.
         ㉡ 지내는 형편이나 사정 또는 재미.
         ㉢ 살아가는 세상.
         여기서는 ㉠의 뜻.
+ 개는 태어난 지 1년쯤 되면 크기를 그치고(다 커서) 새끼를 낳는다는
  데서 만들어진 한자.
+ 止(그칠 지), 少[적을 소, 젊을 소(少)의 획 줄임으로 여기서는
  작다는 뜻으로 봄]

활용어휘 歲暮(세모), 歲拜(세배), 歲寒(세한), 萬歲(만세)

3ǁ

滅

13획 / 부수 水(氵)

滅 滅 滅 滅 滅 滅 滅 滅
滅 滅 滅 滅 滅

물(氵)을 개(戌)에 붙은 불(火)에 뿌리면 꺼지니 꺼질 **멸**
또 꺼지듯 멸하니 멸할 **멸**

활용어휘 滅菌(멸균), 滅亡(멸망), 消滅(소멸), 破滅(파멸)

3

9획 / 부수 口

咸 厂 咸 咸 咸 厒 咸 咸
咸

개(戌)는 한 마리만 짖어도(口) 다 짖으니 다 함

+ 口('입 구, 말할 구, 구멍 구'지만 여기서는 짖는 것으로 봄)

활용어휘 咸告(함고), 咸悅(함열), 咸平(함평)

- -

4II

12획 / 부수 水(氵)

減 減 減 減 減 減 減 減
減 減 減 減

물(氵)기를 다(咸) 빼면 줄어드니 줄어들 감

+ 뻔 加(더할 가) - 제목번호 329 참고
+ 약 减 - 얼음(冫)이 다(咸) 녹으면 줄어드니 '줄어들 감'
+ 氵(삼 수 변), 冫(이 수 변)

활용어휘 減免(감면), 減速(감속), 節減(절감), 差減(차감)

- -

6

感

13획 / 부수 心

感 感 感 感 感 感 感
感 感 感 感 感

**정성을 다해(咸) 마음(心) 쓰면 느끼고 감동하니
느낄 감, 감동할 감**

+ 감동(感動) - 크게 느끼어 마음이 움직임.
+ 정성을 다해 마음쓰면 감동하고, 감동하면 영원히 잊지 못하지요.
  그러니 영원하려면 감동을 주어야 하고 감동을 주려면 정성을 다
  해야 합니다.

활용어휘 豫感(예감), 感激(감격), 感謝(감사), 感情(감정)

弓

3II

3획 / 제부수

ᄀ ᄀ 弓

등이 굽은 활(🏹 →弓)을 본떠서 **활 궁**

활용어휘 弓道(궁도), 弓矢(궁시), 國弓(국궁), 洋弓(양궁)

引

4II

4획 / 부수 弓

ᄀ ᄀ 弓 引

활(弓)시위에 **화살(|)**을 걸고 잡아끄니 **끌 인**

+ | ('뚫을 곤'이지만 여기서는 화살로 봄)

활용어휘 引導(인도), 引上(인상), 引用(인용), 索引(색인)

弔

3

4획 / 부수 弓

ᄀ ᄀ 弓 弔

(옛날 전쟁터에서 전우가 죽으면)
활(弓)을 **막대(|)**에 걸고 조문했으니 **조문할 조**

+ 囹 吊 – 입(口)에 수건(巾)을 대고 슬퍼하며 조문하니 '조문할 조'
+ 巾(수건 건)

활용어휘 弔問(조문), 弔意(조의), 謹弔(근조)

弟

8

7획 / 부수 弓

弟 弟 弟 弟 弟 弟 弟

머리를 **가장귀(丫)**처럼 묶고 **활(弓)**과 **화살(丿)**을 가지고 노는 아이는 아우나 제자니 **아우 제, 제자 제**

+ 丫 – 나뭇가지의 갈라진 부분(가장귀)을 본떠서 만든 상형 문자로 '가장귀 아, 가장귀지게 묶은 머리 아'
+ 丿('삐침 별'이지만 여기서는 화살의 모양으로 봄)

활용어휘 弟婦(제부), 子弟(자제), 妻弟(처제), 弟子(제자)

第

6II

11획 / 부수 竹(⺮)

⺮ ⺮ ⺮ ⺮ ⺮ ⺮ ⺮
笃 第 第

대(⺮)마디처럼 **아우(弟)**들에게 있는 차례니 **차례 제**

+ 형제들은 차례가 있지요.
+ ⺮(대 죽), 弟[아우 제, 제자 제(弟)의 변형]

활용어휘 第三者(제삼자), 及第(급제) ↔ 落第(낙제)

6II

弱

10획 / 부수 弓

⺈ ⺈ ⺈ 弜 弜 弜 弜 弜 弱
弱 弱

한 번에 **활 두 개(弓弓)**에다 **화살 두 개(ノノ)**씩을 끼워
쏘면 힘이 약하니 약할 **약**

+ ノ('삐침 별'이지만 여기서는 화살로 봄)

활용어휘 弱者(약자), 弱點(약점), 微弱(미약), 虛弱(허약)

3

夷

6획 / 부수 大

夷 夷 夷 夷 夷 夷

크게(大) 활(弓)을 잘 쏘는 동쪽 민족이니 동쪽 민족 **이**
또 큰(大) 활(弓)을 들고 싸우려만 하는 오랑캐니 오랑캐 **이**

+ 참 胡(오랑캐 호) – 제목번호 022 참고
+ 말이나 뜻으로 해결하려 하지 않고 미개하여 싸우려고만 하는 민
  족을 오랑캐라 불렀습니다.

활용어휘 東夷(동이), 以夷制夷(이이제이), 征夷(정이)

3

弘

5획 / 부수 弓

弘 弘 弘 弘 弘

활(弓)시위를 내(厶) 앞으로 당기면 넓게 커지니
넓을 **홍**, 클 **홍**

+ 弓(활 궁), 厶(사사로울 사, 나 사)

활용어휘 弘敎(홍교), 弘報(홍보), 弘益人間(홍익인간)

6

強

11획 / 부수 弓

強 強 強 強 強 強 強 強
強 強 強

큰(弘) 벌레(虫)는 강하니 강할 **강**
또 강하게 밀어붙이는 억지니 억지 **강**

+ 속자인 强으로 많이 씁니다.
+ 참 强 – 활(弓)처럼 입(口)으로 벌레(虫)가 당겨 무는 힘이 강하니
  '강할 강',
  또 강하게 밀어 붙이는 억지니 '억지 강'
+ 虫[벌레 충(蟲)의 속자와 부수]

활용어휘 強弱(강약), 強調(강조), 強賣(강매), 強要(강요)

弗

5획 / 부수 弓

弗 弗 弓 弗 弗

하나의 **활**(弓)로 동시에 **두 개의 화살**(ノノ)은 쓰지 않으니 아닐 **불**

또 글자가 미국 돈 달러($)와 비슷하니 달러 **불**

+ 弗이 들어간 한자를 약자로 쓸 때는 '弗' 부분을 사사로울 사, 나 사(厶)로 씁니다.
+ 아닐 불, 아닐 부(不)와 아닐 불(弗)은 같은 뜻의 부정사지만 습관 상 '아닐 불, 아닐 부(不)'를 많이 쓰지요.
+ 한 활에 동시에 두 개의 화살을 쏘면, 힘이 약하고 조준이 어려우니 잘 쓰지 않아요.
+ + ノ['뚫을 곤(丨)'의 변형이지만 여기서는 화살로 봄]

활용어휘 *弗素(불소), *弗貨(불화), *歐洲弗(구주불)

- -

佛

7획 / 부수 人(亻)

佛 佛 佛 佀 佀 佛 佛

보통 **사람**(亻)이 **아닌**(弗), 도를 깨친 부처니 부처 **불**

또 발음이 프랑스와 비슷하여 프랑스 **불**

+ 図 仏 - 사람(亻)이 사사로이(厶) 모시는 부처니 '부처 불' 또 발음이 프랑스와 비슷하여 '프랑스 불'

활용어휘 佛敎(불교), 佛經(불경), 念佛(염불), 佛語(불어)

- -

拂

8획 / 부수 手(扌)

拂 拂 拂 拂 拂 拂 拂 拂

손(扌)으로 **아니라며**(弗) 떨치니 떨칠 **불**

+ 図 払 - 손(扌)으로 사사로운(厶) 것을 떨치니 '떨칠 불'
+ 떨치다 - ㉠ 세게 흔들어 떨어지게 하다.
　　　　　 ㉡ 불길한 생각이나 명예, 욕심 등을 완강하게 버리다.

활용어휘 先拂(선불), 完拂(완불), 支拂(지불), 滯拂(체불)

- -

費

12획 / 부수 貝

費 費 費 費 費 費 費 費
費 費 費 費

귀하지 **않게**(弗) 재물(貝)을 쓰니 쓸 **비**

또 쓰는 비용이니 비용 **비**

+ 貝(조개 패, 재물 패, 돈 패), 用(쓸 용)

활용어휘 浪費(낭비), 消費(소비), 費用(비용), 旅費(여비)

矢

5획 / 제부수

丿 亠 仁 午 矢

화살(↥ → ↑)을 본떠서 화살 **시**

+ ⽰ 示(보일 시, 신 시) - 제목번호 111 참고

활용어휘 弓矢(궁시), 已發之矢(이발지시), *嚆矢(효시)

失

5획 / 부수 大

丿 仁 二 失 失

화살 시(矢)의 위를 연장하여 이미 쏘아버린 화살을 나타내어
(쏘아진 화살은 잃어버린 것이란 데서) 잃을 **실**

활용어휘 失格(실격), 失望(실망), 失業(실업), 喪失(상실)

矣

7획 / ᄼ 수 矢

ᄼ 亠 숙 丿 ᅀ 乡 矣

내(厶)가 쏜 화살(矢)이 목표에 다다랐다는 데서,
문장의 끝에 쓰여 완료를 나타내는 어조사니 어조사 **의**

+ 厶(사사로울 사, 나 사)

활용어휘 汝矣島(여의도), 足且足矣(족차족의)

知

8획 / ㅏ수 矢

丿 亠 숙 丿 矢 知 知 知

(과녁을 맞히는) 화살(矢)처럼 사실에 맞추어
말할(口) 정도로 아니 알 **지**

활용어휘 知覺(지각), 知能(지능), 知性(지성), 親知(친지)

智

12획 / 부수 日

丿 亠 숙 知 矢 知 知
智 智 智 智

아는(知) 것을 응용하여 해(日)처럼 비추는 지혜니
지혜 **지**

활용어휘 智略(지략), 奇智(기지), 銳智(예지), 衆智(중지)

3

侯

9획 / 부수 人(亻)

亻 仁 仨 侯 仠 仠 仠 侯
侯

사람(亻)이 **만들어**(工) **화살**(矢)을 쏘는 과녁이니

과녁 **후**

또 과녁을 잘 맞히는 사람이 되었던 제후니 제후 **후**

+ 제후(諸侯) – 천자의 영토 일부를 맡아 다스리는 일종의 지방 관리.

+ 工[장인 공, 만들 공, 연장 공(工)의 변형], 矢(화살 시), 諸(모든 제, 여러 제)

활용어휘 *侯鵠(후곡), 侯爵(후작), 王侯(왕후)

- -

4

候

10획 / 부수 人(亻)

亻 仁 仨 仨 仨 仨 侯 侯 侯 候

바람에 날릴까봐 **과녁**(侯)에 **화살**(丨)을 쏠 때는

기후를 염탐하니 기후 **후**, 염탐할 **후**

+ 염탐(廉探) – 몰래 남의 사정을 조사함.

+ 丨('뚫을 곤'이지만 여기서는 화살로 봄), 廉(청렴할 렴, 값쌀 렴, 살필 렴), 探(찾을 탐)

활용어휘 氣候(기후), 候鳥(후조), 候補(후보), 徵候(징후)

■ 도움말 ■

〈知와 智〉
음식을 먹었다고 바로 살로 가는 것이 아니고, 잘 소화하여 필요한 대로 섭취하여 이용해야만 살로
가는 것이지요. 마찬가지로 무엇을 배워 알았다(知) 해도 그것을 응용하여 자기 나름의 지혜(智)로
터득해 놓지 않으면 그냥 먹어 놓은 음식물에 지나지 않습니다. 知를 智로 바꾸어야 진정한 자기
것이 되지요.

뉘

4획 / 부수자

뉘 뉘 뉘 뉘

나무를 세로로 나눈 왼쪽 조각을 본떠서
나무 조각 장

또 나무 조각이라도 들고 싸우는 장수니 **장수 장 변**

+ 옙 뉘

3II

片

4획 / 제부수

片 片 片 片

나무를 세로로 나눈 오른쪽 조각을 본떠서 **조각 편**

활용어휘 片道(편도), 片肉(편육), 破片(파편)

4II

將

11획 / 부수 寸

將 將 將 將 將 將 將
將 將 將

(전쟁터에 나가기 전에) **나무 조각**(뉘)에 **고기**(夕)를 쌓아
놓고 **법도**(寸)에 따라 제사 지내는 장수니 **장수 장**
또 장수는 장차 전쟁이 나면 나가 싸워야 하니
장차 장, 나아갈 장

+ 옙 将 – 나무 조각(丬)이라도 들고 손톱(爫)도 마디마디(寸) 세우고
　　　싸우는 장수니 '장수 장'
　　　또 장수는 장차 전쟁이 나면 나아가 싸워야 하니
　　　'장차 장, 나아갈 장'
+ 夕[달 월, 육 달 월(月)의 변형], 寸(마디 촌, 법도 촌), 爫(손톱 조)

활용어휘 將兵(장병), 主將(주장), 將次(장차), 將來(장래)

4

獎

14획 / 부수 大

獎 獎 獎 獎 獎 獎 獎 獎
獎 將 將 獎 獎 獎

장차(將) **크게**(大) 되도록 장려하니 **장려할 장**

+ 옙 奬
+ 원래의 한자는 큰 대(大) 대신에 개 견(犬)을 쓴 獎입니다.

활용어휘 獎勵(장려), 獎學金(장학금), 勸獎(권장)

4II

狀

8획 / 부수 犬

狀 狀 狀 狀 狀 狀 狀 狀

나무 조각(爿)에 그린 **개(犬)**의 모양이니 모양 **상**

또 (글자가 없었던 옛날에) 모양을 그려 작성했던 문서니
문서 **장**

+ 약 状
+ 종이가 귀하던 옛날에는 나무 조각이나 대쪽에 어떤 모양을 그리거나 글을 써 문서를 작성했다는 데서 '모양 상, 문서 장'입니다.
+ 爿(나무 조각 장), 犬(개 견), 犭[나무 조각 장(爿)의 약자]

활용어휘 狀況(상황), 形狀(형상), 答狀(답장), 賞狀(상장)

- -

4

壯

7획 / 부수 士

壯 壯 壯 壯 壯 壯 壯

나무 조각(爿)이라도 들고 **선비(士)**가 싸우는 모양이
굳세고 장하니 굳셀 **장**, 장할 **장**

+ 약 壮
+ 士(선비 사, 군사 사, 칭호나 직업 이름에 붙이는 말 사)

활용어휘 壯士(장사), 壯年(장년), 壯烈(장렬), 健壯(건장)

- -

3II

莊

11획 / 부수 草(艹)

莊 莊 莊 莊 莊 莊 莊 莊
莊 莊 莊

초목(艹)을 장하게(壯) 가꾸어 장엄하니 장엄할 **장**

또 초목(艹)을 장하게(壯) 가꾼 곳에 지은 별장이니
별장 **장**

+ 약 荘
+ 장엄(莊嚴) - 씩씩하고 웅장하며 엄숙함.
+ 별장(別莊) - 본집 외에 경치 좋은 곳에 마련한 집.
+ 嚴(엄할 엄), 別(나눌 별, 다를 별)

활용어휘 莊園(장원), 莊重(장중), 山莊(산장)

- -

4

裝

13획 / 부수 衣

裝 裝 裝 裝 裝 裝 裝 裝
裝 裝 裝 裝 裝

장하게(壯) 옷(衣)으로 꾸미니 꾸밀 **장**

+ 약 装
+ 衣(옷 의)

활용어휘 裝飾(장식), 裝置(장치), 僞裝(위장), 正裝(정장)

疒

5획 / 부수자

丶 亠 广 疒 疒

머리 부분(亠)을 **나무 조각**(爿)에 기대야 할 정도로 병드니
병들 녁(역)

＋ 丶(머리 부분 두), 爿[나무 조각 장(爿)의 약자]

疫

9획 / 부수 疒

丷 疒 疒 疒 疒 疒 疒 疒 疒
疫

병(疒) 중 **창**(殳) 들고 쳐들어오듯 빨리 전염되는 염병이나
전염병이니 염병 **역**, 전염병 **역**

＋ 염병(染病) - '장티푸스'를 속되게 이르는 말.
＋ 染(물들일 염)

활용어휘 檢疫(검역), 免疫(면역), 防疫(방역), 紅疫(홍역)

病

10획 / 부수 疒

丶 亠 广 疒 疒 疒 疒 病
病 病

병(疒)들어 불 **밝혀**(丙) 놓고 치료하며 근심하니
병들 **병**, 근심할 **병**

＋ 丙(남쪽 병, 밝을 병, 셋째 천간 병) - 제목번호 245 참고

활용어휘 病苦(병고), 病菌(병균), 病歷(병력), 發病(발병)

疾

10획 / 부수 疒

疾 疾 疾 疾 疾 疾 疾 疾
疾 疾

병(疒) 중 **화살**(矢)처럼 빨리 번지는 병이니
병 **질**, 빠를 **질**

＋ 病은 걸리기도 어렵고 낫기도 어려운 병이고, 疾은 걸리기도 쉽고
낫기도 쉬운 가벼운 병입니다.
＋ 矢(화살 시)

활용어휘 疾病(질병), 疾患(질환), 怪疾(괴질), 疾走(질주)

痛

12획 / 부수 疒

痛 痛 痛 痛 痛 痛 痛 痛
痛 痛 痛 痛

병(疒) 기운이 **솟은**(甬) 듯 아프니 아플 **통**

＋ 甬(솟을 용) - 제목번호 274 참고

활용어휘 痛感(통감), 痛快(통쾌), 陣痛(진통), 齒痛(치통)

특II

缶

6획 / 제부수

丿 ㇒ ㇗ 午 缶 缶

사람(㇒)이 하나(一)의 산(山)처럼 길쭉하게 만든 장군이나 두레박이니 **장군 부, 두레박 관**

+ 두레박 관(罐)의 약자.
+ 장군 – 옛날에 액체를 담았던 통으로, 나무나 도자기로 만들었음.

3II

陶

11획 / 부수 阜(阝)

阝 阝 阝 阝 阝 阝 陶
陶 陶 陶

언덕(阝)처럼 싸인(勹) 가마에 **장군(缶)**처럼 구워 만든 질그릇이니 **질그릇 도**

또 질그릇으로 음식을 먹으며 즐기니 **즐길 도**

+ 匋 – 싸인(勹) 가마에 장군(缶)처럼 구워 만든 질그릇이나 질그릇 가마니 '질그릇 도, 질그릇 가마 도'
+ 阝(언덕 부 변), 勹(쌀 포)

활용어휘 陶工(도공), 陶器(도기), 陶藝(도예), 陶醉(도취)

참

畓

10획 / 부수 缶

㇒ 畓 畓 畓 畓 畓 畓 畓
畓 畓

고기(夕) 등을 넣도록 **장군(缶)**처럼 만든 질그릇이니 **질그릇 요**

+ 畓 – 손톱(爫)처럼 패이고 양(二)쪽을 산(山)처럼 우뚝하게 만든 질그릇이니 '질그릇 요'
+ 夕[달 월, 육 달 월(月)의 변형], 爫(손톱 조)

3

搖

13획 / 부수 手(扌)

搖 搖 搖 搖 搖 搖 搖
搖 搖 搖 搖

손(扌)으로 **질그릇(畓)**을 흔드니 **흔들 요**

+ 揺 – 손(扌)으로 질그릇(畓)을 흔드니 '흔들 요'
+ 扌(손 수 변)

활용어휘 搖動(요동), 搖亂(요란), 搖之不動(요지부동)

4II

謠

17획 / 부수 言

謠 謠 謠 謠 謠 謠 謠
謠 謠 謠 謠 謠 謠 謠
謠

말(言)하듯 **질그릇(畓)**을 두드리며 부르는 노래니 **노래 요**

+ 謡 – 말(言)하듯 질그릇(畓)을 두드리며 부르는 노래니 '노래 요'
+ 술자리에서 흥이 나면 상이나 술잔을 두드리며 노래하기도 하지요.

활용어휘 童謠(동요), 民謠(민요), 俗謠(속요), 鄕謠(향요)

3

14획 / 부수 辵(辶)

遙遙遙遙遙遙遙遙
遙遙遙遙遙遙

(상점이 없었던 옛날에)

질그릇(岳)을 사러 **가는(辶)** 곳처럼 머니 멀 **요**

✚ 교통이 발달하지 않았던 옛날에 질그릇을 굽는 가마는 질그릇의 재료인 황토와 구울 때 쓰는 나무가 많은 곳에 있었지요.

활용어휘 遙拜(요배), 遙昔(요석), 遙遠(요원), *逍遙(소요)

---

325 도인인인(刀刃忍認) - 刀에서 연결 고리로 된 한자

3Ⅱ

刀

2획 / 제부수
刀 刀

옛날 칼 모양을 본떠서 칼 **도**

✚ 글자의 오른쪽에 붙는 부수인 방으로 쓰일 때는 '칼 도 방(刂)'

활용어휘 亂刀(난도), 短刀(단도), 面刀(면도), 粧刀(장도)

2

刃

3획 / 부수 刀
刃 刃 刃

칼 도(刀)의 날(丿) 부분 앞에 **삐침 별(丿)**을 찍어서 칼날 **인**

✚ 한자에서는 삐침 별(丿)이나 점 주, 불똥 주(丶)로 무엇이나 어느 부분을 강조합니다.

활용어휘 *刃器(인기), *刃傷(인상)

3Ⅱ

忍

7획 / 부수 心
忍 忍 忍 忍 忍 忍 忍

칼날(刃)로 심장(心)을 위협하는 것 같은 상황도 참으니 참을 **인**

또 칼날(刃)로 심장(心)을 위협하듯이 잔인하니 잔인할 **인**

✚ 잔인(殘忍) - 인정이 없고 아주 모짊.
✚ 心(마음 심, 중심 심), 殘(잔인할 잔, 해칠 잔, 나머지 잔)

활용어휘 忍耐(인내), 忍苦(인고), 忍之爲德(인지위덕)

4Ⅱ

認

14획 / 부수 言
認 認 認 認 認 認 認
認 認 認 認 認 認

남의 말(言)을 참고(忍) 들어 알고 인정하니 알 **인**, 인정할 **인**

활용어휘 認可(인가), 認定(인정), 認知(인지), 法認(법인)

3

那

7획 / 부수 邑(阝)

那 那 那 那 那 那 那

칼(刀) 두(二) 개로 고을(阝)을 어찌 지킬 것인가에서
어찌 **나**

또 칼(刀) 두(二) 개로 고을(阝)을 지키면 짧은 시간에
당하니 짧은 시간 **나**

+ 阝 (고을 읍 방)

활용어휘 那邊(나변), 那落(나락), *刹那(찰나)

5

初

7획 / 부수 刀

初 初 初 初 初 初 初

옷(衤) 만드는 데는 옷감을 칼(刀)로 자르는 일이 처음이니
처음 **초**

+ 衤 (옷 의 변)

활용어휘 初期(초기), 初面(초면), 當初(당초), 始初(시초)

5II

切

4획 / 부수 刀

切 切 切 切

일곱(七) 번이나 칼(刀)질하여 모두 끊으니
모두 **체**, 끊을 **절**

또 끊어지듯이 마음이 간절하니 간절할 **절**

활용어휘 一切(일체), 切斷(절단), 懇切(간절), 親切(친절)

6

別

7획 / 부수 刀(刂)

別 別 別 別 別 別 別

입(口)으로 먹기 위해 힘(力)껏 칼(刂)로 나누어 다르니
나눌 **별**, 다를 **별**

+ 口(입 구, 말할 구, 구멍 구), 力(힘 력(力)의 변형], 刂(칼 도 방)

활용어휘 別居(별거), 選別(선별), 別途(별도), 差別(차별)

6II

班

10획 / 부수 玉(王)

班 班 班 班 班 班 班
班 班

구슬(王)과 구슬(王)을 칼(刂)로 나눈 반이니
나눌 **반**, 반 **반**

또 옛날에 서민과 나누어 대접했던 양반이니 양반 **반**

+ 王(임금 왕, 으뜸 왕, 구슬 옥 변), 刂[칼 도 방(刂)의 변형]

활용어휘 班長(반장), 越班(월반), 兩班(양반), 班常(반상)

3

召

5획 / 부수 口

コ ァ 刀 召 召 召

칼(刀)처럼 날카롭게 입(口)으로 부르니 부를 소

+ 상관의 명령은 칼처럼 날카롭고 위엄있게 들림을 생각하고 만든 한자.
+ 刀(칼 도), 口(입 구, 말할 구, 구멍 구)

활용어휘 召集(소집), 召還(소환). 遠禍召福(원화소복)

4

招

8획 / 부수 手(扌)

扌 扌 扌 抈 招 招 招 招

손(扌)짓하여 부르니(召) 부를 초

+ 입으로 부르면 부를 소(召), 큰 소리로 부르면 부를 호(呼)

활용어휘 招來(초래), 招人鐘(초인종), 問招(문초)

3II

超

12획 / 부수 走

丰 丰 丰 走 走 走 走 起
起 起 超 超

달려가며(走) 급히 부르면(召) 빨리 오려고 이것저것을 뛰어넘으니 뛰어넘을 초

+ 走(달릴 주, 도망갈 주) - 제목번호 240 참고

활용어휘 超過(초과), 超然(초연), 超越(초월), 超人(초인)

3

昭

9획 / 부수 日

丨 冂 日 日 日 昭 昭 昭 昭
昭

해(日)를 불러(召) 온 듯 밝으니 밝을 소

활용어휘 昭光(소광), 昭明(소명), 昭詳(소상)

3II

照

13획 / 부수 火(灬)

照 照 照 照 照 照 照 照
照 照 照 照 照

밝게(昭) 불(灬)로 비추니 비출 조

+ 灬(불 화 발)

활용어휘 照度(조도), 照明(조명), 照準(조준), 觀照(관조)

7II

力

2획 / 제부수

ㄱ 力

팔에 힘줄(　)이 드러난 모양에서 **힘 력(역)**

+ 힘든 일이나 운동을 많이 하면 근육이 발달하여 힘줄이 드러나지요.

활용어휘 力說 (역설), 努力 (노력), 重力 (중력), 風力 (풍력)

4II

助

7획 / 부수 力

助 助 助 助 助 助 助

또(且) 힘(力)써 도우니 **도울 조**

+ 且(또 차) - 제목번호 005 참고

활용어휘 助敎 (조교), 助手 (조수), 助言 (조언), 內助 (내조)

3

劣

6획 / 부수 力

劣 劣 劣 劣 劣 劣

적은(少) 힘(力)이면 못나니 **못날 렬(열)**

+ 힘이 적다는 것은 능력이 적고 못나고 질이 떨어진다는 말이지요.

활용어휘 劣等 (열등), 劣勢 (열세), 劣惡 (열악), 優劣 (우열)

4II

努

7획 / 부수 力

努 努 努 努 努 努 努

종(奴)처럼 힘(力)쓰니 **힘쓸 노**

+ 奴(종 노, 남을 흉하게 부르는 접미사 노) - 제목번호 139 참고

활용어휘 努力 (노력), 努力家 (노력가)

4II

竹

6획 / 제부수

竹 竹 竹 竹 竹 竹

잎이 붙은 대(　)를 본떠서 **대 죽**

+ 부수로 쓰일 때는 내려 그은 획을 짧게 쓴 '⺮'입니다.

활용어휘 竹刀 (죽도), *竹筍 (죽순), 爆竹 (폭죽)

| 4 | 筋
12획 / 부수 竹(ᅩᅩ)
筋筋筋筋筋筋筋筋
筋筋筋筋 | 대(ᅩᅩ)처럼 질겨 몸(月)에서 힘(力)을 내게 하는 힘줄이니
힘줄 근
+ 月(달 월, 육 달 월)
활용어휘 筋力(근력), 筋肉(근육), 心筋(심근), 鐵筋(철근) |

| 5 | 加
5획 / 부수 力
力 加 加 加 加 | 힘(力)써 말하며(口) 용기를 더하니 **더할 가**
+ 陸 減(줄어들 감) – 제목번호 316 참고
+ 힘든 일은 '아자아자, 으쌰으쌰' 등의 소리를 내면서 하면 효과가 있지요.
활용어휘 加減(가감), 加重(가중), 加熱(가열), 加害(가해) |

| 3Ⅱ | 架
9획 / 부수 木
架架架架架架架架
架 | 더하여(加) 나무(木)로 꾸민 시렁이니
꾸밀 가, 시렁 가
+ 시렁 – 물건을 얹어 놓기 위해 벽에 붙여 만든 선반.
활용어휘 架空(가공), 架設(가설), 高架(고가), 書架(서가) |

| 3Ⅱ | 賀
12획 / 부수 貝
賀賀賀賀賀賀賀
賀賀賀賀 | 더하여(加) 재물(貝)을 주며 축하하니 **축하할 하**
+ 貝(조개 패, 재물 패, 돈 패)
활용어휘 賀客(하객), 賀禮(하례), 賀詞(하사), 宴賀(연하) |

6획 / 부수 力

劦 劦 劦 劦 劦 劦

힘(力)을 셋이나 합하니 힘 합할 협

+ 森(빽빽할 삼, 엄숙할 삼), 晶(수정 정, 맑을 정), 品(물건 품, 등급 품, 품위 품)처럼 한자에서 많음은 같은 한자를 세 번 반복하여 나타냅니다.

協

8획 / 부수 十

協 協 協 協 協 協 協

많이(十) 힘을 합하여(劦) 도우니 도울 협

활용어휘 協同(협동), 協力(협력), 協助(협조), 農協(농협)

脅

10획 / 부수 肉(月)

脅 脅 脅 脅 脅 脅 脅
脅 脅

**힘 합하여(劦) 몸(月)을 으르고 협박하니
으를 협, 협박할 협**

+ 동 脇
+ 으르다 – 상대편이 겁을 먹도록 무서운 말이나 행동으로 위협하다.

활용어휘 脅迫(협박), 脅約(협약), 威脅(위협)

方

7II

4획 / 제부수

方方方方

(쟁기로 갈아지는 흙이 모나고 일정한 방향으로 넘어가니)
쟁기로 밭 가는 모양을 본떠서 모 **방**, 방향 **방**
또 쟁기질은 밭을 가는 중요한 방법이니 방법 **방**

+ 쟁기 - 옛날에 논밭을 갈았던 농기구의 하나.
+ 모 - 여기서는 '모서리'의 준말.

활용어휘 方圓(방원), 雙方(쌍방), 方法(방법), 處方(처방)

訪

4II

11획 / 부수 言

訪訪訪訪訪訪訪
訪訪訪

좋은 **말씀**(言)을 듣기 위해 어느 **방향**(方)으로 찾아
방문하니 찾을 **방**, 방문할 **방**

활용어휘 來訪(내방), 尋訪(심방), 探訪(탐방), 訪問(방문)

防

4II

7획 / 부수 阜(阝)

防防防防防防防

언덕(阝)처럼 어느 **방향**(方)에 쌓은 둑이니 둑 **방**
또 둑을 쌓아 막으니 막을 **방**

+ 둑 - ㉠ 높은 길을 내려고 쌓은 언덕.
　　　㉡ 하천이나 호수의 물, 바다의 범람을 막기 위하여 설치하는,
　　　　 흙이나 콘크리트 등으로 만든 구축물.
+ 阝(언덕 부 변)

활용어휘 堤防(제방), 防犯(방범), 防備(방비), 豫防(예방)

妨

4

7획 / 부수 女

妨妨妨妨妨妨妨

어떤 **여자**(女)가 여러 **방법**(方)으로 유혹하며 방해하니
방해할 **방**

+ 女(여자 녀)

활용어휘 妨害(방해), 無妨(무방), 妨電(방전)

芳

3II

8획 / 부수 草(艹)

芳芳芳芳芳芳芳芳

풀(艹) 향기가 **사방**(方)으로 퍼져 꽃다우니 꽃다울 **방**

+ 艹(초 두)

활용어휘 芳甘(방감), 芳年(방년), 芳香(방향)

4Ⅱ

房

8획 / 부수 戶

房房房房房房房房

집(戶)의 어떤 **방향**(方)에 설치한 방이니 방 **방**

+ 戶(문 호, 집 호)

[활용어휘] 各房(각방), 暖房(난방), 獨房(독방), 新房(신방)

3

於

8획 / 부수 方

於於於於於於於於

사방(方)으로 **사람**(人) 둘(冫)씩 인연 맺어 주듯
말과 말을 연결시켜 주는 어조사이니 어조사 **어**

또 어조사처럼 소리 내며 탄식하니 탄식할 **오**

+ 冫 (둘을 나타냄)

[활용어휘] 於音(어음), 於此彼(어차피), 於乎(오호)

4

遊

13획 / 부수 辵(辶)

遊遊遊遊遊遊遊遊
遊遊遊遊遊

사방(方)으로 **사람**(丿)이 **아들**(子)을 데리고 **다니며**(辶)
놀고 여행하니 놀 **유**, 여행할 **유**

+ 图游 – 물(氵)에서 사방(方)으로 사람(丿)이 아들(子)을 데리고
　　　헤엄치며 노니 '헤엄칠 유, 놀 유'

+ 丿[사람 인(人)의 변형], 子(아들 자, 첫째 지지 자, 자네 자, 접미
　사 자)

[활용어휘] 優遊(우유), 遊覽(유람), 遊學(유학), 經遊(경유)

5II

旅

10획 / 부수 方

旅 旅 旅 旅 旅 旅 旅 旅
旅 旅

사방(方) 사람(𠂉)들이 **씨족(氏)**처럼 모인 군사니 군사 **려(여)**

또 군사처럼 지나가는 나그네니 나그네 **려(여)**

+ 𠂉[사람 인(人)의 변형], 氏 [성 씨, 뿌리 씨(氏)의 변형]

활용어휘 旅團(여단), 旅客(여객), 旅程(여정), 旅行(여행)

6

族

11획 / 부수 方

族 族 族 族 族 族 族 族
族 族 族

사방(方)에서 **사람(𠂉)**과 **사람(𠂉)**들이 **크게(大)** 모여 이룬 겨레니 **겨레 족**

+ 겨레 - 같은 핏줄을 이어받은 민족.

활용어휘 族譜(족보), 家族(가족), 貴族(귀족), 遺族(유족)

4II

施

9획 / 부수 方

施 施 施 施 施 施 施 施
施

사방(方)에서 **사람(𠂉)**이 **또한(也)** 일을 행하고 은혜를 베푸니 **행할 시, 베풀 시**

+ 也(또한 야, 어조사 야) - 제목번호 384 참고

활용어휘 施賞(시상), 施政(시정), 實施(실시), 施設(시설)

3II

旋

11획 / 부수 方

旋 旋 旋 旋 旋 旋 旋
旋 旋 旋

사방(方)으로 **사람(𠂉)**들이 **발(疋)**을 움직여 도니 **돌 선**

+ 疋(필 필, 발 소) - 제목번호 243 참고

활용어휘 旋風(선풍), 旋律(선율), 旋回(선회), 周旋(주선)

7

旗

14획 / 부수 方

旗 旗 旗 旗 旗 旗 旗
旗 旗 旗 旗 旗 旗

사방(方) 사람(𠂉)들이 알아보는 **그(其)**것은 기니 **기 기**

+ 기(旗) - 헝겊이나 종이 등에 글자나 그림, 색깔 등을 넣어 특정한 단체를 나타내는 데 쓰이는 물건.
+ 其(그 기)

활용어휘 旗手(기수), 國旗(국기), 太極旗(태극기)

6II

放

8획 / 부수 攵(攴)

放 放 放 放 放 放 放 放

어떤 **방향**(方)으로 가도록 **쳐**(攵) 놓으니 놓을 **방**

+ 攵(칠 복, = 攴)

활용어휘 放牧(방목), 放送(방송), 放出(방출), 追放(추방)

3

倣

10획 / 부수 人(亻)

倣 倣 倣 倣 倣 倣 倣 倣 倣 倣

사람(亻)이 주체성을 **놓아**(放)버리고 남만 모방하니
모방할 **방**

+ 모방(模倣) - 본뜨거나 본받는 것.
+ 模(본보기 모, 본뜰 모, 모호할 모)

활용어휘 倣古(방고), 倣似(방사)

3

傲

13획 / 부수 人(亻)

傲 傲 傲 傲 傲 傲 傲 傲 傲 傲 傲 傲 傲

사람(亻)을 **흙**(土)바닥에 **놓고**(放) 대함이 거만하니
거만할 **오**

+ 거만(倨慢) - 잘난 체하며 남을 업신여기는 데가 있음.
+ 土('흙 토'지만 여기서는 땅으로 봄), 倨(거만할 거), 慢(게으를 만, 오만할 만)

활용어휘 傲氣(오기), 傲慢(오만), 傲霜孤節(오상고절)

4

激

16획 / 부수 水(氵)

激 激 激 激 激 激 激 激 激 激 激 激 激 激 激 激

물(氵)결이 **하얗게**(白) 일도록 격하게 **놓아**(放) 부딪치니
격할 **격**, 부딪칠 **격**

활용어휘 激烈(격렬), 過激(과격), 急激(급격), 激突(격돌)

1

匕

2획 / 제부수

ヒ 匕

비수를 본떠서 비수 **비**

또 비수처럼 입에 찔러 먹는 숟가락이니 숟가락 **비**

＋ 비수(匕首) – 짧고 날카로운 칼.
＋ 首(머리 수, 우두머리 수)

활용어휘 *匕箸(비저)

2

旨

6획 / 부수 日

旨 旨 旨 旨 旨 旨

비수(匕)로 햇(日)빛에 익은 과일을 잘라 먹어 보는 맛이니
맛 **지**

또 말이나 글에 담긴 맛은 뜻이니 뜻 **지**

활용어휘 *甘旨(감지), *論旨(논지), *要旨(요지)

4Ⅱ

指

9획 / 부수 手(扌)

指 指 指 指 指 指 指 指 指

손(扌)으로 맛(旨)볼 때 쓰는 손가락이니 손가락 **지**

또 손가락으로 무엇을 가리키니 가리킬 **지**

＋ 扌(손 수 변)

활용어휘 指章(지장), 指南(지남), 指示(지시), 指稱(지칭)

4

疑

14획 / 부수 疋

疑 疑 疑 疑 疑 疑 疑 疑 疑 疑 疑 疑 疑 疑

비수(匕)와 화살(矢)과 창(矛)으로 무장하고 점(卜)치며
사람(人)이 의심하니 의심할 **의**

＋ 矢(화살 시), 矛[창 모(矛)의 획 줄임], 卜(점 복), 人(사람 인)

활용어휘 疑問(의문), 疑心(의심), 疑惑(의혹), 質疑(질의)

3

凝

16획 / 부수 氷(冫)

凝 凝 凝 凝 凝 凝 凝 凝 凝 凝 凝 凝 凝 凝 凝 凝

얼음(冫)인가 의심할(疑) 정도로 엉기니 엉길 **응**

＋ 엉기다 – 한 덩어리가 되면서 굳어지다.
＋ 冫(이 수 변)

활용어휘 凝固(응고), 凝視(응시), 凝集(응집), 凝縮(응축)

4Ⅱ
眞
10획 / 부수 目

眞 眞 眞 眞 眞 眞 眞 眞
眞 眞

비수(匕)처럼 눈(目)뜨고 감추어진(ㄴ) 것을 나누고(八)
파헤쳐 보아도 참되니 **참 진**

+ 암 眞 – 많은(十) 눈(目)이 쳐다봐도 하나(一)같이 팔(八)방에
통하도록 참되니 '참 진'
+ 目(눈 목, 볼 목, 항목 목), ㄴ(감출 혜, 덮을 혜, = ㄷ), 八(여덟
팔, 나눌 팔), 十(열 십, 많을 십)

활용어휘 眞價(진가), 眞理(진리), 眞心(진심), 寫眞(사진)

- -

3Ⅱ
鎭
18획 / 부수 金

鎭 鎭 鎭 鎭 鎭 鎭 鎭 鎭
鎭 鎭 鎭 鎭 鎭 鎭 鎭 鎭
鎭 鎭

쇠(金)처럼 무거운 것으로 참(眞)되게 눌러 진압하니
누를 진, 진압할 진

+ 金(쇠 금, 금 금, 돈 금, 성씨 김)

활용어휘 鎭痛(진통), 鎭魂(진혼), 鎭火(진화), 鎭壓(진압)

- -

3Ⅱ
愼
13획 / 부수 心(忄)

愼 愼 愼 愼 愼 愼 愼 愼
愼 愼 愼 愼 愼

마음(忄)까지 참(眞)되게 하려고 삼가니 **삼갈 신**

+ 忄(마음 심 변)

활용어휘 愼獨(신독), 愼慮(신려), 愼守(신수), 愼重(신중)

5II
化
4획 / 부수 匕
化化化化

사람(亻)이 **비수**(匕) 같은 마음을 품고 일하면
안 되는 일도 되고 변화하니 **될 화**, **변화할 화**
또 되도록 가르치니 **가르칠 화**

활용어휘 開化(개화), 文化(문화), 歸化(귀화), 敎化(교화)

7
花
8획 / 부수 草(艹)
花花花花花花花花

풀(艹)의 일부가 **변하여**(化) 피는 꽃이니 **꽃 화**

+ 艹(초 두)

활용어휘 花壇(화단), *花盆(화분), 開花(개화), 生花(생화)

4II
貨
11획 / 부수 貝
貨貨貨貨貨貨貨貨
貨貨貨

변하여(化) 돈(貝)이 되는 재물이나 물품이니
재물 화, **물품 화**

+ 貝(조개 패, 재물 패, 돈 패)

활용어휘 貨物(화물), 外貨(외화), 雜貨(잡화), 財貨(재화)

특
睘
13획 / 부수 目
睘睘睘睘睘睘睘睘
睘睘睘睘睘

눈(罒)이 하나(一)의 입(口)처럼 크게 **변하며**(匕)
휘둥그레지니 **눈 휘둥그레질 경**

+ 휘둥그레지다 - 놀라거나 두려워서 눈이 크고 둥그렇게 되다.
+ 罒['그물 망'이지만 여기서는 '눈 목(目)'을 눕혀 놓은 모양으로
봄], 匕[변화할 화, 될 화(化)의 변형]

4
環
17획 / 부수 玉(王)
環環環環環環環
環環環環環環環
環

옥(王)으로 눈 휘둥그레지듯이(睘) 둥글게 만든 고리니
고리 환

또 고리처럼 둥글게 두르니 **두를 환**

+ 王(임금 왕, 으뜸 왕, 구슬 옥 변)

활용어휘 環境(환경), 一環(일환), 花環(화환)

3II

還

17획 / 부수 辵(辶)

還 還 還 還 還 還 還 還
還 還 還 還 還 還 還 還
還

놀라서 **눈이 휘둥그레졌다가**(睘) 다시 제 위치로 **돌아오니**(辶) 돌아올 **환**

+ 辶(뛸 착, 갈 착, = 辶)

활용어휘 還甲(환갑), 還給(환급), 還生(환생), 還元(환원)

3II

喪

12획 / 부수 口

喪 喪 喪 喪 喪 喪 喪 喪
喪 喪 喪 喪

많은(十) 사람의 **입들**(口口)이 **변하도록**(𠆢) 울면 가족을 잃어 초상난 것이니 잃을 **상**, 초상날 **상**

+ 초상(初喪) - 사람이 죽어서 장사 지낼 때까지의 일.
+ 十(열 십, 많을 십), 初(처음 초), 𠆢[변화할 화, 될 화(化)의 변형]

활용어휘 喪家(상가), 喪服(상복), 問喪(문상), 喪失(상실)

5Ⅱ

能

10획 / 부수 肉(月)

能 能 能 能 能 能 能 能
能 能

곰은 **주둥이(厶)**와 **몸뚱이(月)**와 **네 발(匕)**로 재주 부림이 능하니 능할 능

＋ 厶('사사로울 사, 나 사'지만 여기서는 곰의 주둥이로 봄), 月(달 월, 육 달 월), 匕[비수 비, 숟가락 비(匕) 둘이지만 여기서는 네 발로 봄]

활용어휘 能動(능동), 能力(능력), 可能(가능), 有能(유능)

- -

3

罷

15획 / 부수 网(罒)

罷 罷 罷 罷 罷 罷 罷 罷
罷 罷 罷 罷 罷 罷 罷

법망(罒)에 걸리면 **유능한(能)** 사람도 파하여 마치니 파할 파, 마칠 파

＋ 파(罷)하다 - 어떤 일을 마치거나 그만두다.
＋ 罒(그물 망)

활용어휘 罷免(파면), 罷養(파양), 罷業(파업), 罷場(파장)

- -

4Ⅱ

態

14획 / 부수 心

態 態 態 態 態 態 態 態
態 態 態 態 態 態

능히(能) 할 수 있다는 **마음(心)**이 얼굴에 나타나는 모양이니 모양 태

＋ 얼굴을 보면 그 사람의 마음뿐만 아니라 건강 상태도 알 수 있지요.

활용어휘 貴態(귀태), 動態(동태), 事態(사태), 狀態(상태)

특 **虫** 6획 / 제부수 虫虫虫虫虫虫	벌레 모양을 본떠서, **벌레 충(蟲)**이 속자나 부수로 쓰일 때의 모양이니 **벌레 충**

4II **蟲** 18획 / 부수 虫 蟲蟲虫虫虫虫虫 蟲蟲蟲蟲蟲蟲蟲蟲 蟲蟲	(벌레는 원래 한 마리가 아니니) 많은 벌레가 모인 모양을 본떠서 **벌레 충** ＋ 森(빽빽할 삼, 엄숙할 삼), 晶(수정 정, 맑을 정), 品(물건 품, 등급 품, 품위 품)처럼 한자에서 많음은 같은 한자를 세 번 반복하여 나타냅니다. **활용어휘** 病蟲(병충), 害蟲(해충) ↔ 益蟲(익충)

---

3 **騷** 20획 / 부수 馬 騷騷騷騷騷馬馬馬 馬馬騷騷騷騷騷騷 騷騷騷騷	말(馬)이 벼룩(蚤)처럼 날뛰면 시끄러우니 **시끄러울 소** 또 시끄럽게 없던 일도 꾸며서 글 지으니 **글 지을 소** ＋ 蚤 - 또(又) 콕콕(ㆍㆍ) 쏘는 벌레(虫)는 벼룩이니 '벼룩 조' ＋ 馬(말 마), 又(오른손 우, 또 우) **활용어휘** 騷動(소동), 騷亂(소란), 騷音(소음), 騷人(소인)

3II **蛇** 11획 / 부수 虫 蛇蛇蛇蛇蛇蛇蛇蛇 蛇蛇蛇	벌레(虫)처럼 집(宀)에서 비수(匕) 같은 혀를 날름거리는 뱀이니 **뱀 사** ＋ 비수(匕首) - 짧고 날카로운 칼. ＋ 宀(집 면), 匕(비수 비, 숟가락 비), 首(머리 수, 우두머리 수) **활용어휘** 蛇足(사족), 毒蛇(독사), 蛇行(사행), 蛇心(사심)

3II **泥** 8획 / 부수 水(氵) 泥泥泥泥泥泥泥泥	물(氵)로 이겨 집의 몸(尸) 같은 벽에 비수(匕) 같은 흙손으로 바르는 진흙이니 **진흙 니(이)** ＋ 尸(주검 시, 몸 시) **활용어휘** 泥工(이공), 泥路(이로), 泥田鬪狗(이전투구)

艮

1II

6획 / 제부수

艮 艮 艮 艮 艮 艮

눈(罒) 앞에 **비수(ㄟ)**처럼 위험한 것이 보이면 멈추니
멈출 간

+ 罒[눈 목(目)의 변형], ㄟ[비수 비, 숟가락 비(匕)의 변형]

활용어휘 *艮卦(간괘), *艮方(간방), *艮時(간시)

恨

4

9획 / 부수 心(忄)

恨 恨 恨 恨 恨 恨 恨
恨

잊지 못하고 **마음(忄)**에 **머물러(艮)** 한하고 뉘우치니
한할 한, 뉘우칠 한

+ 한(恨) - 몹시 원망스럽고 억울하거나 안타깝고 슬퍼 응어리진
마음.
+ 忄(마음 심 변)

활용어휘 恨歎(한탄), 餘恨(여한), 怨恨(원한), 宿恨(숙한)

限

4II

9획 / 부수 阜(阝)

限 限 限 限 限 限 限 限
限

언덕(阝)에 막혀 **멈춰야(艮)** 하는 한계니 **한계 한**

+ 阝(언덕 부 변)

활용어휘 限度(한도), 期限(기한), 時限(시한), 制限(제한)

根

6

10획 / 부수 木

根 根 根 根 根 根 根
根 根

나무(木)를 **멈춰(艮)** 있게 하는 뿌리니 **뿌리 근**

활용어휘 根幹(근간), 根據(근거), 根本(근본), 根性(근성)

退

4II

10획 / 부수 辵(辶)

退 退 退 退 退 退 退
退 退

하던 일을 **멈추고(艮)** 물러나니(辶) **물러날 퇴**

+ 辶(뛸 착, 갈 착, = 辶)

활용어휘 退治(퇴치), 退場(퇴장), 辭退(사퇴), 後退(후퇴)

8

金

8획 / 제부수

金 金 金 金 全 全 金 金

덮여 있는(人) 한(一) 곳의 흙(土)에 반짝반짝(ﾉﾉ) 빛나는 쇠나 금이니 **쇠 금, 금 금**

또 금처럼 귀한 돈이나 성씨니 **돈 금, 성씨 김**

+ 人('사람 인'이지만 여기서는 덮여 있는 모양으로 봄), 土(흙 토)

활용어휘 金銀(금은), 基金(기금), 料金(요금), 現金(현금)

6

銀

14획 / 부수 金

銀 銀 銀 銀 銀 銀 銀 銀
銀 銀 銀 銀 銀 銀

(가치가) 금(金) 다음에 머물러(艮) 있는 은이니 **은 은**

+ 금이 제일 좋고 다음이 은이라는 데서 만들어진 한자.
+ 은행(銀行) – 금이 더 비싼데 은행(bank)을 금행(金行)으로 하지 않고 왜 은행(銀行)이라 했을까? 옛날에는 은이 금보다 생산량도 적고 정제 방법도 더 까다롭기 때문에 더 비싸서 세계 각국들이 은을 화폐의 기본으로 했기 때문이지요. 지금도 중국에서는 계산대를 수은대(收銀台)라고 합니다.
+ 行(다닐 행, 행할 행, 항렬 항), 收(거둘 수), 银(銀의 간체자), 台[별 태, 나 이, 기쁠 이, 누각 대, 정자 대(臺)의 약자]

활용어휘 銀賞(은상), 銀河水(은하수), 水銀(수은)

339 량낭랑랑 랑랑(良娘浪朗 郎廊) – 良과 郎으로 된 한자

5II

良

7획 / 부수 艮

良 良 良 良 良 良 良

점(ﾉ) 같은 작은 잘못도 그쳐(艮) 좋고 어지니
좋을 량(양), 어질 량(양)

+ ﾉ (점 주, 불똥 주)

활용어휘 良質(양질), 改良(개량), 良識(양식), 不良(불량)

3II

娘

10획 / 부수 女

娘 娘 娘 娘 娘 娘 娘
娘 娘

여자(女) 중 젊어서 좋게(良) 보이는 아가씨니 **아가씨 낭**

+ 女(여자 녀)

활용어휘 娘子(낭자), 娘子軍(낭자군)

3II **浪** 10획 / 부수 水(氵) 浪浪浪浪浪浪浪浪 浪浪	물(氵)이 보기 **좋게**(良) 출렁이는 물결이니 <mark>물결 랑(낭)</mark> 또 물결치듯 함부로 하니 <mark>함부로 랑(낭)</mark> + 氵(삼 수 변) **활용어휘** 風浪(풍랑), 放浪(방랑), 浪漫(낭만), 浪說(낭설)

5II **朗** 11획 / 부수 月 朗朗朗朗朗朗朗朗 朗朗朗	**어질어**(良) 마음 씀이 **달**(月)빛처럼 밝으니 <mark>밝을 랑(낭)</mark> + 月(달 월, 육 달 월) **활용어휘** 朗讀(낭독), 朗報(낭보), 淸朗(청랑)

3II **郎** 10획 / 부수 邑(阝) 郎郎郎郎郎郎郎郎 郎郎	**어짊**(良)이 **고을**(阝)에서 뛰어난 사내니 <mark>사내 랑(낭)</mark> + 㫜 郎 + 阝(고을 읍 방) **활용어휘** 郎君(낭군), 郎子(낭자), 新郎(신랑), 花郎(화랑)

3II **廊** 13획 / 부수 广 廊廊廊廊廊廊廊 廊廊廊廊廊	**집**(广)에서 주로 **사내**(郎)가 생활하는 행랑이니 <mark>행랑 랑(낭)</mark> + 행랑(行廊) – 한옥에서 대문의 양쪽이나 문간 옆에 있는 방. + 广(집 엄), 行(다닐 행, 행할 행, 항렬 항) **활용어휘** 舍廊房(사랑방), 畫廊(화랑), 回廊(회랑)

7II

食

9획 / 제부수

食 食 食 食 食 食 食 食
食

사람(人) 몸에 좋은(良) 밥을 먹으니 **밥 식, 먹을 식**
또 밥 같은 먹이니 **먹이 사**

+ 부수로 쓰일 때는 飠 모양으로 '밥 식, 먹을 식 변'이라 부릅니다.

활용어휘 食事(식사), 食口(식구), 食糧(식량), *簞食(단사)

3

飢

11획 / 부수 食(飠)

飢 飢 飢 飢 飢 飢 飢
飢 飢 飢

밥(飠)을 못 먹어 힘없이 **안석(几)**에 기대야 할 정도로
굶주리니 **굶주릴 기**

+ 几(안석 궤, 책상 궤)

활용어휘 飢渴(기갈), 飢餓(기아), *療飢(요기), 虛飢(허기)

6II

飲

13획 / 부수 食(飠)

飲 飲 飲 飲 飲 飲 飲
飲 飲 飲 飲 飲

먹을(飠) 때 **하품(欠)**하듯 입 벌리고 마시니 **마실 음**

+ 欠(하품 흠, 모자랄 흠, 이지러질 결, 빠질 결)

활용어휘 飲食(음식), 飲酒(음주), 過飲(과음), 試飲(시음)

3II

飯

13획 / 부수 食(飠)

飯 飯 飯 飯 飯 飯 飯
飯 飯 飯 飯 飯

먹을(飠) 때 혀로 이리저리 **뒤집으며(反)** 씹어 먹는
밥이니 **밥 반**

+ 反(거꾸로 반, 뒤집을 반) - 제목번호 191 참고

활용어휘 飯店(반점), 飯酒(반주), *飯饌(반찬), 白飯(백반)

3II

飾

14획 / 부수 食(飠)

飾 飾 飾 飾 飾 飾 飾
飾 飾 飾 飾 飾

밥(飠) 먹는 식탁을 **사람(人)**이 **수건(巾)** 같은 천으로
꾸미니 **꾸밀 식**

+ 人[사람 인(人)의 변형], 巾(수건 건)

활용어휘 假飾(가식), 美飾(미식), 修飾(수식), 虛飾(허식)

8

長

8획 / 제부수

長 長 長 長 長 長 長 長

입(一)의 위아래에 난 긴 수염을 본떠서 길 장

또 수염이 길면 어른이니 어른 장

+ 수염은 나이 들면 주로 입 주위에 많이 나지요.
+ 一('한 일'이지만 여기서는 다문 입으로 봄)

활용어휘 長短(장단), 長壽(장수), 成長(성장), 校長(교장)

4

張

11획 / 부수 弓

張 張 張 張 張 張 張 張
張 張 張

활(弓)시위를 길게(長) 벌리니 벌릴 장

또 벌리듯 마음을 열고 베푸는 성씨니 베풀 장, 성씨 장

+ 弓(활 궁)

활용어휘 張力(장력), 誇張(과장), 主張(주장), 擴張(확장)

4

帳

11획 / 부수 巾

帳 帳 帳 帳 帳 帳 帳 帳
帳 帳 帳

수건(巾) 같은 천으로 길게(長) 둘러 가린 장막이니
장막 장

또 장막처럼 보이지 않게 가리고 쓰는 장부니 장부 장

+ 장부(帳簿) - 물건의 출납이나 돈의 수지 계산을 적어 두는 책.
+ 巾(수건 건), 簿(장부 부)

활용어휘 帳幕(장막), 漁帳(어장), 元帳(원장), 通帳(통장)

참

犮

5획 / 부수 犬

犮 犬 犮 犮 犮

개(犬)가 발을 쭉(丿) 뽑아 달리니 뽑을 발, 달릴 발

+ 犬(개 견), 丿('삐침 별'이지만 여기서는 발을 쭉 뻗는 모양으로 봄)

<table>
<tr><td>

3Ⅱ

拔

8획 / 부수 手(扌)

拔 拔 拔 拔 扷 扷 拔 拔

</td><td>

손(扌)으로 가려 **뽑으니**(犮) 뽑을 **발**

+ 扌(손 수 변)

활용어휘 拔取(발취), 拔齒(발치), 選拔(선발), 海拔(해발)

</td></tr>
</table>

<table>
<tr><td>

4

髮

15획 / 부수 髟

髮 髮 髮 髮 髮 髮 髮 髮
髮 髮 髮 髮 髮 髮 髮

</td><td>

긴(镸) 털(彡)도 **뽑을**(犮) 수 있는 머리털이니 머리털 **발**

+ 镸[길 장, 어른 장(長)의 약자], 彡(터럭 삼, 긴머리 삼)

활용어휘 短髮(단발), 白髮(백발), 理髮(이발), 長髮(장발)

</td></tr>
</table>

■ 도움말 ■

〈순접도 되고 역접도 되는 而〉
말 이을 이(而)는 앞의 내용을 그대로 이어받는 순접(順接)으로도 쓰이고 반대로 이어받는 역접(逆接)으로도 쓰이는데, 해석은 문맥의 내용에 따라 결정되지요. 而를 중심으로 앞뒤의 내용이 비슷하면 순접으로 해석하고 반대면 역접으로 해석합니다. 순접일 때는 '～면서, 그리고, 또, 또한'으로 해석하고, 역접일 때는 '～지만, ～나'로 해석합니다.
+ 順(순할 순), 接(이을 접, 대접할 접), 逆(거스를 역)

3

而

6획 / 제부수

而 而 而 而 而 而

입(一) 아래(丿) 이어진 **수염**(冂)처럼 말을 이어주는 어조사니 **말 이을 이, 어조사 이**

+ 一('한 일'이지만 여기서는 다문 입으로 봄)

활용어휘 似而非(사이비), 而立(이립)

3Ⅱ

耐

9획 / 부수 而

耐 耐 耐 耐 耐 耐 耐 耐
耐

이어지는(而) 고통도 **법도**(寸)에 따라 참고 견디니 **참을 내, 견딜 내**

+ 寸(마디 촌, 법도 촌)

활용어휘 耐性(내성), 耐久性(내구성), 耐震(내진)

4Ⅱ

端

14획 / 부수 立

端 端 端 端 端 端 端 端
端 端 端 端 端 端

서(立) 있는 곳이 **산**(山)으로 **이어진**(而) 끝이니 **끝 단**
또 일의 끝에 서면 마음이나 옷차림을 바르게 하여 찾는 실마리니 **바를 단, 실마리 단**

+ 立(설 립), 山(산 산)

활용어휘 末端(말단), 尖端(첨단), 端整(단정), 端緒(단서)

3Ⅱ

需

14획 / 부수 雨

需 需 需 需 需 需 需 需
需 需 需 需 需 需

비(雨)가 **이어져**(而) 내리면 구하여 여러 가지에 쓰니 **구할 수, 쓸 수**

+ 雨(비 우)

활용어휘 需給(수급), 需要(수요), 需用(수용), 婚需(혼수)

4

儒

16획 / 부수 人(亻)

儒 儒 儒 儒 儒 儒
儒 儒 儒 儒 儒 儒

사람(亻)에게 **쓰이는**(需) 도를 공부하고 가르치는 선비나 유교니 **선비 유, 유교 유**

+ 亻(사람 인 변)

활용어휘 儒生(유생), 儒家(유가), 儒敎(유교)

4II

6획 / 부수 刀(刂)

列 列 列 列 列 列

짐승을 **잡아**(歹) **칼**(刂)로 잘라 벌이니 벌일 **렬(열)**

또 벌여 놓은 줄이니 줄 **렬(열)**

+ 벌이다 – ㉠ 일을 계획하여 시작하거나 펼쳐 놓다.
　　　　　㉡ 놀이판이나 놀음판 등을 차려 놓다.
　　　　　㉢ 여러 가지 물건을 늘어놓다.
　　　　　여기서는 ㉢의 뜻.
+ 벌리다 – 둘 사이를 넓히거나 멀게 하다.
+ 歹 – 하루(一) 저녁(夕) 사이에 뼈만 앙상하게 말라 죽으니 '뼈 앙상할 알, 죽을 사 변'
+ 刂(칼 도 방), 夕(저녁 석)

활용어휘 列擧(열거), 列車(열차), 系列(계열), 整列(정렬)

6

8획 / 부수 人(亻)

例 例 例 例 例 例 例 例

사람(亻)이 물건을 **벌여**(列) 놓는 법식과 보기니

법식 **례(예)**, 보기 **례(예)**

+ 법식(法式) – 법도와 양식.
+ 法(법 법), 式(법 식, 의식 식)

활용어휘 例規(예규), 條例(조례), 例示(예시), 例外(예외)

4

10획 / 부수 火(灬)

烈 烈 烈 烈 烈 列 列 烈
烈 烈

거세게 **벌어짐**(列)이 **불**(灬)길처럼 사납고 매우니

사나울 **렬(열)**, 매울 **렬(열)**

+ 灬(불 화 발)

활용어휘 強烈(강렬), 先烈(선열), 烈女(열녀), 痛烈(통렬)

3II

12획 / 부수 衣

裂 裂 裂 裂 裂 裂 裂 裂
裂 裂 裂 裂

벌어지게(列) **옷**(衣)이 찢어지고 터지니

찢어질 **렬(열)**, 터질 **렬(열)**

+ 衣(옷 의)

활용어휘 決裂(결렬), 龜裂(균열), 分裂(분열)

6

死

6획 / 부수 歹

死死死死死死

죽도록(歹) 비수(匕)에 찔려 죽으니 <mark>죽을 사</mark>

+ 匕(비수 비, 숟가락 비)

활용어휘 死境(사경), 死活(사활), 決死(결사), 生死(생사)

3II

葬

13획 / 부수 草(艹)

葬葬葬葬葬葬葬葬
葬葬葬葬葬

풀(艹)로 죽은(死) 사람을 **받쳐 들고(廾)** 가 장사 지내니
<mark>장사 지낼 장</mark>

+ 장사(葬事) - 죽은 사람을 땅에 묻거나 화장하는 일.
+ 艹(초 두), 廾(받쳐 들 공), 事(일 사, 섬길 사)

활용어휘 葬禮(장례), 葬地(장지), 安葬(안장), 火葬(화장)

344 진(신)진 신진농 욕순[辰振 晨震農 辱脣] - 辰으로 된 한자

3II

辰

7획 / 제부수

辰辰辰辰辰辰辰

전갈자리(🦂 → 辰) 별 모양을 본떠서
<mark>별 진, 날 신, 다섯째 지지 진</mark>

활용어휘 辰宿(진수), 生辰(생신), 日辰(일진)

3II

振

10획 / 부수 手(扌)

振振振振振振振
振振

손(扌)으로 **별(辰)**처럼 빛난 물건을 떨쳐 흔드니
<mark>떨칠 진, 흔들 진</mark>

+ 떨치다 - ㉠ 세게 흔들어서 떨어지게 하다.
　　　　　 ㉡ 위세나 명성 등이 널리 알려지다.
　　　　　 여기서는 ㉡의 뜻.

활용어휘 振作(진작), 不振(부진), 振動(진동)

| 3 |
| 晨 |
| 11획 / 부수 日 |
| 晨 晨 晨 晨 晨 晨 晨 晨 晨 晨 晨 |

해(日)는 뜨는데 아직 **별**(辰)도 있는 새벽이니 **새벽 신**

활용어휘 晨明(신명), 晨夕(신석), 晨夜(신야), 曉晨(효신)

| 3II |
| 震 |
| 15획 / 부수 雨 |
| 震 震 震 震 震 震 震 震 震 震 震 震 震 震 震 |

비(雨)올 때 **별**(辰)처럼 번쩍이며 치는 벼락이니 **벼락 진**
또 벼락치면 천지가 진동하니 **진동할 진**

+ 벼락 – ㉠ 공중의 전기와 땅 위의 물체에 흐르는 전기 사이에 방
　　　전 작용으로 일어나는 자연 현상.
　　　㉡ 몹시 심하게 하는 꾸지람이나 나무람을 비유적으로 말함.
　　　여기서는 ㉠의 뜻.
+ 진동(震動) – 물체가 몹시 울리어 흔들림. 또는 물체 등을 흔듦.
　　(振動) – 흔들려 움직임. 냄새 등이 심하게 나는 상태.
+ 雨(비 우), 動(움직일 동)

활용어휘 震怒(진노), 耐震(내진), 地震(지진), 餘震(여진)

| 7II |
| 農 |
| 13획 / 부수 辰 |
| 農 農 農 農 農 農 農 農 農 農 農 農 農 |

허리 **구부리고**(曲) **별**(辰) 있는 새벽부터 짓는 농사니
농사 농

+ 농사는 새벽부터 밤 늦게까지 일해야 하는 힘든 일이지요.
+ 曲(굽을 곡, 노래 곡)

활용어휘 農耕(농경), 農樂(농악), 農業(농업), 歸農(귀농)

| 3II |
| 辱 |
| 10획 / 부수 辰 |
| 辱 辱 辱 辱 辱 辱 辱 辱 辱 辱 |

별(辰)처럼 빛나는 사람을 시기하여 한 **마디**(寸)씩
욕되게 하는 욕이니 **욕될 욕, 욕 욕**

+ 寸(마디 촌, 법도 촌)

활용어휘 辱說(욕설), 困辱(곤욕), 屈辱(굴욕), 榮辱(영욕)

| 3 |
| 脣 |
| 11획 / 부수 肉(月) |
| 脣 脣 脣 脣 脣 脣 脣 脣 脣 脣 脣 |

별(辰)처럼 몸(月)에서 붉게 빛나는 입술이니 **입술 순**

활용어휘 脣音(순음), 脣齒(순치), 口脣(구순)

比

4획 / 제부수

比 比 比 比

두 사람이 나란히 앉은 모양에서 **나란할 비**

또 나란히 앉혀 놓고 견주니 **견줄 비**

+ 비 北(등질 배, 달아날 배, 북쪽 북)

활용어휘 *櫛比(즐비), 比較(비교), *比喩(비유), 比率(비율)

批

7획 / 부수 手(扌)

批 批 批 批 批 批 批

손(扌)으로 **견주어(比)** 비평하니 **비평할 비**

+ 扌(손 수 변)

활용어휘 批正(비정), *批准(비준), 批評(비평)

混

11획 / 부수 水(氵)

混 混 混 混 混 混 混 混 混 混 混

물(氵)과 **햇(日)**빛이 적당히 **비례하는(比)** 곳에 동식물이 섞여 살 듯 섞으니 **섞을 혼**

+ 氵(삼 수 변), 日(해 일, 날 일)

활용어휘 混同(혼동), 混線(혼선), 混食(혼식), 混用(혼용)

皆

9획 / 부수 白

皆 皆 皆 皆 皆 皆 皆 皆 皆

나란히 앉아 **말하는(白)** 모두 다니 **다 개**

+ 白(흰 백, 밝을 백, 깨끗할 백, 아뢸 백)

활용어휘 皆勤(개근), 皆兵(개병), 擧皆(거개)

階

12획 / 부수 阜(阝)

階 階 階 階 階 階 階 階 階 階 階

언덕(阝)에 오르도록 **다(皆)** 같은 간격으로 만들어 놓은 계단이니 **계단 계**

또 계단처럼 단계가 있는 계급이니 **계급 계**

+ 阝(언덕 부 변)

활용어휘 階段(계단), 階層(계층), 段階(단계), 階級(계급)

3

鹿

11획 / 제부수

鹿 鹿 鹿 鹿 鹿 鹿 鹿 鹿
鹿 鹿 鹿

사슴 모양을 본떠서 **사슴 록(녹)**

활용어휘 鹿角(녹각), *鹿茸(녹용)

4Ⅱ

麗

19획 / 부수 鹿

麗 麗 麗 麗 麗 麗 麗 麗
麗 麗 麗 麗 麗 麗 麗 麗
麗 麗 麗

고운(丽) 사슴(鹿)처럼 곱고 빛나니
고울 려(여), 빛날 려(여)

+ 앱 麗 – 하나(一) 하나(丨)씩 어울려 이리저리(丷) 다니는
　　　　사슴(鹿)처럼 곱고 빛나니 '고울 려(여), 빛날 려(여)'
+ 丽 – '고울 려(여)'로, 현재는 위를 一 하나만 써서 麗의 중국 한
　　자(간체자) 丽로 쓰임.

활용어휘 秀麗(수려), 流麗(유려), 華麗(화려)

4Ⅱ

慶

15획 / 부수 心

慶 慶 慶 慶 慶 慶 慶
慶 慶 慶 慶 慶 慶 慶

사슴(严)처럼 하나(一)씩 기쁜 마음(心)으로 서서히(夊)
모여드는 경사니 **경사 경**

+ 严[사슴 록(鹿)의 획 줄임], 一[한 일(一)의 변형], 夊(천천히 걸
　을 쇠, 뒤져올 치)

활용어휘 慶弔(경조), 慶祝(경축), 慶賀(경하)

3

薦

17획 / 부수 草(艹)

薦 薦 薦 薦 薦 薦 薦 薦
薦 薦 薦 薦 薦 薦 薦 薦
薦

약초(艹)와 사슴(严)과 새(舄)를 잡아 드리며 약에 쓰기를
추천하니 **드릴 천, 추천할 천**

+ 艹(초 두), 舄 [새 조(鳥)의 획 줄임]

활용어휘 薦擧(천거), 薦新(천신), 公薦(공천)

此

6획 / 부수 止

此 比 此 此 此 此

그쳐(止) 비수(匕)로도 잴 만한 가까운 이것이니
이 차

+ 비수(匕首) – 짧고 날카로운 칼.
+ 止(그칠 지), 匕(비수 비), 首(머리 수, 우두머리 수)

활용어휘 此日(차일), 此際(차제), 此後(차후), 彼此(피차)

紫

12획 / 부수 糸

紫 紫 紫 紫 紫 紫 紫 紫 紫 紫 紫 紫

이(此) 세상에서 가장 아름다운 **실(糸)**의 색은 자줏빛이니
자줏빛 자

+ 糸(실 사, 실 사 변)

활용어휘 紫外線(자외선), 紫色(자색), 紫朱(자주)

北

5획 / 부수 匕

北 北 北 北 北

두 사람이 등지고 달아나는 모양에서
등질 배, 달아날 배

또 항상 남쪽을 향하여 앉았던 임금의 등진 북쪽이니 **북쪽 북**

+ 배 比(나란할 비, 견줄 비)
+ 임금은 어느 장소에서나 그곳의 북쪽에서 남쪽을 향하고 앉았답니다.

활용어휘 敗北(패배), 北極(북극), 北進(북진), 北韓(북한)

背

9획 / 부수 肉(月)

背 背 背 背 背 背 背 背 背

등진(北) 몸(月)의 등이니 **등질 배, 등 배**

+ '북쪽'의 뜻으로는 주로 '北'을 쓰고, '등지다'의 뜻으로는 주로 '背'를 씁니다.

활용어휘 背景(배경), 背叛(배반), 背信(배신), 違背(위배)

8획 / 부수 丿

乖 乖 千 千 乖 乖 乖 乖

많이(千) 등져(北) 어긋나니 **어긋날 괴**

+ 어긋나다 – 잘 맞물려 있는 물체가 틀어져서 맞지 아니하다.
+ 千(일천 천, 많을 천)

[활용어휘] *乖離(괴리), *乖僻(괴벽), *乖愎(괴팍)

- -

10획 / 부수 丿

乘 乘 千 千 千 乖 乖
乘 乘

두 발을 **어긋나게(乖)** 디디며 **사람(人)**이 타니 **탈 승**

또 타는 수레를 세는 단위나 어긋나게 곱하는 뜻으로도 쓰여
대 승, 곱할 승

+ 曾 乘 – 많은(千) 풀(卄)이 땅(一)을 뚫고(八) 올라오듯 올라타니
　　　　'탈 승'
　　　　또 타는 수레를 세는 단위나 어긋나게 곱하는 뜻으로도
　　　　쓰여 '대 승, 곱할 승'
+ 나무에 오르거나 차를 탈 때는 두 발을 어긋나게 디디며 타지요.

[활용어휘] 乘車(승차), 二乘(이승), 加減乘除(가감승제)

423

兆

3II

6획 / 부수 儿

兆 兆 兆 兆 兆 兆

점치던 거북 등껍데기의 갈라진(⚎) 모양에 나타난 조짐이니
조짐 조

또 큰 숫자인 조를 나타내어 **조 조**

+ 옛날에는 거북 등껍데기를 태워서 갈라진 모양을 보고 길흉화복을 점쳤답니다.
+ 조짐(兆朕) - 좋거나 나쁜 일이 생길 기미가 보이는 현상.
+ 朕(나 짐, 조짐 짐)

활용어휘 亡兆(망조), 前兆(전조), 徵兆(징조), 凶兆(흉조)

挑

3

9획 / 부수 手(扌)

挑 挑 挑 挑 挑 挑 挑 挑
挑

손(扌)으로 **조짐**(兆)을 보이며 돋우고 끌어내니
돋을 도, 끌어낼 도

+ 扌(손 수 변)

활용어휘 挑發(도발), 挑戰(도전), 挑出(도출)

桃

3II

10획 / 부수 木

桃 桃 桃 桃 桃 桃 桃 桃
桃 桃

나무(木)에 열린, 조(兆) 자 모양의 무늬가 있는 복숭아니
복숭아 도

+ 복숭아나 앵두에는 '조(兆)' 자 모양의 무늬가 있지요.

활용어휘 桃花(도화), 黃桃(황도), 武陵桃源(무릉도원)

跳

3

13획 / 부수 足(⻊)

跳 跳 跳 跳 跳 跳 跳 跳
跳 跳 跳 跳 跳

발(⻊)로 무슨 **조짐**(兆)이라도 본 듯 뛰니 **뛸 도**

+ ⻊[발 족, 넉넉할 족(足)의 변형]

활용어휘 跳舞(도무), 跳躍(도약), *棒高跳(봉고도)

逃

4

10획 / 부수 辵(辶)

逃 逃 逃 逃 逃 逃 逃 逃
逃 逃

조짐(兆)을 알아차리고 뛰어(辶) 달아나니 **달아날 도**

+ 辶(뛸 착, 갈 착, = 辵)

활용어휘 逃亡(도망), 逃走(도주), 逃避(도피)

4II

非

8획 / 제부수

非 非 非 非 非 非 非

새의 날개가 양쪽으로 어긋나( ) 있음을 본떠서

어긋날 비

또 어긋나면 아니된다고 나무라니 **아닐 비, 나무랄 비**

활용어휘 非理(비리), 是非(시비), 非行(비행), 非難(비난)

3II

排

11획 / 부수 手(扌)

排 排 排 排 排 排 排
排 排 排

손(扌)으로 그게 **아니**(非)라며 물리치거나 다시 배열하니
물리칠 배, 배열할 배

+ 扌(손 수 변)

활용어휘 排水(배수), 排他(배타), 排列(배열), 排置(배치)

5

罪

13획 / 부수 网(罒)

罪 罪 罪 罪 罪 罪 罪 罪
罪 罪 罪 罪 罪

법의 그물(罒)에 걸릴 정도로 **어긋나**(非) 죄지은 허물이니
죄지을 죄, 허물 죄

활용어휘 罪人(죄인), 犯罪(범죄), 謝罪(사죄), 重罪(중죄)

4II

悲

12획 / 부수 心

悲 悲 悲 悲 悲 悲 悲
悲 悲 悲 悲

아니(非) 된다고 느끼는 **마음**(心)은 슬프니 **슬플 비**

+ '바라는 일이 어긋날(非) 때 느끼는 마음(心)이니 슬플 비(悲)'라
고도 합니다.
+ 心(마음 심, 중심 심)

활용어휘 悲歌(비가), 悲觀(비관), 悲報(비보), 悲痛(비통)

3II

輩

15획 / 부수 車

輩 輩 輩 輩 輩 輩 輩
輩 輩 輩 輩 輩 輩 輩

어긋날(非) 정도로 **수레**(車)에 많이 탄 무리니 **무리 배**

+ 車(수레 거, 차 차)

활용어휘 輩出(배출), 先輩(선배) ↔ 後輩(후배)

四

5획 / 부수자

罒 罒 罒 罒 四

양쪽 기둥에 그물을 얽어 맨 모양을 본떠서 **그물 망**
+ 동 网, 冈
+ 비 皿(그릇 명) - 제목번호 357 참고
+ 网은 6획, 冈은 4획이네요.

4Ⅱ

罰

14획 / 부수 网(罒)

罰 罰 罰 罰 罰 罰 罰 罰
罰 罰 罰 罰 罰 罰

법의 **그물**(罒)에 걸린 사람을 **말**(言)로 꾸짖고 **칼**(刂)로
베어 벌주니 **벌줄 벌**
+ 言(말씀 언), 刂(칼 도 방)

활용어휘 罰金(벌금), 罰則(벌칙), 處罰(처벌), 體罰(체벌)

3Ⅱ

署

14획 / 부수 网(罒)

署 署 署 署 署 署 署 署
署 署 署 署 署 署

그물(罒) 같은 촘촘한 법으로 **사람**(者)을 다스리는 관청이니
관청 서
또 촘촘한 **그물**(罒)처럼 **사람**(者)이 철저히 책임진다고
서명하니 **서명할 서**
+ 비 暑(더울 서) - 제목번호 099 참고
+ 세무서처럼 '署'가 붙은 관청은 그물(罒) 같은 촘촘한 법으로 사람
(者)을 다스리는 곳입니다.

활용어휘 署長(서장), 官署(관서), 署名(서명), 連署(연서)

4Ⅱ

置

13획 / 부수 网(罒)

置 置 置 置 置 置 置 置
置 置 置 置 置

새를 잡기 위해 **그물**(罒)을 곧게(直) 쳐 두니 **둘 치**
+ 直(곧을 직, 바를 직)

활용어휘 置換(치환), 放置(방치), 備置(비치), 留置(유치)

4Ⅱ

羅

19획 / 부수 网(罒)

羅 羅 羅 羅 羅 羅 羅 羅
羅 羅 羅 羅 羅 羅 羅 羅
羅 羅 羅

그물(罒)을 **실**(糸)로 떠서 **새**(隹)를 잡으려고 벌이니
벌일 라(나)
또 그물 같은 얇은 비단도 뜻하여 **비단 라(나)**
+ 糸(실 사, 실 사 변), 隹(새 추)

활용어휘 羅列(나열), *網羅(망라), 森羅(삼라), 新羅(신라)

5

買

12획 / 부수 貝

買買買買買買買買
買買買買

그물(罒)을 돈(貝) 주고 사니 살 매

+ 貝(조개 패, 재물 패, 돈 패)

활용어휘 買入(매입), 買占(매점), 都買(도매), 豫買(예매)

5

賣

15획 / 부수 貝

賣賣賣賣賣賣賣賣
賣賣賣賣賣賣賣

선비(士)가 사(買) 놓은 물건을 다시 파니 팔 매

+ 역 売 – 선비(士)가 덮어(冖)놓고 사람(儿)에게 물건을 파니 '팔 매'
+ 士(선비 사, 군사 사, 칭호나 직업에 붙이는 말 사), 冖(덮을 멱),
  儿(사람 인 발, 어진사람 인)

활용어휘 賣却(매각), 賣買(매매), 賣物(매물), 賣出(매출)

6II

讀

22획 / 부수 言

讀讀讀讀讀讀讀讀
讀讀讀讀讀讀讀讀
讀讀讀讀讀讀

말(言)하여 물건을 팔(賣) 듯 글을 소리 내어 읽으니 읽을 독

또 띄어 읽는 구절이니 **구절 두**

+ 역 読
+ 言(말씀 언)

활용어휘 讀解(독해), 必讀(필독), 速讀(속독), 句讀(구두)

4II

續

21획 / 부수 糸

續續續續續續續
糸續續續績續續續
續續續續續

실(糸)을 팔려고(賣) 이으니 이을 속

+ 역 続
+ 糸(실 사, 실 사 변)

활용어휘 續開(속개), 續出(속출), 接續(접속), 持續(지속)

蜀

1Ⅱ

13획 / 부수 虫

蜀蜀蜀蜀蜀蜀蜀蜀
蜀蜀蜀蜀蜀

그물(罒) 같은 집에 싸여(勹) 있는 애**벌레**(虫)니
애벌레 **촉**

또 그물(罒) 같은 집에 싸여(勹) 있는 애**벌레**(虫)처럼
산과 물로 둘러싸여 있던 촉나라니 촉나라 **촉**

+ 애벌레는 누에고치처럼 촘촘하게 엮은 집 안에 들어있지요.
+ 촉(蜀)나라 - 촉한(蜀漢). 유비(劉備)가 사천(四川)·운남(雲南)·
  귀주(貴州) 북부 및 한중(韓中) 일대에 세운 나라.
+ 蜀이 들어간 한자를 약자로 쓸 때는 '蜀'부분을 '벌레 충(虫)'으로
  씁니다.
+ 罒(그물 망), 勹(쌀 포), 虫[벌레 충(蟲)의 속자와 부수]

燭

3

17획 / 부수 火

燭燭燭燭燭燭燭燭
燭燭燭燭燭燭燭燭
燭

불(火)꽃이 애**벌레**(蜀)가 꿈틀거리듯 흔들리는 촛불이니
촛불 **촉**

+ 약 烛 - 불(火)꽃이 벌레(虫)가 꿈틀거리듯 흔들리는 촛불이니
       '촛불 촉'
+ 촛불은 작은 바람결에도 흔들리지요.

활용어휘 燭光(촉광), *燭膿(촉농), 燭臺(촉대), 洞燭(통촉)

獨

5Ⅱ

16획 / 부수 犬(犭)

獨獨獨獨獨獨獨獨
獨獨獨獨獨獨獨獨

개(犭)와 애**벌레**(蜀)의 관계처럼 어울리지 못하고 홀로니
홀로 **독**

또 늙어서 홀로 지내게 자식이 없으니 자식 없을 **독**

+ 약 独 - 개(犭)와 벌레(虫)의 관계처럼 어울리지 못하고 홀로니
       '홀로 독'
       또 늙어서 홀로 지내게 자식이 없으니 '자식 없을 독'
+ 犭(큰 개 견, 개 사슴 록 변)

활용어휘 獨立(독립), 獨白(독백), 獨特(독특), 孤獨(고독)

濁

3

16획 / 부수 水(氵)

濁濁濁濁濁濁濁濁
濁濁濁濁濁濁濁濁

물(氵) 속에 애**벌레**(蜀)가 꿈틀거린 듯 흐리니 흐릴 **탁**

활용어휘 濁水(탁수), 濁酒(탁주), 淸濁(청탁), 混濁(혼탁)

4

屬

21획 / 부수 尸

屬 屬 屬 屬 屬 屬 屬 屬
屬 屬 屬 屬 屬 屬 屬 屬
屬 屬 屬 屬 屬

몸(尸)에 **진액**(氺)을 빨아먹으려고 **벌레**(蜀)들이 붙어사니
붙어살 속

또 붙어사는 무리니 **무리 속**

+ 약 属 – 몸(尸)에 비스듬히(丿) 가운데(中)를 발자국(内)처럼 파
  먹으며 붙어사는 벌레들의 무리니 '붙어살 속, 무리 속'
+ 진액(津液) – 생물의 몸 안에서 나는 액체.
+ 尸(주검 시, 몸 시), 氺[물 수 발(水)의 변형], 内(발자국 유),
  津(나루 진, 진액 진), 液(진액 액, 즙 액)

활용어휘 所屬(소속), 直屬(직속), 屬性(속성), 等屬(등속)

---

353 간련련 란란란(柬練鍊 闌欄蘭) – 柬과 闌으로 된 한자

특II

柬

9획 / 부수 木

柬 柬 柬 柬 柬 柬 柬 柬
柬

나무(木)를 가려 그물(罒)처럼 촘촘하게 쓰는 편지니
가릴 간, 편지 간

+ 종이가 없었던 옛날에는 나무나 대에 글자를 새겼답니다.
+ 비 束(묶을 속) – 제목번호 064 참고
  東(동쪽 동, 주인 동) – 제목번호 065 참고

활용어휘 *柬理(간리), *發柬(발간), *書柬(서간)

5II

練

15획 / 부수 糸

練 練 練 練 練 練 練 練
練 練 練 練 練 練 練

실(糸)을 가려(柬) 엮듯 무엇을 가려 익히니 **익힐 련(연)**

+ 원래의 뜻은 생사(生絲)를 잿물로 익히는 것.
+ 糸(실 사, 실 사 변), 生(날 생, 살 생, 사람을 부를 때 쓰는 접사
  생), 絲(실 사)

활용어휘 練修(연수), 練習(연습), 達練(달련), 未練(미련)

3II

鍊

17획 / 부수 金

鍊 鍊 鍊 鍊 鍊 鍊 鍊
鍊 鍊 鍊 鍊 鍊 鍊 鍊
鍊

쇠(金)의 성질을 가려(柬) 불에 달구며 단련하니
단련할 련(연)

활용어휘 *鍛鍊(단련), 教鍊(교련), 老鍊(노련), 對鍊(대련)

특

闌

17획 / 부수 門

闌 闌 闌 闌 闌 閂 閂 閂
閂 閆 闌 闌 闌 闌 闌 闌
闌

문(門)을 가려(柬) 막으니 **막을 란(난)**

활용어휘 *闌入(난입), *興闌(흥란)

3II

欄

21획 / 부수 木

欄 欄 欄 欄 欄 欄 欄 欄
欄 欄 欄 欄 欄 欄 欄 欄
欄 欄 欄 欄 欄

(사람이 떨어지지 않도록) **나무(木)**로 **막은(闌)** 난간이나
테두리니 **난간 란(난), 테두리 란(난)**

+ 테두리 – ㉠ 죽 둘러서 친 금. 또는 장식.
  ㉡ 둘레의 가장자리.
  ㉢ 일정한 범위나 한계.

활용어휘 欄干(난간), 空欄(공란), 餘滴欄(여적란)

3II

蘭

21획 / 부수 草(艹)

蘭 蘭 蘭 蘭 蘭 蘭 蘭 蘭
蘭 蘭 蘭 蘭 蘭 蘭 蘭
蘭 蘭 蘭 蘭 蘭

풀(艹) 중 **문(門)** 안에 장소를 **가려(柬)** 키우는 난초니
난초 란(난)

+ 난초는 직사광선이 아닌 비껴드는 햇볕과 바람이 통하는 곳에서
잘 자라지요.

활용어휘 蘭草(난초), 梅蘭菊竹(매란국죽), 木蘭(목란)

참

16획 / 부수 衣

襃 襃 襃 襃 襃 襃 襃 襃
襃 襃 襃 襃 襃 襃 襃 襃

옷(衣)으로 그물(罒)처럼 싸고 눈물(氺)을 흘리도록 사연을 품으니 **품을 회**

+ 품을 회, 생각할 회(懷)의 옛 글자.
+ 옌 襃 - 많이(十) 그물(罒)이나 옷(衣)자락에 품으니 '품을 회'
+ 삐 襄(도울 양) - 제목번호 374 참고
+ 衣(옷 의), 罒(그물 망), 氺[물 수 발(氺)의 변형]

3Ⅱ

19획 / 부수 心(忄)

懷 懷 懷 懷 懷 懷 懷
懷 懷 懷 懷 懷 懷 懷
懷 懷 懷

마음(忄)에 품고(襃) 생각하니 **품을 회, 생각할 회**

+ 옌 懷
+ 忄(마음 심 변)

활용어휘 懷柔(회유), 懷疑(회의), 懷古(회고), 感懷(감회)

3Ⅱ

19획 / 부수 土

壞 壞 壞 壞 壞 壞 壞
壞 壞 壞 壞 壞 壞 壞
壞 壞 壞

흙(土)으로만 품으면(襃) 단단하지 못하여 무너지니 **무너질 괴**

+ 옌 壞
+ 삐 壤(흙 양, 땅 양) - 제목번호 374 참고
+ 土(흙 토)

활용어휘 壞滅(괴멸), 壞變(괴변), 壞死(괴사)

특Ⅱ

曼

11획 / 부수 日

曼 曼 曼 曼 曼 曼 曼 曼
曼 曼 曼

말하면(曰) 그 말이 그물(罒)처럼 또(又) 길고 넓게 퍼지니 **길 만, 넓을 만**

+ 曰(가로 왈), 又(오른손 우, 또 우)

활용어휘 *曼壽(만수), *曼麗(만려)

마음(忄)이 넓게(曼) 늘어져 게으르고 오만하니
게으를 만, 오만할 만

+ 오만(傲慢) – 태도나 행동이 건방지거나 거만함. 또는 그 태도나 행동.
+ 忄(마음 심 변), 傲(거만할 오)

활용어휘 慢性(만성), *倨慢(거만), *驕慢(교만), 自慢(자만)

물(氵)이 넓게(曼) 흩어지니 **흩어질 만**

또 흩어지듯 부질없으니 **부질없을 만**

+ 부질없다 – 대수롭지 않고 쓸모가 없다.

활용어휘 散漫(산만), 漫談(만담), 漫然(만연), 漫評(만평)

사람(人)이 하나(一)같이 마음의 창(罒)을 열고
말하기(曰) 위해 모이니 **모일 회**

+ 역 会 – 사람(人)이 말하기(云)위해 모이니 '모일 회'
+ 云(말할 운), 罒(창문 창)은 실제 쓰이는 한자는 아닙니다.

활용어휘 會見(회견), 會計(회계), 會談(회담), 會食(회식)

열고(八) 창문(罒) 사이로 말(曰)할 정도면 일찍부터 거듭
만나던 사이니 **일찍 증, 거듭 증**

+ 역 曽 – 이쪽저쪽(丷)의 밭(田)에 날(日)마다 일찍 나가 거듭 일하니 '일찍 증, 거듭 증'
+ 八(여덟 팔, 나눌 팔), 田(밭 전), 日(해 일, 날 일)

활용어휘 曾孫(증손), 曾祖(증조), 曾思(증사)

增

15획 / 부수 土

增增增增增增增增
增增增增增增增

흙(土)을 거듭(曾) 더하니 **더할 증**

+ 약 増

활용어휘 增資(증자), 增築(증축), 急增(급증)

贈

19획 / 부수 貝

贈贈贈贈贈贈贈贈
贈贈贈贈贈贈贈贈
贈贈贈

재물(貝)을 거듭(曾) 주니 **줄 증**

+ 약 贈

+ 貝(조개 패, 재물 패, 돈 패)

활용어휘 贈與(증여), *贈呈(증정), 寄贈(기증)

憎

15획 / 부수 心(忄)

憎憎憎憎憎憎憎憎
憎憎憎憎憎憎憎

섭섭한 마음(忄)이 거듭(曾) 쌓이도록 미워하니
미워할 증

+ 약 憎

+ 忄(마음 심 변)

활용어휘 憎惡(증오), 可憎(가증), 愛憎(애증)

僧

14획 / 부수 人(亻)

僧僧僧僧僧僧僧僧
僧僧僧僧僧僧

사람(亻) 중 거듭(曾) 도를 닦는 중이니 **중 승**

+ 약 僧

활용어휘 *僧侶(승려), 僧舞(승무), 帶妻僧(대처승)

層

15획 / 부수 尸

層層層層層層層層
層層層層層層層

지붕(尸) 위에 거듭(曾) 지은 층이니 **층 층**

+ 약 層

+ 尸('주검 시, 몸 시'지만 여기서는 지붕의 모양으로 봄)

활용어휘 層階(층계), 階層(계층), 深層(심층), 地層(지층)

岡

8획 / 부수 山

岡 冂 冂 冏 冏 冈 岡 岡

그물(罒)친 것처럼 이어진 **산(山)**등성이니

산등성이 **강**

+ 罒 罔(없을 망) - 제목번호 171 참고
+ 높이 올라서서 바라보면 수많은 산등성이가 마치 그물을 친 것 같지요.
+ 罒(그물 망, = 网, 罓), 山(산 산)

활용어휘 *岡陵(강릉), *岡阜(강부)

鋼

16획 / 부수 金

鋼 鋼 鋼 鋼 鋼 鋼 鋼 金
鋼 鋼 鋼 鋼 鋼 鋼 鋼 鋼

쇠(金) 중에 **산등성이(岡)**처럼 강한 강철이니 강철 **강**

또 강철처럼 굳세니 굳셀 **강**

활용어휘 鋼管(강관), 鋼鐵(강철), 鋼板(강판), *粗鋼(조강)

綱

14획 / 부수 糸

綱 綱 綱 綱 綱 綱 綱 綱
綱 綱 綱 綱 綱 綱

실(糸) 중에 **산등성이(岡)**처럼 강한 벼리니 벼리 **강**

또 벼리처럼 중요한 것만 대강 처리하니 대강 **강**

+ 벼리란 그물의 위쪽 코를 오므렸다 폈다 하는 줄로 그물에서 제일 중요한 줄이니, 일이나 글의 뼈대가 되는 줄거리를 비유되기도 하지요. 벼리를 뜻하는 한자에는 '벼리 기, 질서 기, 해 기, 기록할 기(紀), 벼리 유, 묶을 유, 끈 유(維)'도 있습니다.

활용어휘 綱領(강령), 三綱(삼강), 要綱(요강), 大綱(대강)

剛

10획 / 부수 刀(刂)

剛 冂 冂 冏 冏 冈 岡 岡
剛 剛

산등성이(岡)도 자를 만큼 **칼(刂)**이 굳세고 단단하니

굳셀 **강**, 단단할 **강**

+ 刂(칼 도 방)

활용어휘 剛健(강건), 剛度(강도), 剛斷(강단), 剛直(강직)

1

皿

5획 / 제부수

皿 口 血 血 皿

받침 있는 그릇을 본떠서 **그릇 명**

+ 罒(그물 망) – 제목번호 350 참고

활용어휘 *器皿(기명), *器皿圖(기명도)

4Ⅱ

益

10획 / 부수 皿

益 益 益 益 益 益 益 谷
谷 益

나누고(八) 한(一) 번 더 나누어(八) 그릇(皿)에 더하니
더할 익

또 더하면 유익하니 **유익할 익**

+ 약 益 – 양쪽(ヽヽ)으로 하나(一)씩 나누어(八) 그릇(皿)에 더하니
'더할 익'
또 더하면 유익하니 '유익할 익'

활용어휘 公益(공익), 私益(사익), 有益(유익), 利益(이익)

4

盜

12획 / 부수 皿

盜 盜 盜 盜 盜 次 次
盜 盜 盜 盜

침(氵) 흘리며 하품(欠)하듯 입 벌리고 **그릇(皿)**의 음식을
훔치는 도둑이니 **훔칠 도, 도둑 도**

+ 비 塗(바를 도, 진흙 도) – 제목번호 118 참고

+ 氵('삼 수 변'이지만 여기서는 침으로 봄), 欠(하품 흠, 모자랄 흠,
이지러질 결, 빠질 결)

활용어휘 盜用(도용), 盜聽(도청), 盜賊(도적), 強盜(강도)

4Ⅱ

血

6획 / 제부수

血 血 白 血 血 血

핏방울(丿)이 그릇(皿)에 떨어지는 모양에서 **피 혈**

+ 丿('삐침 별'이지만 여기서는 떨어지는 핏방울로 봄)

활용어휘 血氣(혈기), 血管(혈관), 血緣(혈연), 血統(혈통)

4Ⅱ

衆

12획 / 부수 血

衆 衆 衆 衆 衆 衆 衆 衆
衆 衆 衆 衆

핏(血)줄 가까운 **우두머리(丿)를 따라(丨) 양쪽(乄)으로**
모인 무리니 **무리 중**

+ 비 象(코끼리 상, 모양 상, 본뜰 상) – 제목번호 380 참고

+ 丿('삐침 별'이지만 여기서는 우두머리로 봄)

활용어휘 衆生(중생), 觀衆(관중), 群衆(군중), 大衆(대중)

3

貝

7획 / 제부수

貝 刀 刀 貝 貝 貝 貝

아가미가 나온 조개를 본떠서 조개 **패**

또 인쇄술이 발달하기 전에는 조개껍데기를 재물이나 돈으로
썼으니 재물 **패**, 돈 **패**

+ 頁(머리 혈) - 제목번호 363 참고
見(볼 견, 뵐 현) - 제목번호 124 참고

활용어휘 *貝殼(패각), 貝類(패류), 貝物(패물), *貝塚(패총)

5ⅠⅠ

具

8획 / 부수 八

具 具 具 具 具 具 具 具

재물(貝)을 하나(一)씩 갖추니 갖출 **구**

또 갖추어 놓고 쓰는 기구니 기구 **구**

활용어휘 具備(구비), 家具(가구), 道具(도구), *玩具(완구)

3

俱

10획 / 부수 人(亻)

俱 俱 俱 俱 俱 俱 俱
俱 俱

사람(亻)들이 장비를 갖추어(具) 함께하니 함께 **구**

활용어휘 俱樂部(구락부), 俱存(구존), 俱現(구현)

5

則

9획 / 부수 刀(刂)

則 則 則 則 則 則 則 則
則

재물(貝)을 칼(刂)로 나누는 데 곧 있어야 하는 법칙이니
곧 **즉**, 법칙 **칙**

+ 卽(곧 즉) - 제목번호 150 참고
+ 刂(칼 도 방)

활용어휘 然則(연즉), 反則(반칙), 守則(수칙), 原則(원칙)

側

11획 / 부수 人(亻)

側 側 側 側 側 側 側 側
側 側 側

사람(亻)이 곧(則)바로 알 수 있는 곁이니 **곁 측**

+ 곁 – ㉠ 어떤 대상의 옆. 또는 공간적·심리적으로 가까운 데.
㉡ 가까이서 보살펴 주거나 도와줄 만한 사람.

활용어휘 側近(측근), 側面(측면), 兩側(양측)

測

12획 / 부수 水(氵)

測 測 測 測 測 測 測 測
測 測 測 測

물(氵)의 양을 법칙(則)에 따라 헤아리니 **헤아릴 측**

활용어휘 測量(측량), 測定(측정), 計測(계측), 觀測(관측)

員

4II

10획 / 부수 口

員 員 員 員 員 員 員 員
員 員

입(口)으로 먹고 살기 위하여 **재물(貝)**을 받고 일하는 관원이나 사람이니 관원 원, 사람 원

+ 呣 貟- 사사로이(厶) 재물(貝)을 받고 일하는 관원이나 사람이니 '관원 원, 사람 원'
+ 관원(官員) - 관청의 직원.
+ 취직할 곳이 관청밖에 없었던 옛날에는 '관원 원'으로 쓰였는데, 요즘에는 '사람 원'으로 쓰입니다.
+ 厶(사사로울 사, 나 사), 官(관청 관, 벼슬 관)

활용어휘 減員(감원) ↔ 增員(증원), 動員(동원), 滿員(만원)

損

4

13획 / 부수 手(扌)

損 損 損 損 損 損 損
損 損 損 損 損

손(扌)으로 **사람(員)**이 물건을 덜어낸 듯 잃으니 덜 손, 잃을 손

+ 扌(손 수 변)

활용어휘 損傷(손상), 損失(손실), 損益(손익), 缺損(결손)

韻

3II

19획 / 부수 音

韻 韻 韻 韻 韻 韻 韻 韻
韻 韻 韻 韻 韻 韻 韻
韻 韻 韻

소리(音) 중 **사람(員)**이 운치 있게 내는 운이니 운치 운, 운 운

+ 운치(韻致) - 고상하고 우아한 멋.
+ 운(韻) - 운자(韻字)의 준말로, 한시에서 가락을 맞추는 것.
+ 音(소리 음)

활용어휘 餘韻(여운), 韻母(운모), 韻文(운문), 韻律(운율)

圓

4II

13획 / 부수 口

圓 圓 圓 圓 圓 圓 圓 圓
圓 圓 圓 圓 圓

사람(員)을 에워싼(口) 모양처럼 둥그니 둥글 원
또 옛날 돈은 둥글었으니 화폐 단위로도 쓰여 화폐 단위 원

+ 1954년에 행한 통화 개혁 전의 화폐 단위의 하나. 1전(錢)의 100배.
+ 口[에운담, 나라 국(國)의 약자], 錢(돈 전)

활용어휘 圓角(원각), 圓滿(원만), *圓滑(원활), 方圓(방원)

3II

11획 / 부수 貝

貫

옛날 돈인 엽전은 구멍이 있어서 일정한 양만큼 꿰어
보관했으니, **꿰어**(毌) 놓은 **돈**(貝)의 무게를 생각하여

꿸 관, 무게 단위 관

+ 1관은 3.75kg
+ 毌(꿰뚫을 관), 貝(조개 패, 재물 패, 돈 패)

활용어휘 貫通(관통), 本貫(본관), 尺貫法(척관법)

3II

14획 / 부수 心(忄)

慣

마음(忄)에 **꿰어져**(貫) 버리지 못하는 버릇이니 **버릇 관**

+ 忄(마음 심 변)

활용어휘 慣例(관례), 慣性(관성), 慣習(관습), 慣行(관행)

5II

14획 / 부수 宀

實

수확하여 **집**(宀)에 **꿰어**(貫) 놓은 열매니 **열매 실**

또 열매처럼 중요한 실제니 **실제 실**

+ 曾 実 – 집(宀)에 두(二) 개씩 크게(大) 꿰어 놓은 열매니 '열매 실'
  또 열매처럼 중요한 실제니 '실제 실'
+ 열매가 익으면 수확하여 꿰어 달아 놓았지요.
+ 宀(집 면)

활용어휘 實果(실과), 實感(실감), 實勢(실세), 着實(착실)

4II

20획 / 부수 宀

寶

집(宀)의 **구슬**(玉)과 **장군**(缶) 속에 간직한 **재물**(貝)
같은 보배니 **보배 보**

+ 曾 宝 – 집(宀)에 구슬(玉)처럼 소중한 보배니 '보배 보'
+ 장군 – 옛날에 액체를 담았던 통으로, 나무나 도자기로 만들었음.
+ 玉(임금 왕, 으뜸 왕, 구슬 옥 변), 缶(장군 부)

활용어휘 寶鑑(보감), 寶石(보석), 家寶(가보), 國寶(국보)

5

貯

12획 / 부수 貝

貯貯貯貯貯貯貯
貯貯貯貯

재물(貝)을 집(宀)에 고무래(丁)로 당기듯 모아 쌓으니
쌓을 저

+ 宀(집 면), 丁(고무래 정, 못 정, 장정 정, 넷째 천간 정)

활용어휘 貯金(저금), 貯水池(저수지), 貯蓄(저축)

4

賊

13획 / 부수 貝

賊賊賊賊賊賊賊
賊賊賊賊賊

재물(貝)을 창(戈) 들고 많이(十) 훔치는 도둑이니
도둑 적

+ 戈(창 과), 十(열 십, 많을 십)

활용어휘 山賊(산적), 逆賊(역적), 海賊(해적)

4

負

9획 / 부수 貝

負負負負負負負負
負

사람(勹)이 재물(貝)을 가져가려고 짐지니 **짐질 부**
또 싸움에도 지고(패하고) 빚도 지니 **패할 부, 빚질 부**

+ 勹[사람 인(人)의 변형], 貝(조개 패, 재물 패, 돈 패)

활용어휘 負荷(부하), 勝負(승부), 負債(부채)

3II

賴

16획 / 부수 貝

賴賴賴賴賴賴賴賴
賴賴賴賴賴賴賴賴

묶어(束) 놓은 칼(刀)과 재물(貝)에 힘입어 의지하니
힘입을 뢰(뇌), 의지할 뢰(뇌)

+ 束(묶을 속), 刀(칼 도)

활용어휘 無賴漢(무뢰한), 信賴(신뢰), 依賴(의뢰)

3II

鎖

18획 / 부수 金

鎖鎖鎖鎖鎖鎖鎖鎖
鎖鎖鎖鎖鎖鎖鎖鎖
鎖鎖

쇠(金)로 작은(丷) 조개(貝)를 엮듯이 만든 쇠사슬이니
쇠사슬 쇄
또 쇠사슬처럼 걸어 채우는 자물쇠니 **자물쇠 쇄**

+ 金(쇠 금, 금 금, 돈 금, 성씨 김), 丷[작을 소(小)의 변형]

활용어휘 連鎖(연쇄), 足鎖(족쇄), 鎖國(쇄국), 閉鎖(폐쇄)

貴
5
12획 / 부수 貝
貴貴貴貴貴貴貴貴
貴貴貴貴

가운데(中) 있는 하나(一)의 재물(貝)이 귀하니 **귀할 귀**
+ 위험할 때는 귀중품을 물건들 사이에 넣어 보관하기도 하지요.
활용어휘 貴下(귀하), 高貴(고귀), 富貴(부귀), 品貴(품귀)

遺
4
16획 / 부수 辵(辶)
遺遺遺遺遺遺遺
遺遺遺遺遺遺遺遺

귀한(貴) 물건을 가면서(辶) 남기거나 잃으니
남길 유, 잃을 유
+ 町 遣(보낼 견) - 제목번호 165 참고
+ 辶(뛸 착, 갈 착, = 辵)
활용어휘 遺産(유산), 遺言(유언), 遺失(유실)

賈
1Ⅱ
13획 / 부수 貝
賈賈賈賈賈賈賈賈
賈賈賈賈賈

덮어(襾) 쌓아 놓고 재물(貝)을 파는 장사니
장사 고, 성씨 가
+ 襾[덮을 아(襾)의 변형]
활용어휘 *賈人(고인), *賈島(가도)

價
5Ⅱ
15획 / 부수 人(亻)
價價價價價價價價
價價價價價價價

사람(亻)이 장사(賈)할 때 부르는 값이니 **값 가**
또 값을 매기는 가치니 **가치 가**
+ 町 価 - 사람(亻)이 물건을 덮어(襾) 놓고 파는 값이니 '값 가'
  또 값을 매기는 가치니 '가치 가'
활용어휘 價格(가격), 物價(물가), 定價(정가), 價値(가치)

貸
3Ⅱ
12획 / 부수 貝
貸貸貸貸貸貸貸貸
貸貸貸貸

사는 대신(代) 돈(貝) 주고 빌리니 **빌릴 대**
+ 代(대신할 대, 세대 대, 대금 대), 貝(조개 패, 재물 패, 돈 패)
활용어휘 貸付(대부), 貸與(대여), 貸出(대출), 賃貸(임대)

특II **頁** 9획 / 제부수 頁 頁 百 百 百 百 頁 頁	머리(一)에서 **이마**(丿)와 **눈**(目) 있는 얼굴 아래 **목**(八)까지를 본떠서 머리 혈 + 비 貝(조개 패, 재물 패, 돈 패), 見(볼 견, 볼 현) + 頁을 부수로 가진 한자는 '머리'와 관련된 한자입니다.

3II **項** 12획 / 부수 頁 項 項 項 項 項 項 項 項 項 項 項 項	**공**(工) 자 모양인 **머리**(頁) 아래 목이니 목 항 + 비 頃(잠깐 경, 즈음 경, 이랑 경) - 제목번호 365 참고 + 工(장인 공, 만들 공, 연장 공) 활용어휘 項目(항목), 各項(각항), 事項(사항), 直項(직항)

---

3 **頗** 14획 / 부수 頁 頗 頗 頗 頗 頗 頗 頗 頗 頗 頗 頗 頗 頗 頗	머리털 없이 살**가죽**(皮)만 있는 **머리**(頁)처럼 자못 치우쳐 보이니 자못 파, 치우칠 파 + 자못 - 생각보다 매우. + 皮(가죽 피) - 제목번호 195 참고 활용어휘 頗多(파다), 偏頗(편파)

3II **寡** 14획 / 부수 宀 寡 寡 寡 寡 寡 寡 寡 寡 寡 寡 寡 寡 寡 寡	**집**(宀) 재산을 사람 **머릿**(頁)수대로 **칼**(刀)로 나누면 몫이 적으니 적을 과 또 **집**(宀)의 **머리**(頁)가 되어 주는 남편이 **칼**(刀) 들고 전쟁터에 나가 죽은 홀로된 과부를 뜻하여 과부 과 + 刀(칼 도) 활용어휘 寡默(과묵), 寡劣(과열), 獨寡占(독과점), 寡婦(과부)

3

頻

16획 / 부수 頁

걸을(步) 때도 **머리**(頁)에 자주 생각나니 <mark>자주 빈</mark>

+ 步(걸음 보)

활용어휘 頻度(빈도), 頻發(빈발), 頻繁(빈번), 頻出(빈출)

3II

顏

18획 / 부수 頁

선비(彦)처럼 **머리**(頁)에서 빛나는 얼굴이니 <mark>얼굴 안</mark>

+ 彦(선비 언) - 머리(亠)를 받치고(丷) 바위(厂) 아래에서 털(彡)이
길게 자라도록 학문을 닦는 선비니 '선비 언' - 2급

+ 亠(머리 부분 두), 厂(굴 바위 엄, 언덕 엄), 彡(터럭 삼, 긴머리 삼)

활용어휘 顏面(안면), 童顏(동안), 洗顏(세안), 容顏(용안)

3

顧

21획 / 부수 頁

집(戶)에서 키우는 **새**(隹)의 **머리**(頁)처럼 주인을 자주
돌아보니 <mark>돌아볼 고</mark>

+ 먹이를 언제 주나 하고 돌아보지요.

+ 戶(문 호, 집 호), 隹(새 추)

활용어휘 顧客(고객), 顧問(고문), 一顧(일고), 回顧(회고)

5II

類

19획 / 부수 頁

쌀(米)밥을 보고 달려오는 **개**(犬)들의 **머리**(頁)처럼
닮은 무리니 <mark>닮을 류(유), 무리 류(유)</mark>

+ 米(쌀 미), 犬(개 견)

활용어휘 類似(유사), 類例(유례), 分類(분류), 書類(서류)

額

18획 / 부수 頁

額 額 額 額 額 額 額
額 額 額 額 額 額 額
額 額

손님(客)의 **머리**(頁)에서 잘 드러나는 이마니 이마 **액**

또 손님(客)의 **머릿**(頁)수로 계산한 액수니 액수 **액**

또 이마처럼 드러나게 걸어 놓은 현판이니 현판 **액**

+ 현판(懸板) - 글자나 그림을 새겨 벽에 거는 널조각.
+ 客(손님 객), 懸(매달 현, 멀 현), 板(널조각 판)

활용어휘 額面(액면), 殘額(잔액), 總額(총액), 額子(액자)

顯

23획 / 부수 頁

顯 顯 顯 顯 顯 顯 顯
顯 顯 顯 顯 顯 顯 顯
顯 顯 顯 顯 顯 顯 顯

햇(日)빛이나 **작고**(幺) **작은**(幺) **불**(灬)빛에도
머리(頁)는 드러나니 드러날 **현**

+ 앱 顯 - 해(日)와 같이(丨丨) 이쪽저쪽(ˇ)의 땅(一)에 머리(頁)가
드러나니 '드러날 현'
+ 幺(작을 요, 어릴 요), 灬(불 화 발)

활용어휘 顯功(현공), 顯著(현저), 顯忠日(현충일)

---

365 순수번정 경경(順須煩頂 頃傾) - 頁, 頃으로 된 한자

順

12획 / 부수 頁

順 順 順 順 順 順 順
順 順 順 順

(위에서 아래로 흐르는) **냇물**(川)처럼 우두**머리**(頁)의
명령을 따름이 순하니 순할 **순**

+ 川(내 천)

활용어휘 順理(순리), 順産(순산), 順序(순서), 順調(순조)

須

12획 / 부수 頁

須 須 須 須 須 須 須 須
須 須 須 須

터럭(彡)은 **머리**(頁)에 반드시 필요하니 반드시 **수**

또 **터럭**(彡) 중 **머리**(頁) 아래턱에서 잠깐 사이에 자라는
수염이니 잠깐 **수**, 수염 **수**

+ 터럭 삼, 긴머리 삼(彡)은 긴털의 모양으로 우측 위에서 좌측 아
래로 쓰고, 이와 비슷한 삼 수 변(氵)은 그냥 세 점이거나 터럭
삼, 긴머리 삼(彡)의 반대로 좌측 아래에서 우측 위로 씁니다.

활용어휘 須知(수지), 必須(필수), *須臾(수유), 須髮(수발)

3

煩

13획 / 부수 火

煩 煩 煩 煩 煩 煩 煩 煩
煩 煩 煩 煩 煩

불(火)난 것처럼 열나며 **머릿**(頁)속이 번거로우니

번거로울 **번**

✛ 火(불 화)

활용어휘 煩惱(번뇌), 煩務(번무), *煩悶(번민), 煩雜(번잡)

3Ⅱ

頂

11획 / 부수 頁

頂 頂 頂 頂 頂 頂 頂 頂
頂 頂 頂

고무래(丁)처럼 굽은 **머리**(頁)의 정수리니 정수리 **정**

또 정수리가 있는 머리 꼭대기니 꼭대기 **정**

✛ 이마 위의 머리를 만져보아 약간 들어간 곳이 정수리로, 머리 위
의 숫구멍이 있는 자리. 한자로 정문(頂門), 뇌천(腦天)이라고도
합니다.

✛ 丁(고무래 정, 못 정, 장정 정, 넷째 천간 정), 門(문 문), 腦(뇌
뇌), 天(하늘 천)

활용어휘 頂上(정상), 頂點(정점), 登頂(등정), 絶頂(절정)

3Ⅱ

頃

11획 / 부수 頁

頃 頃 頃 頃 頃 頃 頃 頃
頃 頃 頃

비수(匕)처럼 번쩍 **머리**(頁)에 어떤 생각이 스치는 잠깐이니

잠깐 **경**

또 잠깐 사이의 어떤 즈음이나 잠깐 사이에 만들어지는

이랑이니 즈음 **경**, 이랑 **경**

✛ 回 項(목 항)

✛ 비수(匕首) – 짧고 날카로운 칼.

✛ 이랑 – 갈아 놓은 밭의 한 두둑과 한 고랑을 아울러 이르는 말.

✛ 匕(비수 비, 숟가락 비), 首(머리 수, 우두머리 수)

활용어휘 頃刻(경각), 萬頃(만경), 萬頃蒼波(만경창파)

4

傾

13획 / 부수 人(亻)

傾 傾 傾 傾 傾 傾 傾 傾
傾 傾 傾 傾 傾

사람(亻)은 잠깐(頃) 사이에 어느 쪽으로 기우니 기울 **경**

활용어휘 傾斜(경사), 傾聽(경청), 傾向(경향), 左傾(좌경)

令

5획 / 부수 人

𠆢 𠆢 𠆢 令 令

사람(人)으로 하여금 하나(一)같이 무릎 꿇게(㔾)
명령하니 하여금 **령(영)**, 명령할 **령(영)**

또 명령을 잘 따르며 착하고 아름다우니
착할 령, 아름다울 령

또 하늘의 명령에 따라 바뀌는 계절이니 계절 **령**

+ 㔾[무릎 꿇을 절, 병부 절(卩)의 변형]

활용어휘 假令(가령), 發令(발령), 待令(대령), 指令(지령)

冷

7획 / 부수 氷(冫)

冷 冷 冷 冷 冷 冷 冷

얼음(冫)처럼 상관의 명령(令)은 차니 찰 **랭(냉)**

+ 冫(이 수 변)

활용어휘 冷氣(냉기), 冷溫(냉온), 冷戰(냉전), 冷情(냉정)

命

8획 / 부수 口

命 命 命 命 命 命 命 命

입(口)으로 명령하니(令) 명령할 **명**

또 명령으로 좌우되는 목숨이나 운명이니 목숨 **명**, 운명 **명**

+ '하여금 령, 명령할 령(令)'은 문서로 내리는 명령으로 쓰이고, 입
으로 하는 명령은 여기에 입 구, 말할 구, 구멍 구(口)를 더한 '명
령할 명, 목숨 명, 운명 명(命)'을 씁니다.

활용어휘 命令(명령), 救命(구명), 生命(생명), 宿命(숙명)

領

14획 / 부수 頁

領 領 領 領 領 領 領
領 領 領 領 領 領

명령하며(令) 거느리는 우두머리(頁)니
거느릴 **령(영)**, 우두머리 **령(영)**

+ 頁(머리 혈)

활용어휘 領導(영도), 占領(점령), 大統領(대통령)

嶺

17획 / 부수 山

嶺 嶺 嶺 嶺 嶺 嶺 嶺 嶺
嶺 嶺 嶺 嶺 嶺 嶺 嶺 嶺
嶺

산(山)을 거느린(領) 것 같은 고개나 재니
고개 **령(영)**, 재 **령(영)**

+ 고개 아래로 산이 이어져 있으니 마치 고개가 산을 거느린 것 같
지요.

활용어휘 嶺東(영동), 嶺南(영남), 分水嶺(분수령)

夊

3획 / 부수자

夊夊夊

사람(ク)이 다리를 끌며(乀) 천천히 걸어 뒤져오니
천천히 걸을 쇠, 뒤져올 치

+ 비 攵(칠 복, = 攴) - 제목번호 370 참고
+ 원래 천천히 걸을 쇠(夊)와 뒤져올 치(夂)는 다르지만, 획수도 같고 모양과 뜻도 비슷하여 같이 취급하였어요.
+ 천천히 걸을 쇠, 뒤져올 치(夂)는 3획, 칠 복(攵, = 攴)은 4획입니다.
+ ク[사람 인(人)의 변형], 乀['파임 불(乀)'의 변형이지만 여기서는 다리를 끄는 모양으로 봄]

7

夏

10획 / 부수 夊

一一一一一一一一百百
夏夏

(너무 더워서) 하나(一)같이 스스로(自)
천천히 걸으려고(夊) 하는 여름이니 여름 하

활용어휘 夏服(하복), 夏節(하절), 夏至(하지)

7

冬

5획 / 부수 氷(冫)

冫ク久冬冬

계절 중 뒤에 와서(夂) 물이 어는(冫) 겨울이니 겨울 동

+ 冫[얼음 빙(氷)이 부수로 쓰일 때의 모양인 이 수 변(冫)의 변형]

활용어휘 冬至(동지), 冬將軍(동장군), 越冬(월동)

참

夋

7획 / 부수 夊

夋夋夋夋夋夋夋

믿음직스럽도록(允) 의젓하게 천천히 걸어(夊) 가니
의젓하게 걸을 준, 갈 준

+ 允 - 내(厶)가 사람(儿) 중 맏이를 진실로 믿고 허락하니
  '맏 윤, 진실로 윤, 믿을 윤, 허락할 윤'
+ 의젓하다 - 말이나 행동 등이 점잖고 무게가 있다.
+ 厶(사사로울 사, 나 사), 儿(사람 인 발, 어진사람 인)

3

俊

9획 / 부수 人(亻)

俊俊俊俊俊俊俊俊
俊

사람(亻)이 의젓하게 걸을(夋) 정도로 실력이 뛰어나니
뛰어날 준

+ 자신이 있고 실력이 있으면 걸음걸이부터 의젓하지요.

활용어휘 俊德(준덕), 俊才(준재), 英俊(영준)

참

复

9획 / 부수 夂

复复复复复复复复复

사람(宀)들은 해(日)가 지면 **천천히 걸어서(夂)** 집으로 다시 돌아오니 **다시 부**, 돌아올 복

+ 宀[사람 인(人)의 변형], 日(해 일, 날 일)

3Ⅱ

腹

13획 / 부수 肉(月)

腹腹腹腹腹腹腹
腹腹腹腹腹

몸(月)에 **거듭(复)** 포개진 내장이 들어있는 배니 **배 복**

+ 月(달 월, 육 달 월)

활용어휘 腹部(복부), 腹痛(복통), 空腹(공복)

4

複

14획 / 부수 衣(衤)

複複複複複複複
複複複複複複

옷(衤)을 **거듭(复)** 입어 겹치니 **겹칠 복**

+ 衤(옷 의 변)

활용어휘 複寫(복사), 複線(복선), 複數(복수), 複雜(복잡)

4Ⅱ

復

12획 / 부수 彳

復復復復復復復
復復復復

걸어서(彳) 다시 **돌아오니(复)** **다시 부**, 돌아올 복

+ 彳(조금 걸을 척)

활용어휘 復活(부활), 復興(부흥), 復舊(복구), 回復(회복)

3Ⅱ

覆

18획 / 부수 襾(覀)

覆覆覆覆覆覆覆
覆覆覆覆覆覆覆
覆覆

덮어(覀) 버리고 **다시(復)** 하도록 뒤집히니
덮을 부, 다시 복, 뒤집힐 복

+ 覀[덮을 아(襾)의 변형]

활용어휘 天覆(천부), 覆蓋(복개), 飜覆(번복), *顚覆(전복)

3II

履

15획 / 부수 尸

履履履履履履履履
履履履履履履履

몸(尸)이 가거나 돌아올(復) 때 신을 신고 밟으니
신 리(이), 밟을 리(이)

+ 尸(주검 시, 몸 시)

활용어휘 履行(이행), 履歷書(이력서), *曳履聲(예리성)

---

369 강(항)릉릉 총총총 우우[降隆陵 悤總聰 憂優] - 阝, 悤, 憂로 된 한자

4

降

9획 / 부수 阜(阝)

降降降降降降降降
降

언덕(阝)에서 천천히 걸어(夂) 소(牛)처럼 내려오니
내릴 강

또 내려와 몸을 낮추고 항복하니 **항복할 항**

+ 阝(언덕 부 변), 夂(천천히 걸을 쇠, 뒤져올 치), 牛[소 우(牛)의 변형]

활용어휘 降等(강등), 降雨(강우), 降伏(항복), 投降(투항)

3II

隆

12획 / 부수 阜(阝)

隆隆隆隆隆隆隆
隆隆隆隆

언덕(阝)도 차분히(夂) 오르며 한(一)결같이 잘 살려고(生)
노력하면 높고 성하니 **높을 륭(융), 성할 륭(융)**

+ 生(날 생, 살 생, 사람을 부를 때 쓰는 접사 생)

활용어휘 隆起(융기), 隆冬(융동), 隆盛(융성)

3II

陵

11획 / 부수 阜(阝)

陵陵陵陵陵陵陵陵
陵陵陵

언덕(阝)처럼 흙(土)이 쌓여 사람(儿)이 천천히 걸어야(夂)
할 임금 무덤이나 큰 언덕이니
임금 무덤 릉(능), 큰 언덕 릉(능)

활용어휘 丘陵(구릉), 王陵(왕릉), *陵蔑(능멸), 武陵(무릉)

특II

悤

11획 / 부수 心

悤 悤 悤 悤 悤 悤 悤 悤
悤 悤 悤

끈(丿)으로 게으름(夊)을 에워싸(囗) 버린 **마음(心)**처럼
바쁘고 밝으니 **바쁠 총, 밝을 총**

+ 丿('삐침 별'이지만 여기서는 끈으로 봄), 夊('천천히 걸을 쇠, 뒤
져올 치'로 여기서는 게으름으로 봄), 囗(에운담)

활용어휘 *悤忙(총망), *悤急(총급)

- -

4II

總

17획 / 부수 糸

總 總 總 總 總 總 總 總
總 總 總 總 總 總 總 總
總

실(糸)로 바쁘고(悤) 복잡한 것을 모두 모아 거느리니
모두 총, 모을 총, 거느릴 총

+ 阎 総 – 실(糸)로 묶듯 공평한(公) 마음(心)으로 모두 묶어 거느
리니 '모두 총, 거느릴 총'
+ 糸(실 사, 실 사 변), 公(공평할 공, 대중 공, 귀공자 공)

활용어휘 總角(총각), 總計(총계), *總括(총괄), 總論(총론)

- -

3

聰

17획 / 부수 耳

聰 聰 聰 聰 聰 聰 聰
聰 聰 聰 聰 聰 聰 聰
聰

귀(耳) 밝아(悤) 말을 빨리 알아듣고 총명하니
귀 밝을 총, 총명할 총

활용어휘 聰氣(총기), 聰明(총명)

- -

3II

憂

15획 / 부수 心

憂 憂 憂 憂 憂 憂 憂 憂
憂 憂 憂 憂 憂 憂 憂

하나(一)같이 스스로(自) 덮어(冖) **마음(心)**에 품고
천천히 걸으며(夊) 근심하니 **근심할 우**

+ 冖(덮을 멱), 夊(천천히 걸을 쇠, 뒤져올 치)

활용어휘 憂慮(우려), 憂愁(우수), *憂鬱(우울), 憂患(우환)

- -

4

優

17획 / 부수 人(亻)

優優優優優優優
優優優優優優優
優

사람(亻)이 근심하며(憂) 노력하여 우수하니 우수할 우

또 **사람(亻)이 근심하며(憂) 머뭇거리니 머뭇거릴 우**

또 **사람(亻)이 근심하듯(憂) 주어진 대본을 생각하며**
연기하는 배우니 **배우 우**

+ 돼지처럼 편안히만 있는 사람보다 노력하고 고민하는 사람이 우
  수하다는 어원, 정말 어떻게 살 것인가를 알려 주는 어원이네요.

활용어휘 優劣(우열), 優位(우위), 聲優(성우), *俳優(배우)

---

370 복고산 패교목[夊(攴)故散 敗教牧] – 夊으로 된 한자

夊

4획 / 부수자

夊夊夊夊

이리(丿)저리(一) 엇갈리게(乂) 치니 칠 복

+ '사람(一)이 이리(丿)저리(乀) 치니 칠 복'이라고도 합니다.
+ 동 攴 – 점(卜)칠 때 오른손(又)에 회초리 들고 툭툭 치면서 점친
  다는 데서 '칠 복(攴)'
+ 비 夊(천천히 걸을 쇠, 뒤져올 치), 支(다룰 지, 가를 지, 지탱할 지)
+ 칠 복(夊, 攴)은 4획, 천천히 걸을 쇠, 뒤져올 치(夊)는 3획입니다.
+ 乂('벨 예, 다스릴 예, 어질 예'지만 여기서는 엇갈리는 모양으로
  봄), 卜(점 복), 又(오른손 우, 또 우)

4Ⅱ

故

9획 / 부수 攴(攵)

故故故故故故故
故

오래된(古) 일이지만 하나씩 짚으며(夊) 묻는 연고 있는
옛날이니 **연고 고, 옛 고**

+ 연고(緣故) – ㉠ 사유. ㉡ 혈통·정분·법률 등으로 맺어진 관계.
  ㉢ 인연.
+ 古(오랠 고, 옛 고), 緣(인연 연)

활용어휘 故人(고인), 故意(고의), 故事(고사), 故鄕(고향)

4

散

12획 / 부수 攴(攵)

散散散散散散散散
散散散散

풀(卄)이 난 땅(一)에 고기(月)를 놓고 치면(夊)
여러 조각으로 흩어지니 **흩어질 산**

+ 卄[초 두(卄)의 약자], 月(달 월, 육 달 월)

활용어휘 散髮(산발), 散在(산재), 離散(이산), 解散(해산)

5

敗

11획 / 부수 攵(攴)

敗敗敗敗敗敗敗敗
敗敗敗

재물(貝) 때문에 치고(攵) 싸워서 패하니 패할 패

＋ 貝(조개 패, 재물 패, 돈 패)

활용어휘 敗亡(패망), 敗因(패인), 成敗(성패), 失敗(실패)

8

教

11획 / 부수 攵(攴)

教教教教教教教教
教教教

어질게(乂) 많이(𠂇) 자식(子)을 치며(攵) 가르치니 가르칠 교

＋ 乂(벨 예, 다스릴 예, 어질 예), 𠂇[열 십, 많을 십(十)의 변형], 子(아들 자, 첫째 지지 자, 자네 자, 접미사 자)

활용어휘 教育(교육), 教訓(교훈), 說教(설교), 布教(포교)

4Ⅱ

牧

8획 / 부수 牛(牛)

牧牧牧牧牧牧牧牧

소(牛)를 치며(攵) 기르니 기를 목

＋ 〈양치기 소년〉에서 '치기', '가축을 치다'에서 '치다'도 牧의 어원과 같네요.
＋ 牛 – 소 우(牛)가 부수로 쓰일 때의 모양으로 '소 우 변'

활용어휘 牧童(목동), 牧夫(목부), 牧場(목장), 牧畜(목축)

특II

攸
7획 / 부수 攵(攴)

攸 攸 攸 攸 攸 攸 攸

사람(亻)이 **지팡이**(丨)로 땅을 **치면서**(攵) 사라져
아득하니 아득할 **유**

＋ 아득하다 – ㉠ 보이는 것이나 들리는 것이 희미하고 매우 멀다.
　　　　　㉡ 까마득히 오래되다.
　　　　　㉢ 정신이 흐려진 상태이다.
　　　　　여기서는 ㉠의 뜻.
＋ 丨('뚫을 곤'이지만 여기서는 지팡이로 봄)

3II

悠
11획 / 부수 心

悠 悠 悠 悠 悠 悠 悠
悠 悠 悠

아득히(攸) 먼 옛날까지 **마음**(心)에 생각할 정도로
한가하니 한가할 **유**

또 **아득하게**(攸) **마음**(心)에 느껴질 정도로 머니 멀 **유**

활용어휘 悠悠自適(유유자적), 悠久(유구), 悠遠(유원)

4II

修
10획 / 부수 人(亻)

修 修 修 修 修 修 修 修
修 修

아득히(攸) 흘러가는 물에 **머리**(彡) 감듯이 마음을 닦고
다스리니 닦을 **수**, 다스릴 **수**

＋ 彡(터럭 삼, 긴머리 삼)

활용어휘 修女(수녀), 修道(수도), 修練(수련), 修身(수신)

4

條
11획 / 부수 木

條 條 條 條 條 條 條 條
條 條 條

아득히(攸) **나무**(木)에서 뻗어 가는 가지니 가지 **조**

또 가지처럼 나누어진 조목이니 조목 **조**

＋ 몐 条 – (본줄기보다) 뒤져서(攵) 나무(木)에 돋는 가지니 '가지 조'
　　또 가지처럼 나누어진 조목이니 '조목 조'
＋ 攵(천천히 걸을 쇠, 뒤져올 치)

활용어휘 條理(조리), 條件(조건), 條約(조약), 信條(신조)

특

敝

12획 / 부수 攴(攵)

敝 敝 敝 敝 敝 敝 敝
敝 敝 敝 敝

작은(小) 성(冂)은 조금(小)만 쳐도(攵) 해지고 깨지니

해질 폐, 깨질 폐

+ 해지다 – 닳아서 떨어지다.
+ 小(작을 소), 冂(멀 경, 성 경), 攵(칠 복, = 攴)

활용어휘 *敝件(폐건), *敝履(폐리), *敝船(폐선)

3

蔽

16획 / 부수 草(艹)

蔽 蔽 蔽 蔽 蔽 蔽 蔽 蔽
蔽 蔽 蔽 蔽 蔽 蔽 蔽 蔽

풀(艹)로 해진(敝) 곳을 덮으니 **덮을 폐**

활용어휘 蔽空(폐공), 建蔽率(건폐율), 隱蔽(은폐)

3Ⅱ

弊

15획 / 부수 廾

弊 弊 弊 弊 弊 弊 弊
弊 弊 弊 弊 弊 弊 弊

잘 깨져(敝) 받쳐 들어야(廾) 하는 폐단이니 **폐단 폐**

+ 폐단(弊端) – 괴롭고 번거로운 일.
+ 廾(받쳐 들 공), 端(끝 단, 바를 단, 실마리 단)

활용어휘 弊習(폐습), 弊害(폐해), 民弊(민폐), 語弊(어폐)

3

幣

15획 / 부수 巾

幣 幣 幣 幣 幣 幣 幣
幣 幣 幣 幣 幣 幣

(너무 많이 써서) 해진(敝) 수건(巾) 같은 돈이니 **돈 폐**

또 돈이나 선물을 넣어 보내는 폐백이니 **폐백 폐**

+ 폐백(幣帛) – 신부가 처음으로 시부모를 뵐 때 올리는 것.
+ 巾(수건 건), 帛(비단 백)

활용어휘 僞幣(위폐), 造幣(조폐), 紙幣(지폐), 貨幣(화폐)

3II

井

4획 / 부수 二

井 二 井 井

나무로 엇갈리게 쌓아 만든 우물이나 우물틀 모양을 본떠서
우물 정, 우물틀 정

+ 옛날에는 우물을 파고 흙이 메워지지 않도록 통나무를 井 자 모양으로 짜서 올렸지요.

활용어휘 井華水(정화수), 市井雜輩(시정잡배), 油井(유정)

3II

耕

10획 / 부수 耒

耕 耕 耒 耒 耕 耕 耕 耕
耕 耕

가래(耒)로 우물(井)을 파듯 깊게 밭을 가니 **밭 갈 경**

+ 가래 – 밭을 가는 농기구.
+ 耒(가래 뢰)

활용어휘 耕作(경작), 耕地(경지), 休耕(휴경)

6II

形

7획 / 부수 彡

形 形 形 形 形 形 形

우물(开)에 머리털(彡)이 비친 모양이니 **모양 형**

+ 거울이 없었던 옛날에는 우물에 자기의 모습을 비춰 보기도 했지요.
+ 开[우물 정, 우물틀 정(井)의 변형], 彡(터럭 삼, 긴머리 삼)

활용어휘 形式(형식), 形言(형언), 成形(성형), 人形(인형)

4

刑

6획 / 부수 刀(刂)

刑 刑 刑 刑 刑 刑

우물틀(开) 같은 형틀에 매어 칼(刂)로 집행하는 형벌이니
형벌 형

+ 刂[刀(책 펴낼 간) – 제목번호 032 참고
+ 刂(칼 도 방)

활용어휘 刑期(형기), 刑罰(형벌), 刑法(형법), 減刑(감형)

5

寒

12획 / 부수 宀

寒 寒 寒 寒 寒 寒 寒
寒 寒 寒 寒

집(宀) 우물(井) 하나(一)에서 나뉘어(八) 나온 물이
얼음(冫)처럼 차니 **찰 한**

+ 宀(집 면), 八(여덟 팔, 나눌 팔), 冫(이 수 변)

활용어휘 寒氣(한기), 寒波(한파), 惡寒(오한), *酷寒(혹한)

<table>
<tr>
<td>

3II

塞

13획 / 부수 土

塞 塞 塞 塞 塞 塞 塞 塞
塞 塞 塞 塞 塞

</td>
<td>

집(宀)의 벽을 **우물틀**(井)처럼 **하나**(一)씩 **나누어**(八)
흙(土)으로 막으니 **막을 색**

또 출입을 막고 지키는 변방이니 **변방 새**

활용어휘 *梗塞(경색), 窮塞(궁색), 閉塞(폐색), 要塞(요새)

</td>
</tr>
</table>

374 양양양 구구강(襄讓壞 毒構講) – 襄과 毒로 된 한자

<table>
<tr>
<td>

1II

襄

17획 / 부수 衣

襄 襄 襄 襄 襄 襄 襄 襄
襄 襄 襄 襄 襄 襄 襄 襄
襄

</td>
<td>

(드러나지 않게) **옷**(衣) 속에 **입들**(口口)을 가리고
우물틀(井)처럼 얽혀 **한**(一)결같이 도우니 **도울 양**

+ 연 襄 – 옷(衣)을 나누어(八) 싸고 우물틀(井)처럼 얽혀 한(一)결
　　같이 도우니 '도울 양'
+ 비 裏(속 회) – 제목번호 354 참고
+ 衣(옷 의), 井(우물 정, 우물틀 정)

활용어휘 *襄禮(양례), *贊襄(찬양)

</td>
</tr>
<tr>
<td>

3II

讓

24획 / 부수 言

讓 讓 讓 讓 讓 讓 讓 讓
讓 讓 讓 讓 讓 讓 讓 讓
讓 讓 讓 讓 讓 讓 讓

</td>
<td>

말(言)로라도 **도우려고**(襄) 사양하고 겸손하니
사양할 양, 겸손할 양

+ 연 讓

활용어휘 讓渡(양도), 讓步(양보), 辭讓(사양), 謙讓(겸양)

</td>
</tr>
</table>

3II

壞

20획 / 부수 土

壤 壤 壤 壤 壤 壤
壤 壤 壤 壤 壤 壤
壤 壤 壤

흙(土)이 일을 도와주려는(襄) 듯 고운 흙으로 된 땅이니

고운 흙 양, 땅 양

+ 壤 – 흙(土)이 일을 도와주려는(襄) 듯 고운 흙으로 된 땅이니 '고운 흙 양, 땅 양'
+ 壊(무너질 괴) – 제목번호 354 참고
+ 돌이 섞이지 않은 고운 흙이 일을 하거나 곡식의 생육에 도움을 주지요.

활용어휘 擊壤歌(격양가), 土壤(토양), 平壤(평양)

참

冓

10획 / 부수 冂

冓 冓 冓 冓 冓 冓 冓
冓 冓

우물틀(井)처럼 다시(再) 쌓으니 **쌓을 구**

+ 井(우물 정, 우물틀 정), 再(다시 재, 두 번 재)

4

構

14획 / 부수 木

構 構 構 構 構 構 構
構 構 構 構 構

나무(木)를 쌓아(冓) 얽으니 **얽을 구**

활용어휘 構圖(구도), 構成(구성), 構造(구조), 虛構(허구)

4II

講

17획 / 부수 言

講 講 講 講 講 講 講
講 講 講 講 講 講 講
講

말(言)을 쌓듯이(冓) 여러 번 익혀 강의하니

익힐 강, 강의할 강

활용어휘 講論(강론), 講習(강습), 講義(강의), 講師(강사)

4Ⅱ 羊 6획 / 제부수 羊羊羊羊羊羊	앞에서 바라본 양을 본떠서 **양 양** ✦ 양은 성질이 온순하여 방목하거나 길들이기도 좋으며, 부드럽고 질긴 털과 가죽 그리고 고기를 주니 이로운 짐승이지요. 그래서 양(羊)이 부수로 쓰이면 대부분 좋은 의미의 한자랍니다. ✦ 한자가 만들어진 중국에서는 양을 많이 길러서 양(羊)이 들어간 한자가 많습니다. **활용어휘** 羊毛(양모), 羊肉(양육), 羊頭狗肉(양두구육)

물(氵)결이 수만 마리 **양**(羊) 떼처럼 출렁이는 큰 바다니 **큰 바다 양**

또 큰 바다 건너편에 있는 서양이니 **서양 양**

✦ 작은 바다는 '바다 해(海)' – 제목번호 144 참고

활용어휘 遠洋(원양), 洋食(양식), 洋裝(양장), 洋酒(양주)

洋 9획 / 부수 水(氵) 洋洋洋洋洋洋洋洋洋 洋

보임(示)이 **양**(羊)처럼 좋은 상서로운 조짐이니 **상서로울 상, 조짐 상**

✦ 상서(祥瑞)롭다 – 복되고 좋은 일이 있을 듯하다.
✦ 조짐(兆朕) – 좋거나 나쁜 일이 생길 기미가 보이는 현상.
✦ 示(보일 시, 신 시), 瑞(상서로울 서), 兆(조짐 조, 조 조), 朕(나 짐, 조짐 짐)

활용어휘 發祥地(발상지), 不祥事(불상사), 吉祥(길상)

祥 11획 / 부수 示 祥祥祥祥祥祥祥 祥祥祥

말(言)을 **양**(羊)처럼 순하고 좋게 하며 자세하니 **자세할 상**

활용어휘 詳報(상보), 詳細(상세), 詳述(상술), 未詳(미상)

詳 13획 / 부수 言 詳詳詳詳詳詳詳 詳詳詳詳詳

4

様

15획 / 부수 木

樣 樣 樣 樣 樣 樣 樣
樣 樣 樣 樣 樣 樣 樣

나무(木) 옆에 **양**(羊) 떼가 **길게**(永) 늘어선 모양이니

모양 양

+ 木(나무 목), 羊[양 양(羊)의 변형], 永(길 영, 오랠 영)

활용어휘 模樣(모양), 多樣(다양), 文樣(문양)

- -

4II

達

13획 / 부수 辵(辶)

達 達 達 達 達 達 達 達
達 達 達 達 達

흙(土)에만 살던 **양**(羊)도 **뛰어**(辶) 풀밭에 잘도 이르니

이를 달

또 이르도록 익혀 통달하니 통달할 달

+ 통달(通達) – (어떤 일에) 막힘없이 통하여 훤히 앎.
+ 土(흙 토), 辶(뛸 착, 갈 착, = 辶), 通(통할 통)

활용어휘 達成(달성), 發達(발달), 達辯(달변), 達人(달인)

6

美

9획 / 부수 羊(㪀)

美 美 美 美 美 美 美 美
美

양(㪀)이 커(大)가는 모양처럼 아름다우니 아름다울 미

+ 순한 양이 커가는 모양은 더욱 아름답게 보이지요.
+ 㪀[양 양(羊)의 변형], 大(큰 대)

활용어휘 美觀(미관), 美德(미덕), 美術(미술), 美人(미인)

5

善

12획 / 부수 口

善 善 善 善 善 善 善 善
善 善 善 善

양(羊)처럼 풀(丷)만 입(口)으로 먹는 짐승은 순하고 착하니 착할 선

또 착하면 좋고 시키는 일도 잘하니 좋을 선, 잘할 선

+ 초식 동물은 대부분 순하고, 사람도 초식을 좋아하면 성질이 온순해진다지요.
+ 초 두(艹)는 원래 4획이나 여기서는 약자 형태(艹)의 변형(丷)인 3획으로 봅니다.

활용어휘 善良(선량), 改善(개선), 善戰(선전), 善防(선방)

5II

養

15획 / 부수 食

養 養 養 養 養 養 養 養
養 養 養 養 養 養 養

양(㪀)처럼 먹여(食) 기르니 기를 양

+ 食(밥 식, 먹을 식, 먹이 사)

활용어휘 養鷄(양계), *養殖(양식), 敎養(교양), 營養(영양)

5II

着

12획 / 부수 目

着 着 着 着 着 着 着 着
着 着 着 着

털에 가린 양(㪀)의 붉은(丿) 눈(目)처럼 붙으니 붙을 착

+ 丿('삐침 별'이지만 여기서는 붙은 모양으로 봄)

활용어휘 安着(안착), 延着(연착), 接着(접착), 沈着(침착)

4

差

10획 / 부수 工

差 差 差 差 差 差 差 差
差 差

양(㪀)처럼 붙어(丿) 서서 같이 만들어도(工) 다르고 어긋나니 다를 차, 어긋날 차

+ 工(장인 공, 만들 공, 연장 공)

활용어휘 差等(차등), 差別(차별), 快差(쾌차), 誤差(오차)

3Ⅱ

我

7획 / 부수 戈

我 我 我 我 我 我 我

손(手)에 **창**(戈) 들고 지켜야 할 존재는 바로 나니 **나 아**

+ 조금만 방심하면 잡념이 생기고 남의 공격도 받게 됨을 생각하고 만든 한자.
+ 手(손 수, 재주 수, 재주 있는 사람 수), 戈(창 과)

활용어휘 我軍(아군), 我執(아집), 沒我(몰아), 自我(자아)

3

餓

16획 / 부수 食(飠)

餓 餓 餓 餓 餓 餓 餓 餓 餓 餓 餓 餓 飫 餓 餓 餓

밥(飠)이 **나**(我)에게 제일 생각나도록 굶주리니 **굶주릴 아**

+ 飠(밥 식, 먹을 식 변)

활용어휘 餓鬼(아귀), 餓倒(아도), 餓死(아사)

4Ⅱ

義

13획 / 부수 羊(⺶)

義 義 義 義 義 義 義 義 義 義 義 義

순한 **양**(羊)처럼 순하고 착하게 **내**(我)가 행동함이 옳고 의로우니 **옳을 의, 의로울 의**

+ ⺶[양 양(羊)의 변형]

활용어휘 義擧(의거), 義理(의리), 義士(의사), 不義(불의)

4Ⅱ

議

20획 / 부수 言

議 議 議 議 議 議 議 議 議 議 議 議 議 議 議 議 議 議 議 議

말(言)로 **의롭게**(義) 의논하니 **의논할 의**

활용어휘 議決(의결), 會議(회의), 物議(물의), 謀議(모의)

4

儀

15획 / 부수 人(亻)

儀 儀 儀 儀 儀 儀 儀 儀 儀 儀 儀 儀 儀 儀 儀

사람(亻)이 **옳게**(義) 행동하는 거동이나 법도니 **거동 의, 법도 의**

+ 거동(擧動) - 일에 나서서 움직이는 태도. 몸가짐.
+ 擧(들 거, 행할 거, 일으킬 거), 動(움직일 동)

활용어휘 儀禮(의례), 儀式(의식), 儀典(의전)

특II

豕

7획 / 제부수

豕豕豕豕豕豕豕

서 있는 돼지를 본떠서 **돼지 시**

활용어휘 *豕突(시돌), *豕牢(시뢰), *豕心(시심)

3

豚

11획 / 부수 豕

豚豚豚豚豚豚豚
豚豚豚

(다른 짐승에 비해) **살(月)**이 많은 **돼지(豕)**니 **돼지 돈**

➕ 돼지는 다른 짐승에 비해 살이 많기 때문에 돼지 시(豕)에 달 월,
육 달 월(月)을 붙여 만든 한자.

활용어휘 豚舍(돈사), 豚肉(돈육), 養豚(양돈), 種豚(종돈)

4II

隊

12획 / 부수 阜(阝)

隊隊隊隊隊隊隊隊
隊隊隊隊

언덕(阝)에 있는 **여덟(八)** 마리의 **돼지(豕)** 무리니
무리 대

또 무리를 이루는 군대도 뜻하여 **군대 대**

➕ 阝(언덕 부 변), 八(여덟 팔, 나눌 팔)

활용어휘 隊員(대원), 隊長(대장), 入隊(입대), 除隊(제대)

7II

家

10획 / 부수 宀

家家家家家家家家
家家

지붕(宀) 아래 **돼지(豕)**처럼 먹고 자는 집이니 **집 가**

또 하나의 집처럼 어느 분야에 일가를 이룬 전문가도 뜻하여
전문가 가

➕ 뱀이 많아 집안에도 들어왔던 옛날에는 집에 꼭 돼지를 키웠답니
다. 뱀은 돼지를 아주 무서워하여 냄새만 나도 도망가니까요.

➕ 일가(一家) - ㉠ 성(姓)과 본(本)이 같은 겨레붙이.
　　　　　　　 ㉡ 어느 분야에서 독자적인 경지나 체계를 이룬
　　　　　　　　 상태. 여기서는 ㉡의 뜻.

활용어휘 家庭(가정), 家族(가족), 大家(대가), 作家(작가)

3II

蒙

14획 / 부수 草(艹)

蒙蒙蒙蒙蒙蒙蒙蒙
蒙蒙蒙蒙蒙蒙

풀(艹)에 덮인(冖) 한(一) 마리의 **돼지(豕)**처럼
어리석고 어리니 **어리석을 몽, 어릴 몽**

활용어휘 啓蒙(계몽), 蒙古(몽고), *蒙昧(몽매), 朱蒙(주몽)

3	逐
11획 / 부수 辵(辶)	
逐 逐 逐 逐 逐 逐 逐 逐 逐 逐 逐	

돼지(豕)를 뛰어가(辶) 쫓으니 **쫓을 축**

＋ 지금도 농촌에는 멧돼지의 피해가 심하지요.

＋ 辶(뛸 착, 갈 착, = 辶)

활용어휘 逐出(축출), 角逐(각축), *驅逐艦(구축함)

3	遂
13획 / 부수 辵(辶)	
遂 遂 遂 遂 遂 遂 遂 遂 遂 遂 遂 遂 遂	

팔(八)방으로 쫓아(逐) 다니며 정성들여 드디어 이루니

드디어 수, 이룰 수

＋ 辶(뛸 착, 갈 착, = 辶)

활용어휘 遂行(수행), 未遂(미수), 完遂(완수)

3Ⅱ	夢
14획 / 부수 夕	
夢 夢 夢 夢 夢 夢 夢 夢 夢 夢 夢 夢 夢 夢	

풀(艹)로 만든 **그물(罒)** 같은 이불을 **덮고(冖)** 자는
저녁(夕)에 꾸는 꿈이니 **꿈 몽**

＋ 뗸夢 – 수풀(林) 속처럼 어두운 저녁(夕)에 꾸는 꿈이니 '꿈 몽'

＋ 罒(그물 망), 冖(덮을 멱), 夕(저녁 석), 林(수풀 림)

활용어휘 夢想(몽상), 吉夢(길몽), 惡夢(악몽), *胎夢(태몽)

豸

7획 / 부수자

豸豸豸豸豸豸豸

먹이를 잡기 위해 몸을 웅크리고 노려보는 모양을 본떠서
웅크리고 노려볼 치

또 지렁이 같은 발 없는 벌레로도 보아 **발 없는 벌레 치**

3II

貌

14획 / 부수 豸

貌貌貌貌貌貌貌貌
貌貌貌貌貌貌

발 없는 벌레(豸)가 **흰(白)** 탈을 쓴 **사람(儿)** 모양이니
모양 모

+ 앺 皃 - 흰(白) 탈을 쓴 사람(儿) 모양이니 '모양 모'
+ 白(흰 백, 밝을 백, 깨끗할 백, 아뢸 백), 儿(사람 인 발, 어진사람 인)

활용어휘 貌樣(모양), 面貌(면모), 美貌(미모), 全貌(전모)

3II

懇

17획 / 부수 心

懇懇懇懇懇懇懇懇
懇懇懇懇懇懇懇懇
懇

발 없는 벌레(豸)처럼 머물러(艮) 먹이를 구하는
마음(心)이 간절하니 **간절할 간**

+ 艮(멈출 간, 어긋날 간), 心(마음 심, 중심 심)

활용어휘 懇切(간절), 懇曲(간곡), 懇求(간구), 懇請(간청)

3II

燕

16획 / 부수 火(灬)

燕燕燕燕燕燕燕燕
燕燕燕燕燕燕燕燕

먹이를 문 **부리(廿)**와 양 **날개(北)**와 **몸통(口)**과 갈라진
꼬리(灬) 모양을 본떠서 **제비 연, 연나라 연**

또 제비처럼 떠들며 여는 잔치니 **잔치 연**

+ 연경(燕京) - 북경의 옛 이름. 연(燕)나라의 수도였던 데서 유래.

활용어휘 *燕雀(연작), 燕尾服(연미복)

4

革

9획 / 제부수

革革革革革革革革
革

걸어 놓은 짐승 가죽의 **머리(廿)**와 **몸통(口)**과
다리(一)와 **꼬리(丨)**를 본떠서 **가죽 혁**

또 가죽으로 무엇을 만들려고 고치니(가공하니) **고칠 혁**

+ 가죽은 원래 그대로는 쓰지 못하고 가공하여 옷이나 가방, 신발의
소재로 사용하지요.

활용어휘 革帶(혁대), 皮革(피혁), 革命(혁명), 革新(혁신)

4

象

12획 / 부수 豕

象 象 象 象 象 象 象 象
象 象 象 象

코끼리(🐘) 모양을 본떠서

코끼리 상, 모양 상, 본뜰 상

+ 비 衆(무리 중) – 제목번호 357 참고

활용어휘 象牙(상아), 象徵(상징), 印象(인상), 象形(상형)

3II

像

14획 / 부수 人(亻)

像 像 像 像 像 像 像
像 像 像 像 像 像

사람(亻)이 코끼리(象) 모양을 본떠 그리니

모양 상, 본뜰 상

+ 亻(사람 인 변)

활용어휘 銅像(동상), 佛像(불상), 自畫像(자화상)

4

豫

16획 / 부수 豕

豫 豫 豫 豫 豫 豫 豫 豫
豫 豫 豫 豫 豫 豫 豫 豫

자기(予)가 할 일을 코끼리(象)는 미리 아니 **미리 예**

+ 여 子 – 제목번호 145 참고

활용어휘 豫告(예고), 豫報(예보), 豫備(예비), 豫想(예상)

5

馬

10획 / 제부수

馬 馬 馬 馬 馬 馬 馬 馬
馬 馬

옆에서 바라본 말을 본떠서 **말 마**

활용어휘 馬力(마력), 馬術(마술), 乘馬(승마), 河馬(하마)

3

篤

16획 / 부수 竹(⺮)

篤 篤 篤 篤 篤 篤 篤 篤
篤 篤 篤 篤 篤 篤 篤 篤

대(⺮)로 말(馬)을 타던 어린 시절 친구처럼 정이 두터우니

두터울 독

+ 두텁다 – 신의, 믿음, 관계, 인정 등이 굳고 깊다.
+ 놀이기구가 없던 옛날에는 대로 말을 타면서 놀기도 하여서 어린
  시절의 친구를 죽마고우(竹馬故友)라 하지요.
+ ⺮(대 죽), 故(연고 고, 옛 고), 友(벗 우)

활용어휘 篤實(독실), 篤志家(독지가), 危篤(위독)

3Ⅱ

牙

4획 / 제부수

丅 二 天 牙

코끼리 어금니(　)를 본떠서 **어금니 아**

활용어휘 牙城(아성), 官牙(관아), 象牙(상아), 齒牙(치아)

3Ⅱ

雅

12획 / 부수 隹

雅 雅 雅 雅 雅 雅 雅 雅
雅 雅 雅 雅

어금니(牙)를 가는 것처럼 내는 **새(隹)**소리는 맑고 우아하게 들리니 **맑을 아, 우아할 아**

+ 隹(새 추)

활용어휘 雅潔(아결), 雅淡(아담), 端雅(단아), 優雅(우아)

3Ⅱ

邪

7획 / 부수 邑(阝)

邪 邪 邪 邪 邪 邪 邪

어금니(牙)나 구석진 **고을(阝)**처럼 숨어서 하는 짓이 간사하니 **간사할 사**

+ 간사(奸邪) – 자기의 이익을 위하여 나쁜 꾀를 부리는 등 바르지 않음.
+ 阝(고을 읍 방), 奸(간사할 간)

활용어휘 邪惡(사악), 巧邪(교사), 酒邪(주사)

3Ⅱ

芽

8획 / 부수 草(艹)

芽 芽 芽 芽 芽 芽 芽 芽

풀(艹) 중 **어금니(牙)**처럼 돋아나는 싹이니 **싹 아**

활용어휘 發芽(발아), *胚芽(배아), *胎芽(태아)

虍

6획 / 부수자

虍 虍 虍 虍 虍 虍

범의 머리를 본떠서 범 호 엄

+ 범 - 호랑이.

+ 범과 관련된 한자에 부수로 쓰임. '엄'은 부수 이름이고 이 한자를 독음으로 찾으려면 '호'로 찾아야 하니 제목을 '호'로 했습니다.

4II

虛

12획 / 부수 虍

虛 虛 虛 虛 虛 虛 虛 虛 虛 虛 虛

범(虍)이 이쪽(ノ)저쪽(ㅏ)으로 다니는 땅(一)은 다른 동물이 모두 도망가 비니 빌 허

또 비어 아무것도 못 잡아 헛되니 헛될 허

+ 옙 虚 - 범(虍)이 같이(ㅣㅣ) 어울려 이쪽(ヽ)저쪽(ノ)으로 다니는 땅(一)은 다른 동물이 모두 도망가 비니 '빌 허'
또 비어 아무것도 못 잡아 헛되니 '헛될 허'

활용어휘 虛空(허공), 虛無(허무), 虛費(허비), 虛脫(허탈)

3II

戲

17획 / 부수 戈

戲 戲 戲 戲 戲 戲 戲 戲 戲 戲 戲 戲 戲 戲 戲 戲 戲

범(虍) 무늬를 제기(豆) 위에 놓고 창(戈)으로 찌르는 시늉을 하며 놀고 희롱하니 놀 희, 희롱할 희

+ 옙 戯, 戲 - 헛된(虛) 즉, 거짓 창(戈)을 들고 놀라게 하며 놀고 희롱하니 '놀 희, 희롱할 희'

+ 戈(창 과), 豆(제기 두, 콩 두)

활용어휘 戲曲(희곡), 戲劇(희극), 戲弄(희롱), 戲筆(희필)

3II

虎

8획 / 부수 虍

虎 虎 虎 虎 虎 虎 虎 虎

범(虍)은 사람처럼 영리하니 사람 인 발(儿)을 붙여서 범 호

활용어휘 虎威(호위), 虎皮(호피), 猛虎(맹호)

6

號

13획 / 부수 虍

號 號 號 號 號 號 號 號 號 號 號 號 號

입(口)을 크게(丂) 벌리고 범(虎)처럼 부르짖으니 부르짖을 호

또 부르는 이름이나 부호니 이름 호, 부호 호

+ 옙 号 - 입(口)을 크게(丂) 벌리고 부르짖으니 '부르짖을 호'
또 부르는 이름이나 부호니 '이름 호, 부호 호'

+ 丂[큰 대(大)의 변형], 虎[범 호(虎)의 변형]

활용어휘 號令(호령), 國號(국호), 番號(번호), 記號(기호)

3

14획 / 부수 辵(辶)

遞遞遞遞遞遞遞遞
遞遞遞遞遞遞

언덕(厂)을 범(虍)이 왔다갔다(辶) 하듯 이리저리 다니며 전하니 **전할 체**

+ 앱 逓 – 언덕(厂)을 두(二) 번이나 수건(巾) 두르고 왔다갔다(辶)하며 전하니 '전할 체'
+ 厂(굴 바위 엄, 언덕 엄), 巾(수건 건)

활용어휘 遞減(체감), 遞信(체신), 郵遞局(우체국)

---

383 처려 거극 로로(處慮 據劇 盧爐) - 虍, 豦, 盧로 된 한자

4Ⅱ

11획 / 부수 虍

處處處處處處處處
處處處

범(虍)처럼 천천히 걸으며(夂) 안석(几)같이 편안한 곳에 사니 **곳 처, 살 처**

또 살면서 많은 일을 처리하니 **처리할 처**

+ 앱 処 – 천천히 걸으며(夂) 안석(几)같이 편안한 곳에 사니 '곳 처, 살 처'
  또 살면서 많은 일을 처리하니 '처리할 처'
+ 夂(천천히 걸을 쇠, 뒤져올 치), 几(안석 궤, 책상 궤)

활용어휘 處所(처소), 處世(처세), 處方(처방), 處置(처치)

4

15획 / 부수 心

慮慮慮慮慮慮慮
慮慮慮慮慮慮慮

범(虍)처럼 무서운 것을 자꾸 **생각하고(思)** 염려하니 **생각할 려(여), 염려할 려(여)**

+ 옛날에는 범이 최고로 무서웠으니 자주 생각났겠지요.
+ 思(생각할 사)

활용어휘 考慮(고려), 配慮(배려), 思慮(사려), 念慮(염려)

4

16획 / 부수 手(扌)

據據據據據據據
據據據據據據據

손(扌)으로 범(虍)이나 **돼지(豕)**를 잡으려고 무엇에 의지하니 **의지할 거**

+ 앱 拠 – 손(扌)으로 어느 곳(処)을 잡고 의지하니 '의지할 거'
+ 扌(손 수 변), 豕(돼지 시)

활용어휘 據點(거점), 論據(논거), 占據(점거), 證據(증거)

4

15획 / 부수 刀(刂)

劇劇劇劇劇劇劇劇
劇劇劇劇劇劇

범(虍)과 돼지(豕)를 잡으려고 칼(刂)로 찌르는 것이 심하니 **심할 극**

또 심하게 실제와 똑같이 하는 연극이니 **연극 극**

+ 刂(칼 도 방)

활용어휘 劇藥(극약), 劇場(극장), 悲劇(비극), 喜劇(희극)

盧

1Ⅱ

16획 / 부수 皿

盧盧盧盧盧盧盧盧
盧盧盧盧盧盧盧盧

범(虍)처럼 입이 크고 밭(田)처럼 가운데가 넓은
밥그릇(皿)이니 **밥그릇 로(노)**, **성씨 로(노)**

+ 田(밭 전), 皿(그릇 명)

활용어휘 *毗盧峯(비로봉), *盧生之夢(노생지몽)

爐

3Ⅱ

20획 / 부수 火

爐爐爐爐爐爐爐爐
爐爐爐爐爐爐爐爐
爐爐爐爐

불(火)을 담는 밥그릇(盧) 같은 화로니 **화로 로(노)**

+ 略 炉 – 불(火)을 담는 집(戶) 같은 화로니 '화로 로(노)'
+ 火(불 화), 戶(문 호, 집 호)

활용어휘 *煖爐(난로), 香爐(향로), 火爐(화로)

384 을지걸 야지지타(乙之乞 也地池他) – 乙과 也로 된 한자

乙

3Ⅱ

1획 / 제부수

乙

부리가 나오고 목과 가슴 사이가 굽은 새를 본떠서 **새 을**
또 새는 십간(十干)의 둘째 천간으로도 쓰여
둘째 천간 을, 둘째 을
또 새 모양처럼 굽으니 **굽을 을**

활용어휘 甲男乙女(갑남을녀), *甲論乙駁(갑론을박)

之

3Ⅱ

4획 / 부수 丿

之之之之

초목의 싹이 움터서 자라 나가는 모양을 본떠서 **갈 지**
또 가듯이 무엇에 속하는 '~의'니 **~의 지**
또 향하여 가듯이 향하여 가리키는 이것이니 **이 지**

+ 비틀거리며 걷는 걸음을 '갈 지(之)자 걸음'이라 하지요.

활용어휘 之東之西(지동지서), 易地思之(역지사지)

3

乞

3획 / 부수 乙

乞乞乞

사람(𠂉)이 몸 구부리고(乙) 비니 빌 걸

+ 囘 乏(가난할 핍, 모자랄 핍) – 1급
+ 𠂉[사람 인(人)의 변형]

활용어휘 乞客(걸객), 乞人(걸인), 哀乞(애걸)

3

也

3획 / 부수 乙

也也也

힘껏(𠂉) 새(乚)같은 힘도 또한 보태는 어조사니
또한 야, 어조사 야

+ 어조사(語助辭) – 뜻 없이 말에 힘만 더해 주는 말.
+ 語(말씀 어), 助(도울 조), 辭(말씀 사, 글 사, 물러날 사), 𠂉[힘
력(力)의 변형], 乚[새를 둘째 천간 을, 둘째 을, 굽을 을(乙)이
부수로 쓰일 때의 모양]

활용어휘 獨也青青(독야청청), 言則是也(언즉시야)

7

地

6획 / 부수 土

地地地地地地

흙(土) 또한(也) 온 누리에 깔린 땅이니 땅 지

또 어떤 땅 같은 처지니 **처지 지**

+ 土(흙 토)

활용어휘 地表(지표), 地域(지역), 地獄(지옥), 地位(지위)

3ⅠⅠ

池

6획 / 부수 水(氵)

池池池池池池

물(氵) 또한(也) 고여 있는 연못이니 연못 지

+ 氵(삼 수 변)

활용어휘 貯水池(저수지), 電池(전지), 乾電池(건전지)

5

他

5획 / 부수 人(亻)

他他他他他

사람(亻) 또한(也) 모두 다르고 남이니 다를 타, 남 타

+ 亻(사람 인 변)

활용어휘 他道(타도), 他鄉(타향), 他界(타계), 他殺(타살)

4

卷

8획 / 부수 卩(巳)

卷 卷 卷 卷 关 关 卷 卷

허리 **구부리고(关) 무릎 꿇고(巳)** 앉아 읽는 책이니 <mark>책 권</mark>

+ 关 – 팔(八) 자 걸음으로 사내(夫)가 걸으며 구부정하게 구부리니
  '구부릴 권'
  (어원 해설을 위한 참고자로 실제 쓰이는 한자는 아님)
+ 巳(무릎 꿇을 절, 병부 절, = 卩)

활용어휘 全卷(전권), 壓卷(압권), 卷數(권수)

4

券

8획 / 부수 刀

券 券 券 券 关 关 券 券

구부리고(关) 앉아 **칼(刀)**로 새겨 만든 문서니 <mark>문서 권</mark>

+ 옛날에는 나무 조각에 칼로 글자를 새겨서 문서를 펴냈다지요.
+ 券과 卷의 구분 ┌ 칼(刀)로 새겨 만든 문서면 '문서 권(券)'
  └ 무릎 꿇고(巳) 앉아 읽는 책이면 '책 권(卷)'

활용어휘 福券(복권), 食券(식권), 證券(증권), 債券(채권)

3II

拳

10획 / 부수 手

拳 拳 拳 拳 关 关 拳
拳 拳

구부려(关) 손(手)가락을 말아 쥔 주먹이니 <mark>주먹 권</mark>

활용어휘 拳鬪(권투), 鐵拳(철권), *跆拳(태권)

6

勝

12획 / 부수 力

丿 几 几 月 月 貯 貯 貯
朕 朕 勝 勝

몸(月) **구부려(关)** 힘(力)써서 이기니 <mark>이길 승</mark>

또 이기면 뭔가 나으니 <mark>나을 승</mark>

활용어휘 勝利(승리), 勝訴(승소), 勝景(승경), 絕勝(절승)

3

騰

20획 / 부수 馬

騰 騰 騰 騰 騰 騰 騰 騰
朕 朕 朕 朕 朕 朕 騰 騰
騰 騰 騰 騰

몸(月) **구부려(关)** 말(馬)에 뛰어오르니 <mark>오를 등</mark>

+ 馬(말 마)

활용어휘 騰落(등락), 急騰(급등), 反騰(반등), 暴騰(폭등)

4획 / 부수자
气气气气

사람(ノ) 입에서 입김(一)이 나오는(乁) 기운이니
기운 기

+ 기운 - ㉠ 살아 움직이는 힘.
　　　　　㉡ 눈에는 보이지 않으나 느껴지는 현상.
+ ノ[사람 인(人)의 변형]

5
7획 / 부수 水(氵)
汽汽汽汽汽汽汽

물(氵)이 끓으면서 기운(气)차게 올라가는 김이니 김 기

+ 김 - 액체가 열을 받아서 기체로 변한 것.

활용어휘 汽管(기관), 汽船(기선), 汽笛(기적), 汽車(기차)

7Ⅱ
10획 / 부수 气
气气氕氕气气氕氣
氣氣

기운(气)이 쌀(米)밥을 지을 때처럼 올라가는 기운이니
기운 기

또 이런 기운으로 이루어지는 대기니 대기 기

+ 열 気 - 기운(气)이 교차되는(乂) 모양에서 '기운 기'
　　　　　　 또 이런 기운으로 이루어지는 대기니 '대기 기'
+ 대기(大氣) - '공기'를 달리 이르는 말.
+ 米(쌀 미)

활용어휘 氣力(기력), 氣分(기분), 感氣(감기), 氣象(기상)

2 升

4획 / 부수 十

升 升 升 升

천(千), 십(十) 등의 숫자로 곡식의 양을 헤아리는 되니
되 승

또 (되로 곡식의 양을 헤아릴 때) 되에 곡식을 퍼 올리듯
오르니 **오를 승**

+ 되 – 곡식, 가루, 액체 등을 담아 분량을 헤아리는 데 쓰는 그릇.
+ 千[일천 천, 많을 천(千)의 변형], 十(열 십, 많을 십)

활용어휘 *升引(승인), *升斗之利(승두지리)

3Ⅱ 昇

8획 / 부수 日

昇 昇 昇 昇 昇 昇 昇 昇

해(日)가 떠오르듯이(升) 오르니 **오를 승**

+ 日(해 일, 날 일)

활용어휘 昇格(승격), 昇進(승진), 昇華(승화)

4Ⅱ 飛

9획 / 제부수

飛 飛 飛 飛 飛 飛 飛 飛
飛

새가 날개 치며(飞) 날아**오르는**(升) 모양을 본떠서
날 비

또 날면 높고 빠르니 **높을 비, 빠를 비**

활용어휘 飛行(비행), 雄飛(웅비), 飛躍(비약), 飛虎(비호)

---

3 飜

21획 / 부수 飛

飜 飜 飜 飜 飜 飜 飜 飜
飜 飜 飜 飜 飜 飜 飜
飜 飜 飜 飜 飜

차례(番)로 날아(飛)오르며 뒤집어 나부끼니
뒤집을 번, 나부낄 번

또 말을 뒤집어 번역하니 **번역할 번**

+ 番(차례 번, 번지 번) – 제목번호 072 참고

활용어휘 飜覆(번복), 飜譯(번역), 飜案(번안)

4ll

鳥

11획 / 제부수

鳥鳥鳥鳥鳥鳥鳥鳥
鳥鳥鳥

앉아있는 새(鳥)의 옆 모양을 본떠서 **새 조**

활용어휘 鳥類(조류), 鳥獸(조수), 白鳥(백조)

4

鳴

14획 / 부수 鳥

鳴鳴鳴鳴鳴鳴鳴鳴
鳴鳴鳴鳴鳴鳴

입(口)으로 새(鳥)처럼 우니 **울 명**

활용어휘 悲鳴(비명), 自鳴鐘(자명종), *春雉自鳴(춘치자명)

3ll

烏

10획 / 부수 火(灬)

烏烏烏烏烏烏烏烏
烏烏

(너무 검어 눈이 구분되지 않아)

새 조(鳥)에서 눈을 나타내는 **일(一)**을 빼서 까마귀 **오**

또 까마귀처럼 검으니 어찌할까에서 **검을 오, 어찌 오**

+ 까마귀는 눈까지도 새까매서 눈이 구분되지 않으니 본뜰 때 눈 (一)을 뺀 모양이 '까마귀 오(烏)'고, '검을 오, 어찌 오'로도 쓰입니다.
+ 一('한 일'이지만 여기서는 눈으로 봄)

활용어휘 烏飛梨落(오비이락), 烏竹(오죽), 烏呼(오호)

3

嗚

13획 / 부수 口

嗚嗚嗚嗚嗚嗚嗚嗚
嗚嗚嗚嗚嗚

입(口)으로 까마귀(烏) 울음처럼 슬프게 탄식하니
탄식할 오

+ 까마귀를 흉조로 보고 그 울음소리를 불길하게 생각하여 만든 한자.
+ 탄식(歎息) - 한탄하며 한숨을 쉼.
+ 歎(탄식할 탄, 감탄할 탄), 息(쉴 식, 숨쉴 식, 자식 식)

활용어휘 *嗚咽(오열), 嗚泣(오읍), 嗚呼痛哉(오호통재)

참

隹

8획 / 제부수

隹隹隹隹隹隹隹隹

꽁지 짧은 새(隹)를 본떠서 **새 추**

+ 비 住(살 주, 사는 곳 주) – 제목번호 101 참고
  佳(아름다울 가) – 제목번호 094 참고
+ '새 추(隹)'는 작은 새, '새 조(鳥)'는 큰 새나 보통의 새를 말합니다.

4II

進

12획 / 부수 辵(辶)

進隹隹隹隹隹隹隹
進進進進

(앞으로만 나아가는) 새(隹)처럼 나아**가니**(辶) **나아갈 진**

+ 새는 뒤로는 가지 못하고 앞으로만 가지요.
+ 辶(뛸 착, 갈 착, = 辶)

활용어휘 進度(진도), 進路(진로), 促進(촉진), 推進(추진)

3II

維

14획 / 부수 糸

維維維維維維維
維維維維維維

실(糸)로 엮어 새(隹)를 잡는 그물의 벼리니 **벼리 유**

또 벼리처럼 튼튼한 끈으로 묶으니 **끈 유, 묶을 유**

+ 벼리란 그물에 위쪽 코를 오므렸다 폈다 하는 줄로 그물에서 제일 중요한 줄이니, 일이나 글의 뼈대가 되는 줄거리를 비유하기도 합니다. 벼리를 뜻하는 한자에는 '벼리 기, 질서 기, 해 기, 기록할 기(紀), 벼리 강, 대강 강(綱)'도 있습니다.
+ 糸(실 사, 실 사 변)

활용어휘 維新(유신), 維持(유지), 進退維谷(진퇴유곡)

3

惟

11획 / 부수 心(忄)

惟惟惟惟惟惟惟惟
惟惟惟

마음(忄)이 앞으로만 가는 새(隹)처럼 오직 한 방향으로만 생각하니 **생각할 유, 오직 유**

+ 忄(마음 심 변)

활용어휘 思惟(사유), 惟獨(유독), 惟一(유일)

3

唯

11획 / 부수 口

唯唯唯唯唯唯唯唯
唯唯唯

입(口)으로 새(隹)가 지저귐은 뜻을 알 수 없는 오직 소리뿐이니 **오직 유**

또 입(口)으로 새(隹) 지저귀듯 대답하니 **대답할 유**

활용어휘 唯物(유물), 唯一(유일), 唯唯諾諾(유유낙낙)

推

4

11획 / 부수 手(扌)

推 推 推 推 推 推 推
推 推 推

(놓아 주려고) 손(扌)으로 새(隹)를 미니 **밀 추, 밀 퇴**

+ '밀 퇴'로는 퇴고(推敲)에만 쓰입니다.
+ 퇴고(推敲) – '밀고 두드림'으로, 글을 지을 때 여러 번 생각하여 고치고 다듬음.
+ 扌(손 수 변), 敲(두드릴 고)

활용어휘 推仰(추앙), 推定(추정), 推薦(추천), 類推(유추)

稚

3II

13획 / 부수 禾

稚 稚 稚 稚 稚 稚 稚
稚 稚 稚 稚 稚

벼(禾)가 작은 새(隹)만큼 겨우 자라 어리니 **어릴 치**

+ 禾(벼 화), 隹('새 추'로 작은 새를 가리킴)

활용어휘 稚魚(치어), 稚拙(치졸), 幼稚園(유치원)

誰

3

15획 / 부수 言

誰 誰 誰 誰 誰 誰 誰
誰 誰 誰 誰 誰 誰 誰

말(言)을 새(隹)처럼 하니 누가 알아들을까에서 **누구 수**

활용어휘 誰某(수모), 誰得誰失(수득수실), 誰何(수하)

雖

3

17획 / 부수 隹

雖 雖 雖 雖 雖 雖 雖 雖
雖 雖 雖 雖 雖 雖 雖 雖
雖

입(口)에 벌레(虫)를 문 새(隹)는 비록 작아도 새끼를 기르니 **비록 수**

+ 虫[벌레 충(蟲)의 속자와 부수]

활용어휘 雖然(수연), *雖乞食厭拜謁(수걸식염배알)

雄

5

12획 / 부수 隹

雄 雄 雄 雄 雄 雄 雄 雄
雄 雄 雄 雄

열(ナ) 마리를 사사로이(厶) 거느린 새(隹)는 수컷이며 크니 **수컷 웅, 클 웅**

+ 보통 수컷 한 마리에 암컷 열 마리의 비율로 짐승을 기르지요.
+ ナ[열 십, 많을 십(十)의 변형], 厶(사사로울 사, 나 사)

활용어휘 *雌雄(자웅), 雄將(웅장), 雄壯(웅장), 英雄(영웅)

4

雜

18획 / 부수 隹

雜雜雜雜雜雜雜
雜雜雜雜雜雜雜
雜雜

우두**머리**(亠) 밑에 **사람들**(人人)처럼 **나무**(木) 위에
여러 종류의 새(隹)들이 섞여 있으니 **섞일 잡**

+ 앱 雑 - 많이(九) 나무(木) 위에 여러 종류의 새(隹)들처럼 섞여
　　있으니 '섞일 잡'
+ 亠(머리 부분 두), 木(나무 목), 九(아홉 구, 클 구, 많을 구)

활용어휘 雜技(잡기), 雜多(잡다), 雜務(잡무), 雜音(잡음)

3

携

13획 / 부수 手(扌)

携携携携携携携
携携携携携

손(扌)으로 **새**(隹)들처럼 **곧**(乃) 끌어 가지니
끌 휴, 가질 휴

+ 새는 부리나 발로 무엇을 끌어 가지요.

활용어휘 携帶(휴대), 携引(휴인), 提携(제휴)

5Ⅱ

舊

18획 / 부수 臼

舊舊舊舊舊舊舊
舊舊舊舊舊舊舊
舊舊

풀(艹)로 **새**(隹)들이 **절구**(臼) 같은 둥지를 만듦은
오래된 옛날부터니 **오랠 구, 옛 구**

+ 앱 旧 - 일(丨) 일(日)만 지나도 오래된 옛날이니 '오랠 구, 옛 구'
+ 臼(절구 구)

활용어휘 *舊殼(구각), 舊面(구면), 舊式(구식), 親舊(친구)

4Ⅱ

準

13획 / 부수 水(氵)

準準準準準準準準
準準準準準

물(氵) 위에 **새**(隹) **열**(十) 마리가 평평하게 법도에
준하여 날아가니 **평평할 준, 법도 준, 준할 준**

+ 앱 准 - 얼음(冫)처럼 추운 하늘에 새(隹) 열(十) 마리가 평평하게
　　　　 법도에 준하여 날아가니 '평평할 준, 법도 준, 준할 준'
+ 준(準)하다 - 어떤 본보기에 비추어 그대로 좇다.
+ 새들은 법도에 준하듯 일정한 대열을 이루고 날아가지요.

활용어휘 平準(평준), 水準(수준), 基準(기준), 標準(표준)

1Ⅱ

崔

11획 / 부수 山

崔 崔 崔 崔 崔 崔 崔
崔 崔 崔

산(山)에 새(隹)가 나는 것처럼 높으니 **높을 최**, **성씨 최**

+ 새가 평지에서 날 때보다 산에서 날 때가 더 높겠지요.

활용어휘 *崔崔(최최), *崔致遠(최치원)

3Ⅱ

催

13획 / 부수 人(亻)

催 催 催 催 催 催 催
催 催 催 催 催

사람(亻)에게 **높이(崔)** 오르라고 재촉하며 열고 베푸니
재촉할 최, **열 최**, **베풀 최**

활용어휘 催告(최고), 催眠(최면), 開催(개최), 主催(주최)

6Ⅱ

集

12획 / 부수 隹

集 集 集 集 集 集 集 集
集 集 集 集

새(隹)들이 **나무(木)** 위에 모이듯 모으니
모일 집, **모을 집**

또 여러 내용을 모아 놓은 책도 나타내어 **책 집**

활용어휘 集合(집합), 集團(집단), 詩集(시집), 全集(전집)

2

隻

10획 / 부수 隹

隻 隻 隻 隻 隻 隻 隻 隻
隻 隻

새(隹) 한 마리만 **또(又)** 날아가는 홀로니 **홀로 척**
또 홀로 한 척씩 배를 세는 단위인 외짝이니 **외짝 척**

+ 배를 세는 단위로도 쓰입니다.
+ 又(오른손 우, 또 우)

활용어휘 *隻手(척수), *隻身(척신), *隻愛(척애)

3Ⅱ

雙

18획 / 부수 隹

雙 雙 雙 雙 雙 雙 雙
雙 雙 雙 雙 雙 雙 雙
雙 雙

새 두 마리(隹隹)가 **손(又)** 위에 있는 쌍이니
둘 쌍

+ 얍 双 − 손(又)과 손(又)이 둘씩 쌍이니 '둘 쌍'
+ 쌍(雙) − 둘씩 짝을 이룬 것.

활용어휘 雙劍(쌍검), 雙發(쌍발), *雙璧(쌍벽), 雙生(쌍생)

3

擁

16획 / 부수 手(扌)

擁 擁 擁 擁 擁 擁 擁 擁
擁 擁 擁 擁 擁 擁 擁

손(扌)으로 머리(宀)까지 작은(彡) 새(隹)처럼 안으니
안을 옹

+ 宀(머리 부분 두), 彡[작을 요, 어릴 요(幺)의 변형]

활용어휘 擁立(옹립), 擁壁(옹벽), 擁護(옹호), 抱擁(포옹)

3

懼

21획 / 부수 心(忄)

懼 懼 懼 懼 懼 懼 懼 懼
懼 懼 懼 懼 懼 懼 懼
懼 懼 懼 懼 懼

마음(忄)이 두 눈(目目) 두리번거리는 새(隹)처럼
두려워하니 **두려워할 구**

+ 忄(마음 심 변), 目(눈 목, 볼 목, 항목 목)

활용어휘 *悚懼(송구), 畏懼(외구), 疑懼(의구)

4

離

19획 / 부수 隹

離 離 離 離 離 離 離 离
离 离 离 离 离 离 离 離
離 離 離

짐승(离)이나 새(隹)처럼 기약 없이 헤어지니
헤어질 리(이)

+ 짐승이나 새는 기약 없이 헤어지지요.
+ 离 – 머리 부분(宀)에 베인(乂) 듯 입 벌린 모양(凵)의 짐승이
  사사로이(厶) 성(冂) 같은 발자국을 남기고 떠나니 '짐승 리, 떠
  날 리'
+ 宀(머리 부분 두), 乂(벨 예, 다스릴 예, 어질 예), 凵(입 벌릴 감,
  그릇 감), 厶(사사로울 사, 나 사), 冂(멀 경, 성 경)

활용어휘 離別(이별), *乖離(괴리), 分離(분리)

3II

禽

13획 / 부수 内

禽 禽 禽 禽 禽 禽 禽 禽
禽 禽 禽 禽 禽

그물(人)로 씌워 잡는 짐승(离)은 날짐승이니
날짐승 금

+ 총이 없었던 옛날에는 날짐승을 그물로 씌워 잡았지요.
+ 人('사람 인'이지만 여기서는 그물로 봄), 날짐승 – 날아다니는
  짐승.

활용어휘 禽獸(금수), 禽獸魚蟲(금수어충), 猛禽(맹금)

3

鴻

17획 / 부수 鳥

鴻鴻鴻鴻鴻鴻鴻鴻
鴻鴻鴻鴻鴻鴻鴻鴻
鴻

강(江)에 사는 새(鳥) 중 기러기니 기러기 홍

> **활용어휘** 鴻功(홍공), 鴻基(홍기), 哀鴻(애홍)

3Ⅱ

鳳

14획 / 부수 鳥

鳳凡凡凡凡鳳鳳鳳
鳳鳳鳳鳳鳳鳳

안석(几)에 새기는 하나(一)의 새(鳥)는 봉황새니 봉황새 봉

+ 안석(案席) - 벽에 세워 놓고 앉을 때 몸을 기대는 방석.
+ 봉황(鳳凰) - 상서로움을 상징하는 상상의 새로, 귀한 분의 안석이나 여러 도구, 상장 등에 새김. 봉(鳳)은 수컷, 황(凰)은 암컷.
+ 几(안석 궤, 책상 궤), 案(책상 안, 생각 안, 계획 안), 席(자리 석), 凰(봉황새 황)

> **활용어휘** 鳳仙花(봉선화), 鳳姿(봉자), 龍鳳(용봉)

5

島

10획 / 부수 山

島島島島島島島島
島島

바다에 새(鳥)가 앉을 수 있는 산(山) 같은 섬이니 섬 도

+ 동 嶋 - (바다에) 산(山)이 있어 새(鳥)가 사는 섬이니 '섬 도'
+ 鳥 [새 조(鳥)의 획 줄임], 山(산 산)

> **활용어휘** *島嶼(도서), 群島(군도), 半島(반도), 列島(열도)

3

雁

12획 / 부수 隹

雁雁雁雁雁雁雁雁
雁雁雁雁

바위(厂) 틈에 살며 사람(亻)처럼 예의 바른 새(隹)는 기러기니 기러기 안

+ 동 鴈(기러기 안) - 특급
+ 기러기 홍(鴻)은 '큰 기러기', 안(雁)은 '작은 기러기'로 구분하세요.
+ 厂(굴 바위 엄, 언덕 엄), 亻(사람 인 변)

> **활용어휘** 雁書(안서), 雁信(안신), 雁柱(안주), 雁行(안항)

4Ⅱ

應

17획 / 부수 心

應應應應應應應應
應應應應應應應應
應

집(广)에서 사람(亻)이 키운 새(隹)가 주인을 따르듯 마음(心)에 응하니 응할 응

+ 약 応 - 집(广)에 있는 마음(心)처럼 편안하게 응하니 '응할 응'
+ 广(집 엄), 心(마음 심, 중심 심)

> **활용어휘** 應感(응감), 應擧(응거), 應急(응급), 應援(응원)

奮

3II

16획 / 부수 大

奮 奮 奮 奮 奮 奮 奮 奮
奮 奮 奮 奮 奮 奮 奮 奮

큰(大) 새(隹)가 밭(田)에서 먹이를 찾으려고 다른 일은 떨치고 힘쓰니 **떨칠 분, 힘쓸 분**

+ 떨치다 − ㉠ 위세나 명성 같은 것이 널리 알려지다.
        ㉡ 세게 떨어지게 하다.
      여기서는 ㉡의 뜻.
+ 大(큰 대), 田(밭 전)

활용어휘 奮起(분기), 奮發(분발), 激奮(격분), 興奮(흥분)

奪

3II

14획 / 부수 大

奪 奪 奪 奪 奪 奪 奪 奪
奪 奪 奪 奪 奪 奪

큰(大) 새(隹)가 발 마디(寸)를 굽혀 잡듯 남의 것을 빼앗으니 **빼앗을 탈**

+ 寸(마디 촌, 법도 촌)

활용어휘 奪骨(탈골), 奪取(탈취), 強奪(강탈), 爭奪(쟁탈)

確

4II

15획 / 부수 石

確 確 確 確 確 確 確 確
確 確 確 確 確 確 確

돌(石)로 덮으면(冖) 새(隹)도 날지 못하는 것처럼 굳고 확실하니 **굳을 확, 확실할 확**

+ 확실(確實)하다 − 틀림없이 그러하다.
+ 石(돌 석), 冖(덮을 멱), 實(열매 실, 실제 실)

활용어휘 確固(확고), 確答(확답), 確信(확신), 正確(정확)

鶴

3II

21획 / 부수 鳥

鶴 鶴 鶴 鶴 鶴 鶴 鶴 鶴
鶴 鶴 鶴 鶴 鶴 鶴 鶴
鶴 鶴 鶴 鶴 鶴

목이 길어 하늘(冖)을 찌르는 모양으로 날아가는 작은 새(隹)나 큰 새(鳥)는 모두 학이니 **학 학**

+ 학(鶴) − 두루미.
+ 冖('덮을 멱'이지만 여기서는 하늘 모양으로 봄)

활용어휘 鶴舞(학무), 鶴髮(학발), 鶴首(학수), 鶴企(학기)

4Ⅱ

護

21획 / 부수 言

護護護護護護護
護護護護護護護護
護護護護護

말(言) 못하는 풀(艹) 속의 새(隹)들도 또(又)한
보호하니 보호할 호

+ 보호(保護) - ㉠ 위험이나 곤란 등이 미치지 아니하도록 잘 보살펴
　　　　　　　돌봄.
　　　　　㉡ 잘 지켜 원래대로 보존되게 함.
+ 言(말씀 언), 又(오른손 우, 또 우), 保(지킬 보, 보호할 보)

활용어휘 護國(호국), 護送(호송), 看護(간호)

3

穫

19획 / 부수 禾

穫穫穫穫穫穫穫
穫穫穫穫穫穫穫
穫穫穫

벼(禾)를 풀(艹) 속의 새(隹)들이 또(又) 먹을까 염려되어
거두니 거둘 확

+ 새가 많았던 옛날에는 곡식이 익어갈 무렵이면 들에 나가 새를
　쫓았지요.
+ 禾(벼 화)

활용어휘 收穫(수확), 多收穫(다수확), 一樹百穫(일수백확)

3Ⅱ

獲

17획 / 부수 犬(犭)

獲獲獲獲獲獲獲
獲獲獲獲獲獲獲
獲

개(犭)가 풀(艹) 속에 있는 새(隹)를 또(又) 잡아와
얻으니 얻을 획

+ 사냥을 가거나 농사 일에 따라온 개가 짐승이나 꿩 같은 새를 잡아
　온다는 한자.
+ 犭(큰 개 견, 개 사슴 록 변)

활용어휘 獲得(획득), 濫獲(남획), *虜獲(노획), 漁獲(어획)

참

蔉

18획 / 부수 隹

풀(艹) 속에 입(口)과 입(口)을 넣어 먹이를 찾는 새(隹)는 황새니 **황새 관**

+ 蔉이 들어간 한자를 약자로 쓸 때는 蔉부분을 '爫'이나 '오른손 우, 또 우(又)'로 씁니다.
+ 艹(초 두), 口(입 구, 말할 구, 구멍 구), 隹(새 추)

4Ⅱ

權

22획 / 부수 木

나무(木)에 앉은 **황새(蔉)**처럼 의젓해 보이는 권세니 **권세 권**

+ 약 權, 权

활용어휘 權力(권력), 權利(권리), 權座(권좌), 權限(권한)

4

勸

20획 / 부수 力

황새(蔉)처럼 의젓하도록 **힘써(力)** 권하니 **권할 권**

+ 약 勧, 劝
+ 비 勵(힘쓸 려), 勤(부지런할 근, 일 근)

활용어휘 勸告(권고), 勸勉(권면), 勸誘(권유), 勸學(권학)

5Ⅱ

觀

25획 / 부수 見

황새(蔉)처럼 목을 늘이고 **보니(見)** **볼 관**

+ 약 観, 观

활용어휘 觀光(관광), 觀點(관점), 觀衆(관중), 壯觀(장관)

4

歡

22획 / 부수 欠

歡 歡 歡 歡 歡 歡 歡 歡
歡 歡 歡 歡 歡 歡 歡 歡
歡 歡 歡 歡 歡 歡

황새(雚)가 하품(欠)하듯 입 벌려 기뻐하니 **기뻐할 환**

+ 옛 歡, 欢
+ 欠(하품 흠, 모자랄 흠, 이지러질 결, 빠질 결)

활용어휘 歡談(환담), 歡待(환대), 歡聲(환성), 歡送(환송)

---

398 우습 요약탁(羽習 曜躍濯) - 羽, 翟로 된 한자

3Ⅱ

羽

6획 / 제부수

羽 羽 羽 羽 羽 羽

새의 양 날개와 깃(羽)을 본떠서 **날개 우, 깃 우**

+ 깃 - ㉠ 조류의 몸 표면을 덮고 있는 털.
　　　 ㉡ 새의 날개.

활용어휘 羽角(우각), 羽毛(우모), 羽翼(우익)

6

習

11획 / 부수 羽

習 習 習 習 習 習 習 習 習
習 習

아직 깃(羽)이 흰(白) 어린 새가 나는 법을 익히니 **익힐 습**

+ 새는 종류에 관계없이 아주 어릴 때는 모두 깃이 흰색이고, 새도
처음부터 나는 것이 아니라 나는 법을 익혀서 낢을 생각하고 만든
한자.

활용어휘 習慣(습관), 習性(습성), 自習(자습), 學習(학습)

5

曜

18획 / 부수 日

曜 曜 曜 曜 曜 曜 曜 曜
曜 曜 曜 曜 曜 曜 曜 曜
曜 曜

해(日) 뜨면 날개(羽) 치는 새(隹)들처럼 활동하는 요일이니
요일 요

+ 요일(曜日) - 일주일의 각 날을 이르는 말.

활용어휘 曜日表(요일표), 月曜日(월요일)

躍

21획 / 부수 足(⻊)

발(⻊)로 날개(羽) 가진 새(隹)가 다닐 때처럼
팔짝팔짝 뛰니 **뛸 약**

+ ⻊[발 족, 넉넉할 족(足)의 변형]

활용어휘 躍動(약동), 躍進(약진), 一躍(일약), 活躍(활약)

濯

17획 / 부수 水(氵)

물(氵) 속에 날개(羽)를 넣고 새(隹)들도 몸을 씻으니
씻을 탁

또 씻어 빠니 **빨 탁**

활용어휘 濯足(탁족), 洗濯(세탁)

禺

9획 / 부수 内

밭(田)에 기른 농작물을 **발자국**(内) 남기며 훔쳐 먹는
원숭이니 **원숭이 우**

+ 内 - 성(冂)처럼 사사로이(厶) 남긴 발자국이니 '발자국 유'
+ 田(밭 전), 冂(멀 경, 성 경), 厶(사사로울 사, 나 사)

偶

11획 / 부수 人(亻)

사람(亻)이 **원숭이**(禺)를 닮음은 우연이니 **우연 우**

또 우연히 서로 닮은 짝이나 허수아비니
짝 우, 허수아비 우

+ 우연(偶然) - 아무런 인과 관계 없이 뜻하지 않게 일어난 일.

활용어휘 偶發(우발), 對偶(대우), 偶像(우상)

485

4

遇

13획 / 부수 辵(辶)

遇 遇 遇 遇 遇 遇 遇 遇
遇 遇 遇 遇 遇

원숭이(禺)처럼 가다가(辶) 만나니 만날 **우**

또 만나서 대접하니 대접할 우

+ 辶(뛸 착, 갈 착, = 辶)

활용어휘 不遇(불우), 待遇(대우), 禮遇(예우), 處遇(처우)

3ll

愚

13획 / 부수 心

愚 愚 愚 愚 愚 愚 愚 愚
愚 愚 愚 愚 愚

원숭이(禺)의 **마음(心)** 정도로 어리석으니 어리석을 **우**

+ 어리석다 – 슬기롭지 못하고 둔하다.

활용어휘 愚弄(우롱), 愚問賢答(우문현답), 愚直(우직)

8

萬

13획 / 부수 草(艹)

萬 萬 萬 萬 萬 萬 萬 萬
萬 萬 萬 萬 萬

풀(艹)밭에는 **원숭이(禺)**도 많으니 많을 **만**

또 많은 숫자인 일만이니 일만 **만**

+ 역 万 – 하늘(一) 아래 싸여(勹)있는 물건도 많으니 '많을 만'
  또 많은 숫자인 일만이니 '일만 만'
+ 한자가 만들어진 중국에는 원숭이가 많습니다.
+ 一('한 일'이지만 여기서는 하늘로 봄), 勹(쌀 포)

활용어휘 萬能(만능), 萬物(만물), 萬福(만복), 萬事(만사)

3ll

勵

17획 / 부수 力

勵 勵 勵 勵 勵 勵 勵 勵
勵 勵 勵 勵 勵 勵 勵 勵
勵

굴 바위(厂) 밑에서도 **많은(萬)** 사람들이 **힘(力)**쓰니
힘쓸 **려(여)**

+ 역 励
+ 비 勸(권할 권)
+ 厂(굴 바위 엄, 언덕 엄), 力(힘 력)

활용어휘 激勵(격려), 督勵(독려), 獎勵(장려)

5

魚

11획 / 제부수

魚魚魚魚魚魚魚魚
魚魚魚

물고기(🐟) 모양을 본떠서 **물고기 어**

활용어휘 魚類(어류), 魚族(어족), 文魚(문어), 活魚(활어)

5

漁

14획 / 부수 水(氵)

漁漁漁漁漁漁漁漁
漁漁漁漁漁漁

물(氵)에서 **물고기**(魚)를 잡으니 **고기 잡을 어**

+ 물고기 모양을 본떠서 '물고기 어(魚)', 물에서 물고기를 잡으니 물을 뜻하는 삼 수 변(氵)을 붙여서 '고기 잡을 어(漁)'로 구분하세요.

활용어휘 漁夫·漁父(어부), 漁場(어장), 豊漁(풍어)

5Ⅱ

鮮

17획 / 부수 魚

鮮鮮鮮鮮鮮鮮鮮鮮
鮮鮮鮮鮮鮮鮮鮮鮮
鮮

물고기(魚)가 **양**(羊)처럼 곱게 깨끗하고 싱싱하니
고울 선, 깨끗할 선, 싱싱할 선

+ 羊(양 양)이 들어가면 대부분 좋은 의미의 한자입니다.

활용어휘 鮮度(선도), 生鮮(생선), 新鮮(신선), 朝鮮(조선)

3Ⅱ

蘇

20획 / 부수 草(艹)

蘇蘇蘇蘇蘇蘇蘇蘇
蘇蘇蘇蘇蘇蘇蘇蘇
蘇蘇蘇蘇

(못 먹어 영양실조에 걸린 사람은) **채소**(艹)와 **물고기**(魚)와 **벼**(禾) 같은 곡식을 먹으면 깨어나 소생하니
깨어날 소, 소생할 소

+ 图 甦 - 다시(更) 살아(生)나 소생하니 '소생할 소' - 1급
+ 艹('초 두'로, 여기서는 채소로 봄), 禾(벼 화), 更(고칠 경, 다시 갱), 生(날 생, 살 생, 사람을 부를 때 쓰는 접사 생)

활용어휘 蘇生(소생), 回蘇(회소), 蘇鐵(소철), 蘇聯(소련)

수고하셨습니다.
한자능력검정시험(한국어문회 주관) 1급, 2급 수준의 한자는 〈한자암기박사2〉에서 계속됩니다.

不患人之不己知, 患其無能也

남이 나를 알아주지 않음을 걱정하지 말고, 내가 능력이 없음을 걱정하라.

− 《논어》, 〈학이(學而)〉

찾아보기

▶ 각 페이지에 뒤의 숫자는 **제목번호**입니다.
▶ 두음법칙을 고려하여 달리 발음될 수 있는
  한자들도 찾기 쉽도록 반영하였습니다.

(뒤의 숫자는 제목번호) 찾아보기

(뒤의 숫자는 제목번호) 찾아보기

(뒤의 숫자는 제목번호) 찾아보기

(뒤의 숫자는 제목번호)
찾아보기

504

〈뒤의 숫자는 제목번호〉
찾아보기

(뒤의 숫자는 제목번호)
찾아보기

(뒤의 숫자는 제목번호)
찾아보기

518

往者不可諫, 來者猶可追

"지나간 일은 되돌릴 수 없으나, 다가올 일은 결정할 수 있다."

– ≪논어≫, 〈미자(微子)〉

좋은 책을 만드는 길, 독자님과 함께 하겠습니다.

한자암기박사1 – 읽으면 저절로 외워지는 기적의 암기공식

개정1판3쇄 발행	2025년 01월 20일 (인쇄 2024년 11월 18일)
초 판 발 행	2016년 05월 10일 (인쇄 2016년 03월 16일)
발 행 인	박영일
책 임 편 집	이해욱
저 자	박원길 · 박정서
편 집 진 행	시대어학연구소
표지디자인	김지수
편집디자인	장성복 · 차성미
발 행 처	(주)시대고시기획
출 판 등 록	제10-1521호
주 소	서울시 마포구 큰우물로 75 [도화동 538 성지 B/D] 9F
전 화	1600-3600
팩 스	02-701-8823
홈 페 이 지	www.sidaegosi.com
I S B N	979-11-383-1410-7 (14710)
정 가	17,000원